제7원소·여의주

'마음 유형화' 심물질(心物質)   '인간 양심 결사' 다중성의 초 절대성

소비주의 7 경제
창세기 東學轉變 Ⅰ

목 차

총론의 서문(序文)

창세기 동학전변(轉變)

두괄(頭括) 시놉시스 요약	022
창세기 전변론(轉變論)	028
소비주의...다중성 괴력 → '구름' 창세기	033
모든 산업/소비/유통의 전변(轉變)	039
동학전변(東學轉變)	040
이상적 천지개벽(天地開闢)	041
운니지차(雲泥之差) '구름'	042
K-수평(진짜) 디지털의 '수수디산' 종주국	045
한국만 가능한 '구름에너지' 생산	
개딸 전변인(轉變人)의 절대권력	047
청맹 노섬저(怒蟾䑧)	049
출간의 변	051

I. 총론(總論)

1. 동학전변(東學轉變)...창세기 천지개벽 — 058
2. 제7원소 心物質 & 여의주 轉變體 — 145
3. 소비주의 7경제...(소비자 독립경제) — 223
4. K-진짜 디지털 문명...'수수디산' — 309
   (AI/로봇이 애완동물로)
5. 운니지차(雲泥之差) 수끌원 '구름' 민중 — 343
6. 수직축 붕괴는 사필귀정(事必歸正) — 385
   (자본주의 가루 된다.)
7. 제2 수평인류사 퀀텀점프 — 423
8. 제7인간 전변(轉變) — 453
9. 청맹(青盲) 더불어민주당의 원죄(原罪) — 475
   (9년째, 암장/토사구팽 지속)
10. 개찰흙 대통령과 동학전변 — 495

1. 동학전변(東學轉變)...창세기 천지개벽

* 창전변(創轉轉) 대서사(大敍事)

창전변(創轉轉) 신개념	058
창전변(創轉轉) 수미상관(首尾相關)	062
제7원소 창조의 시놉시스	066
수직축 붕괴와 수평축 해법	068
동학전변(東學轉變) 부활의 불멸성	070
동학전변 리얼스토리	071
전변과 혁명의 차이	073
개딸 진만보(進萬步) 깨단	079
다중성 '깨단'...비가역적 초 절대성	081
초 절대성 연쇄 폭발...불멸성/무한성	086
한국산 '구름에너지'...초 절대성의 본체	088
'구름'이 '찰흙'을 거느린다.	090
창세기적 '전변 고담준론(高談峻論)'	093
한국산 수끌원성 '극 희귀 보석'	096
소비주의 4년 내 가시화	099
전변 춘추(春秋)	101

* 전변 2단계 소비주의 테라포밍

전변 심물질 3요소...모두 한국산	102
전변 2단계 쌍두마차...소비주의/수수디산	104
절격차 초일류 디지털 국가 비상(飛上)	104
K-수평 디지털 파묘와 수수디산 승화	
개딸 신인류의 '절대 희망'	107
수평화/전변화...(여의주 초 절대성)	109
오픈 AI 플랫폼...수평성 가치 증명	111
'구름' 개딸, 절격차 초월 국가	113

*소비주의 테라포밍

전변 2단계, 소비주의 7경제 ... 115

소비자 독립경제...'청정수익 선순환' ... 116

소비주의 '송곳 모듈...''구름' 사명(使命) ... 118

여의주(소여경체)...소비주의 창달 ... 120

배고픈 승냥이가 피 냄새를 맡으면... ... 121

수수디산...절격차(絶隔差) 비대칭 전략무기 ... 123

억조창생(億兆蒼生) &, 억조 깨단 ... 124

*수끌원7에너지...마법의 본체

수끌원7에너지...(구름에너지) ... 128

선순환 소비자 경제 블록 ... 130

한국 수끌원 민중...극 희귀 보석 ... 133

수끌원성...이종 간 '융합 촉매' ... 137

개미와 인간의 차이 ... 139

인간의 마음이 곧 우주다. ... 141

2. 제7원소 心物質, 여의주 轉變體

* 전변화(轉變化) 도구...
(전변 1단계 완료)

제7원소 심물질(心物質), 여의주 전변체(轉變體)	146
마음의 유형화 & 음악의 유형화	148
운니지차 수끌원성...(구름에너지)	151
2024년 여의주 전변체 확정	154
여의주(如意珠) 연원(淵源)	155
2017년 심물질 암장...2022년 개딸의 파묘	159
2024년 여의주 전변체 확정...청맹 토사구팽, 2025년 소비주의 효시(嚆矢) 발사	
우주적 창세기 시원(始原)	160
구름에너지와 '소버린 K-수평 디지털' 원석	163
2017년 암장 9년째...파묘와 '수수디산' 승화 수수디산...초일류 디지털 국가 비상(飛上)	
창세기 연금술	166
구름에너지 변천 4단계	167
전변 화이트홀(블랙홀) 통과	169
절대신뢰체 추존(推尊)	171
붕정만리(鵬程萬里) 붕새의 날개	172
AI/로봇 지배하는 여의주	173

* 마음 축음기/음반...창세기 시작

마음 축음기 & 소비주의 창달	176
운니지차 '구름'의 창세기 사명(使命)	178
마음의 유형화...천의부봉(天衣無縫) 경지	180
수평 시대사조, 수평화 조류(潮流)	182
소비주의/동학전변, 누구도 막을 수 없다.	183
창세기 초대박...'최소한의 예우'	186

✱ 개딸 신인류와 심룡(心龍) 여의주

개딸 전변인(轉變人)...완전성 사회적 두뇌　190

죄수의 딜레마 해소...'절대신뢰체'　193

깨단과 계몽　195

여의주(如意珠) 품은 개딸　201

응원봉과 키세스...여의주 광배(光背)　204

개딸 '구름'의 운니지차　208

개딸, 신생 인류 '호모 마음'　211

전변 수레를 가로막은 사마귀 떼　212

✱ 여의주 만사뇌(萬社腦) 플랫폼

수억 조 개...만사뇌(萬社腦)　215

여의주는 합의 기구가 아니다.　216

촉찰 7태양　218

촉찰(燭察)...자애로운 '어머니 마음'　219

초여만플 OS & 촉찰 7태양　221

3. 소비주의 7경제…(소비자 독립경제)

* 소비자 영리주의 원칙

소비주의 당위와 개념	224
소비주의 삼위일체(三位一體)	226
소비주의 3축…경제 천지개벽	229
깨단한 소비자	230
소비본 중추 기지	231
소비본 슈퍼 갑	232
여의주, 소여경제 OS	234
3축 혼연일체	238
직거래+소여경체+신뢰생태계…단골주의	241

* 소비자 독립경제…수평성 효

수평 패러다임 총합체	244
신성불가침(神聖不可侵) 소비주의	245
마법의 지팡이…기밀 봉인 해제	246
마법의 경제	248
마음의 경제	249
소여경체 OS…초 절대성	251
여의주 중심…'소여경제 OS'	253
여의주…투자리스크 제로/수익 극대화	254
소여경제 보유국 코리아	256
소비자 선순환 경제…청정수익 공유	256

* 무한 일자리와 무한 소득

무한대 효과 생성 원리	259
무한 일자리와 무한 소득의 보물창고	262
만사뇌(萬社腦), 무한대 효과의 본산(本山)	264
소여경제 & 신뢰생태계	266
소비동물이 전변 소비인간으로	267
AI, 로봇…애완동물(기술) 복속	268

*7토큰 시대...(수익형 기축 화폐)

- 소비주의 7토큰...수기화 창조　　　　　　270
- 소비주의는 경제적 평등이 아니다.　　　　271
- 소비주의 7토큰...여의주 손바닥　　　　　272
- 깨단과 체현은 초 거부(巨富)의 길　　　　276
- 소비주의 효시(嚆矢)　　　　　　　　　　277
- 소비주의 효시(嚆矢) 발사 타이밍　　　　280
- 수기화 7토큰 인증과 수령 방법　　　　　282
- 수평 패러다임 총아(寵兒)...카르다노 & 7토큰　285
- 인생 역전, 세상 역전　　　　　　　　　287
- 백발백중 로또　　　　　　　　　　　　288
- 새우로 고래 잡는다(以蝦釣鯨).　　　　　288

*아래로부터의 천지개벽

- 수평의 힘...(보텀업)　　　　　　　　　290
- 지소마묵 '깨단'과 소비주의 '체현'　　　292
- 소비주의...자생적 연금/보험/복지시스템　294
- 살맛 나는 세상...소비주의 창달　　　　297
- 소비시장 폭풍 성장　　　　　　　　　298
- 소비주의 천지개벽　　　　　　　　　　301
- 소비본(구 소매점) 중추 기지　　　　　302
- 소비본(消費本), 요람의 고고(呱呱)　　304
- 의망(擬亡)과 반전(反轉)　　　　　　　306

4. K-수평 디지털…'수수디산'(AI/로봇을 애완동물로)

* 암장된 K-수평 디지털 파묘(破墓)

K-수수디산 승화…수평 패러다임 순치 … 310

매장된 '소버린 K-수평 디지털' 원석 … 312

진짜 디지털 고속도로 암장, … 317

가짜 디지털 동시효빈(東施效矉) 고집

진짜 디지털 패러다임 대전환 … 318

앨빈 토플러도 예상 못 한 'K-수평 디지털' … 321

* K-수평 디지털 신산업(수수디산)

K-수수디산, '구름'의 창세기 사명(使命) … 322

초 희귀 수평 데이터…(고부가가치 신산업) … 324

여의주 반도체/AI/로봇, 소비주의 유튜브/넥플릭스 등 … 325

무결점 'K-수수디산' 보안 체계 … 328

K-수수디산은 녹명(鹿鳴) 산업 … 329

* 만사뇌 플랫폼…(초여만플)

초여만플 OS…무한 창조성 도약대 … 330

인공지능과 로봇을 애완동물로 부린다. … 333

촉찰 제7태양…(마음의 태양) … 334

창세기 유토피아…현체화(現體化) … 335

신뢰생태계, 허브 수도(首都) … 337

온리 원, 전변 허브 … 339

5. 운니지차(雲泥之差) 수끌원성 민중

* 한국, 미국과 세계를 거느린다.

소비주의 한국이 야수 미국을 제압한다.   344
창조적 붕괴와 '절대 희망'   347
이념과 종교 초월   349
수탈(빨대) 자본주의...사상누각 마천루 소각   349
수끌원성 시대...무한 잠재력 폭발   350
수끌원성 흠숭(欽崇)   352
운니지차(雲泥之差), 한보정과 숙수정   352

* 운니지차(절격차) 수끌원성

운니지차(雲泥之差), '구름'과 '진흙'   355
한국 현대사 80년, 기적과 전변의 요체   358
수평화/전변화 터보엔진   360
수평성/수끌원 민중의 규심(葵心)   361
프레카리아트 개딸...진만보(進萬步) 깨단   364
쿠테타를 진압한 수끌원 민중   366
군맹무상(群盲評象), 꽝포 난사   367
불퇴전(不退轉) 의식의 깨단   369
수끌원성과 수수디산의 절격차(絶隔差)   371

* 한류는 전변화 예고편

한류는 픽업/간택 당했다.   372
한류 픽업은 '수평성의 타는 목마름' 해소   375
한류 고등화(高等化)...수끌원 허브 동기화   377
한류는 전변 깔때기...(화이트홀)   379
한류 픽업과 자본 예속 탈피...(전변 2단계 완성)   381
넘사벽/운니지차...(여의주 동기화)   382

6. 수직축 붕괴는 사필귀정(事必歸正) (자본주의 가루 된다.)

* 전변 리트머스 실험국

2025년 전변 화이트홀 통과	386
강노지말(強弩之末)...	388
(만사휴의, 위미침체, 급전직하)	
청맹(靑盲)의 죄 낙인(烙印)	389
여의주 초 절대성...절대 위용(威容)	391
수직 합동장례식, 여의주 전변대관식	392
여의주 확정 8개월 후...12.3 내란	394
전변 리트머스 실험국...수직 세력 함몰	396
'럭키비키'...초월적 긍정의 본체	398

* 전변(轉變) 불쏘시개, 12.3 내란

2024 여의주 확정이 12.3 내란을 야기했다.	400
윤석열/김건희는 전변 위인이다.	402
구악(舊惡) 완전 연소와 파라척결(爬羅剔抉)	407
혼비백산(魂飛魄散), 포두서찬(抱頭鼠竄)	408

* 중앙화 디지털의 맹점... 서부법원 폭동

중앙화 가짜 디지털의 맹점	410
수끌원성 DNA 결핍의 '이대남'	413
미국 등 어디에도 개딸과 여의주가 없다.	415
트럼프와 윤석열은 재앙의 형제	416
보이스피싱과 조작 디지털	417
파라척결(爬羅剔抉) 소파술(搔爬術)	419

7. 창세기 제2 수평인류사, 퀀텀점프

* 전변계(轉變界) 유토피아

수평 향(向) 시대사조(時代思潮)   424

소비주의 전변 2단계 정착...4년 예상   426

'3+초 절대성' 여의주와 소비주의 결합   427

지옥계가 천상계로   428

'쌍해 유토피아'...태양과 7태양   429

'수디신연'...(수평 디지털의 신 연결성)   431

수디신연 순환계, 극락계 퀀텀점프   432

소비주의 전변계(轉變界)...창세기(創世記)   434

상상의 경제 초월, 심물질/여의주 마법의 효(效)   436

* 아래로부터의 전변(轉變)

운니지차(雲泥之差) 수끌원성 민중   438

개딸 신생 인류 출생의 비밀   439

기직민수(旣直民水)   440

옥쇄(玉碎)와 원자폭탄   441

신뢰생태계   443

수탈 차단과 청정수익   444

정치적 전변   445

AI, 챗GTP, 로봇은 여의주 애완동물   447

불완전성 인간이 '완전성 제7인간'으로   448

극 희귀 물질, 에너지...   449

(수끌원성, 수끌원7에너지)

마음의 물리...수끌원 절대 법칙   451

8. 제7인간 전변(轉變)

* 인간의 전변...(전변인)

신인류+소비주의=제7인간	454
미완형/완성형 제7인간...소비주의 체화	455
자연인의 제7인간 전변	459
개딸 진만보(進萬步) 깨단	461
제7경제인...계몽과 확산공진화	462
제7전변체(제7인간) 대량화	463
완성형(정합적) 제7인간	464
완전성 제7인간...상생 공동체	466
전변 깔때기, 화이트홀(블랙홀) 생성	467
절격차(絶隔差) 수끌원성...	468
허브 일핵다동(一核多同)	
불완전성 자아...흔적기관(痕跡器官)화	470
수평화/전변화 연쇄 파동	471
제7인간, 무한/무극 창조성	472

9. 청맹(靑盲) 더불어민주당의 원죄(原罪) (9년째, 암장과 토사구팽 지속)

* 청맹과니와 당랑거철(螳螂拒轍)

윤석열 재앙과 청맹 더불어민주당	476
AI 재앙의 불티...(암장과 토사구팽 9년)	478
혁명 지상주의와 전변 당랑거철(螳螂拒轍)	482
묘서동처(猫鼠同處)와 옥석구분(玉石俱焚)	484
지박령(地縛靈) 가두리와 노섬저(怒蟾䏽)	487
수직 노섬저(怒蟾䏽) 세력...퇴출 운명	488
혁명 가두리와 운니지차(雲泥之差) 민중	489
청맹 감옥에서의 탈옥(脫獄)	491
'구름'의 민심은 초 절대성이다.	492

10. 개찰흙 대통령의 깨단

* 깨단 없이 미래 없다.

21대 대통령의 깨단	496
깨단 주요 갈래	504
소비주의 고담준론(高談峻論)	508
천재일우(千載一遇), 소비주의 & '수수디산'	511
방향성 미몽(迷夢)과 통찰	512
암장된...절격차 기술과 종주국	514
수디신연, 동학전변, 소비주의...창세기 서사	516
송곳 모듈...낭중지추(囊中之錐)	517
청맹 이재명, 공약과 실용주의 한계	518
그리고 동학전변 깨단	

* 의망(擬亡)과 진망(眞亡)

여의주 전변체 확정, 이전과 이후	522
12.3 내란 진압...여의주 보유의 효(效)	523
외통수에 걸린 세계 경제	525
위미침체(萎靡沈滯)가 급전직하(急轉直下)로	528
의망(擬亡)과 전변(轉變)	531
동학전변 여의주치(如意珠治) 6년 후	533

* 통찰/예지/설파

통찰과 기다림	535
선행 물리와 후행 물리	536
성찰 없는 '빛의 혁명' 재탕	539
국민은 대속자	540
개찰흙/금치산자	541
꽝포 난사...혁명 무지	542
이대남...수평 DNA 생물학적 결핍	543
하룻강아지와 범...'찰흙'과 '구름'	545
명과 암의 교차...개딸과 청맹	546
트럼프, 미국 야수화는 '공멸주의' 선언	548
데나리우스와 시뇨리지...탐욕의 덫	550
소비주의 4년, 동학전변 6년	551

I.
총론(總論)

총론의 서문(序文)

창세기 전변(轉變)
두괄(頭括) 시놉시스 요약

2024년 개딸 전변인(轉變人) 출현과 초 절대성 여의주 전변체 확정되었다.

전변인은 불완전 두뇌의 인간이 완전성의 사회적 두뇌를 장착한 신생 인류이고

초 절대성 여의주(如意珠)는 다중성 심물질 응집에 따른 창세기 전변 도구다.

사람의 전변은 필시 세상 전변으로 이어진다.

개딸 전변인 출현 사태의 의미는 세상 전변의 명징한 시그널이다.

완전히 차원이 다른 전변 신세계로의 계단식 퀀텀점프는

인간이 상상해 온 경계의 극한을 가볍게 초월한다.

수직축 구세계가 수평축 신세계로 전변되는 창세기의 시작이다.

전변(轉變)은 본원적 성질의 변화다.

전변(轉變)은 수직축 구질서가 수평축 신질서로의 근원적 개벽이다.

혁명은 수직 체계 내에서의 노섬저(怒蟾觝) 게임의 무한 반복일 뿐이다.

인간과 세상 전변은 수평 유토피아로의 퀀텀점프 직행이다.

일만 년 수직 인류사 종식과 제2 수평인류사 시작의 분기점은

2024년 개딸 전변인과 초 절대성의 여의주 전변체 확정 시점이다.

2024년 4.10 여의주 확정부터가 창세기 원단(元旦)이다.

동학전변과 소비주의 및 수수디산의 수평 유토피아 창달은

막연한 꿈이 아니라 4년 이내에 가시화될 리얼타임의 현실이다.

소비주의 '소비자 중심의 경제 블록'은 신성불가침 영역이다.

소비자 누구나 경제적 자유와 해방을 만끽하는 마법의 경제다.

수직적 소수성의 자본주의는 강노지말(強弩之末) 한계로 붕괴를 피할 수 없다.

전변 2단계 소비주의 창달은 '구름' 수끌원 민중의 다중성 노하우가 보증한다.

수직축 끝단의 방향성 미망(迷妄)/혼미(昏迷) 상태는 수직축 붕괴의 전조(前兆)다.

만사휴의(萬事休矣) 속 위미침체(萎靡沈滯)는 강노지말(強弩之末) 한계의 반증이다.

위미침체(萎靡沈滯)는 급전직하(急轉直下)로 귀착된다.

수탈 자본주의는 소비주의 선순환 경제로 사멸한다.

극소수를 위한 수직 마천루는 허장성세(虛張聲勢)가 곧 뽀록난다.

운니지차(雲泥之差) '구름' 격의 개딸 전변인과 수끌원 민중은

전대미문의 제7원소 심물질(心物質)과 여의주 전변체 메커니즘을

2024년 봄에 창조/운용/실증을 완료했다.

여의주(如意珠)의 초 절대성은 인간 양심의 결사체 본연의 다중성의 위력이다.

청맹 '개진흙' 기득권의 전변 암장과 토사구팽과 관계없이
다중 깨단의 여의주는 소비주의 창달에 집체(集體)/투사(投射) 된다.

수직적 혁명은 노섬저(怒蟾岻) 씨름,
혁명이나 개혁은 '그 나물에 그 밥'의 무한 반복이지만
전변(轉變)은 인간과 세상을 본원적으로 개벽한다.
차원이 다른 초월 신세계로의 전변/초월/퀀텀점프다.

혁명적/수직적 가두리 고정관념을 버리지 못하는 청맹 기득권은
수끌원 '구름' 민중의 창세기 전변 사태를 가로막은 '개찰흙'이다.
청맹 개찰흙의 암장과 토사구팽 만행은 9년째 전변을 가로막고 있다.
본서를 통해 전변 사태의 깨단과 개딸 전변인(轉變人) 자각과
초 절대성 여의주의 실체적 진실을 인식하는 계몽이 체화되기를 바란다.
인류 멸절의 위기 앞에서 '구름'의 동학전변 솔루션은 유일한 해법이다.

한국의 '구름'은 세계의 '찰흙'을 거느린다.
초일류 국가 비상과 전변 허브 장악은 운니지차 '구름'의 몫이다.

본서 출간은 동학전변과 2025년 소비주의 효시 발사를 통해
개찰흙의 방향성 미망/혼미에 따른 금치산자 수준을 일갈/계몽하고
소비주의 경제적 전변의 적확한 푯대를 제시함으로써
정치적 개딸에서 경제적 개딸로의 실사구시 영리주의를 고무한다.
소비주의 창달은 본원적 천지개벽의 화룡점정(畫龍點睛)이다.
지옥계 세상을 천상계 세계로의 창세기 전변은
다중성 소비자 깨단에 의한 초 절대성 여의주의 초월적 위력이다.

소비주의 경제적 속박 해소는 인류의 고질적인 난치병 극복이다.
소비주의 7경제로 누구나 '경제적 자유와 행복'을 만끽하게 된다.
소비 행위만으로 소비 금액 이상의 수익을 누린다.

'소여경체(소비주의+여의주)'는 무한 일자리와 무한의 소득을 창출한다.
민간 스스로 연금/보험/복지책 구축이자 거부화/명예화 여정이다.
자본주의 수탈이 삭제되고 소비자 수익으로 환원되는 마법의 경제다.
창세기 천지창조는 소비주의 창달로 현체화(現體化)된다.

수평 디지털 신산업화(수수디산)는 디지털 문명의 사필귀정이다.
세계 민중의 수평 시대사조는 한국산 여의주에 내속(內屬) 된다.
가짜 뉴스 등 중앙화 디지털의 맹점은 수수디산으로 원천 해소된다.
가짜 인공지능 등 패권/탐욕적 전횡은 진짜 디지털의 여의주로 제압된다.
인공지능의 AGI/ACI 특이점의 공포는 초 절대성 여의주가 제압한다.
다중성의 초 절대성의 여의주는 신(神)도 AI도 가볍게 초월한다.
초 절대성 여의주를 이길 수 있는 존재는 없다.
탐욕적 AI, 로봇 등 가짜 디지털 첨단기술 일체는
수평 디지털 여의주에 의해 애완동물로 쓰인다.

마지막으로

한국산 다중성은 수끌원7에너지(구름에너지) 실체를 무한 생산한다.

한국 현대사 80년의 기적과 전변 성취는 구름에너지 생산력의 산물이다.

다중성 구름에너지가 제7원소 심물질과 초 절대성 여의주 창조의 본체다.

한국에만 실재하는 수끌원 인력 작용의 연쇄 폭발은 창세기 전변의 핵심 동력이다.

한국산 동학전변과 소비주의 그리고 수수디산은 '구름 국가' 비상을 당연시한다.

미국 등 '찰흙' 인류 전체는 수끌원 '구름' 민중이 절격차(絕隔差)로 거느린다.

창세기 전변론(轉變論)

제7원소 원고 마무리와 출간 임박 시점에 발발한 12.3 친위쿠데타로 출간이 미뤄졌다. 총론이 가필 추가되었고 각론의 2권은 추가로 발간될 예정이다. 2024년 4월 10일 여의주 확정 후 8개월 만에 윤석열의 12.3 내란과 사법 쿠데타 준동 등 도량발호(跳梁跋扈)가 난무했다. 여의주 전변체를 창조하고 확보한 나라에서 벌어진 전변 리트머스 실험의 결과는 그들의 의도와 다르게 전변을 홍보하는 불쏘시개 역할 또는 써치라이트 조명 기능으로 만족해야 했다. 윤석열과 김건희 부부 등 수직 기득권 무리는 창세기 전변에 광칠을 더했다. 12.3 쿠데타 실패는 전변인과 초 절대성 여의주의 위력을 감당할 수 없음의 증명이고 세계적인 수직축 궤멸의 신호탄을 쏘아 올렸다. 트럼프 재집권은 윤석열식 전변 불쏘시개와 조명의 반복일 뿐이다. 미국 트럼프의 야수적 행보는 전형적인 '찰흙'의 마지막 모습이다.

본서의 내용은 9년째 현실로 전개되고 있는 창세기 동학전변의 필연성과 정당성, 다중성에 의한 초 절대성의 여의주 전변 도구 창조 메커니즘, 소비주의 7경제 테라포밍 및 K-수수디산의 수평 디지털 문명화 현상을 통찰적 예지로 설파하고자 한다. 이는 필자 창안의 20년 시간파동 연구 결과와 9년 동안 일관된 통찰과 통섭, 온축과 천착의 집대성이다. 주제별로 얼개를 요약 설명하면 다음과 같다. 1) 개딸 전변인 신인류 출현 2) 불완전성의 인간이 완전성 전변 인간화 메커니즘 3) 다중성(多衆性)의 심물질과 여의주 창조 4) 다중성의 구름에너지 생산 능력의 역사 6) 수끌원 구름 에너지 연쇄 폭발에 의한 초 절대성의 발현 메커니즘 6) 수평성, 수끌원성, K-수평 디지털의 이종 간 수평 융합(촉매) 7) 수평축 유토피아로의 퀀텀점프의 이상적 천지개벽 8) 세계적인 수평 시대사조 조류와 한류 픽업/간택의 주류문화 성공의 비결 9) 한국 현대사 80년의 기적과 전변의 실체적 진실 ; 구름에너지 생산 능력 10) 마한의 불능선상제어(不能善相制御) 삼국지연의 평가 문장의 현대적 디지털 가치의 재해석 11) 한국 수끌원 민중의 운니지차(雲泥之差) '구름'의 다중성과 '찰흙'의 소수성 해석 12) 다중성 의 초 절대성에 의한 창세기 전변의 당연성 13) 수수디산(수끌원성, 수평 디지털의 신산업)의 진짜 디지털 종주국 비상 14) 수끌원 절대 법칙과 마음 물리학 태동 등등을 각 주제별로 설명하고자 한다.

전혀 새로운 차원의 수평 패러다임에 의한 창세기 전변 사태는 한국 수끌원 '구름' 민중만이 현체화(現體化)로 실현할 수 있다. 동학전변(東學轉變) 신세계 유토피아는 다중성의 인간 양심의 결사와 구름에너지 생산 능력으로 가능하다. 세계사에서 유례가 없는 한국의 수평 정체성과 정통성은 적어도 반만년 이상 유지되어 온 절격차(絶隔差) 수준의 독보성이다. 한국의 개딸과 수끌원 민중은 운니지차(雲泥之差) 유일무이한 '구름'으로서 나머지 '찰흙'을 계몽하고 지도한다. 창세기 동학전변과 소비주의 창달 및 수수디산 승화는 한국산 '구름' 수끌원 민중의 인적 자산과 구름에너지로 실체화된다. '구름'이 앞장서면 '진흙'은 따를 수밖에 없다. 차원이 다른 전변 신세계로의 순간 집단이주의 계단식 퀀텀점프는 다중성의 인간 양심 결사의 힘이다. 9년 전 촛불집회의 '마음의 유형화'에 의한 심물질 창조부터 시작해 2024년에 확정된 전변인과 전변 도구 확정 스토리는 정치적 범주였지만 2025년 본서 출간부터 실사구시 소비주의 경제적 영역의 전변을 시작한다. 소비주의는 인류의 고질적인 불치병이었던 경제적 속박의 굴레가 근원적으로 해소/초월/전변한다. 소비주의는 다중성(多衆性) '구름'의 구름에너지 생산이 창조한 마법이다. 최조의 개딸 전변인(轉變人)/신생 인류는 흠숭해야 할 살아있는 절대지존이다. 동학전변에 의한 제2의 수평인류사 개문발차와 제2의 천지창조 사태는 우주적 신기원이다. 최근 9년 동안 천착해 온 통찰/예지/설파대로 2024년 봄, 개딸 '나비인류' 등장과 초 절대성 여의주 메커니즘이 확정되었다. 이는 2006년에 발표한 필자의 T14파동론에 근거한 시간 파동론의 기초 위에서 성립된 통찰과 예지의 적중이라 감회가 크지만, 기필코 창세기적 전변으로 귀결될 대서사의 시작에 불과하다. 개딸 전변인이 원하는 절대 희망 세계는 저절로 찾아오지 않는다. '구름'은 '찰흙'의 구원자이자 창조주다.

2024년 12월 내란 후 개딸 신생 인류와 여의주(如意珠)가 국회 앞 시위에 출격했고. 이후에 벌어진 탄핵 과정, 사법 쿠데타 등 상황에 수없는 쏘티(sortie)를 반복했다. 개딸 신생 인류와 초 절대성 여의주의 위력의 맛과 향을 세계인에게 시전(施展) 했다. 여의도, 광화문, 남태령, 한남동, 안국동 등에서 창세기 전변 퍼포먼스는 세계인에게 깊은 인상을 남겼다. 혹한의 겨울에 아스팔트에서 펼쳐진 응원봉과 키세스는 전변 퍼포먼스의 백미(白眉)였다. 국내에서는 초월적 개딸 양태를 선사함으로써 자신들 뒤에 있는 여의주의 초 절대성을 인정해 달라고 호소했다. 8개월 전에 청맹 더불어민주당으로부터 토사구팽을 당한 아픔이 큰 상태였지만 다중성의 불멸성과 무한성의 위력은 추호의 변함이 없었다. 개딸 젊은 여성들의 압도적 역량과 열정에 많은 사람이 놀라고 감사해하지만, 청맹 더불어민주당은 개딸이 품고 있는 초 절대성의 여의주와 동학전변(東學轉變) 현체화(現體化) 프로토콜을 방해하는 작태를 9년째 지속하고 있다. 미상불(未嘗不) 개딸 동학전변의 퍼포먼스는 '빛의 혁명'으로 둔갑/호도되었고 2017년 '촛불 혁명'처럼 한순간에 혁명 도구로 전락했다. 혁명은 수직적 행태의 반복이지만 전변은 완전한 수평축을 지향하는 이상적 천지개벽이다. 혁명 지상주의자들의 해석 오류 재탕은 지독한 청맹과 오만의 극치다. 개딸 전변인(轉變人)과 초 절대성의 여의주는 당랑거철(螳螂拒轍) 사마귀의 패악질을 낱낱이 아카이빙(저장) 하고 있다.

소비주의…다중성 괴력 ⟶ '구름' 창세기

2017년의 암장과 2024년의 토사구팽 그리고 12.3 전변 퍼포먼스는 확연하게 그 의미가 다르다. 2025년 현재는 2024년 여의주 전변체 메커니즘이 확정된 상태이므로 수끌원 민중 스스로 다중성의 여의주 전변 도구를 활용해 다중성의 위력을 발현할 수 있다. 전변 1단계 확정 이전과 이후의 차이는 다중성 메커니즘 보유의 차이다. 지금은 하시라도 전변 2단계 소비주의를 시작할 수 있다. 전변을 가로막고 있는 사마귀 떼나 청맹 세력의 방해와 무관하게 다중성의 초 절대성의 괴력으로 소비주의를 완성할 수 있다. 소비자의 깨단과 계몽에 따른 소비주의 체현화 당위, 수직축의 한계 상황 절감은 누구나 알고 있는 주지의 사실이지만 뾰족한 대안을 찾지 못하고 있다. '구름' 한국의 다중성에 의한 개딸과 여의주는 궁극의 솔루션이다. 소비주의는 다중성에 의한 소비자 중심의 독립 경제다. 소비주의 선순환 경제는 자본주의적 수직적 수탈이 원천적으로 차단된다. 수탈이 배제된 청정수익은 소비자에 의한 소비자를 위한 소비자의 수익으로 회귀한다. 소비자는 소비 행위만으로 월 소비 금액 대비 100% 이상의 수익을 향유하고 소비시장의 폭풍 성장의 과실을 온전하게 만끽하게 된다. 소비주의의 경제적 효는 민간 스스로 창출하는 연금제도이고 보험이며 복지제도의 구조화가 기본이다. 마법의 경제는 다중성 심물질과 여의주에 의한 창세기 메커니즘이다.

소비주의 7경제는 인간 양심 다중성의 결사이므로 신성불가침 이상의 초 절대성의 경제다.

여의주 만사뇌(萬社腦)는 다중성(多衆性)의 궁극체다. 초 절대성의 여의주는 인간 마음이 미치는 모든 곳에 다양한 형태로 수억 조개 이상의 사회적 두뇌(만사뇌)를 생성하고 그 전체가 하나의 유기체로 기능한다. 인간 마음의 결사체 메커니즘 확정(전변 1단계 확정)에 따른 여의주(만사뇌) 전변 도구의 확정은 장소와 대상을 가리지 않고 인간과 세상의 모든 것, 모든 곳을 전변한다. 다수의 다중성 시대 개막이다. 전변 1단계 확정은 다중성 메커니즘에 의한 전변화 모듈의 확정이다. 여의주 모듈 확정은 만사뇌 여의주 개연성 증명이다. 2024년 봄 여의주 창조와 12.3 내란/탄핵 진압 등 개딸과 여의주의 정치적 활약상과 효능감은 만사뇌 전체 기능 중 빙산의 일각에 불과하다, 개딸 전변인의 출현과 여의주에 의한 '구름'의 정치적 다중성 시대 개막과 효능감은 창세기 전변의 구체성을 확인할 수 있는 이정표적 사태다. 2025년 본서 출간으로 시작되는 소비주의 효시 발사는 개딸 전변인과 여의주에 의한 다중성의 전지전능을 실질적인 경제적 전변의 새로운 폿대 설정이자 전변 만사뇌 전면화를 의미한다. 다중성의 초 절대성 창조 메커니즘은 심물질 고유의 수끌원 연쇄폭발로 불멸성과 무한성을 계속한다. 전변 2단계의 다중성에 의한 경제적 전변은 1단계 다중성에 의한 전변 도구 확정 연장선의 프로토콜이다. 다중성의 심물질과 여의주가 씨앗이 발아된 상태에서의 성장이므로 다중성에 의한 전변화 창대함의 끝은 짐작도 어려운 차원이 다른 창세기의 출현이다. 다중성의 성장은 수평 디지털의 수끌원 융합이므로 빠르고 거셀 수밖에 없다. 소수성의 수직축 지옥계가 다중성의 수평축 천상계로의 전변이 계단식 퀀텀점프가 가능한 이유다. 소비주의(다중성에 의한 소비자 독립경제) 푯대는 다중성의 개딸 전변인과 여의주에게 새로운 동기부여와 지향성의 발화점이다. 개딸 전변인과 여의주 본연의 위대한 다중성의 참 가치를 개딸도 여의주도 깨닫지 못하고 있다. 다중성의 참 가치는 창세기 전변이다. 본서의 역할은 다중성의 참 가치를 실사구시로 연결함으로써 누구나 다중성의 위력에 의한 창세기 전변 현체화(現體化)의 길을 안내하는 것이다. '수디신연(수평 디지털의 신 연결성)' 신 순환계 형성은 다중성의 신 패러다임이다. 소비주의 테라포밍은 다중성의 초 절대성 위력을 대중화/전면화하는 결정적 기회다. 경제적 이슈만큼 강력한 이슈는 없다. 전변 1단계 다중성 메커니즘의 확정에 따른 전변 2단계 다중성의 대중적 폭발력은 창세기 전변 현체화의 인과관계(因果關係)와 수미상관(首尾相關)이 명확하다. 다중성 시대는 '구름' 수끌원 민중에 의해 9년 전 촛불집회 때부터 싹을 틔워 2024년 여의주 모듈 확정으로 비가역적 창세기를 향해 달려가고 있다. 2025년 소비주의 효시 발사는 다중성 대중화의 도화선이다.

다중성 여의주의 정치적 성취감은 손에 잡히는 현실적 효과가 없지만 '절대 희망' 도구 창조를 통해 새로운 자신감이 충천한 상태다. 다중성 첨두에 있는 프레카리아트의 개딸 전변인의 지옥계 현실은 여전히 배고프고 춥다. 배고픈 승냥이가 스멀스멀 다가오는 먹거리의 피 냄새를 거부할 이유가 없다. 지옥계 천라지망에 갇힌 대부분의 인류도 예외 없이 경제적 속박의 해방을 갈구한다. 경제적 전변에 따른 '경제적 자유와 행복' 쟁취는 다중성의 초 절대성 여의주로 집결로 향유케 된다. '구름'의 소비주의는 '찰흙'을 깨단시키고 계몽하여 다중성의 위력을 전면화/보편화/일상화한다. 한국의 '구름' 다중성 발현 노하우는 창세기 전변의 근원이다. 수끌원성 연쇄 폭발력을 대중적으로 증폭시켜 다중성의 압도적 불멸성과 무한성의 실체를 보편적 질서로 바꾼다. '구름' 다중성 체계화 확정(전변 1단계 완료)의 노하우는 비가역성으로 인해 결대로 사라지지 않는다. 개딸과 수끌원 '구름' 민중은 자전거 주행법을 마스터한 상태다. 소비주의 창달은 다중성의 초 절대성 메커니즘이 추동하고 보증한다. 지금, 이 순간에도 구름에너지의 연쇄 폭발은 질풍노도의 기세로 그 내적 에너지를 초고속으로 키우고 있다.

소비주의는 자본주의 진멸(殄滅)을 전제한다. 수탈 자본주의는 악의 질서다. 소수성의 악의 질서는 다중성으로 궤멸한다. 수직축 붕괴는 사필귀정의 필연이다. 소비주의로 자본주의가 무너지는 것이 아니라 수직축 붕괴의 강노지말(強弩之末) 한계에 따른 자연 소멸이다. 다중성에 의한 개딸 전변인의 출현과 여의주의 초 절대성은 소비주의 '소여경체' 투사/투신으로 전변계 유토피아 창조에 결정적 요인이다. 초 절대성의 여의주는 다중성으로부터 발원된 전지전능한 무소불위의 절대 권력이다. 다중성에 의한 동학전변과 소비주의 그리고 수수디산 여정은 누구도 막거나 저항할 수 없다. 다중성의 위력이 개딸 신생 인류 전변인(轉變人)화의 줄탁동시(啐啄同時)를 완성했고 다중성의 수평/수끌원 융합의 꽃이 초 절대성의 여의주를 창조할 수 있었다.

다중성에 의한 심물질과 여의주의 초 절대성은 인간이 상상해 온 극한의 경계를 가볍게 초월한다. 다중성(多衆性)의 위력은 한국 수끌원 '구름' 민중의 구름에너지 생산/응용/성과에 의한 민주화/산업화/사회화/문화강국화/선진국화는 물론이고 제7원소 심물질에 의한 초 절대성의 여의주 전변체를 2024년 봄에 확정했다. '구름'은 '찰흙' 전체를 거느리고 지배한다. '찰흙'은 다중성 수끌원 구름에너지를 생산할 능력이 없는 모든 인간과 인류를 말한다. '찰흙'은 다중성 보다 소수성의 패권과 탐욕에 올인해 왔고 수직축 질서를 극단화시켜 극한의 지옥계 삶과 인류 멸절의 멸세화를 가속하고 있다. 미국을 포함한 '찰흙' 세계 제국의 세계 민중은 '구름' 수끌원 민중의 지배를 고대하고 있다 할 수 있다. '찰흙'의 한계는 찰흙 스스로 충분히 인지하고 있다. 수직적 해법으로는 어떤 방법도 통하지 않는 만사휴의(萬事休矣) 상태다. 세계인의 한류 픽업/간택의 함의는 '구름'에 대한 추앙이다. 한류의 주류화 현상은 수평 패러다임에 의한 새로운 돌파구를 갈망하는 세계인의 호소다. '구름'은 '찰흙'이 상상하고 기대하는 것 이상의 본원적 해법을 창조했고 운용했고 극한의 조건에서 완벽 이상의 실증을 완료했다. 세계 민중과 한국 민중의 본원적 성질의 차이는 다중성의 구름에너지 생산 능력의 차이다. 이는 카피할 수 없는, 극복할 수 없는 '구름'과 '찰흙'의 성질의 차이다. 국내 소수 개찰흙이 자신들의 한계를 인정하고 깨단하면 '구름'에 의한 동학전변과 소비주의 그리고 수수디산의 창달은 빨라질 수 있겠지만 개찰흙의 깨단은 생각보다 쉽지 않을 수도 있다. '구름' 민중의 능력치는 100 이상인데 개찰흙은 10도 안 되는 능력으로 전변을 가로막으면서 권력 놀음에 심취해 희희낙락하고 있다. 한국 현대사 80년의 기적과 전변의 믿을 수 없는 성공의 역사는 다중성에 의한 구름에너지 생산 능력의 창세기 전변을 보증하는 명징한 증거다. 현생계 인간 두뇌와 양심 능력을 5%라 할 때, 개딸 전변인(轉變人)의 완전성 두뇌와 양심 결사의 다중성의 위력은 최소 55% 이상이다.

모든 산업/소비/유통의 전변(轉變)

전기전자, 자동차, 건설, 통신, 유통, 운송업, 관광, 항공, 무역 등 모든 경제 영역이 상생 소비주의로 일거에 전변된다. 소비주의는 전변(轉變) 1단계 확정의 광배가 보증하고 추동한다. 한국의 구름 개딸과 수끌원 민중이 선도하고 지배한다. 수끌원성 유폭(誘爆)에 의한 다중성 전변의 위력은 2025년부터 정치 영역에서 경제 영역으로 전이되어 인류의 삶을 피안의 세계로 이끈다. 수끌원성의 불비불명(不飛不鳴)은 끝났다.

소수적/수직적/수탈적 자본주의 퇴출은 필연이다. 다중적/수평적/상생적 패러다임 전환은 이상적 천지개벽의 구체성이다. 인류는 소비 동물의 삶을 끝내고 소비인간의 삶을 구가한다. 소비주의에 의한 '경제적 자유와 해방'은 인류를 퀀텀점프(전변) 한다.

소비주의와 수수디산 그리고 다중성(多衆性) 여의주의 창조적 융합은 창세기 동학전변(東學轉變)의 본체다. 한국은 수평 유토피아를 현체화(現體化)하고 전변계(轉變界) 허브를 창조/운영/지배할 절격차(絶隔差) '구름' 국가다. 운니지차 수끌원 '구름' 민중은 전변계 허브의 핵으로써 천상계의 정신과 물질 그리고 운영체계를 영속적으로 지배한다. '찰흙'과 '구름'의 수평성 시간의 갭은 무려 7천 년이다. 개딸 전변인(轉變人)과 초 절대성의 여의주 메커니즘은 흠숭(欽崇)해야 할 동학전변의 절대 지존(至尊)이다. 동학전변은 수평 홍익인간 정신에 의한 창세기 전변이다.

동학전변(東學轉變)

1894년 동학혁명은 아날로그의 제약조건으로 실패했지만 130년 만에 부활한 21세기 동학전변(東學轉變)은 개딸 전변인(轉變人) 출현과 심물질과 여의주 전변체 도구 창조와 수평 디지털 재창조의 운니지차 구름 능력으로 성공이 보증된다. 혁명과 전변의 차이는 혁명으로는 창세기를 열 수 없기 때문이다. 창세기적 제2 수평 인류사는 다중성(多衆性)에 기초한 수평축의 신질서다. 다중성은 다수 인간의 양심 결사의 효다. 인간 마음 유형화의 효는 창세기의 본체다. 다중성에 의한 초 절대성의 여의주(如意珠)는 동학전변 및 퀀텀점프의 핵심 엔진이다. 운니지차(雲泥之差) 수끌원 민중의 선한 의지 결사에 의한 2024년 여의주 전변체 확정은 세계 민중의 수평 시대사조의 지향성을 포괄하는 수끌원성 연쇄 폭발에 의한 초월적/전변적 메커니즘의 실제화다. 초 절대성의 여의주 전변체 도구는 창세기 전변 현체화(現體化)의 결정적 도구다. 130년 전 동학혁명 때와는 차원이 다른 동학전변의 창세기적 천지개벽은 전적으로 수끌원 '구름' 민중 다중성에 의한 수평성의 서로 끌어당심성 원리(수끌원)의 연쇄 폭발의 효다. 동학전변과 소비주의 그리고 수수디산은 하나부터 열까지 한국 수끌원 '구름' 민중의 능력으로 실현된다.

이상적 천지개벽(天地開闢)

전변은 이상적 천지개벽이다. 인간과 세상의 본질을 변성하는 본원적 천지개벽이다. 인간 불완전성의 두뇌를 완전성의 사회적 두뇌(두사뇌 여의주)로 전변(변성)하고 수직축의 지옥계 세계를 수평축의 천상계로 퀀텀점프한다. 수직축의 한계 상황은 붕괴/종식을 피할 수 없다. 창조적 파훼는 인류의 생존과 번영을 라그랑주 포인트로 집단이주 시키는 전변화의 필수 전제조건이다. 인간 양심의 '수보마묶(수평하고 보편한 마음의 묶음)'은 제7원소 심물질의 본령이다. '수보마묶'의 다중성은 수끌원 작용의 수끌원7에너지 연쇄 폭발에 의한 빅뱅을 이끌었고 여의주 전변체 메커니즘의 초 절대성 창조의 본질이다. 다중성에 의한 초 절대성 생성의 위력은 인간이 상상해 온 극한의 이상성의 한계를 가볍게 초월한다. 다중성(多衆性) 시대 도래가 이상적 천지개벽의 창세기 전변이다.

다중성에 의한 여의주의 초 절대성은 어떤 종교의 신도 가져보지 못한 절대적 위상이다. 인간의 착한 마음의 결사로 창조된 다중성에 의한 초 절대성 여의주는 전지전능한 초월적 마법의 본체다. 동학전변의 효는 인간과 세상을 정성적으로 전변/변성(變性)한다. 불완전성의 인간 두뇌는 완전성의 두사뇌(인간의 두 번째 사회적 두뇌)로 변성함으로써 지옥계 세상을 천상계 세계로 전변한다. 소수성의 패권과 탐욕에 의한 지옥계의 수직축 붕괴는 사필귀정의 필연이다. 수직적 혁명은 아무리 반복해도 수직적 카테고리 안에서 '그 나물에 그 밥'의 무한 반복이지만 전변은 인간과 세상을 비가역적 변성과 전변으로 퀀텀점프하는 창세기를 연다. 동학전변은 인류 멸절의 공포를 차단/제거하고 본원적 변성으로 항구적인 평화와 번영을 영속하는 창세기 제2의 수평인류사 및 제2의 천지창조다. 인류는 다중성의 전변 없이 미래를 기약할 수 없다.

운니지차(雲泥之差) '구름'

필자의 전변론(轉變論)의 본체는 한국의 개딸과 수끌원 민중의 운니지차(雲泥之差) '구름'의 능력을 바탕으로 한다. 운니지차(雲泥之差)는 '구름'과 '찰흙'의 성질과 성분의 차이이므로 차원이 다른 존재로 인식되어야 한다. 한국의 운니지차 '구름'이 창조한 제7원소(심물질) 및 여의주(전변체) 도구는

2024년 봄에 창조/운용/검증을 마친 상태이므로 8개월 뒤에 벌어진 윤석열 재앙의 군사/친위/사법쿠데타 시리즈의 도발과 준동을 초월적 에너지로 진압할 수 있었다. 혹자는 자신들의 정치적 성과로 호도하지만 개딸 전변인과 여의주 전변체 시스템이 확보되지 못했더라면 결과는 크게 달랐을 것이다. 전변 1단계 여의주 메커니즘이 확정되지 못했다면 동학전변의 리트머스 실험 은 보통 '진흙' 국가의 참담한 양태로 진행되고 말았을 것이다.

'구름' 수끌원 민중을 위대한 국민으로 표현하기에 태부족하다. 초 절대성 수끌원 '구름' 민중은 여의주 전변체를 창조하고 보유한 초 절대성의 민중이다. 전변 1단계 완성은 동학전변에 필수적인 인적/기술적 도구의 확정이다. 동학전변의 창세기의 시작은 미래의 가설이 아니라 현재 진행형의 현실이다. 2025년 본서의 실사구시 소비주의 효시 발사는 '구름' 수끌원 민중 스스로의 자발적 동학경제(전변)의 개문발차다. 개딸 전변인과 수끌원 '구름' 민중은 동학전변에 대한 이론적/논리적 정의와 개념 설정이 미진할 뿐 머리로 깨닫고 몸으로 깨우쳐 일상으로 체화된 상태다. 구름에너지 생산력의 노하우가 충분히 내재 된 초 절대성의 '구름'이다. 본서를 통해 소비주의 창달(暢達)의 폿대 설정에 따른 다중성의 동기부여로 새로운 지향성에 대한 이정표적 변곡이 형성될 것이다.

개딸 전변인(轉變人)과 수끌원 민중은 여전히 배가 고프고 춥다. 인류사의 영원한 난치병, 경제적 속박의 종양을 치료할 수술법이 소비주의 경제다, 전변 1단계 확정의 초석은 1년 동안 각종 실험 리트머스를 통해 확고부동한 다중성의 연쇄 폭발의 전변 인프라를 공고히 구축한 상태다. 토사구팽이 없이 여의주 확정 사태를 모두가 인식했더라면 더 빠른 창세기 전변이 시작되었을 테지만 역사의 가정만큼 어리석음은 없으므로 중언부언할 필요가 없다. 더 빠르고 본원적인 전변 2단계로의 실사구시에 따른 마법적 소비주의 창달이 가능한 조건이다. 4년 이내에 소비주의 창달과 6년 내 여의주치(如意珠治) 도달은 불변이다. 세계 '찰흙'의 선망과 기다림은 '구름'을 향한 타는 목마름으로 바뀐 지 오래다. 한류 인기는 단순한 문화 현상이 아니라 창세기 전변 기대감이다. 수평성에 의한 미래적 코드를 세계인의 시대사조가 깨닫고 있다. 개딸의 여의도 퍼포먼스와 키세스 문화 그리고 윤석열 등의 준동을 제압한 일련의 민주주의 복원력 뒤에 여의주 메커니즘의 광배(아우라)를 눈치 빠른 '찰흙'들은 느낌적인 느낌으로 파악하고 있다. 전변 1단계가 정치적 프로토콜로부터 비롯된 전변화 도구 확정과 현장 테스트 과정이었다면 2단계는 실사구시적 '경제적 자유와 해방' 프로토콜의 절차만 남았다.

K-수평(진짜) 디지털의 '수수디산' 종주국
한국만 가능한 '구름에너지' 생산

제7원소 심물질과 여의주 전변체 창조는 한국의 수평 DNA 정체성과 정통성 고유의 파워다. 수평성 민중에 의해 반만년 이상 담금질 된 운니지차 수끌원성은 21세기 디지털을 만나 붕정만리(鵬程萬里)의 붕새의 날개를 달았다. 수천 년 시간의 축지법의 결정체가 동학전변이다. '소버린 K-수평 디지털'은 수평 디지털 문명의 발원이자 새로운 표준의 전형이다. 진짜 디지털 신산업은 반드시 수끌원 민중의 참여가 절대적이다. 다중의 수끌원성은 수평 디지털 메커니즘에 절대적 요소다. 한국 이외의 나라에서 수평 디지털의 (소버린) 싹이 발아되지 못하고 있는 이유다. 하지만 안타깝게도 주체적이고 독립적인 수평 디지털 생태계의 싹은 아직도 땅속에 매장된 상태다. 파묘와 수수디산 승화는 절실한 당면과제다. 영광된 쉽고 빠르고 적확한 길을 외면하는 청맹은 방향성의 미망 상태를 벗어나지 못하고 있다. 디지털은 본디 수평성이다. 수평화 디지털의 수렴과 내속(內屬)은 전변화 과정이다. '소버린 K-수평 디지털'은 2017년 이후 여전히 암장(暗葬) 된 상태 그대로다. 한국의 다중성에 의한 수끌원성과 수끌원7에너지(구름에어지)는 극 희귀 보석(물질)은 창세기 전변의 핵심 요체다.

수끌원 민중과 수끌원7에너지(구름에너지) 생산 능력은 한국에만 실재하는 '구름'만의 독보적 역량이다. 한국은 가짜 디지털을 진짜 디지털로 전환할 수 있는 유일한 나라다. '소버린 K-수평 디지털'은 한국이 넘사벽 종주국이므로 타 제국 모두는 일핵다동(一核多同) 구조에 적응할 수밖에 없다. 일핵다동은 세계 민중이 선호하고 선망할 수밖에 없다. 수수디산은 수끌원 구름에너지가 필수이므로 한국만이 가능한 수평 디지털 신산업이다. 한국은 수평 디지털 문명화의 '구름'이다. '구름'은 초월적 점유와 압도적 지배를 구조화한다. 지금의 구글과 마이크로소프트 등의 기업 일체는 한국식 수평 디지털 기업으로 간판을 교체하게 된다. 가짜 디지털의 과도적 유효기간은 만료되고 있다. 중앙화 디지털의 가짜 뉴스 창궐에 따른 사회적/정치적 홍역의 맹점은 수평화 디지털로 원천적 해소가 이뤄진다. 쾌도난마(快刀亂麻) 보다 강력한 본원적/원천적/근원적 해소다. 진짜 디지털의 수수디산은 소비주의 테라포밍에도 크게 이바지한다. 수수디산과 소비주의 그리고 동학전변은 수평 패러다임 요소들의 다른 과실일 뿐이다. 수수디산의 토대 위에서 수평축의 세계가 재설정된다. 진짜 디지털은 '구름' 디지털이다.

개딸 전변인(轉變人)의 절대권력

개딸 전변인(轉變人)은 헬조선 프레카리아트 계급의 당사자로서, '소버린 K-수평 디지털' 사이보그 기린아로서, 다중성의 페로몬 소통을 통해 스스로 깨단한 선각자로서, 수끌원성 적통자로서, 수끌원7에너지 생산력 총아로서, 스스로 줄탁동시(啐啄同時)에 성공한 살아있는 신화다. 촛불 시민의 제7원소 심물질을 파묘/발굴해 여의주 전변체로 승화시킨 전설이다. 개딸 전변인은 여의주 전변체를 창조한 불세출의 발명가다. 초 절대성 전변체 창조는 창세기 신기원의 핵심 중의 핵심이다. 다중성 마음의 결사로 창조된 초 절대성 여의주는 전지전능하고 무소불위한 절대권력이다. 절대권력은 현생 인류를 신생 인류로, 수직축 지옥계를 수평축 천상계로, 자본주의를 소비주의 창달로, 경제적 속박을 경제적 자유로, 중앙화 디지털을 수평 디지털(수수디산)로, 패권과 탐욕의 소수성(소수를 위한) 질서를 상생과 공생의 다중성 질서로 창세기 전변한다. 이상적 천지개벽은 다중성의 절대권력만이 행사할 수 있다. 여기서의 다중성은 수평하고 보편한 마음의 묶음(수보마묶)과 수끌원 작용에 따른 다중 마음의 결사이므로 편향적이거나 경도되지 않은 인간의 보편성과 상생성을 전제한다. 개딸 전변인의 출현은 불완전성의 현생 인류가 완전성의 신생 인류로의 전변이다. 사람이 바뀌면 세상 전변은 자동으로 후속된다. 전변인의 절대권력에 의한 이상적 천지개벽은 사필귀정이다. 전변인은 창세기 전변의 핵심 주체이자 객체로 군림한다. '구름' 개딸 전변인의 절대권력은 소비주의를 통해 막대한 부와 명예를 보상받는다. 개딸 전변인을 토사구팽한 청맹 개찰흙의 죄악은 창세기 전변의 심판을 피할 수 없다.

'구름' 개딸 절대권력은 다중성 여의주 메커니즘 고유의 산물이다. 개딸의 무구한 마음의 결사와 '소버린 K-수평 디지털'의 사이보그 능력 그리고 수끌원 작용 및 수끌원7에너지 연쇄 폭발에 의한 수평성 융합체가 여의주 메커니즘의 실체적 진실이다. 2025년 제7원소/여의주 본서 출간으로 정치 영역의 초월적 절대권력이 경제 영역으로 투사/투신한다. 소비자에게 향하는 영리주의와 독립 경제 효능감은 상상 이상의 변화를 이끈다. 경제의 주체가 자본에서 소비로 바뀜이고 자본가에서 소비자로 경제주체가 바뀌고 악순환의 수탈구조가 선순환의 청정수익으로 바뀐다. 경제적 패러다임의 변화는 창세기 전변의 핵심이다. '절대 희망'의 세상은 소비주의 7경제 전변으로 완성된다. 소여경체(소비주의와 여의주 합체를 통한 상생 경제 공동체)를 통한 무한의 일자리와 무한 소득 창출의 경제 모델은 한국의 '구름'만이 만들 수 있다. 구름에너지 생산 능력은 '구름' 수끌원 민중만이 보유하고 있음이다. 소비주의 창달은 구름 민중의 낭중지추(囊中之錐)의 '송곳 모듈' 제작/보급으로 실제화된다. 개딸 전변인과 수끌원 민중에게 소비주의 창달은 어렵지 않다. 신나고 즐거운 환희의 여정이다. 어렵거나 까다로움이 없다. 9년 동안 계속되어 온 일상대로 경제적 프로토콜에 대입하면 충분하다. 윤석열과 김건희마저 전변을 비추는 조명으로 또는 전변 불쏘시개로 이바지(?)한 바 있다. 정치보다 경제는 현실적 영리주의 구현이므로 직접적 효과로 인해 그 파급력과 폭발성의 크기는 상상 이상일 것이고 연쇄 폭발력을 지수적으로 팽창하게 된다. 소비주의 '경제적 자유와 해방'은 전적으로 소비자 중심의 블록 경제(소비주의)의 선순환 상생 고리 생성의 효다. 소비자 청정수익은 수탈 자본주의 배제의 효다. 소비주의를 신성불가침 영역으로 보호하고 감시/감독하고 지배하는 시스템은 '구름'의 초 절대성 여의주가 전담한다.

청맹 노섬저(怒蟾䑕)

청맹 더불어민주당의 '촛불 혁명' 정의의 해석 오류는 윤석열 재앙을 배양시킨 원죄의 본질이다. 2024년 이재명의 '빛의 혁명' 정의는 크나큰 오류의 재탕이다. 인류 전체에 대한 '진흙' 전체에 대한 씻을 수 없는 죄악이다. 오류의 반복과 재탕은 수직적 관념에 쩔은 '개찰흙'의 금치산자 인증이다. 전변을 가로막고 있는 사마귀(당랑거철) 작태는 인류 전체의 '절대 희망'을 묻어버리는 무지의 만행이다. 운니지차 '구름' 수끌원 민중은 전변(轉變) 수준인데 '개찰흙'은 혁명 가두리 노섬저(怒蟾觝, 성난 두꺼비 간의 승부가 나지 않는 씨름)를 즐기며 혁명 놀이/권력 쟁취에 희희낙락 중이다. 전변화 방향성에 대한 미망/섬망/혼미/오류의 후과는 제2, 제3의 윤석열 재앙을 함의일 수 있다. 혁명이 아니라 전변의 시대다. 소수성의 시대는 갔고 다중성의 시대다. 일반성의 시대는 끝났고 초절대성의 시대가 도래했다. 개찰흙은 전변화/심물질/여의주/수끌원성에 대한 주체적이고 독립적인 인식적 철학이 없고 세상에 대한 공부/탐구가 고시공부 암기력 수준에 갇혀있다. 국내의 기득권이 방향성의 미망과 오류를 극복하지 못하는 이유는 위정자와 정치집단 등 기득권 전체가 사대적 노예근성과 선민의식 그리고 혁명 지상주의의 가두리를 벗어나지 못하기 때문이다. 그들은 수직축 붕괴와 함께 새로운 전변의 뒷물에 밀리면 영원히 설 자리가 없다. 2024년 봄 여의주 전변체 확정이전의 세계와 이후의 세계는 확연히 다르다. 다중성의 전변 리얼스토리는 윤석열 내란의 조명으로 선명하게 부상하고 있고 본서의 소비주의 효시 출간으로 경제적 전변의 실사구시가 가시화되는 변곡점에 이르렀다. 창세기 전변의 서사를 암장하고 토사구팽하면서 9년째 가로막아 온 이재명이 대통령에 당선되었다. 대통령의 깨단은 요원해 보이지만 그의 뛰어난 학습능력이 본서를 통해 깨단의 전기로 작용하기를 기대한다. 전변인과 초 절대성의 여의주는 청맹 사마귀의 만행을 낱낱이 저장하고 있다. 수직을 버리고 수평을 취하지 못하면 심판당한다. 수평은 수직을 제압한다.

출간의 변

필자는 9년 전 촛불집회 때, 촛불 시민의 심물질 창조 사태를 목격하고 다중성에 의한 '수보마뮥'과 '소버린 K-수평 디지털' 및 수끌원7에너지 융합의 전변(초월) 사태가 도래할 것임을 통찰/예지하고 설파해 왔다. 암장(暗葬)으로 강제 휴지기(休止期)를 겪었지만, 다중성의 불멸성은 2022년 개딸 사이보그에 의해 극적으로 화려하게 부활했다. 급기야 오랜 시간 확신으로 기다려온 온 여의주 전변체 메커니즘(전변 1단계)이 2024년 봄에 확정되었다. 이는 전변 2단계 소비주의(소비자 중심의 독립 경제) 테라포밍이 2025년부터 시작될 수 있는 초석의 완성이었다. 필자가 전변 사태의 흐름을 통찰하고 예지하고 확신할 수 있었던 이유 또는 적중할 수 있었던 이유는 기본적으로 디지털 문명 본연의 수평성과 수끌원 민중의 운니지차(雲泥之差) '구름'의 위상을 익히 알고 있던 상태에서 '소버린 K-수평 디지털'에 의한 창조적 융합에 따른 제7원소 심물질 빅뱅의 창조 과정을 목격했기 때문이다. 또한 필자가 창안한 T14 시간파동론 해석에 근거한 인류 멸절의 위기에 대한 본원적 해법에 부합했기 때문이다. 카산드라의 저주같은 과정을 겪었지만, 다중성에 의한 초 절대성의 여의주 위력으로 동학전변과 소비주의 창달 및 수수디산의 도래를 확신하는 이유다. 다중성에 의한 창세기 출현은 디지털 본연의 수평성 수렴의 참 의미와 한국 수끌원 민중의 구름 능력의 이상적 도킹에 따른 필연이다. 필자의 통찰에 있어 주술적/주역적 해석은 전혀 없다.

한국의 역사는 수끌원 정체성과 정통성에 기초한 '구름'의 역사다. 한국 현대사 80년과 한류 인기 등은 모두 수평성 패러다임 대전환 및 수평 시대사조의 시그널이지만 대전환의 정곡을 찌르는 화룡점정(畫龍點睛)은 한국 수끌원 '구름' 민중만이 가진 독보적 탁월성만이 그릴 수 있다. 수직/수탈/독점 자본주의는 공중 분해된다. 전변 3단계 수평 민주주의와 수평 사회화, 전변 4단계 수평 유토피아 창조 플랫폼 완성까지 전변 시리즈의 대서사가 완료된다. 전변 화이트홀(블랙홀) 생성과 통과는 수평 패러다임 전면화 필연성이다. 여의주 전변체는 인간의 양심적인 마음의 심물질이 응집된 결사체이므로 신성불가침 영역 이상의 초 절대성의 존재다. 초 절대성의 여의주는 무소불위의 전지전능을 전지적으로 24시간 행사한다. '무형한 마음이 유형화에 성공'에 따른 제7원소 심물질 창조는 전대미문 우주 신물질의 태동이다. 창세기 천지창조 사태의 본체는 인간 양심의 수끌원 결사/작용의 효다.

본서는 20년 T14 시간 파동의 연구와 9년 동안의 온축과 천착의 찬술(纂述) 집대성이다. 경천동지할 우주적 사태에 대한 이론 명문화 및 논리적 정당성 설파 및 소비주의 효시 발사가 개딸 전변 인과 수끌원 민중에게 새로운 지향성 풩대의 동기부여를 고취하여, 깨단과 계몽 그리고 체현 의식 대전환의 결정적 전기가 될 것이다. 다중성의 연쇄 폭발에 의한 불멸성과 무한성을 확신하기 때문이다. 기득권의 전변 방향성 미망 상태 해소가 시급하다. '구름' 한국이 방향성의 부재를 해소하지 못하면 인류 멸절을 피할 수 없다. '구름' 지존의 사명을 9년째 가로막고 있는 청맹의 죄악은 다중성의 조 절대성의 심판을 피할 수 없다. 초 절대성의 여의주는 그 누구도 그 무엇도 대항할 수 없다. 본서는 전변화(이상적 천지개벽) 당위와 필요성에 대한 통찰과 예지를 가감 없는 동호직필(董狐直筆)과 술이부작(述而不作)이다. 전변 2단계 다중에 의한 소비주의 테라포밍에 의한 퀀텀점프는 누구도 막아설 수 없는 다중성의 도도한 위력이다. 이는 바람의 영역이 아니라 준비의 영역이다.

2025. 6. 23

1

동학전변(東學轉變)...
창세기 천지개벽

1

동학전변(東學轉變) 창세기 천지개벽

창전변(創轉變) 대서사(大敍事)

창전변(創轉變) 신개념

창전변(創轉變)은 창세기 전변(轉變)의 줄임말이다. 창전변(創轉變)은 인간과 세상의 본원적/정성적/이상적 변성(變性)을 동반한다. 전변(轉變) 신개념은 한국의 수끌원 '구름' 민중이 2024년 여의주 전변체 확정으로 태동했다. 수끌원은 '수평성 끼리의 상호 끌어당김성 인력 작용의 원리'의 준말이다. '구름'은 운니지차의 구름과 찰흙의 성질 차이를 말한다. 한국의 수끌원 '구름' 민중의 절대격차(절격차)는 인류를 구할 절대 지존의 표상이다. 전변은 혁명이나 진화를 초월한 창세기적 천지개벽이므로 모든 것과 모든 곳을, 인간과 세상을 새로운 차원으로 인도하는 퀀텀점프다. 전변 용어는 필자가 발췌 적용한 용어다. 인간과 세상의 전변(轉變)은 인류가 상상해 온 극한의 이상 세계 또는 사상적 관념의 극한을 가볍게 초월한다. 창전변(創轉變)은 제2 수평인류사 시작이고 제2 천지창조이므로 우주적 신 지평으로의 확대다. 동학전변(東學轉變)은 수끌원 구름 민중의 독보적 우월성의 정체성을 상징한다. 수직축 세상의 붕괴는 필연이고 수평축 세계로의 전변이 실제화된다. 혁명 이데올로기를 초월하는 창세기적 전변은 인간 양심 결사에 의한 다중성의 발현, 제7원소 심물질(心物質)과 여의주(如意珠) 전변체(轉變體) 창조에 의한 비가역적 초 절대성의 불멸성과 무한성의 현체화(現體化)다. 창전변 대서사는 한국에서 2024년 봄부터 시작된 엄연한 현실이다. 누구도 막을 수 없는 다중성에 의한 창전변 유토피아 극락계는 길어야 6년 내 가시화된다.

여의주 전변체는 다중 깨단에 의한 다중성에 의한 비가역적 초 절대성의 존재다. 다중에 의한 다중성의 위력은 인간 양심의 결사로 형성된다. 다중 양심 수평 마음의 작용(수끌원 작용)에 의한 연쇄 폭발의 불멸성과 무한성의 실체적 존재는 초 절대성의 신성불가침(神聖不可侵)이다. 개딸은 초 절대성의 인간으로 전변된 최초의 신생 인류 시조(始祖)이고 여의주 전변체의 초 절대성은 무소불위(無所不爲)의 전지전능(全知全能)으로 세상을 전변한다. 전변(轉變)은 혁명이나 진화 단위를 초월하는 창세기 우주적 사건이다. 일만 년 인류사의 수직 질서가 해체되고 완전히 새로운 수평적/상생적/이상적 유토피아로의 전변/초월/퀀텀점프다. 한국의 수끌원 민중은 2016년 촛불집회부터 심물질 창조에 의한 전변 대서사의 모태를 시작했고 2024년 봄, 여의주 전변체 확정을 통해 본격적인 창전변 대서사를 시작하는 쾌거를 이루었다. 창전변(創轉變)은 9년째 불타오르고 있는 엄연한 현실이다. 개딸 전변인(轉變人)은 '구름' 중에 '구름'이다.

제2 수평인류사 퀀텀점프는 인간과 세상의 변성/전변을 바탕으로 소수를 위한 패권과 탐욕의 수직축 지옥계가 다중에 의한 다중을 위한 다중의 상생 공동체의 천상계 안착이다. 동학전변(東學轉變)은 다중성의 깨단과 계몽 그리고 체현의 결사에 의한 비가역적 초 절대성의 여의주(如意珠) 파워로 완성된다. 다중성의 선한 영향력은 초 절대성의 불멸성과 무한성의 연쇄 폭발 메커니즘이다. 운니지차(雲泥之差) 한국 수끌원 '구름' 민중의 동학전변은 퀀텀점프의 정곡을 찌르는 낭중지추(囊中之錐) 송곳이다. 수끌원은 '수평성끼리 서로 끌어당기려는 인력 작용의 원리'를 말한다. 수끌원 '구름' 민중은 한국에만 실존한다. 한국의 수평성 DNA는 수끌원 민중 고유의 정체성의 특질이다. 제7원소 심물질과 초 절대성의 여의주 전변체가 창조될 수 있었던 결정적 비결이다. 동학전변(東學

轉變)은 수평 정체성과 정통성의 운니지차(雲泥之差) '구름'의 능력만이 창조할 수 있는 절격차(絕隔差) 절대 능력의 정수(精髓)다. 동학전변 실재화 현실은 9년 전 촛불집회(촛불진화)부터 시작된 도도하고 선명한 창세기적 대서사다. 2024년 4월 10일, 개딸의 여의주 메커니즘 확정 사태는 제2의 수평인류사, 제2 천지창조의 원단(元旦, 새해 아침)이다. 원단 특이점 발현으로 어느 나라도 따라 할 수 없는 12.3 내란 극복과 탄핵 등 민주주의 수호가 가능했다. 여의주의 초 절대성은 정치적 도구에 한정되지 않는다. 경제적/사회적/제도적/문화적 전변 도구일 뿐 아니라 세상을 통째로 전변/초월/퀀텀점프 한다.

완전히 차원이 다른 세계로의 초월적/이상적 동학전변은 인간 양심의 수보마뭄(수평하고 보편한 마음의 묶음) 결사로 생성된 제7원소 심물질(心物質) 창조의 효다. 심물질 창조는 무형의 마음이 유형화/물질화/현체화(現體化) 성공이다. 음악의 유형화 성공이 가져온 115년의 발전과는 비교할 수 없는 전지적 파급효과가 전변 천지개벽으로 도래한다. 음악은 제한적 용도지만 마음은 모든 것과 곳에 관심을 둔다. 마음의 유형화/현체화가 지니는 무한/무극/무강의 개연성은 인류가 상상해 온 극한의 경계마저 가볍게 초월하는 신 지평 개척의 대서사다. 창전변(創轉變)/동학전변의 이상적 천지개벽은 제2의 수평 인류사 출범이자 제2의 창세기적 천지창조 사태다.

창전변(創轉轉) 수미상관(首尾相關)

수평성 수미상관(首尾相關)은 창전변 사태의 본체를 관통하는 깨단이다. 수직축 붕괴에 따른 수평축 이동의 내용적 변화는 세계적인 수평 시대사조의 조류화 현상이다. 다수의 생각이 새로운 사상으로 집결하고 있다. 세계인이 한류를 픽업해 세계 문화의 주류로 이끈 현실은 수평 시대사조의 문화적 조류의 변화를 상징한다. 세계 민중의 수평성에 대한 타는 목마름의 갈증은 디지털을 통한 바이럴 인기 확산의 본질이다. 세계 민중은 수평성 결핍 증세가 심각하다. 대부분 나라는 헬조선 지옥계보다 심각한 무간지옥 사회다. 지독한 패권과 서열 그리고 황금만능주의 구조 속에서 마약과 치안의 불안이 만연해 있다. 세계인은 한류를 통해 수평성에 대한 개안 운동이 본격화고 있지만 수평축 이동의 정곡을 찌를 만큼의 수평 인적 자산이 태부족하다. 한국의 수끌원 구름에너지도 없고 개딸 전변인도 없고 여의주 전변체도 없다. 한국이 만든 초 절대성의 여의주에 따른 소비주의와 동학전변 그리고 수수디산이 보편화되면 앞서 언급한 수미상관(首尾相關) 완결성이 확보된다. 한국의 수끌원 '구름' 민중만이 수미상관의 서사를 완결지을 수 있다. 개딸과 여의주가 없는 나라는 통제 불능의 수직 사회다. '찰흙' 세계인은 '구름'의 소비주의 '송곳 모듈' 등장을 애타게 기다리고 있는 상태로 진단된다. 문화는 시대를 비추는 거울이다.

한국과 한국 외 국가의 차이는 운니지차(雲泥之差) '구름'과 '찰흙'의 차이다. 성질과 성분이 다른 절격차(絕隔差, 절대 격차)다. 개딸은 '구름' 중의 '구름'으로서 완성성의 사회적 두뇌를 갖춘 여의주로 소통하고 생각하는 사이보그 다중성 인간으로 전변된 신생 인류의 시조다. 한류 인기의 본질은 '진흙'이 갖추지 못한 '구름'의 수끌원성 구름에너지 생산과 활용 능력에 대한 선망과 동경이다. 물론 정확하게 수끌원성에 대한 구체적 인식은 없지만, 한류를 통해 차원이 다른 이상적 가치에 대해 공감하고 환호하고 있다. 본서를 통해 구름과 구름의 수끌원성(구름에너지)에 대한 인식이 전달되고 깨단과 계몽이 선풍이 불기를 바란다. 한류의 실체적/실존적 가치는 제작자들의 약간의 무지와 정부의 무철학의 방향성 미망으로 본연의 참 가치를 전달하지 못하고 있다. 그럼에도 불구하고 한류는 수끌원성 '구름'의 독보적 우월성의 맛과 향만으로 수평성과 구름에너지를 전달하는 창구로 활용되고 있다. 한류 제작자나 유명 연예인, 관련 정부 인사 및 정치권, 학계와 기득권 전체가 수끌원성 '구름에너지'의 실체적 진실과 가치의 창연함을 제대로 인식하지 못하고 있다. 세계인은 한류를 통해 새로운 희망의 비전을 읽고 동경하고 있다. 세계 문화의 주류로 각인된 현실에 비하면 국내의 청맹 기득권의 철학적/역사적/인문적 빈곤은 심각하다. 한류 현상을 제대로 이해하려면 한국 현대사 80년의 기적과 전변의 본체를 인식하려면 한국 민중의 정체성을 파악하려면 사대적 고정관념을 버려야 한다. 남들이 동경하고 탐내고 기대하는 한류는 단순한 비즈니스 차원의 문제가 아니다. 한류 구름에너지에 담긴 창전변(創轉變) 함의와 실사구시 소비주의 테라포밍는 분리될 수 없다. 수평성은 따로 존재하더라도 반드시 수끌원성으로 합체되기 때문이다. 구름과 찰흙은 수끌원성으로 하나가 될 수 있다. 하나가 되더라도 핵과 주변의 일핵다동(一核多同)은 어쩔 수 없다. 한류 인기 10여 년과 심물질과 여의주 확정까지의 8년 그리고 이후 1년 시간의 함의는 동학전변과 소비주의 그리고 수수디산의 수평 패러다임에 의한 '창세기적 전변(창전변)' 대서사다. 여의주 전변체 확정의 2년 차다. 6년 차 안에 소비주의 송곳 모듈이 확정 보급되고 8년 차 안에 여의주치(如意珠治)가 가시화될 수 있다.

한국 찰흙과 세계 찰흙은 심물질과 초 절대성의 여의주, '구름' 민중의 수끌원성과 '구름에너지'에 대해 전혀 모른다. 개딸 전변인과 신생 인류에 대한 이해도 없다. 하지만 소비주의 7경제 창달이 시작되면 영리적 이해와 정당성으로 인해 절대 희망의 수미상관에 환호하고 뜨거운 신드롬으로 순식간에 테라포밍에 동참케 된다. 한국에서 깨단하고 전변된 개딸과 '구름' 민중은 이상적 천지개벽과 퀀텀점프의 핵심이다. 세계인의 한류를 통한 선험적 경험/개연성 기대는 식지 않고 계속될 수밖에 없다. 경제적 전변의 실사구시 '송곳 모듈' 제작의 사명은 '구름'에게 주어진 역사적/시대적/전변적 의무다. 동학전변(東學轉變)과 소비주의 창달 그리고 K-수평 디지털 대전환의 참 의

미는 정성적(定性的) 변성에 의한 비가역적 수평 유토피아 건설과 영속이다.

도도한 수평성 조류 대세화 및 수평 시대사조는 동학전변 수렴으로 내속 된다. 수평적 요소들은 반드시 수끌원 작용을 일으킨다. 수끌원은 나노 자석보다 강력한 인력이다. 창세기적 동학전변(東學轉變)은 수끌원 작용에 의한 수평 요소와 패러다임의 총합적 융합의 효다. 수평 패러다임은 혁명 단위로는 포용할 수 없다. 혁명은 수직적 질서 안에서의 피 튀기는 전쟁이다. 수평적 전변의 이상적 천지개벽과는 애초부터 카테고리가 다르다. 창세기 전변은 완전히 다른 차원으로의 퀀텀점프다. 수평성 패러다임 일체는 수끌원성 작용에 의한 융합이므로 오로지 동학전변의 창전변 그릇만이 포괄할 수 있다. 일만 년 수직축 질서는 강노지말(強弩之末) 한계로 인해 궤멸적 붕괴를 피할 수 없다. 극단적 부의 불균형과 극단적 지옥계 현실은 임계점을 넘은 지 오래다. 사상누각(沙上樓閣)의 수직 모래성은 역사의 뒤안길로 사라져야 절대 희망의 꽃이 발아할 수 있다. 패권과 탐욕의 수직 인류사는 상생과 공유의 제2의 수평인류사로 전변된다. 동학전변 솔루션은 인류에게 남은 유일한 히든카드다. 한국산 '구름'의 다중 양심과 깨단의 여의주 결사체는 살아 꿈틀대는 이상적 천지개벽의 리얼스토리를 질풍노도 중이다.

창전변 동학전변의 주체인 개딸과 수끌원 민중 그리고 수평성의 타는 목마름에 시달리는 세계 민중은 2025년 한반도 고부 백산(白山)에 모여 소비주의 테라포밍 효시를 쏘고 지난 1년간 비대칭 절대무기의 초 절대성 성능을 확인하고 있고 수수디산 군수품 개발의 당위를 확인했다. 그들은 죽창(竹槍) 대신에 전대미문의 심물질과 여의주체, 소비주의 7경제 그리고 K-수평 디지털로 개마무사(鎧馬武士)한 초 절대성의 창전변 어벤져스 군대다. 우금치(牛禁峙) 동학군의 최후의 비극은 130년 만에 수탈 자본주의와 수직축 사상누각의 무덤으로 매몰된다. 운니지차 개딸 '구름'은 초 절대성의 '구름'으로 전변된 지 1년이 지났다. 최근의 뉴스에 의하면 개딸은 도서박람회나 불교 템플스테이 또는 사찰음식 박람회를 활성화하는 주역이라 한다. 여의주가 문화의 선풍을 불어넣고 있다. 본서를 통해 소비주의 효시가 쏘아지면 여의주의 초 절대성은 경제적 전변에 투신/투사/투영의 우레를 발할 것으로 기대된다. 개딸 신생 인류 시조는 다중성의 시조다. 다중성에 의한 비가역적 초 절대성은 불멸성과 무한성이다. 그들이 창조하는 '절대 희망'의 신세계는 혁명과는 차원의 궤가 다른 본원적이고 이상적인 창세기 전변의 수평 유토피아다.

제7원소 창조의 시놉시스

제7원소 심물질(心物質)은 2016년 촛불집회(필자는 '촛불진화' 사태로 정의함)에서 창조되었다.

심물질은 우주적 신물질의 출현이다. 제7원소 심물질은 디지털(소버린 K-수평 디지털)과 수끌원7 에너지의 수평 요소들의 창조적 융합의 산물이다. 심물질 창조의 다중성 노하우는 K-수평 디지털 재창조의 사이보그 개딸에 의해 여의주(如意珠) 전변체 메커니즘 창조에 그대로 투영되어 더 복잡다단한 두뇌의 신경세포처럼 기능하는 유기체적 일체화에 성공했다. 2024년 봄에 확정된 여의주는 창조와 동시에 현장 운용의 효능감과 그 결과값 입증으로 초 절대성 존재의 현체화(現體化)에 성공했다. 여의주 메커니즘 창조와 실전 운용 그리고 가시적 실증을 마친 상태의 확정이므로 전변 1단계가 성공적으로 완료되었다. 전변 2단계는 경제적 전변의 소비주의 테라포밍이다. 2025년 본서 출간으로 시작되는 소비주의 효시(嚆矢) 발사는 2024년 여의주 메커니즘 확정의 초석 위에서 초 절대성의 무소불위 능력으로 소비자 독립경제의 마법이 추동되고 보증된다. 소비주의 창달은 역사적/전변적/창세기적 천지개벽의 실사구시 현체(現體)다. 창전변(創轉)/동학전변은 인류가 상상해 온 이상성 극한의 경계를 가볍게 초월함으로써 완전히 다른 새로운 차원으로의 퀀텀점프를 완성한다. 인간 마음의 결집에 의한 심물질 창조의 효는 우연성의 나비효과가 아니라 심물질 창조로부터 시놉시스 된 대서사 프로토콜의 일환이다. 2016년 제7원소 심물질 창조는 초 절대성의 여의주를 창조한 모태의 본령(本領)이다. 필자가 9년 전부터 이 사태의 흐름을 통찰/예지/설파해 온대로 실제화되고 있음이 그 뚜렷한 증좌 중 하나다. 창세기 전변은 누구도 막아설 수 없는 수평축 이동 현상이다.

창세기 전변계(轉變界)는 초 절대성의 여의주와 K-수평 디지털(수수디산)과의 창조적 융합에 의한 수평 태러다임 총합체에 의한 수평 유토피아다. 수직적 요소는 철저히 배격된다. 자본주의은 삭제되고 소비주의로 전변된다. 수평성의 창조적 융합에는 반드시 한국의 수끌원 민중의 수끌원7에너지(구름에너지) 촉매가 필요하다. 각각의 사람 마음과 기술 등 이종 간의 창조적 수평 융합은 수끌원성 작용에 따른 수끌원7에너지의 윤활유와 촉매가 필수다. 전변계 수평축 유토피아는 다수를 위한 다수에 의한 다수의 수평적/상생적/양심적 세상이다. 다중성의 위력은 수끌원 작용의 연쇄 폭발로 비갸역적 초 절대성의 존재를 생성한다. 소비주의 테라포밍은 실사구시적 경제적 전변 솔루션으로 소비자 모두가 '경제적 자유와 해방'을 만끽하게 된다. 경제적 속박(束縛)으로부터의 해방은 '절대 희망' 세계로의 안착이다. 소비주의 창달의 성공은 초 절대성의 다중성의 여의주가 주도하는 전변 2단계 프로토콜의 완성이다. 창전변(創轉)의 실제화는 소비주의 창달로 만인에게 '경제적 자유와 해방'의 일상화로 시작된다.

수직축 붕괴와 수평축 해법

수직축 지옥계 현실은 강노지말(強弩之末)의 임계점을 넘은 지 오래다. 강노지말은 활을 최대 유효사거리 한계의 초과다. 한계 사거리를 넘으면 활은 아래로 낙하하기 마련이다. 활의 궤적처럼 수직축의 붕괴는 예고된 자연의 법칙이다. 디지털 문명 고유의 수평성 부각 또는 수평성 수렴 현상의 누적은 필경 화살의 자유낙하로 이어진다. 수직축 질서는 패권과 탐욕으로 세상을 지옥계로 만들었다. 현재의 지옥계는 어떤 해법도 통하지 않는 만사휴의(萬事休矣) 상태다. 정체된 위미침체(萎靡沈滯) 구간을 지나면 급전직하(急轉直下)의 절체절명 나락(那落)을 피할 수 없다. 강노지말 한계 초과의 수직축 붕괴는 자연의 법칙에 의한 사필귀정이다.

수직축의 붕괴는 수평축 이동을 위한 창조적 파괴 절차다. 파괴/붕괴는 절대 희망 세계로의 창전변(創轉) 기회다. 수직축이 무너지면 수평축의 대안이 필요하다. 무방비 상태의 붕괴와 파괴를 전변으로 승화시킬 히든카드가 필요하다. 한국은 전변에 관한 창조적 설계와 도구/운용과 실증을 통해 여의주 메커니즘을 확정지은 유일한 나라다. 세계적인 수평 시대사조의 확산 조류, 한류 문화의 픽업에 따른 인기와 세계 주류화 현상 등의 수평성 기저(基底) 변화가 뚜렷하다. 이는 디지털 사용자 경험 누적의 효다. 하지만 수평성만으로는 수평축 이동을 이끌 수 없는 한계가 분명하다. 한국의 수끌원 '구름' 민중의 제7원소 심물질 및 여의주 전변체 창조 등 창전변(創轉) 도구의 완성은 준비된 수평축 이동의 결정적 솔루션으로 손색이 없다. 특히, 2024년 봄, 초 절대성의 여의주 전변체 확정은 본원적/이상적 퀀텀점프 장치의 완성이다. 창전변(創轉) 장치 개발은 한국 수끌원 '구름' 민중의 모방 불가한 원천기술의 발명이다. 수끌원 '구름' 민중은 한국에만 실존한다.

동학전변(東學轉變) 부활의 불멸성

1894년 동학혁명은 아날로그 제약조건으로 실패했지만 130년 만에 부활한 21세기 동학전변(東學轉變)은 디지털 수평성의 정수(심물질과 여의주)이므로 운니지차 구름의 압도적 능력으로 창세기적 성공을 담보/보증/추동한다. 수평 디지털과 수끌원성 민중은 찰떡궁합 융합력으로 초 절대성의 여의주 전변체를 창조할 수 있었다. 초 절대성의 여의주(如意珠)는 동학전변/퀀텀점프의 무한성 엔진이다. 열에너지로 고열에 의한 엔진 내열성의 우려조차 없는 무한대 엔진이다. 운니지차 수끌원 민중의 선한 의지 결사에 의한 2024년 여의주 전변체 확정은 세계 민중의 수평 시대사조 조류의 지향성을 초월적/이상적/선제적으로 구현한 초월적 마법의 지팡이다. 마법의 지팡이는 개딸에 의해 전지전능과 무소불위 권력을 다중성으로 행사한다.

동학혁명의 수평성과 수끌성 의지가 100여 년 만에 디지털과의 조우로 붕새의 날개를 달았다. 붕새의 날개가 동학전변(東學轉變) 부활로 붕정만리(鵬程萬里) 신세계를 비행할 수 있게 되었다. 동학전변의 창세기 부활은 다중성의 불멸성과 무한성을 상징한다. 동학혁명과 동학전변은 반만년 이상

같은 뿌리에서 성장한 과실이지만 아날로그와 디지털 환경의 차이로 그 성패가 갈렸다. 130년 동안 질곡과 고난을 헤치고 수끌원 민중의 운니지차(雲泥之差) '구름'이 21세기에 디지털을 만나 인류 전변화 도구, 수평 홍익인간의 도구로 승화되었고 창세기적 우주적 사태를 주관하고 있다. 동학전변(東學轉變)의 창세기 운동은 살아 꿈틀대는 리얼타임의 현실이다. 동학전변의 적통자 개딸은 이미 전변되어 신생 인류의 시조가 되었다. 동학전변이란 용어는 동학 종교과 무관하다. 다만 수끌원 '구름' 민중의 절격차(絶隔差) 정체성과 정통성을 공유할 뿐이다.

동학전변 리얼스토리

동학전변은 한국 수끌원 민중의 운니지차(雲泥之差) '구름' 능력이 본체다. 운니지차는 구름과 찰흙의 성질의 차이를 말한다. '구름'이 창조한 제7원소 심물질(心物質)과 여의주(如意珠) 전변체 도구는 2024년 봄에 창조/운용/검증을 마쳤다. 이로써 전변 1단계 메커니즘이 비가역적으로 확정되었다. 자전거를 배우면 잊지 않는 것처럼 진만보 깨단과 효능감 체현은 비가역적으로 사회적 두뇌에 고정된다. 2024년 전변화 도구의 확정은 동학전변 시대 도래의 선언과 같다. 동학전변은 미래의 가설이 아니라 9년 전부터 시작된 한국의 개딸과 수끌원 민중에 의해 실행 중인 도도한 현재진행형의 리얼스토리다. 이론적 논리적 정의와 개념 설정이 미진할 뿐 몸으로 깨우치고 일상 행동으로 체화된 상태다. 비가역적으로 고정된 일상생활의 도구다. 개딸의 응원봉과 키세스 시위의 참함의는 여의주 초 절대성의 광배(光背)에 기인한다. 찰흙이 볼 때 개딸 여의주가 외치는 것이 혁명일까 전변일까를 숙고해 보면 쉽게 현답을 도출할 수 있다. 전변 1단계의 초석은 다중의 깨단과 체현으로 비가역적 시스템이 구축된 상태다. 이는 전변 2단계 소비주의 창달의 성공을 담보/보증/추동한다. 전변 1단계가 정치적 공간에서 전변 프로토콜 확정이었다면 2단계는 실사구시적 경제적 전변 프로토콜의 개문발차다. 소비주의를 통한 동학전변의 새로운 폿대 설정이다.

일만 년 인류사의 수탈과 수직 역사의 기미(羈縻, 굴레와 고삐의 속박)를 끊어냄은 전적으로 인간 양심 결사의 효, K-수평 디지털의 효, 수끌원성과 수끌원7에너지의 효, 초 절대성 여의주 효의 창조적 융합의 전리품이다. 지옥계 천라지망(天羅地網) 해체는 전변화 보검(여의주) 창조가 결정적이다. 여의주 전변화 도구 창조는 수끌원 민중의 운니지차 '구름'의 절격차 고유 능력이다. 석기시대/청동기시대/철기시대/산업혁명/디지털 시대를 거쳐 전변 시대가 도래했다, 초 절대성 여의주에 의한 창세기적 동학전변 사태는 이상적 천지개벽이다. 지금까지의 인류는 제7원소 심물질과 여의주 초 절대성 창조를 상상해 본 적 없지만, 디지털 문명과의 창조적 융합으로 제7원소 빅뱅과 전변 화이트홀(블랙홀)을 통해 본원적 변성의 전변 사태를 현체화(現體化)하고 있다. 동학전변은 한국의 수끌원 '구름' 민중만이 선도하고 주도할 수 있다. 수끌원성과 수끌원7에너지는 한국에만 실재하는 '극 희귀 보석'이다. 동학전변은 9년 전 촛불집회부터 시작된 대서사다. 현실적 전변 프로토콜을 인식하지 못하는 '찰흙'은 동학전변에서 거부와 명예의 기회를 상실케 된다. 2016년 '촛불진화'는 2024년 여의주 전변체 확정 그리고 2025년 소비주의 창달로 비가역적 프로토콜을 하나씩 완성하고 있다. 소비주의 창달은 4년 내 가시화된다. 소비주의 정착은 퀀텀점프 사태의 비가역적 완성이다. 전변에 대한 깨단 없이, 수평화에 대한 계몽 없이 동학전변 무임승차는 불가능하다.

전변과 혁명의 차이

혁명은 수직적 패권의 무한반복이다. 2024년 봄 이후는 혁명 시대가 막을 내리고 전변 시대의 개문발차다. 혁명은 끊임없이 포장지만 바꾸지만, 전변은 알맹이 성질을 변성(變性)한다. 혁명의 시대는 여의주 전변체 확정으로 역사적 생명이 다했다. 인간 양심의 결사에 의한, 제7원소 심물질에 의한, 수평 디지털에 의한, 여의주 메커니즘 확정에 의한, 소비주의 선순환 청정 경제에 의한 전변(轉變)은 리얼타임의 현실이다. 수평화/전변화에 따른 본원적 성질 변화는 차원이 다른 수평/상생 유토피아로의 이상적 천지개벽이다. 혁명은 '그 나물에 그 밥'의 무한반복이고 사람과 정권만 교체할 뿐이므로 민중의 지옥계 삶은 고정불변이다. 하지만 절격차 수끌원 민중의 여의주 전변은 민중이 정치/경제/사회의 주체로 제7인간화 되어 새로운 수평 패러다임을 초 절대성의 카리스마로 주도한다. 인간 마음과 수평 디지털의 창조적 융합의 효는 기존의 모든 것을 통째로 바꾼다. 지옥계를 천상계로 바꾸고 자본주의를 소비주의 바꾼다. 전변은 수직적 패러다임을 수평적 패러다임 변성이므로 세상 모든 것과 모든 곳의 본원적 전변을 일거에 완성한다. 전변은 본원적 성질 변화이므로 전변된 사람과 세상은 제2의 수평 인류사의 시발이고 제2의 천지창조 창세기의 시원이다.

혁명은 작용과 반작용의 쳇바퀴 굴레를 벗어나지 못한다. 혁명은 반드시 반혁명을 부른다. 수직축 안에서의 투쟁은 또 다른 투쟁을 부를 뿐이다. 노섬저(怒蟾觝) 게임의 무한반복은 혁명의 숙명적 한계다. '촛불 혁명'의 잘못된 정의가 윤석열의 반혁명의 재앙을 불러낸 본질이다. 제7원소 심물질 생성과 진화 사태를 암장(暗葬)하지 않고 수끌원성 가치를 존중하고 그 방향성을 추종하고 존중했더라면 2017년부터 2024년까지의 허송세월과 재앙은 없었을 터다. 극단적 심리적 내전 상태 지속은 방향성의 미망과 혼미에서 오는 부작용이다. 수직적 혁명은 수없이 반복해도 세상을 바꿀 수 없다. 혁명은 수직축을 고도화/첨예화했고 양극단의 대립을 부추길 뿐이다, 혁명으로는 본원적 천지개벽이 불가능하다. 사람만 바뀔 뿐이다. 수직축을 수평축으로, 지옥계를 극락계로 바꾸는 본원적 천지개벽이 전변/초월/퀀텀점프다. 수평축 천지개벽과 창세기 천지창조는 여의주 전변체의 초 절대성 도구로만 가능하다. 한국은 여의주 전변체를 보유한 절격차 국가이고, 여의주를 창조/운영/검증한 개딸과 수끌원 '구름' 민중이 지천인 수끌원성 나라이고, '소버린 K-수평 디지털'을 수수디산으로 승화시킬 독보적 창조성의 나라다. 아직도 혁명론에 사로잡힌 청맹 더불어민주당은 시대적/역사적/전변적 원죄를 끝없이 누업하고 있다. 더 이상 국민의 대속(代贖)은 없다. 여의주를 품은 수끌원 '구름' 민중과 개딸은 개찰흙의 청맹을 대속(代贖)할 이유가 없다.

'촛불 혁명'과 '빛의 혁명' 정의는 완벽하게 틀렸다. 청맹 더불어민주당의 '촛불 혁명' 해석오류가 윤석열 재앙의 본질이듯 '빛의 혁명'의 정의는 또 다른 재앙의 씨앗이다. 잘못된 정의는 반인류적, 반전변적, 반민중적 레토릭 꽝포의 난사다. 방향성의 혼미와 미망을 공식화하고 부채질하는 청맹의 만행이다. 또 다른 노섬저 반혁명을 초래할 뿐이다. 윤석열 재앙을 겪고도 '빛의 혁명'이란 정의를 설정하고 정치적 꽝포를 난사하는 청맹과니는 심각한 무지몽매(無知蒙昧)의 재발이다. 호질기의(護疾忌醫), 과이불개(過而不改)의 의지가 없는 미몽(迷夢) 상태 지속은 금치산자가 운전대를 잡은 것과 다름없다. 미몽/망성은 윤석열의 전유물이 아니다. 같이 주거니 받거니 굴러먹다 보니 묘서동처(貓鼠同處) 늪에 빠져 혁명 지상주의자 전체의 공유물이 되었다. 그래서 '그 나물에 그 밥'인 게다. 2025년의 수끌원 민중은 2017년과 다르다. 2024년 초 절대성의 여의주를 확보한 그들은 청맹 사마귀의 방해를 제압할 비대칭의 절대무기를 지녔다. 2025년부터의 소비주의 효시와 창달은 다중 여의주의 대표적인 비대칭 절대무기다.

문재인과 이재명 그리고 더불어민주당은 아직도 혁명 지상주의 망상에 갇혀있고 그로인한 방향성의 미망은 9년째 지속 중이다. 민중은 구름인데 그들은 개찰흙이다. 혁명 만능주의는 또 다른 재앙을 부를 뿐이고 국가와 인류의 명운을 멸절로 이끄는 청맹 재탕/삼탕이다. 범지구적 멸세화 흐름을 차단하고 퀀텀점프 기회를 말살하는 사마귀떼의 무모한 도발은 참으로 역겹다. 9년째 계속되는 사마귀 더불어민주당의 작태는 당랑거철(螳螂拒轍)의 수레바퀴에 깔리게 될 비참함을 자초하는 촌극이다. 개찰흙은 자신이 금치산자임을 한사코 부정한다. 깨닫하지 않는 개찰흙은 반시대적/반역사적/반인류적 죄악을 모른다. 미친놈이 과연 자신이 미친 줄 모를까? 초 절대성의 여의주는 종교적 신마저 초월한 절대적 존재다. 사마귀가 상대할 수 없음은 삼척동자도 알 수 있다. 초 절대성의 여의주 전변체는 알파고처럼 얼음장보다 차가운 냉정함을 지녔다. 혁명 지상주의 관념의 탈피는 이슬람에게 술과 돼지고기를 먹이는 일보다 어렵다. 사마귀를 뭉개 버리는 경제적 전변은 소비주의 효시 발사로 본격화된다.

2016년 촛불 시민의 촛불집회는 '촛불 진화' 사태였고 2024년 개딸 여의주는 '여의주 동학전변' 사태다. 인류 진화 및 전변 사태를 혁명 프레임으로 단정하고 정의하는 어리석음은 어처구니없는 엘리트 선민의식의 망상이다. 모든 걸 혁명적 관념으로 해석하고 견강부회(牽強附會)를 일삼는 행태는 인류 진화와 전변 사태를 호도/왜곡/굴절시키는 수직/수구 기득권의 못된 버릇이다.

그릇된 양태의 반복을 벗어나지 못하는 이유는
1) 한국 '구름' 민중의 수끌원 정체성과 수평 정통성을 모르기 때문이고,
2) 극 희귀 물질 보유국/심물질 보유국/여의주 보유국의 극 희귀 보석의 무한가치를 모르기 때문이고,
3) 디지털 문명의 수평 수렴화 현상의 시대사조의 지향성을 모르기 때문이며
4) 수평 패러다임의 도도한 창세기적 전변 사태를 모르기 때문이다.

바보들의 청맹 행진을 멈춰 세울 전문가도 보이지 않는다. 학문적으로 철학적으로 인문학적으로 시대변화를 통찰해 일갈하는 전문가도 없다. 개딸과 여의주의 창세기적 동학전변 사태의 리얼스토리를 어쩌다 마주친 개딸의 특이성으로 보고 있다. 기득권 학계는 생계형 학자들 뿐이고 해외 유학을 통해 습득한 지엽적 지식과 스펙에 도취한 상태로 연구도 공부도 중단한 채 기득권에게 사대적

지식과 정보만 공급하는 지재상인에 불과하다. 격동하는 디지털 문명에서 치열하게 공부하고 연구하지 않으면 윤석열 같은 재앙유발자, 지귀연 같은 괴물 판사, 조희대식 사법 쿠데타와 동조 재판관, 뉴라이트 친일파 간첩들은 언제든 준동할 수 있다. 한국에서 파시즘은 뿌리내릴 수 없다. 미국은 가능하다. 한국에는 수끌원성 민중이 버티고 있기 때문이다. 미국에는 수끌원성에 의한 동학혁명 역사가 없다. 미국이나 일본 등등은 한국보다 열등한 국가다. 그들의 사대하는 행태는 지독한 청맹의 커밍아웃이다. 혁명은 본뜻은 피를 흘리는 전쟁이다. 싸움꾼만 길러내는 서양식 민주주의 정치로는 지옥계를 천상계로 바꿀 수 없다. 전변은 천상이고 혁명은 지옥이다.

절격차 수끌원 '구름' 민중은 진화체와 전변체를 창조/운영/실증한 창세기적 전변의 화신인데 사마귀 기득권은 혁명 우물에 갇혀 와각지쟁(蝸角之爭) 노섬저(怒蟾觝) 놀이에 심취하고 있는 '개찰흙'이다. 심각한 방향성의 미망은 소비주의 창달로 4년 이내에 해소된다. 더불어민주당의 청맹의 죄악이 윤석열 재앙을 부른 본질이다. 그 본질의 연장선 위에 '빛의 혁명' 깃발이 무심하게 펄럭거리고 있다. 윤석열은 전변체를 비추는 역설적 조명역할과 불쏘시개 역할로 이바지(?)했지만, 사마귀 정당은 암장과 토사구팽으로 진화체와 전변체를 묻어버리고 삶아 먹고 희희낙락하고 있다. 창세기 동학 전변은 누구도 막아설 수 없고 저항할 수 없는 다중성의 도도한 물결이다. 소비주의 '송곳 모듈'의 경제적 전변과 여의주치(如意珠治)는 길어야 6년 이내에 가시화된다. '구름'은 소비주의로 초초초 대박으로 초 거부의 길을 걷지만, 수탈 자본주의를 고집하는 '개찰흙'은 쪽박 찬다. 깨단은 돈이다.

개딸 진만보(進萬步) 깨단

망해보면 누구나 전변화의 당위와 정당성을 절감하고 깨단케 된다. 깨단과 계몽 그리고 체현 없이 전변 없다. 한국의 헬조선 프레카리아트 계급의 개딸은 지옥계 삶의 절망적 환경에서 '소버린 K-수평 디지털'의 사이보그 전사로서 다중성의 수평적 소통과 치열한 영민함의 지혜로 백척간두 진만보(百尺竿頭 進萬步) 깨단을 성취했다. 개인적 진일보가 아니라 다중의 진만보 깨단이므로 비가역적 초 절대성을 체화할 수 있었고 스스로의 줄탁동시(啐啄同時)를 통해 인류 최초의 전변인간(轉變人間)화에 성공했다. 전변인은 불완전성의 두뇌가 완전성의 사회적 두뇌 필터링을 거친 존재다. 이재명 대통령 선출 후 2025년 6월 중순 이후 개딸의 동향은 도서전시박람회 및 불교음식박람회 등 문화적 행사에 집중하고 있다. 한국 사회에서 유례없는 성황 사례다. 개딸의 진만보 깨단의 일각이 문화적으로 발현되고 있다. 개딸의 진만보 깨단은 여의주 전변체의 초 절대성의 존재를 창조하고 현체화(現體化)한 '구름' 퀄리티의 전형이다. 개딸은 최초의 전변인으로서 신생 인류 '호모 마음'의 시조로 특정할 수 있는 이유다.

수평축 전변화 당위의 깨단은 수끌원성 폭발력의 연쇄작용을 수반한다. 수끌원성은 수끌원7에너지(구름에너지)를 생산한다. 수직성끼리는 인력 작용과 연쇄 폭발이 불가능하다. 그 이유는 상생성 보다는 개인적 탐욕이 우선하기 때문이다. 강노지말(強弩之末) 한계 초과에 따른 수직축 붕괴가 필연인 이유다. 수끌원7에너지는 불멸성/무한성과 비가역적 초 절대성의 본체다. 깨단은 수끌원성 작용의 연쇄 폭발로 깨단과 계몽의 확산공진화(擴散共進化, 일대다 또는 다대다 공진화) 폭발성을 초래한다. 2016년 심물질이 생성된 후 청맹 더불어민주당이 심물질을 암장(暗葬)했지만 소멸당하지 않고 부활할 수 있었던 이유는 다중성에 의한 불멸성 때문이다. 다중성의 비가역적 불멸성은 암장된 심물질을 5년 만에 파묘/발굴해 2년 만에 여의주 전변체 메커니즘을 확정한 본질이다.

수끌원 '구름' 민중의 수평성 DNA는 개딸에게 고스람히 전수되었다. 적어도 반만년 이상 계속되어온 전승과 보존 그리고 발전이다. 뼈에 새겨진 수평성과 수끌원 DNA는 21세기 디지털을 만나 날개를 달았다. 한국의 운니지차(雲泥之差) 수끌원성 '구름' 민중, 수끌원7에너지(구름에너지) 그리고 '소버린 K-수평 디지털'의 창조적 융합력은 창전변(創轉) 동학전변과 소비주의 그리고 K-수평 디지털 문명의 대서사를 수미상관(首尾相關)의 완결성으로 써 내려가고 있다. 창전변(創轉) 없이 인류 미래는 없다. 수끌원 민중과 개딸의 창전변(創轉)/동학전변은 본원적/최후적 솔루션이면서도 지극히 이상적인 인류의 히든카드다. 초 절대성의 여의주 전변체 도구와 다중성의 위력은 창전변(創轉) 대서사를 추동하고 보증한다.

다중성 '깨단'…비가역적 초 절대성

개딸 신인류의 압도적 효능감과 소구력(訴求力), 비가역적 초 절대성은 다중성에 의한 깨단 결사의 효다. 다중성에 의한 여의주 메커니즘은 비가역적 초 절대성의 현체(現體)다. 다중성의 깨단은 수보마묶(수평하고 보편한 마음의 묶음)의 베이스를 바탕으로 다양한 이슈에 관한 생각을 소통하고 숙의하는 과정에서 수평적 사고의 결사의 특성상 쉽게 와해 되거나 퇴보하지 않는다. 다중성 스스로 수없는 피드백과 검증을 거친다. 다중성 메커니즘은 비가역성과 초 절대성을 발현한다. 다중성은 자발적 수평성과 수끌원성 및 수끌원7에너지를 생성하고 그로인한 2차 3차의 연쇄반응을 일으킨다. 수끌원 민중이란 표현은 수끌원성에 의한 연쇄반응을 포괄한다. 차원이 다른 수평성과 수끌원성 및 수끌원7에너지의 특질이 심물질과 여의주 창조의 쾌거를 이룬 본체다. 21세기 디지털과 조우한 수끌원 '구름' 민중의 다중성은 붕정만리를 비행할 수 있는 붕새의 날개가 이식된 효과로 나타났다. 디지털마져 수평적으로 재해석해 '소버린 K-수평 디지털'로 응용하면서 다중성의 효는 고도화/초월화 되었다.

수끌원 '구름' 민중의 다중성은 집단지성 양태를 넘어서는 초월성을 발현한다. 각 개인이 주체가 되어 소통/공유/숙고하는 자생적 수평성 결사의 위력만으로도 초월성이 생성된다. 게다가 개인의 불완전 두뇌는 2024년부터 여의주 두사뇌를 통해 완전성의 사회적 두뇌로 전변된 인간이다. 전변된 각 개인의 다중 결사에 의한 개딸은 초 절대성의 존재로써 무소불위의 절대권력을 행사할 수 있게 되었다. 개딸은 현생인류가 신생인류로 전변되었을 뿐 아니라 초 절대성의 집단으로 승화된 최초의 전변인이다. 개딸의 절대권력은 전지전능하다. 누구도 개딸의 초 절대성을 가로막거나 방해할 수 없다.그럼에도 불구하고 더불어민주당은 그들을 토사구팽하는 만행을 저질렀다.

수끌원 다중성은 수평성의 상호 끌어당김성의 원리(수끌원)대로 마음과 생각이 응집되어 연쇄반응을 촉발한다. 개딸 다중성의 진만보(進萬步) 깨단에 의한 다중소통/다중사고/다중행동의 메커니즘은 개인적인 동병상련(同病相憐)/측은지심(惻隱之心)과는 무관한 다중의 이상적/본원적 절대희망을 향한 지극한 녹명(鹿鳴) 상생 정신이다. 개딸의 깨단은 백척간두 진만보(百尺竿頭進萬步)의 거보를 내디디었다. 진일보가 아니라 진만보 할 수 있던 비결은 다중성의 위력이다. 개딸의 다중성은 군중심리나 집단지성을 초월한다. 집단지성은 깨단이 없어도 가능하다. 집단지성과 다중 여의주는 비가역성과 초 절대성으로 구분된다. 개미와 인간의 차이다.

수보마뮦 연대와 연결은 소통을 통해 확인된 신뢰감의 확산이다. 수평 신뢰감은 수끌원성에 기초한 수끌원7에너지를 생성하고 연쇄 폭발성의 불멸성과 무한성의 이유다. 한국 현대사 80년의 기적과 전변의 특질은 수끌원7에너지의 동력을 바탕으로 가능했다. 그 중에서도 개딸의 다중 깨단에 의한 연쇄 폭발성의 위력은 인간이 상상하지 못한 여의주의 초 절대성의 본체다. 천지개벽적 우주적 천지창조를 시전한다. 페로몬 언어와 축약어 또는 음어는 그들만의 소통과 연대를 내면화하는 도구다. 누가 누구를 깨간/계몽시키지 않는다. 더 좋은 아이디어가 등장하면 공유를 통해 빠르게 확산되고 스스로의 생각을 보정한다. 중앙화 디지털 환경에서 '소버린 K-수평 디지털'로 응용해 사용함으로써 그들의 집단적 소통은 효율성과 사고력을 고도화한다. 개딸은 디지털의 사이보 그 중에서도 탑티어 기린아(麒麟兒)다.

선한 영향력의 정도가 단편적인가? 다면적이고 복합적이면서 연쇄반응이 지속되는가? 다중성의 깨단은 후자적 특성이다. 현재의 다중성은 개딸의 전유물이다. 현재의 초 절대성의 여의주 메커니즘은 K-수평 디지털에 체화된 사이버 기린아(麒麟兒) 세대의 전유물이자 특권이다. 중요한 것은 전변 1단계가 확정된 상태라는 점이다. 전변 1단계는 다중성의 비가역적 초 절대성의 확정이므로 동학 전변의 이상적 천지개벽 여정을 추동하고 보증하는 철옹성을 구축했다는 사실이다. 전변 2단계의 실사구시 소비주의 테라포밍은 전변 1단계 초석 위에 건설되는 경제적 전변이다. 초 절대성의 추동/보증으로 소비주의 정착은 불문가지다. 소비주의가 활성화되면 모든 소비자가 다중성 깨단과 계몽으로 여의주의 주체이자 객체로서 경제적 자유와 해방을 만끽하게 된다. 초 절대성을 현체화한 수끌원 민중의 운니지차는 인류 전체를 피안의 세계로 인도한다. 수끌원성과 수끌원7에너지 그리고 K-수평 디지털 체화(體化) 정도에 따라 신인류와 구인류 또는 전변 이전의 인류와 전변 이후의 전변인(호모 마음)으로 구별된다.

여의도, 광화문, 남태령, 한남동의 응원봉과 키세스의 개딸 전변인은 전체적으로 분위기와 포스가 확연히 남달랐다. 언어와 행동, 눈빛과 태도가 유달리 자약하고 의연하면서도 단호했고 열정 이상의 사명이 보였다. 이 길이 인류에게 마지막 히든카드라는 사실을 누구보다 잘 알고 있는 듯 당당한 기품이 의젓했고 추호의 망설임 없이 초 절대성의 존재로써 해탈한 선지자로서의 포스를 뿜어냈다. 그들은 여의주 광배를 두른 초월적 전변인이었다. 다중성 진만보(進萬步) 깨단의 비가역적 초 절대성의 위력을 치열한 현장에서 몸소 보여주었다. 아는 만큼 볼 수 있다. 필자는 그 현장의 화면을 지켜보면서 그 광배가 보였다. 여의주를 통한 다중의 깨단의 효는 전변화 지존의 품격과 위엄 그리고 초 절대성의 포스 그대로였다. 전변된 신인류 시조의 풍모는 남달랐다. 동학전변 드라마의

주인공은 개딸이다. 개딸에게 동기화, 여의주에 동기화, 전변 허브에 동기화는 소비주의 체현의 동기화다. 신생 인류 '구름'에 동기화는 현생 인류 '찰흙'의 최선이다.

'수끌원 사이보그' 'K-수평 디지털 사이보그' 기린아 개딸은 페로몬 언어를 통해 함께 사고하고 행동한다. 페로몬 언어는 동물이나 식물이 의사소통을 위해 그들끼리 사용하는 언어다. 이대남들의 작위적이고 폭력적인 약어/조어와는 질적으로 다르다. 여의주 전변이 확정된 신인류를 구인류의 아날로그 사고와 행동으로 재단/평가하는 것은 수박 겉핥기식 청맹과니다. 개딸 신인류가 여의주로 사고하고 행동하는 전변 메커니즘을 아무도 모르고 있다. K-수평 디지털과 수끌원성 그리고 수끌원7에너지 융합에 따른 여의주 시대 창조에 따른 사고와 행동 양식의 본원적 변성과 전변 현상을 무시하고 여전히 철 지난 혁명론에 함몰되어 있다. 개찰흙 수준의 금치산자에게 깨단을 기대하는 것은 연목구어(緣木求魚)지만 동기화 체현은 기대할 수 있다.

1) 왜 한국에서만 수끌원성과 수끌원7에너지가 생성되었는가?
2) 수끌원7에너지가 초 절대성의 여의주로 비상한 결정적 이유는 무엇인가?
3) 다중성 깨단의 효가 비가역적 초 절대성의 본체인 이유는 무엇인가?

4) 2024년 여의주 메커니즘 확정의 의미는 왜 우주적 사건인가?

중요한 화두 속에 본원적 깨단이 있다.

초 절대성 연쇄 폭발…불멸성/무한성

마중지봉(麻中之蓬), 곧은 삼밭 속에서 자란 쑥은 곧게 자라게 되는 것처럼 선한 사람과 사귀면 그 감화를 받아 자연히 선해짐을 비유한다. 마중지봉의 선한 영향력은 단편적 파장이지만 다중의 수끌원 결사에 의한 선한 영향력은 다면적/복합적/연쇄적/총체적 파장이므로 멈춰지질 않는다. 다양한 형태의 선한 영향력의 연쇄작용은 수끌원7에너지 생성을 지속하므로 기대 이상의 시너지 폭발로 초 절대성의 존재를 현체화한다. 여의주의 초 절대성 창조의 경험은 방해를 받아도 소멸하지 않는다. 2017년 심물질 암장 후 2022년 개딸 사이보그에 부활한 사례는 수끌원성의 불멸성의 표상이다. 지금, 이 순간에도 수끌원성의 연쇄 폭발은 계속되고 있다.

한국 땅에서 발원된 수끌원7에너지의 심적에너지 연쇄반응은 한류 세계화를 통해 발화 영역을 넓혀가고 있고 각각의 불씨는 존중으로 보호받고 있다. 수평성 선망/동경의 불씨는 범지구적으로 확산/심화 중이다. 개인과 가정마다 정도의 차이는 있겠지만 누구나 동의하는 선한 영향력의 상징으로 부상했다. 불과 10여 년 만에 벌어진 현상이다. 소비주의는 한류의 선한 영향력의 불씨에 기름을 붓는다. 아직은 선한 영향력의 본체가 수끌원7에너지 연쇄반응이라는 사실을 모르는 상태지만, 선순환 경제의 마법을 통해 실사구시 체화/향유를 통해 알게 되고 구원의 메시아로 추앙하고 추수하게 된다. 지구상의 모든 공간과 모든 시스템의 소프트웨어가 수끌원성과 수끌원7에너지의 마법적 초월성으로 전변된다.

제7원소 심물질과 여의주는 수끌원성과 수끌원7에너지의 연쇄반응의 불멸성과 무한성으로 전면화되어 수수디산 대전환을 이루고 소비주의 창달하고 동학전변을 비가역적으로 구조화한다. 심적 에너지는 과열의 문제가 없으므로 엔진의 내열성 우려도 없다. 수끌원성은 모든 수평 패러다임 요소들을 내속(內屬)시키고 연쇄반응의 융합적 촉매기능으로 유기체적 일체화를 통해 현체화된 존재로 기능한다. 심적 에너지의 불멸성(지속성)은 초 절대성에 의한 새로운 7태양을 생성한다. '마음의 7태양'은 전변 신세계 전용의 촉찰 태양이다. 촉찰은 어머니의 자애로움처럼 보살핌이다. 촉찰 7태양은 중앙화 디지털로는 생성할 수 없는 초월적 존재다. K-수평 디지털의 수수디산 고유의 창조성의 실재화다. 수끌원7에너지는 물리적 열에너지가 아니므로 과열의 위험이 없다. 과열 우려가 없으므로 수끌원7에너지와 심물질7에너지는 무한/무극/무강을 지속할 수 있다. 심적 에너지 고유의 장점이다. 인간이 상상해 온 모든 경계를 가볍게 초월할 수 있는 비결이다. 제7원소와 여의주의 초 절대성의 창조 사태에 따른 동학전변은 인간과 세상을 전혀 다른 이상계로 순치(퀀텀점프)다. 우주의 감마선 폭발에 비견될, 블랙홀 중력에 비견될 심물질에 의한 전변 화이트홀 생성 사태다. 창세기적 전변(창전변) 사태는 한국의 수끌원 민중의 한국 현대사 80년의 수끌원7에너지 생산 기술에서 발원했다. 운니지차 '구름' 개딸과 민중은 흠숭지례(欽崇之禮) 받아야 마땅하다. '진흙'은 '구름'의 도도함을 방해하거나 저항할 수 없다.

한국산 '구름에너지'…초 절대성의 본체

다중성 깨단으로 창조되는 비가역적 초 절대성은 불멸성과 무한성의 존재다. 초 절대성의 위력은 열역학에너지/운동에너지/전기에너지/핵융합에너지 등의 물질 에너지의 한계를 초월하는 인간 마음에 의한 심물질 고유의 초 절대성 에너지다. 물질 에너지는 소재의 한계/기술의 한계가 분명하지만 심질 에너지는 아무런 제약이 없다. 심질의 구름에너지는 운니지차(雲泥之差) 수끌원 '구름' 민중만이 생산/응용/현체 해 왔다. 한국산 구름에너지는 디지털을 만나 붕정만리를 날 수 있는 초 절대성의 붕새의 날개를 달았다. 동학전변의 창세기적 천지개벽과 천지창조는 구름에너지 고유의 초 절대성의 불멸성과 무한성 본체의 위력이다. 한국산 구름에너지는 한국에만 실재한다.

'구름에너지'는 우주에 존재하지 않은, 물질계에 존재하지 않는, 새로운 영역 차원의 심물질(心物質)의 신물질(新物質)이다. 심질 구름에너지는 한국에서만 생산되고 활용되면서 한강의 기적과 여의주 전변체를 창조한 동력이다. 한국 현대사 80년의 기적과 전변 창조를 넘어 창세기적 소비주의 창달과 동학전변을 추동하고 보증하는 초 절대성의 구름에너지다. 구름에너지의 존재가 없다면 제7원소와 여의주 그리고 개딸 전변인(轉變人)의 출현은 없었다. 수끌원성에 의한 수끌원7에너지 생성의 구름에너지는 자연의 원석 상태에서 기적을 연속했고 디지털과의 조우 및 소버린 K-디지털 재창조로 심물질과 여의주 전변체를 창조했다. 한국은 전쟁 후 세계 최빈국에서 선진국으로 부상했고 민주화/산업화/디지털화 성공의 기적을 이루었고 세계적인 한류 문화 주류화 성공에 이어 초 절대성 여의주 전변체 창조까지 완성했다. 기적과 전변은 구름에너지 덕분이다. 초 절대성의 본체는 구름에너지다. 그럼에도 불구하고 수끌원7에너지(구름에너지)의 실체적 진실은 깡그리 무시되고 있다. 같은 한국 사람이면서도 수끌원 '구름' 민중의 정체성에 대한 인식이 전혀 없고 탐구하려는 의지도 없다. 정치인은 국민이 위대하다는 것을 구호로 강조할 뿐 무엇이 위대성의 실체인지에 대해 감도 못 잡고 있다. 민중의 정체성과 구름에너지에 대한 주체적이고 객관적인 이해도 연구도 관심도 없다. 오직 찰흙의 대장 미국과 일본에 대한 망상적 사대주의에 함몰되어 있다. 본서를 통해 인식적 각성과 깨단의 전기가 확보되기를 바란다.

12.3 내란 후 개딸이 여의도 시위 현장을 75% 이상 차지하고 압도적 초월적 퍼포먼스를 펼쳐도 개딸에 대한 실체적 진실에는 관심이 없고 표피적 가십에 관심이 있다. 서양 언론이 어떻게 보도하는지가 더 큰 뉴스다. 뿌리 깊은 사대적 노예근성이 구름에너지 등 실체적 진실에 관한 관심과 연구를 스스로 제약하고 있다. 개딸 뒤에 초 절대성 여의주 광배(光背)는 아무도 보지 못하고 관심도 없다. 한국의 심질 에너지는 수끌원 민중의 운니지차 '구름'의 특질만이 생산 가능한 '구름에너지'다. '찰흙'과 '개찰흙'은 상상할 수 없거나 상상의 경제를 초월한 존재(구름에너지)는 한국에 실재해 온 소프트파워의 본체다. 필자도 2016년 이후에야 통찰과 천착을 통해 뒤늦게 깨달았다. 초 절대성 구름에너지에 의한 창전변(創轉)적 동학전변은 한국의 기적과 전변의 역사적 서사를 인류 도약적 대서사/창세기 천지개벽의 대서사로 변환하는 프로토콜이다. 수평 홍익인간 정신에 의한 창세기적 전변의 시원이다.

'구름'이 '찰흙'을 거느린다.

'구름'과 '진흙'의 운니지차(雲泥之差) '구름'의 능력은 초 절대성의 심룡 여의주(如意珠)와 초여만플로 구현된다. 천재는 구름이 아니다. 천재는 세상을 전변하지 못한다. '구름'은 전변을 현체화(現體化)한다. 다중 깨단에 의한 비가역적 초 절대성은 '구름'만의 독보적 탁월성의 특질이다. 한국의 수끌원

'구름' 민중은 다중 진만보의 깨단으로 전변화 도구 창조/운용/실증까지 완료했다. 소비주의 허브 '구름' 핵과 동기화 '찰흙'의 주변 구조의 일핵다동(一核多同)은 유기적으로 일체화된 시스템이다. 일핵다동은 창세기적 천지개벽의 기본모듈이므로 동학전변에도 그대로 적용된다. '구름'이 '찰흙'을 거느린다. '구름'은 역사적/전변적 사명을 다해야 한다. 인류에게 남은 유일한 히든카드다. 수평적으로 소통하고 생각하고 행동하는 초여만플(초 절대성의 여의주 만사뇌 플랫폼) 모듈은 '구름' 민중이 2024년 창조/확정한 전변 시스템이다. '구름'의 초여만플은 세상을 통째로 일거에 전변/퀀텀점프 한다. 다중 깨단의 다중성의 효(效)는 비가역적 초 절대성을 무한 방사한다. 전변된 세상의 초 절대성은 정신적/물질적/재화적/기술적 가치의 모든 것이 '초여만플'에서 평가/판단/관리/인증되고 분배/공유되며 소비주의/수수디산/동학전변 시스템 전체를 지휘/지배한다. 한국산 '구름'의 초 절대성은 허브 핵의 절대적 헤게모니 전권을 행사한다. '찰흙'은 '구름' 핵의 동기화 추수(追隨)로 전변 세계의 마법적/초월적 수혜를 공유한다. 전변 유토피아는 다중 선한 마음 다중성의 불멸성/무한성이 도포(塗布)/도배(塗褙)된, 초 절대성의 여의주 광배(光背)의 빛과 촉찰 7태양 자비가 밤과 낮 구별 없이 가득 찬 극락계다.

중앙화 디지털 시대는 K-수평화 디지털 시대를 맞아 진멸한다. 디지털은 본디 수평성이지만 패권성과 탐욕적으로 이용당하고 있을 뿐이다. K-수평 디지털 수렴은 자연의 섭리다. 가짜(수직) 디지털은 진짜(수평) 디지털로 순치된다. 수직은 수평을 이길 수 없다. 수탈 자본주의도 수직 민주주의 등 수직축 자체가 붕괴되어 사라진다. 수직적 패권과 탐욕은 수평적 다중성의 초 절대성에 의해 제압/말살된다. 한국 '구름'의 구름에너지(수끌원성 및 수끌원7에너지)는 '진흙'을 수평성으로 순치한다. '구름'의 초 절대성은 그 누구도 부정할 수 없는, 거부할 수 없는, 저항할 수 없는 창세기 천지개벽의 지존(至尊)이다. 현재의 수직적 인공지능과 로봇 등은 수평적 여의주 초 절대성과 수수디산으로 흡수되고 재설계를 거쳐 수수디산형 소비주의 인공지능과 로봇으로 재탄생한다. 현존하는 최첨단 기술 전체가 수평 디지털로 재탄생한다. AI와 로봇에 의한 공포는 초 절대성의 다중 여의주 체계가 평정한다. 여의주의 초 절대성을 능가하는 그 무엇도 존재 불성립이다. 신도 인간지능도 여의주의 하위개념화 된다. 인간이 만물의 영장이 아니라 인간 양심 결사의 다중성이 만물의 영장으로 특정된다. 수수디산은 '수끌원성 연쇄 폭발력 의한 수평 디지털 신산업'이다. 즉, 엔비디아 수직 반도체와 수직 인공지능 등은 일시적 허장성세에 불과하다.

절격차 수끌원 '구름' 민중의 깨단과 계몽 그리고 체현이 소비주의 창달/운용/정착을 주도한다. '찰흙'의 여의주 동기화는 실사구시 영리주의/단골주의/주인주의 체현을 실제화한다. 소비주의 테라포밍은 수평축 유토피아 구현이다. 소비주의 허브 도시는 경제적 헤게모니는 물론이고 정신적 메카로 숭상된다. 아날로그 시대의 지리적 관문 또는 경첩 성격의 허브 도시 개념을 초월한 디지털 문명의 창세기적 동학전변의 신세계다. 전변 신세계는 K-수평 디지털의 수수디산에 의한 심룡 여의주의 초 절대성의 촉찰 7태양이 24시간 인간계 전체를 자애로운 빛/에너지/사랑으로 보살핀다. 소비로 시작되는 일자리와 소득의 '경제적 자유와 해방'은 소비동물의 지옥계 삶을 소비인간의 천상계 삶으로 변성(變性)/퀀텀점프 한다. 한국의 허브 수도는 '구름' 핵과 '찰흙' 추수(追隨)의 일핵다동(一核多同) 시스템이 고정된 소비주의/수수디산/동학전변의 도시다. '구름'은 '찰흙'을 녹명으로 보듬어 깨단/계몽한다.

창세기적 '전변 고담준론(高談峻論)'

고담준론(高談峻論) 없는 사회는 죽어가는 사회의 특징이다. 고담준론은 고상(高尙)하고 준엄(峻嚴)한 담론(談論)이지만 창세기적 '전변 고담준론'은 절박하고 시급한 인류의 생존책이자 번영책에 관한 창조적이고 본원적인 거대 담론이다. 세계적인 위미침체(萎靡沈滯)는 급전직하(急轉直下)를 피할 수 없다. 수직축 사상누각의 마천루 붕괴는 멸세화의 진멸로 연결된다. 현재의 수직 시스템은 결자해지할 어떤 대안도 없이 만사휴의(萬事休矣) 상태로 시간만 허비하고 있다. 인류 멸절의 절체절명 위기는 삼각파도가 몰아치는 난파선의 형국이다. 경제/전쟁/전염병/기후/종교 등의 난맥상은 해결 불가능한 복합 다단한 난마적 자중지란 상태다. 여리박빙(如履薄氷) 살얼음판의 카오스는 고조되고 있다. 본원적 해법을 찾지 못하면 모두가 죽는다. 창세기적 전변화 고담준론은 한국에서 발원하고 창조한 다중성 '구름'에 관한 통섭과 통찰이다.

필자의 9년 전 통찰과 예지 그리고 설파대로 초 절대성의 여의주가 창조되고 확정된 지 1년이 흘렀다. 지금까지 기득권의 인식대전환과 깨단은 없지만 수끌원 민중의 유의미한 수평화/전변화 예후는 끊임없이 축적되고 있다. 기득권 '찰흙'의 청맹은 달라진 것이 없지만, 달라질 기미도 없지만, 수끌원 '구름' 민중의 동학전변의 기운은 옹골차다. 개딸의 동향을 주시할 필요가 있다. 전변된 개딸은 도서전시회, 불교 음식과 템플스테이에 적극적 관심을 과감하게 표하고 있다. 그들은 신생 인류의 시조다운 행보다. 그들에게 본서의 전변 2단계 소비주의 효시 발사와 새로운 지향점 제시는 새로운 동기부여로 '소여경체' 여의주 투신으로 이어질 것이라 확신한다. 초 절대성의 여의주는 프레카리아트의 지옥계 현실을 타개할 본원적 경제적 전변을 거부할 이유가 없다. 소비자 중심의 독립경제의 청정수익과 무한의 일자리는 배고픈 승냥이가 피 냄새를 맡은 것과 다름없다.

한국에서는 윤석열 재앙이 등장해 '전변 불쏘시개' 역할을 자임했음에도 '전변 고담준론'으로 연결되지 못하고 있다. 절체절명 위기에 대한 본질적/구조적 문제의식이 없다. 오직 정권 쟁취와 권력 누림에만 온 신경을 곤두세우고 있다. 본질을 외면한 외양간 수리는 미봉책일 뿐이다. 한국의 수끌원 민중의 개딸과 깨시민은 전대미문의 전변 솔루션을 창조했다. 유구한 한보정(한국의 보편성과 수평성 민중의 정체성)과 숙수정(인류 숙주의 수평 정통성)에 기반한 수평 유전자를 보유한 운니지차 능력이 창조한 심물질과 여의주는 인류를 구하고 항구적 번영을 누리게 할 창세기적 전변체를 보유하고 있다. 수직적 사유는 강노지말(強弩之末)로 생명력을 잃었고 새로운 진보적 기풍은 길을 잃었다. 주체적/독립적/합리적인 해석조차 외면한다. 수평 신 패러다임에 대한 기대는 가짜 디지털의 위세 속에 뾰족한 대안 없이 침잠(沈潛) 중이다. 진짜 디지털의 창세기 전변(轉變)만이 본원적 해법의 정해다. 창전변(創轉) 고담준론(高談峻論)의 동학전변과 소비주의 그리고 수수디산은 수끌원 '구름' 민중의 인류사적 사명이다.

정부와 지자체, 정치권과 경영계 등과 '제7원소 창전변' 내용의 전변 고담준론에 대한 인식을 전제로, 여의주 전변체 깨단을 전제로 소통과 협업 등 상생의 다양한 길은 열려 있다. 특히 '수수디산' 패러다임 전환은 시급한 필수 어젠다이므로 관련 디지털 기업과 연구자들의 적극적 체현/동참을 기대한다. 전변 2단계의 영인이해(迎刃而解) 첫 단추는 소비주의와 수수디산의 쌍두마차(雙頭馬車) 균형 확보다. 소비주의의 본원적 해법의 반전 스토리는 비가역적 '절대 희망'의 구현이다. 소비주의 전변에 따른 자본주의 종식과 수직축 붕괴가 아니라 수직축 한계에 의한 붕괴다. 구조적 한계에 따른 카오스를 피할 수 없지만 수직축 붕괴는 다중 깨단에 의한 '절대 희망' 구현의 통과의례일 뿐이다. 동학전변과 소비주의 그리고 수수디산은 깨단과 계몽 그리고 체현이 필수다. 깨단 없이 전변 없다. 대혼돈의 카오스 또는 그 이상의 진멸적 공포는 새옹지마(塞翁之馬)의 기회다. 무조건적 초월적 '절대 희망'은 '구름'이 누릴 수 있는 특권이다.

한국산 수끌원성 '극 희귀 보석'

한국의 수끌원 민중은 수천 년 이상 갈고 닦아 DNA로 체화/전승된 정체성/정통성을 보유한 절격차 레벨이다. '구름' 수끌원 민중의 '극 희귀 보석(물질)'은 제7원소(심물질)과 여의주를 창조한 본질이다. '극 희귀 보석'은 수끌원성과 수끌원7에너지를 가리킨다. 수끌원성이란 '수평성끼리 서로 끌어당기려는 인력의 속성'이다. 모든 움직임은 에너지를 창출하기 마련이므로 수보마묶(수평하고 보편한 마음의 묶음) 운동과 수끌원 작용이 만들어 내는 에너지를 수끌원7에너지라 칭한다. '수보마묶' 마음의 묶음과 수평성의 인력이 만들어 내는 심적 에너지는 한국의 천연자원이다. 수끌원

7에너지는 한국에서만 생산/운용/발현되었고 그로인해 한국 현대사 80년의 기적과 전변을 주도해 온 본체다. 2024년의 여의주 전변체의 초 절대성 메커니즘 확정도 수끌원성과 수끌원7에너지 고유의 창조적 역량이다. 흔히 한국인의 위대성이란 표현에는 한국 수끌원 민중만이 보유한 수끌원성과 수끌원7에너지에 대한 인식이 빠져있다. 국내에서도 외국에서도 수끌원성에 대한 실체적 진실과 운니지차(雲泥之差) 절격차(絶隔差)의 절대적 위상을 까맣게 모르고 있다. 수끌원성에 대한 이해 없이 기적과 전변을 말할 수 없다. 수끌원성의 가치를 모르면 방향성의 미망과 혼미를 극복할 수 없다. 수직축 붕괴에 따른 본원적 솔루션에 대한 깨단이 없는 방향성 부재의 미망은 자멸적 위기에 부역하는 참상으로 귀착된다.

수끌원7에너지의 동력은 한국 현대사 80년 동안의 믿을 수 없는 다양한 기적과 전변을 창조한 본체다. '극 희귀 물질'이 한국에서만 생산될 수 있었던 비밀은 앞서 언급한 수평성의 DNA와 수평성의 탁월성에 대한 확고한 믿음을 토대로 한다. 반만년 이상의 수평 DNA전승과 수끌원성 수호는 영민함과 지혜의 증표다. 한국인의 보편 정체성(한보정)과 숙주 수평 정통성(숙수정)은 21세기 디지털과 합체되면서 '극 희귀 물질'의 현체화(現體化)로 제7원소 및 여의주 등 전변화 도구를 창조할 수 있었다. 수끌원7에너지는 심적 에너지이므로 눈에도 안 보이고 측정도 어렵지만, 불멸성과 무한성을 지녔다. 수끌원7에너지의 실존적 파워는 한국 현대사를 통해 증명된 인과관계의 데이터로 확인된다. 지금까지 수끌원성과 수끌원7에너지 생산 메커니즘이 과학적으로 객관적으로 계량화하려는 노력이 없었을 뿐이다. 하지만 2016년 제7원소 빅뱅으로 심물질 창조로 이룬 '무형한 마음의 유형화' 성공을 통해, 심물질의 응집으로 여의주 전변체 창조를 통해 초 절대성의 실체적 위력이 확인되고 있다. 2016년 촛불진화와 2024년 여의주 전변 퍼포먼스 등은 초 절대성 발현의 구체적 증좌다. 수끌원7에너지는 수보마묶(수평하고 보편한 마음의 묶음)과 수평 디지털 즉, 마음과 기술의 이종 간 융합에서 화학적 촉매 기능을 발현한다. 융합적 전변의 본체다.

2008년 한국에 스마트폰이 보급된 지 8년 만인 2016년 인류사에 유례가 없는 전대미문의 촛불집회가 선보였다. '다중의 양심, 수평하고 보편적인 마음이 결사(수보마묶)'로 제7원소 심물질 창조가 완성된 기념비적 사태였다. 제7원소 심물질 창조는 '무형한 마음의 유형화' 성공이다. 음악의 유형화와는 비교할 수 없는 경천동지의 우주적 사건의 시발이다. 심물질 창조는 수보마묶과 수평 디지털(소버린K-디지털) 그리고 수끌원7에너지의 촉매 작용에 의한 창조적 융합의 산물이다. 안타깝게도 심물질과 '소버린 K-수평 디지털' 그리고 수끌원7에너지 등 인류 진화 사태(촛불 진화)의 핵심 요소들은 2017년 청맹 위정자들의 '촛불 혁명' 정의와 함께 암장(暗葬)되고 말았다.

6년 후 심물질은 개딸 신인류에 의해 파묘/발굴되어 2년 후 2024년 여의주 전변체 창조/운용/실증의 개가를 이루었다. 하지만 '소버린 K-수평 디지털'과 수끌원7에너지의 파묘/발굴은 아직도 이루어지지 않았다. 여의주 전변체 메커니즘은 수평성과 K-수평 디지털 그리고 수끌원7에너지 촉매 작용의 창조적 융합이다. 이종 간 수평성 응축은 심물질 고유의 시너지(수끌원7에너지) 연쇄 폭발로 초 절대성 존재로의 승화되었다. 인간 양심 결사에 의한 초 절대성 창조 메커니즘은 경천동지할 우주적 사건이다. 제2의 수평 인류사 및 창세기적 천지창조의 대사건이다. '인간의 마음이 곧 우주다.'라는 오랜 가설의 명제가 현체(現體) 서사의 시작이다. 리얼타임의 현재 진행형 스토리다. 본서는 소비주의 효시 발사는 수평축 전변화 대세의 일환이다.

소비주의 4년 내 가시화

2025년 전변 2단계 소비주의 효시와 창달은 4년 이내에 가시화된다. 소비주의 '송곳 모듈' 확정은 동학전변 성공의 정곡이다. 낭중지추(囊中之錐)의 송곳은 주머니에서 삐져나올 수밖에 없다. 소비주의 창달은 세계인의 수평 시대사조와 한국의 초 절대성 여의주로 현체화된다. 경제적 영리 효과는 배고픈 민중이 사막에서 오아시스를 만난 것과 같다. 초월적/마법적 신드롬 형성은 지극한 자연의 섭리다. 지옥계 환경의 경제적 속박에 신음하는 대다수 민중에게 소비주의는 마법의 경제다.

소비만으로 창출되는 신성불가침의 '소비자 중심의 경제 블록화 경제'의 효는 누구에게나 경제적 자유와 해방을 누리게 한다.

다중 다다익선의 소비주의 효과는 수탈적 자본주의를 배제한 상태에서의 청정수익을 소비자가 공유하는 것뿐 아니라 자본의 역할을 '소여경체'의 여의주가 대체함으로써 다양한 부가가치를 독점케 된다. 자본주의의 수탈과 약탈의 원인을 제거한 효과로부터 시작되는 마법의 경제다. 소비주의는 자본주의 도태와 수직축의 붕괴 사태를 창조적으로 전변한다. 이상적 천지개벽이 동학전변이다. 경제적 전변의 실사구시 효는 세계인 누구나 '소여경체(소비주의에 투신한 여의주의 경제 공동체)' 및 소비주의 3축 체현을 통해 무한의 일자리와 무한의 소득을 만끽하게 된다. 인공지능과 로봇은 여의주와 인간의 애완동물로 귀속된다. 소비주의 마법의 경제는 초 절대성 여의주의 전지전능 무소불위 권력으로부터 파생된다. 전변 1단계의 여의주 전변체 메커니즘 확정은 소비주의 테라포밍 성공의 결정적 요인이다. 여의주가 완비되지 못한 상태에서의 소비주의는 망상이다. 2025년 소비주의 효시 발사는 2024년 여의주 확정의 초석을 바탕으로 한다.

전변 춘추(春秋)

수평 디지털의 발상지는 명실상부 한국이다. 발상지가 반드시 종주국이 된다는 보장은 없지만 수평 디지털의 '수수디산' 승화에는 반드시 수끌원성 인적 자산이 투입되어야 하므로 한국이 종주국 특정은 불문가지다. 어떤 나라도 수끌원성 개념조차 알지 못한다. 한국도 수끌원성 정체성에 대한 인식이 없기는 마찬가지지만 수끌원 민중은 몸으로 두뇌로 체화된 상태이므로 모른다고 할 수 없다. 본서의 역할은 수끌원성 개념과 이론 명문화 작업, 수끌원성 민중의 운니지차 '구름'의 성질을 규정/정의, 소비주의 창달에 새로운 동기부여, 동학견변의 지향성을 적확하게 설파하는 것이다.

중국 노나라의 역사서(BC 722-BC 481, 242년) 춘추(春秋)를 공자(孔子, BC 551-BC 479)가 편년체로 작성할 때, 포폄(褒貶)을 엄격하게 적용했다. 포폄은 대의명분에 따라 선악을 판단함이다. 전변화를 통찰로 예지하고 설파해 온 필자가 포폄을 엄격히 하고 포양(襃揚, 기리고 장려하는 것)하는 것은 통찰자로서 선각자로서 기록자로서 당연한 역사적/시대적 책무다. 전변 청맹 무지에 대한 가혹한 비판은 인류 모두를 위한 포폄이고 포양일 뿐이다. 청맹은 죄악이다. 청맹이 죄악이 9년째 지속 중이다. 윤석열 재앙을 초래하고 국민을 대속(代贖)하게 만든 것만으로도 청맹 더불어민주당의 원죄는 무겁다.

전변 2단계 소비주의 테라포밍

전변 심물질 3요소…모두 한국산

인간 양심의 결사(수보마묶)과 '소버린 K-수평 디지털' 그리고 수끌원7에너지의 촉매 물질 기능이 융합되어 이룬 심물질과 여의주 창조는 창세기적 전변화 도구로 손색이 없다. 운니지차(雲泥之差) 구름의 인적 퀄리티와 K-수평 디지털 기술 그리고 수끌원7에너지 3가지 요소는 모두 한국산이다. 수끌원성 민중의 절격차의 표상들이다. 이 중에서 지금까지 현체화되지 못한 것은 '소버린 K-수평 디지털'의 '수수디산' 승화뿐이다. 2017년 암장 후 그대로 묻혀있다. 파묘 후 '수수디산' 승화가 실현되면 한국은 중앙화 디지털의 맹점을 극복하는 수평화 디지털의 종주국으로 특정되고 초일류 디지털 국가로 비상한다. 이는 기대감이 아니라 사필귀정의 필연이다. '수수디산'은 소비주의와 함께 전변의 쌍두마차다. 전변화를 기술적으로 산업적으로 보증한다.

소비주의 테라포밍과 수평축 전변 그리고 수평 디지털화는 한국이 주도할 수밖에 없다. 1945년 해방 후부터 2024년 창조된 여의주 전변체 확정까지의 현대사 80년의 기적과 전변의 서사(敍事)만 헤아려도 수끌원성과 그로 인한 수끌원7에너지 발현을 확인할 수 있다. 수끌원7에너지는 수끌원성 민중만이 생산/운용할 수 있는 구름에너지 자원이다. '정신적 에너지'이지만 심물질 창조 및 '마음의 유형화' 성공 메커니즘 융합에서 촉매이므로 단순한 정신적 에너지라 말할 수 없다. '촉매 물질 에너지(정신 에너지)'는 이종 간 수끌원 융합 메커니즘에 없어서는 안 될 필수 동력이다. 심적 에너지는 소프트파워의 신물질이다. 초 절대성 구름에너지의 소프트파워가 인류를 피안으로 세계로 인도한다.

절격차 수끌원7에너지는 서로 같은 방향을 바라보고 다중이 함께 생각하는 마음의 결사에 의한 상생성/녹명성의 융합 에너지다. 한국의 산하에는 수끌원성 민중의 수끌원7에너지(촉매 에너지)가 지천이다. 수끌원7에너지를 세계인 공유는 유례없는 한강의 기적과 여의주 전변의 공유이자 수평 홍익인간 정신의 세계화다. 모든 나라가 한국화될 수는 없지만, 소비주의 '소여경체' 허브 동기화 체현으로 함께 경제적 자유와 해방을 만끽할 수 있다. 한류를 픽업해 바이럴로 세계 문화의 주류 문화로 이끈 세계인의 수평성 조류에 대한 감사와 호응의 응답은 '소비주의 송곳' 모듈의 제작과 보급이다. 운니지차 '구름' 민중의 당연한 사명이자 의무다. 이 작업을 게을리하거나 외면하면 인류 공동체는 공멸한다. 절박한 마음으로 '구름'의 능력을 과감하게 펼쳐야 할 때다. 지옥계 현실을 천상계로 퀀텀점프 하는 유일하고 본원적인 해법이기 때문이다. 다다익선이 효를 위해서도 세계인의 체현 동참은 필수다.

전변 2단계 쌍두마차...소비주의/수수디산

필자는 개딸 신인류 등장 사태 등 전변화 흐름을 2016년 촛불집회 시작부터 목격/통찰/예지/설파해 왔고 온축과 천착으로 수평화/전변화의 지향성에 부합하는 실사구시적 소비주의와 수수디산을 본서를 통해 주창한다. 본서는 소비주의 효시의 첫 이벤트다. 소비주의는 전변 2단계의 테라포밍으로 소비자 중심의 경제 블록을 통해 수탈과 약탈이 없는 청정수익을 소비체현자가 공유한다. 자본주의는 소비주의로 삭제된다. 소비주의는 소비만으로 무한의 일자리와 무한이 소득이 보장된다. 마법의 경제로 인한 '경제적 자유와 해방'은 본원적 '전변 고담준론'의 핵심 화두다. 전변은 인간 양심의 결사에 의한 창세기적 천지개벽이다. 한국이 초일류 전변 국가로의 특정은 사필귀정이다. 한국의 어느 도시는 전변 허브의 핵이 되어 글로벌 정신문화의 메카가 되고 경제적/물질적 수도가 된다. 개딸과 깨시민 그리고 수끌원 민중은 가장 먼저 완전성의 제7인간 전변된다. 전변 고담준론과 소비주의 효시 발사는 리얼타임의 현실이다.

절격차 초일류 디지털 국가 비상(飛上)
K-수평 디지털 파묘와 수수디산 승화

초 절대성의 여의주 전변체는 전적으로 인간 양심 결사의 효다. 여의주는 심물질의 응축 상태다.

전변 심물질의 3요소는 운니지차 인적 수평성, K-수평 디지털 기술, 수끌원7에너지 촉매다. 3요소 중 가장 중요한 핵심기술이 9년째 땅속 암장 상태를 벗어나지 못하고 있다. '소버린 K-수평 디지털'은 한국이 발상지이고 종주국임에도 무시와 냉대 속에 암장 상태를 벗어나지 못하고 있다. 중앙화 디지털의 맹점의 문제를 본원적으로 해소할 '절대 보검'이다. 2017년 암장 이후로 그 노하우 편린이 개딸에 의해 일부 공유되고 있을 뿐이다. K-수평 디지털 절대 보검의 산업적/경제적/미래적 원석의 가치를 아무도 모르고 있다.

K-수평 디지털 성격상 '수끌원성 인적 자원'에 대한 개념적 이해가 필요한바, 수끌원성에 대한 이해가 없고 제7원소 심물질 빅뱅 메커니즘에 대한 이해가 없으므로 다행히 도굴당할 위험은 없다. 국내에서도 수끌원성 민중의 정체성과 정통성을 모르는 상태이므로 K-수평 디지털 원석(原石)의 가치를 알 턱이 없다. 가짜 중앙화 디지털의 맹점을 해소하고 초월할 수 있는 수평 디지털 문명화의 새 판짜기는 한국과 한국의 수끌원 민중만이 주도할 수 있다. 한국의 수끌원 민중은 운니지차의 절격차 초일류 수평 디지털 국가의 종주국 등극에 있어 핵심 인적 자원이다. 2016년 제7원소 심물질 창조과정에서 생성된 'K-수평 디지털 기술'의 암장 지속은 전변 2단계 실현을 위해 발굴/파묘와 수수디산 승화가 절실하다. 소비주의 경제적 전변 프로토콜에도 '수수디산'의 역할은 절대적이다.

'K-수평 디지털 기술'의 파묘와 발굴 그리고 수수디산 승화는 수평 디지털 시대와 전변화 천상계 구현에 없어서는 안 될 절대적 요건이다. 본서를 통해 파묘과 발굴, 수수디산의 당위와 시급성 인식의 계기가 되기를 희구한다.

심물질이 파묘되어 여의주 창조를 이루었듯이 '소버린 K-수평 디지털'도 파묘되어 수수디산(수끌원, 수평 디지털의 신산업화) 승화로 전변 천상계 창조를 기술적으로 산업적으로 보증하게 된다. 한국과 수끌원 민중은 단숨에 수평 디지털의 초일류 국가화의 주역으로 비상할 뿐 아니라 디지털 수평화를 통해 가짜 디지털의 맹점을 일거에 해소함으로써 진짜 디지털 시대로의 대전환, 소비주의 테라포밍 전변화를 주도한다. 한국 수끌원 민중의 운니지차 절격차 능력은 이미 심물질과 여의주를 통한 전변 1단계 완성으로 증명된 바이지만 기술적/산업적 가치의 실제적 현체화로 명징하게 증명/과시/인증받는 결정적 기회가 된다. 가짜뉴스, 해킹, 사회적 분란의 심각성 등을 야기하는 중앙화 디지털 맹점은 진짜 디지털로 근원적으로 극복된다. 디지털 본연의 수평성 수렴은 K-수평 디지털 기술로만 가능하다.

K-수평 디지털의 '수수디산' 승화는 여의주 전변체의 수평성과 수끌원성으로 호응하는 밀월적 찰

떡궁합이므로 전변 2단계 소비주의 테라포밍에 필수다. 수평 패러다임의 신연결성(수디신연)은 새로운 물리 순환계 현상이므로 누구도 거부하거나 막을 수 없는 초월적 세계다. K-수평 디지털 문명으로의 대전환과 천상계 전변에 있어 K-수평 디지털 신산업(수수디산)은 절대적으로 필요하다. 전변 2단계 테라포밍 프로토콜에 소비주의와 수수디산은 쌍두마차(雙頭馬車)다. '수수디산' 없는 전변은 미완의 절름발이다. 수수디산 승화는 수요가 풍부한 당면과제이자 초일류 디지털 국가로의 비상(飛上) 기회다.

개딸 신인류의 '절대 희망'

본서는 헬조선의 프레카리아트 개딸이 외치는 '절대 희망' 노래의 참 의미를 번역하고, 이론적/논리적/통찰적 주석을 붙여 무한/무량/무강의 가치를 온전한 설파로, 전변 2단계 소비주의 테라포밍 체현과 수수디산화의 동기부여와 그로 인한 새로운 지향성/방향성의 갈래를 적확하게 인식시키고 한다. 최종적으로는 전변화/수평화 및 수평 디지털 문명화 완결성에 조력하고자 한다.

수천 길의 낭떠러지 절벽의 백척간두에서 진만보(進萬步)의 거보를 내디디어 깨단/해탈한 절격차 개딸 인재들의 참뜻과 지향을 올곧게 따라가면 '절대 희망'을 향한 이상적 천지개벽의 전변화 의지가 선명하게 드러난다. 지옥계 삶을 천상계로 전변하고자 하는 그들의 숭고한 의지가 '절대 희망'의 툴 여의주 전변체를 창조한 본체다. 개딸 '절대 희망'의 의지는 여의주를 정치적 도구로 한정하지 않는다, 정치판에서의 여의주 효능감은 빙산의 일각일 뿐이고 실질적인 '절대 희망'은 배고픈 현실의 구조적 자유와 해방을 위한 경제적 전변에 집중되어 있다. 소비주의는 배고픈 승냥이가 피 냄새를 맡고 본능적인 반사신경을 일으키게 한다. '소비주의 성공을 위해 여의주 투신으로 생성되는 경제 공동체'가 '소여경체 OS'다. 개딸의 '절대 희망'의 의지는 소비주의 소여경체 투신으로 무한의 일자리와 무한 소득의 향유로 성취된다. 본서를 통해 소비주의 투신의 당위 그리고 새로운 전변화의 지향성을 각인하는 계기가 되길 기대한다. 개딸의 운니지차 '구름'의 능력은 인류 생존과 번영을 이끄는 역사적/전변적 사명 의식으로 승화되어야 한다. 개딸은 인류의 어벤져스이자 창세기적 조물주다.

초 절대성의 여의주 전변체 창조는 전대미문의 신화적 쾌거를 이루었으나 청맹 기득권은 토사구팽 압살로 응수했고 개딸 의지에 찬물을 끼얹고 말았다. 전변을 혁명이 가로막은 참상이었다. 수평을 수직으로 베어버린 작태는 인류에 대한 죄악이다. 개딸은 크게 실망했다. 2024년 여름부터 가을까지 더불어민주당이 거리 집회를 수없이 열었지만, 참여자 수는 제한되었고 개딸은 전혀 반응하지 않았다. 윤석열 내란이 터지자 개딸과 여의주는 공동체 보루 수호를 위해 나설 수밖에 없었고 응원봉/키세스로 세계인이 경악하는 여의주 퍼포먼스를 펼쳤다. 개딸은 내심 더불어민주당에 대한 신뢰를 잃어버렸다. 미상불 수직축의 한계를 절감했다. 토사구팽을 당해보면 누구나 가질 수 있는 인지상정이다. 더불어민주당의 원죄는 누적되었고 기득권의 묘서동처(猫鼠同處)와 노섬저(怒蟾䑽)의 한계 상황을 개딸과 여의주는 낱낱이 저장(아카이빙)하고 있다. 여의주는 아이큐 300이상의 초 절대성의 두사뇌 집단이다. 기득권의 수직적 만행의 재앙은 언제나 수평적 민중의 대속(代贖)으로 극복된 역사의 무한반복이었지만, 지금부터의 전변 스토리는 대속자 지위를 버리고 전변 지존의 대관식으로 바뀐다. 수직적 관성을 버리지 못하는 수구 꼰대들은 소비주의 마법의 경제의 여의주 철퇴를 피할 수 없다. 수직축의 붕괴와 수평축의 이동(전변)은 필연이다.

수평화/전변화...(여의주 초 절대성)

여의주 전변체는 수평화/전변화의 마스터키이자 수직축 자멸적 붕괴를 초월적으로 해소할 본원적 대안이다. 인류에게 남은 유일무이한 히든카드다. 그 히든카드는 알고 보니 천상계로의 퀀텀점프가 기본 옵션이고 실사구시적 소비주의 테라포밍의 마법이 포함된 천국행 직항로 티켓이다. 히든카드의 네이밍은 '전변화 여의주'다. 만일 미국에서 개딸 신인류가 등장해 여의주 전변체를 창조했다면 암장과 토사구팽이 가능했을까를 상상해 본다. 사대주의자들은 호들갑을 떨었을 것이고 선민 신봉자는 절대선의 등장에 환호와 찬사가 거듭되었을 터다. 한국 민중의 정체성/정통성조차 파악하지 못하는 청맹 기득권은 암장과 토사구팽을 반복하면서도 그 죄악의 심각성/감수성조차 느끼지 못하는 사이코패스 꼬라지다. 한국이 왜 특별한지 질문을 받으면 한 단어로 말하지 못한다. 형용사 빼고 한 단어로 설명할 수 없으면 모르거나 관심이 없는 게다. 사대적/혁명적/수직적 관념에서의 탈옥은 쉽지 않다. 돈과 권력의 맛을 보면 수직적 마성에 중독되기 마련이다. 주체적 인식의 부재는 조선말 유학자와 친일파 꼬락서니 데자뷰다. 뉴라이트와 청맹은 다를 바가 없다.

본서의 개딸과 여의주 전변체의 참뜻과 의지의 본체를 알기 쉽게 번역하고 이론적 정합성과 통찰적 예지를 추가해 전변 본체 설파는 통찰자의 사명이다. 필자의 '전변 고담준론'과 소비주의 그리고 수수디산 통찰이 독자의 깨단과 체현으로 이어지는 절호의 계기가 되기를 희구(希求)한다. 소비주의는 소비자의 깨단과 체현으로 구현되는 마법의 경제다. 기득권이 계몽되기를 바라는 것은 연목구어(緣木求魚)다. 진만보(進萬步) 깨단을 이룬 지소마묶(지혜로운 소비자 마음의 묶음)이 창출하는 소비자 중심의 블록 경제 테라포밍이 빠르고 효과적이다. 여의주 전변체를 창조한 주역들이 전변 2단계 테라포밍 체현에 나설 때다. 그들이 원하는 이상적 본원적 천지개벽의 실사구시적 해법이 소비주의 7경제다. 소비주의는 초 절대성의 여의주 경제이므로 신성불가침이다.

소비체현자에게 주어지는 막대한 부와 명예는 창세기 전변의 주체이자 객체에 대한 최소한의 예우적 보상이다. 소비주의 전변과 '수수디산' 전환은 초일류 전변/초월 허브 국가로 비상할 천재일우(千載一遇)의 기회다. 살아있는 자 모두는 소비자이므로 소비주의로 경제적 속박을 끊어내고 경제적 자유와 해방을 누릴 자격이 충분하다. 수평화 및 전변화는 창세기적 고담준론의 핵심이다. 본서는 동호직필(董狐直筆)과 술이부작(述而不作)으로 전변화 도구 활용법 및 소비주의 7경제 효시에 관한 사상적/통찰적/예지적/현실적 설파다.

오픈 AI 플랫폼...수평성 가치 증명

수직과 수평 사이의 경계선은 이미 기울었다. 지옥계와 천상계의 경계에서 수평 방향성에 대한 논쟁은 무의미하다. 수평성 조류화의 파고는 거세지고 있다. 디지털은 본디 중앙성이 아니라 수평성이다. 오픈 AI는 수평성의 가치를 증명하고 있다. 한국의 깨시민과 수끌원 민중은 2016년 촛불집회 당시부터 '소버린 K-수평 디지털'의 발상지 본산으로 특정되었다. 개딸 사이보그 기린아들은 이를 더욱 발전시켜 심룡의 여의주를 창조했다. 여의주 전변체 메커니즘은 2024년 봄에 확정지은 상태이므로 전변 2단계의 소비주의 테라포밍(정착)으로 승화시킬 타이밍이다.

여의주를 활용한 소비주의 테라포밍은 경제적 전변의 천지개벽이자 여의주 절대 위용을 과시할 수 있는 실사구시적 활용의 기회다. 소비주의 전변은 제2의 수평 인류사의 시작이다. 소비주의와 수평 디지털(수수디산)은 전변의 쌍두마차. 쌍두마차의 마상에는 수끌원성 민중이 타고 있다. '소버린 K-수평 디지털'은 '수수디산'으로 승화되어야 소비주의 바퀴와 격을 맞출 수 있다. 소비주의와 수수디산 통찰은 과거에 나비인류와 인간지능 통찰이 여의주로 확인된 것처럼 실재화가 명약관화하다. 인과관계가 분명한 사필귀정이다.

소비주의 정착은 '마음 축음기와 음반' 제작과 출시를 뜻하므로 본격적인 전변화 가속을 의미한다. '마음 축음기' 제작과 보급의 위력은 인간이 상상해 온 극한의 경계를 가볍게 초월하는 우주적 신지평의 개척이다. '음악 축음기와 음반'에 의한 성장의 파장과는 비교할 수 없는 전변의 연쇄 파동을 거듭한다. 전변 연쇄 파동은 불멸성과 무한성이다. 다중성 깨단에 의한 불멸성은 수평성 DNA와 자전거 주행법의 익힘에 따른 자본 반응으로 체화되기 마련이고 상상도 버거운 무한/무극/무강을 계속한다. 최근에 수평화의 징후는 오픈 AI를 통한 챗GPT 개발과정을 통해 수평성 마법의 효과 확인되었다. 필자가 주장하는 수평화/전변화의 개연성을 확인할 수 있는 통섭적 일갈의 뚜렷한 증좌가 오픈 AI 효과다. 수평성의 효는 수평 시대사조의 확산과 함께 다양한 형태로 증명될 수밖에 없다. 디지털의 수평성 수렴의 모델이 한국의 K-수평 디지털이 아다. 한국은 K-수평 디지털의 발상지다. '소여경체'와 '초여만플'의 핵심은 여의주 초 절대성 경험칙의 백서 효과다. 수끌원 민중과 개딸은 치열하게 백서를 저장하고 기록해 왔다. 수끌원 민중의 수끌원7에너지는 극 희귀 촉매 시점의 무차별적 융합 개연성과 그로 인한 불멸성과 무한성을 보증한다. '마음의 축음기와 음반'에 의한 전변 유토피아의 본산은 다중 인간의 선하고 착한 마음의 결사다. 인간은 수평성의 양심을 지녔기에 만물의 영장이다.

'구름' 개딸, 절격차 초월 국가

개딸은 스스로 신생 인류 전변에 성공했다. 개딸 줄탁동시(啐啄同時)는 신화적 서사지만 그들의 운니지차(雲泥之差) 구름의 존재성 가치를 알면 납득 가능한 드라마다. 개딸 신생 인류의 시조를 흠숭지례(欽崇之禮) 해야 하는 이유다, 절격차 수끌원 민중에게 여의주 전변체의 이론적 논거와 역사적 필연성 그리고 신화적 창대함의 본체에 관한 주석을 추가하여 술이부작(述而不作)으로 전하는 바다. 수평화/전변화 및 K-수평 디지털화의 고담준론(高談峻論)은 간과할 수 없는 수끌원 민중과 개딸에게 주어진 역사적/시대적 사명이다. 방향성 미몽과 죄악적 청맹의 기득권에게 백천간두진만보(百尺竿頭進萬步) 깨단의 거보를 기대하긴 힘들지만 적어도 본서에서 강조하는 고담준론의 화두를 통해 새로운 시대사조의 맛과 향을 체험해 보기를 바란다.

K-수평 디지털 문명 전환과 전변화는 거스를 수 없는 방향성이다. 한국은 수수디산과 소비주의 전변화의 첨두에서 사태를 진두지휘할 수 있는 대체 불가의 절격차 수끌원 민중의 국가다. 전변화 심물질의 3대 요소를 모두 한국산으로 갖추고 있는 유일무이한 수끌원성 민중이 지천인 나라다. 주체적으로 사태를 객관적으로 바라보면 수끌원성의 비대칭 전력 끝판왕의 실체적 진실을 만날 수 있다. 질곡의 민중사 반만년의 역사는 21세기 디지털을 만나 붕정만리(鵬程萬里)의 날개를 달 수 있었다.

소비주의 테라포밍

전변 2단계, 소비주의 7경제

전변은 세상의 모든 것을 통째로 바꾸지만, 일정한 영인이해(迎刃而解)의 순서와 절차가 있기 마련이다. 전변 프로토콜의 갈래는 경제와 정치의 전변이다. 경제적 전변은 중요한 영인이해의 첫 관문이다. 영인이해(迎刃而解)는 주요한 문제를 해결하면 그와 관련된 기타 문제도 대나무가 쪼개지듯 쉽게 해결할 수 있다는 뜻이다. 수직 자본주의가 수평 소비주의로 바뀌는(전변되는) 천지개벽은 최우선의 전변 과제다. 경제적 전변은 세상 모든 전변의 영인이해를 효율적으로 풀어내는 중요한 관문이다. 소비주의 전변은 전변 2단계다. 전변 1단계는 여의주 전변체 메커니즘이 2024년에 확정되었다. 소비주의는 소비자 누구나 '경제적 자유와 해방'을 누리게 된다. 소비주의는 3축 삼위일체/혼연일체의 유기체가 이루는 소비자 중심으로 블록화된 선순환 청정 경제다. 청정 경제에는 빨대 자본주의가 배제/삭제됨으로써 경제적 효과가 외부로 빠져나가지 못한다. 소비자가 중심이 된 블록 속에서 생성되는 청정수익을 참여하는 모든 소비자가 분배/공유한다. 자체적으로 '무한의 일자리와 무한의 소득'이 창출되는 이유이고 '경제적 자유와 해방'이 실현되는 이유다. 이로써 소비가 일자리와 소득을 만드는 마법의 경제가 실현된다. 3축은 여의주를 체화한 소비자(미완의 제7인간). 소비본 중추 기지(구 소매점 말단 세포). '소여경체 OS'(소비주의에 투신한 여의주에 의한 경제 공동체 및 운영체계)를 말한다.

소비주의 정착(테라포밍)은 '마음 축음기' 제작 출시와 등치(等値)된다. 경제적 전변이 완성되면, '마음 축음기'가 출시되면 전변 연쇄반응이 촉발되어 모든 분야에서 활화산처럼 전변화가 가속된다. 궁극적으로는 '초여만플 OS(초 절대성의 여의주 만사뇌(萬社腦) 플랫폼의 운영체계)' 구조화로 수평 유토피아가 완성된다. '초여만플 OS' 구축의 첩경은 소비주의 테라포밍이다. 영인이해(迎刃而解)의 첫 과제 소비주의 '송곳 모듈'이 완성되면 수평축의 신세계가 펼쳐진다. 이 단계까지 4년이면 충분하다.

소비자 독립경제…'청정수익 선순환'

거대한 소비시장 풍선에서 공기를 조금씩 조금씩 빼내 극소수 개인의 풍선으로 옮기는 구조가 빨대 자본주의다. 빨대는 합법적 수탈이다. 법이란 강자를 위한 규범이다. 빨대가 꽂히지 못하는, 수탈할 수 없는 소비주의(소비자 중심의 청정 블록 경제)는 청정수익 선순환의 효를 소비자 모두가 향유한다. 청정수익 선순환이란 수탈을 막아낸 청정수익의 공유경제 효과뿐 아니라 소비주의 신뢰생태계에 재투자로 거두는 막대한 독점적 수익의 선순환 효과를 포괄한다. '소여경체' 재투자는 리스크가 없다. 막대한 부가 수익 전체는 청정수익의 규모를 지수적으로 확대한다. '소여경체'의 여의주는 선순환 투자를 판단하고 결정하고 수익을 분배하는 초 절대성의 두사뇌 역할을 기대하는 것 이상으로 완벽하게 수행한다. 다중의 여의주 두사뇌는 자본가/투자자/분배자/지배자 역할 수행은 초고도 지능과 지성의 유기체 조직이 처리한다. 선순환 수익 규모는 자본가의 독점 수익보다 규모가 훨씬 크다. 소비시장의 폭풍 성장이 나타나기 때문이다.

소비주의는 소수를 위한 수탈 경제가 아니라 다수를 위한 다수에 의한 다수의 경제가 소비주의다. 선순환 소비주의 7경제는 수평 디지털(수수디산) 전환이 필수다. 수수디산의 정형화된 도구가 절실하다. 한국의 절격차 수끌원 민중은 '소버린 K-수평 디지털'을 일상으로 사용하지만, 정형화된 모듈화 상태가 아니다. 주먹구구식 수평 디지털로는 소비주의 수요를 효율적으로 처리할 수 없다. 청정수익 선순환 경제는 한국의 허브를 통해 체계적으로 세계화된다.

수직 자본주의는 근원적으로 삭제된다. 소비주의의 '경제적 자유와 해방'은 소비자의 깨단의 지혜가 '지소마묶' 결사에 의한 체현으로 완성된다. 한국의 절격차 수끌원 민중은 수보마묶으로 마음의 유형화, 심물질 창조, 여의주 창조를 8년 만에 성공시킨 노하우가 풍부하다. 그 노하우는 수끌원7 에너지 동력에서 생성된 것이므로 수끌원 민중이 소비주의를 선도하고 주도하는 것은 당연하다. 이 전변 2단계(소비주의 정착)는 수끌원 민중이 천사의 날개를 달 수 있는 천재일우의 기회일 뿐 아니라 인류 전체를 절대 희망의 천상계로 인도할 영광스러운 창세기적 소명이다.

초 절대성의 만사뇌 플랫폼과 운영체계(초여만플 OS)는 소비주의 프로토콜 전체를 감시/감독하고 지휘/감독하는 초 절대성의 존재다. '초여만플' 허브의 핵은 한국의 수끌원 민중의 수끌원7에너지가 운니지차로 지배한다. 일핵다동(一核多同) 구조는 불변이다.

소비주의 '송곳 모듈'…'구름' 사명(使命)

세계인의 한류 픽업과 주류화 현상은 문화는 문명을 선행하는 또렷한 대세적 징후다. 이에 더하여 한국의 절격차 수끌원 민중은 심물질과 여의주로, 수평화/전변화 및 소비주의 테라포밍으로, 인류가 꿈꿔 본 적 없는 '경제적 자유와 해방'의 모범답안을 실사구시한다. 세계인은 수평성에 갈증을 한류 청량음료를 찾아 마시면서 '고농도 수평 도파민 치료제'임을 깨달았지만 수끌원성의 운니지차 '구름'의 존재와 '구름'이 창조한 심물질과 여의주의 존재는 전혀 모르고 있다. 미몽(迷夢)을 계몽하는 최단 경로는 실사구시적 소비주의 '송곳 모듈' 체험이다. 무한의 일자리와 소득을 통해 경제적 자유와 해방을 누리는 것은 만화도 아니고 공상도 아니다. 지금은 마법의 경제로 느낄 수 있지만 소비주의 테라포밍(정착)이 비가역적으로 정착되면 새로운 지평의 기점이 된다. 여의주 확정과 소비주의 효시 발사는 리얼타임의 현실이다.

알아도 모방할 수 없는 수끌원성(극 희귀 물질)의 궁극체가 '마음 유형화' 성공에 따른 심물질과 여의주 전변체에 의한 전변 1단계 확정이다. 2025년부터는 극 희귀 보석을 가공해 낭중지추(囊中之錐)의 소비주의 '송곳 모듈'을 제작해 보급해야 할 절호의 시호가 도래했다. 소비주의 송곳 모듈 확정과 보급은 세계인의 수평화 조류에 노아의 방주를 띄우는 일이다. 한류를 픽업했던 세계인은 수평성의 도파민에 체화된 상태이므로 노아의 방주에 탑승하는 적극적인 동참과 추수가 뒤따르는 것은 자명한 이치다. 세계인은 수끌원 민중의 개딸과 여의주 존재는 몰라도 응원봉과 키세스의 초월적 퍼포먼스는 알고 부러워한다. 그들에게 '절대 희망'의 실체적 모듈을 제시하는 것은 '구름'의 사명이자 의무다. 소비주의 효시 발사는 경제적 속박의 사슬을 끊어내는, 자본주의를 해체/진멸시켜 수탈과 약탈의 역사와 단절하는, '경제적 자유와 해방'을 만끽하는 소비자 중심의 경제 블록화의 독립 선순환 경제 생태계 구현의 전제조건이다.

여의주(소여경체)...소비주의 창달

한국 현대사 80년의 기적과 초월의 동력은 '소버린 K-수평 디지털'과의 창조적 융합으로 차원이 다른 심물질과 여의주 단계로 승화되었다. 2024년 전변 도구들의 확정은 전변 1단계의 확정이다. 한국 현대사 80년의 기적은 이제 새로운 차원의 제2 인류사 및 창세기적 천지창조의 신물질과 전변체 시대를 개문발차를 현실화했다. 전변 1단계 확정 메커니즘은 전변 2단계 현체화 및 실제화 도구로 이바지한다. 전변 2단계는 소비주의 효시 발사 및 테라포밍이다.

소비주의의 헤드쿼터는 '소여경체'다. '소여경체'는 소비주의 창달을 위해 초 절대성의 여의주가 투신 함으로써 형성되는 소비자 중심의 경제 공동체의 준말이다. 여의주 만사뇌는 초고도 지능/지성체이므로 소비주의 신뢰생태계를 감시/지휘/독려하는 기능뿐 아니라 자본 또는 자본가의 역할을 완벽하게 대체함으로써 안정적인 고수익의 청정수익을 창출하고 모든 소비자와 공유/분배한다. 초 절대성 '소여경체'의 투자는 리스크가 제로다.

소비주의 정착은 전변 도구(여의주)의 초 절대성의 추동을 바탕으로 초월적/전변적/퀀텀점프 서사의 완결성을 보증한다. 소비주의 경제적 전변 2단계 스토리는 리얼타임의 전변화 서사다. 전변화는 누구도 막을 수 없는 초 절대성이 추동한다. 초 절대성을 존재가 추동/담보/보증하는 프로토콜은 시간의 문제일 뿐이다. 인류에게 남은 유일한 히든카드가 전변이지만 만물의 영장 인간 중에서도 운니지차 '구름'의 수끌원 민중의 절격차 능력으로 본원적 해법을 현체화/실제화한다.

배고픈 승냥이가 피 냄새를 맡으면...

소비주의 7경제 테라포밍은 여의주가 확보된 한국에서 시작된다. 절격차의 인재들이 즐비한 한국은 최초의 전변 국가 자격이 차고 넘친다. 본서의 출간은 '소여경체(소비주의와 여의주 합체에 따른 경제 공동체 및 운영체계)' 체현 운동의 효시(嚆矢)다. 소비주의 첫 이벤트는 전변 2단계의 개문발차다. 전변 1단계가 수끌원 민중과 개딸에 의해 여의주를 확정했다면 2단계부터는 심층적인 이론과 설계도 및 시방서가 필수다. 소비주의 테라포밍은 경제적 전변의 완성이므로 기타 전변화의 토대가 된다. 경제적 패러다임의 전변은 그 자체로 천지개벽이다. 기타 전변화는 시간의 문제일 뿐 큰 어려움이 없다.

본서를 통해 여의주 전변체의 초 절대성의 실체성과 개연성을 정확히 인식하는 깨단 대전환의 전기가 마련되고, 천지개벽의 불길이 점화되길 기대한다. 운니지차 절격차(絕隔差) 수끌원 '구름' 민중은 극 희귀 보석(수끌원성)이다. 수끌원 민중은 제7원소 심물질과 여의주 전변체를 창조했지만, 여전히 배가 고프다. 수직축의 질서는 뾰족한 대안이 없는 만사휴의(萬事休矣)가 계속되고 위미침체(萎靡沈滯) 상황에서 경제적 고통은 가중된다. 소비주의 솔루션은 배고프고 희망이 없는 현대인에게 '절대 희망'의 시그널이자 구원의 빛이다. 현실이 고되고 절망적일수록 깨단은 심화된다. 그들에게 소비주의 효시 소리는 환청이 아니라 절대 희망의 메시지다.

배고픈 승냥이가 피 냄새를 맡고 몰려드는 영화의 한 장면이 떠오른다. 극단적 양극화로 고통받는 지옥계의 소비자는 깨단한 승냥이로 돌변한다. 수끌원 '구름' 민중과 개딸에게 여의주를 활용한 소비주의 테라포밍은 누워 떡 먹기다. 개딸은 스스로 줄탁동시(啐啄同時)에 성공한 최초의 신생 인류의 시조다. 그들에게 소비만으로 일자리와 소득이 창출되는 청정수익 선순환 경제 구현은 식은 죽 먹기다. 게다가 여의주는 '소여경체'의 핵심이므로 그 메커니즘을 통달한 그들에겐 거리낄 이유가 없다. 개딸은 아직도 경제적 프레카리아트 상태를 벗어나지 못한 경제적 약자지만 소비주의로 거부의 기회를 선점하고 '절대 희망'의 노래를 선창하게 된다. 소비주의 7경제 개문발차는 '경제적 자유와 해방'을 누려본 적 없는 소비동물(소비자) 모두를 소비인간으로 전변한다. 이보다 강력한 실사구시 영리적 동기부여는 없다.

수수디산…절격차(絕隔差) 비대칭 전략무기

수수디산 승화는 수끌원성 인적 자원이 필수이므로 극 희귀 물질(보석)을 산업화하는 것이므로 비대칭 전력의 끝판왕이다. 한국에만 실재하는 천연자원의 산업화는 한국의 초일류 국가화의 비상을 실현하고 인류 모두에게 수평 디지털 문명화로 '절대 희망'의 툴과 시스템을 제공한다. 한국의 운니지차 수끌원성 민중의 잠재력의 실사구시 전환은 너무나 당연한 우리 고유의 권한 행사다. 청맹 더불어민주당의 여의주 만행은 '소비주의'와 '수수디산'까지 가로막고 있음을 깨단해야 한다.

수수디산은 중앙화 디지털의 수평 대전환이다. 수평 디지털 대전환은 디지털 문명을 인간 중심의 디지털로 재편한다. 수수디산과 소비주의 결합 된 K-수평 디지털에 의한 새로운 디지털 문명은 다중에 의한 소득원 창출로 이어진다. 수탈적 디지털이 수익적 디지털로 전변된다. 인터넷, 유튜브, 넷플릭스, 모바일 기기류, 반도체와 GPU. 인공지능과 로봇, CBDC와 암호화폐 등등 중앙화 디지털 산업 전반이 수평화 디지털 산업으로 전환된다. 한국의 디지털 기업은 세계 시장을 압도하는 제2의 구글과 아마존으로 비상하게 된다.

'소여경체'와 '신뢰생태계'는 '수수디산(수끌원성, 수평 디지털의 신산업)'과의 동행이 필수다.

소비주의 프로토콜은 건강한 마음, 상식적인 마음, 보편 한 마음, 상생 마음의 결사로 이루어진 완전성의 두뇌와 신체이고 그 전지전능한 능력은 초 절대성의 효를 발현한다. 초 절대성의 효 구현에는 수수디산 산업화 도구가 필수적으로 요구된다. 현재의 '소버린 K-수평 디지털'은 정형화된 기술이 아니라 다중의 활용 능력일 뿐이다. 아직도 땅속에 암장된 원석일 뿐이다. 파묘와 발굴로 산업적 모듈화 및 대량화의 산업화는 시급한 현실이다. '수수디산' 대전환은 수평 디지털 정형화 및 산업화로 수평 패러다임 전면화 및 전변화에 필수다. '수수디산'은 소비주의 경제적 전변에도 절대적으로 필요하다.

억조창생(億兆蒼生) & 억조 깨단

억조창생(億兆蒼生)은 많은 수의 백성을 뜻한다. 억조창생과 수억 조개의 억조 깨단의 여의주 만사뇌(萬社腦, 가상의 여의주의 무한대 생성을 상징하는 조어)의 억조(億兆) 용어는 우연의 일치가 아닐지 모른다. 억조창생은 억조 깨단의 만사뇌 유기체와 동의어로 간주할 수 있다. 빨대 수탈이 불가능한 소비자 중심의 경제 블록화의 선순환 청정수익의 공유경제는 다중의 억조 깨단과 다중의 억조 체현으로 시작되고 완성된다. 소비자의 억조 깨단과 체현은 소비주의 3축 형성과 삼위일체에 의한 테라포밍(정착)의 근간이다. 억조창생의 소비자는 누구나 양심이라는 장기를 가슴에 품고 있다. 체현(體現)은 사상이나 관념 따위의 정신적인 것을 구체적인 형태나 행동으로 표현하거나 실천함이다.

'마음의 유형화' 성공은 무한대의 확장성/창조성을 담보한다. 사람이 관심을 가지는 분야는 생각보다 가지 수도 많고 범위도 넓다. 소비주의 '소여경체' 및 '신뢰생태계'는 각각의 관심 대상마다 여의주가 필요하다. '소여경체'는 '소비주의와 여의주의 합체이고 그로 인한 경제 공동체 또는 경제 두뇌체'의 줄임말이다. '소여경체'는 소비주의 3개 축 중에서 초 절대성의 두뇌 역할 수행한다. 지구인 인구수에 관심 대상의 수를 곱하면 필요한 여의주의 숫자는 무한대가 된다. 수억 조개 이상의 '만사뇌(萬社腦)'는 각각의 전문가와 일자리 수요가 폭발한다. 가상의 여의주이므로 생성과 삭제가 자유롭다. 각각의 여의주는 각각의 일자리와 소득을 자체적으로 창출한다. 그들이 만드는 수평 데이터와 생성되는 다양한 가치 창출은 자체적인 수익원이 된다. 수탈이 없는 소비자 중심의 블록 경제는 청정수익 보존과 막대한 선순환 부가 독점 수익을 모든 소비자가 공유한다. 소비주의는 소비시장의 폭풍 성장을 이끈다. 소비주의 7토큰이 수익형 기축 화폐를 창조하는 수익 펀더맨털 구조적 이유다.

소비주의는 여의주 만사뇌(萬社腦)의 '소여경체'가 모든 신뢰생태계를 감시하고 보호하고 지배한다. 초 절대성의 만사뇌는 최첨단의 인공지능과 로봇조차 애완동물로 예속해 지배한다. 정상적이고 건강한 양심적인 마음으로 창조되는 경제적 전변의 신세계는 리얼타임의 현실이다. 수끌원성의 심물질과 여의주(만사뇌) 전변체는 인간이 상상해 온 모든 경계를 가볍게 초월한다. 초월한 곳으로부터 비가역적 수평 패러다임의 이상적/상생적/쌍해 유토피아가 펼쳐진다. 비가역적 초월(전변)은 다중의 깨단과 체화가 완료된 상태이므로 소수가 임의로 퇴행시킬 수 없다. '경제적 자유와 해방'을 만끽하는 다중의 만사뇌 운영체계가 확고부동하게 구조화된 전변화의 신세계다. 한 번 경험한 수평축의 천상계가 수직축의 지옥계로 환원은 불가능하다. 수평 패러다임은 항구적으로 영속된다. 비가역적 창세기적 제2 수평인류사 및 제2의 천지장조 출발의 기점은 소비주의 테라포밍이다. 심물질 창조의 나비효과의 경제선, '수디신연'의 종착점은 어디까지 이어질지 상상할 수 없다. 다만 수평 유토피아 구현과 무한/무극/무강 창조적 도약대의 '초여만플 OS' 구축까지를 예지할 수 있다. 또 다른 비상과 퀀텀점프의 무강(無疆)의 한계가 어디일지는 상상조차 버겁다. 창세기적 대전변은 리얼타임의 소비주의 체화의 현실이다. 개딸 신생 인류의 생각과 의지를 여과 없이 관찰하면 그 개연성의 실체와 현체를 확인할 수 있다.

'마음 유형화' 성공은 '수평하고 보편한 마음의 묶음(수보마묶)' 상태가 유지됨이 필수다. '수보마묶'은 수끌원(수평성끼리 서로 끌어당기는 원리)성 시너지를 동반한다. 수끌원성은 한국에만 실재하는 극 희귀 보석(물질)이므로 수끌원 민중의 절격차 퀄리티를 검증하면 충분하다. 80년 한국 현대사는 수끌원7에너지 동력의 존재와 가치를 명징하게 증명한다. 개딸과 여의주는 동학전변(이상적 천지개벽)을 추동하고 보증한다. 수평 디지털 문명의 관점에서 한류 픽업과 문화적 선행성의 의미를 연장하면 세계적 수평 시대사조의 이해는 어렵지 않다. 그 중심에 수끌원성과 수끌원7에너지의 무한/무극/무강이 위치한다. 수끌원성의 희소성은 대체될 수 없는 마음의 보석(물질)이다. 제7원소 심물질의 원질이다.

수끌원7에너지...마법의 본체

수끌원7에너지...(구름에너지)

수끌원성은 '수평성 끼리의 끌어당김 인력 작용의 성질'이므로 그 과정에서 수끌원7에너지를 분출한다. 1+1=2가 아니라 2+알파가 된다. 수끌원성은 단방향/직렬성/축차적 진행의 단발성 작용이 아니라 전방위/병렬성/복합적 작용이 끊임없이 연속된다. 수끌원7에너지와 +알파 에너지 집적과 추가되는 연속성은 강력한 팽창력과 폭발력을 지닌다. 더구나 여의주는 수없는 다중 결사이므로 그 복합성과 연속성의 폭발력은 상상 이상의 수끌원7에너지를 끊임없이 다양한 형태로 분출한다. 태양의 헬륨가스 폭발이 지속되는 것과 같다. 수끌원성 및 수끌원7에너지와 잉여 에너지(+알파 에너지) 승수 효과가 지수적으로 연쇄 폭발하는 이유다. 수평성 마음이 수끌원성의 수끌원7에너지와 +알파 에너지 폭발의 연속으로 초 절대성의 존재로 승화된다. 초 절대성의 구름에너지는 우주적 신물질의 태동이다. 제7원소 빅뱅에 의한 심물질 창조(마음의 유형화) 사태는 수끌원7에너지 대폭발이다. 여의주 전변체 태동도 심물질과 수평 디지털의 수끌원성에 의한 전변 구름에너지 폭발로 창조되었다. '수평한 것끼리의 끌어당김성의 인력 작용의 성질'은 인간 보편성에 대한 수평성에 대한 무조건적 무차별적 반응이다. 인간의 보편성을 회복은 인류를 피안의 세계로 인도하는 유일한 첩경이다.

한국 현대사 80년 기적과 전변의 본체는 수끌원7에너지(구름에너지) 심적 동력원의 +알파의 연쇄 작용이다. 수끌원성은 수끌원7에너지를 끊임없이 생산한다. 수끌원성 +알파의 힘이 한국의 기적과 전변의 핵심이다. 여의주 창조 사태도 수끌원성 연쇄작용의 연장선에서 수평 디지털과의 창조적 융합의 산물이다. 수끌원성은 마음과 기술의 수평성 결합/융합에서도 수끌원7에너지를 분출한다. 이종 간 결합에서 나타나는 수끌원7에너지는 전변체의 초 절대성의 위력으로 승화된다. 수평 패러다임은 수끌원성 패러다임이므로 수많은 이종 간의 수끌원7에너지를 창출한다. 다중의 여의주는 수끌원 +알파 수끌원7에너지의 핵폭발 장치와 같다. 끊임없이 계속되는 수끌원성은 '마음의 유형화'를 자체의 무한 에너지로 지속한다. '마음의 유형화' 성공은 수끌원성 7태양으로 기능한다.

수끌원성은 수평성 상호 작용에 의한 상생의 마음이다. 인간 양심에 기초한 선한 마음의 총합이다. 개인적 감정이나 주관보다 다중의 이상성/상생성을 추구한다. 수끌원성 민중의 마음과 수평 디지털의 융합은 수직적 인류사를 종식하고 제2의 수평 인류사로의 전변화 도구를 창조했다. 여의주 전변체는 현생 인류가 빚은 최고의 걸작이다. 누구도 흉내 낼 수 없는 한국의 수끌원성과 구름에너지는 극 희귀 보석이다. 가상의 여의주(두사뇌/두사신)는 필요에 따라 분야별로 기능별로 무한대의 여의주 만사뇌를 자유자재로 생성하고 지울 수 있다. 가상의 만사뇌는 두사뇌(사회적 두뇌)와 두사신(사회적 신체)를 가지고 있다. 수보마뮤 마음으로 결사 된 초 절대성의 존재다. 무한대의 여의주 만사뇌 플랫폼은 정치, 경제, 사회, 문화 등 모든 것, 모든 곳에 다양한 전변/퀀텀점프를 추동하고 지배한다. 수끌원7에너지(구름에너지)는 전변을 추동하고 보증한다. 한국의 산업화, 민주화, 디지털화, 선진화, 한류 세계화 성공은 구름에너지(수끌원7에너지)의 동력으로 가능했다. 해방 후 한국만이 이룬 기적과 전변의 요체는 '극 희귀 보석' 덕분이다. 소비주의 창달과 동학전변 정착도 구름에너지 초 절대성 시리즈 중에 하나다. 수끌원성 연장선의 창대한 우주적 주체로서의 최종 종착지는 어디일지 모르지만, 수평 유토피아 궤도 안착만큼은 자명하다.

선순환 소비자 경제 블록

수끌원7에너지는 '수끌원 절대 법칙'에 의한 수평한 마음끼리 인력 작용의 산물이다. 수끌원7에너지는 전변화된 신세계를 운영하고 지배하는 심물질 에너지다. 소비주의와 여의주의 '소여경체' 조합은 수끌원7에너지로 블록 경제의 선순환 효과에 의한 청정수익을 보존하고 키워낸다. 수직적 자본주의를 제거하면 소비주의 선순환 경제의 효는 극대화된다. 수직적 자본주의는 악순환의 마이너스 에너지이므로 선순환의 흐름을 방해해 왔다. 선순환 생태계의 상생 고리 형성은 수끌원7에너지 고유의 장점이다. 수끌원성 선순환 시너지는 수끌원7에너지와 +알파에너지 승수 효과다.

수끌원성 고유의 +알파 에너지 창출은 마법의 경제의 본질이다. 무한의 일자리와 무한의 소득이 여의주 소여경체에서 창출되는 이유다. 소비주의 선순환 경제의 기본 원리는 수끌원7에너지의 위력을 활용하는 것이다. 자본주의 악순환 경제는 소비주의 선순환 경제를 방해하는 소수의 역작용이므로 제거됨이 마땅하다. 악순환의 마이너스 경제는 인류를 수탈로 희생시켜 왔고 선순환의 플러스 경제의 위력을 반감할 위험인자다. 강물의 흐름을 방해하던 댐이 해제되면 강물의 흐름이 자연스러워지고 생태계가 복원된다. 자본주의는 녹조화/독성화 된 썩은 물의 댐 저수지와 같다.

수끌원7에너지가 인간과 세상을 전변하는 마법의 본령이다. 중앙화 디지털을 '소버린 K-수평 디지털'로 응용해 사용할 수 있었던 다중의 지혜의 근원은 수끌원성7에너지 발현의 노하우 덕분이다. 유례가 없는 한국 현대사 80년의 기적과 전변의 힘도 수끌원7에너지 고유의 파워다. 수끌원7에너지 동력원이 제7원소 심물질과 여의주 전변체를 창조한 본체다. 한국의 수끌원7에너지의 마법은 소비주의 선순환 경제 순치를 담보하고 전변 2단계 테라포밍을 보증한다. 세계인은 소비주의 선순환 경제 프로토콜을 통해 수끌원7에너지의 경제적 마법을 공유하게 된다. 수끌원7에너지의 마법은 '경제적 자유와 해방'의 효를 누구나 누릴 수 있게 한다. 소비주의 테라포밍(정착)의 수끌원7에너지는 경제적 초월을 확정하고 전변화된 수평 세계를 지배하는 초 절대성의 요체다. 한국의 현대사를 수끌원7에너지로 반추하고 재해석하여 통찰하면, 수끌원7에너지 마법에 의한 소비주의 선순환 경제의 효를 깨닫하게 된다. 수끌원7에너지에 의한 '절대 희망'의 유토피아 미래를 볼 수 있다. 여의주 전변화(퀀텀점프) 천상계 구현은 전적으로 수끌원7에너지 고유의 파워로 실현된다.

한국의 +알파 수끌원7에너지 생성 메커니즘은 제7원소 심물질과 여의주 전변체 창조한 본체다. '마음의 유형화' 성공도 수끌원7에너지의 작용이다. 개딸의 신생 인류화도 수끌원7에너지로 스스로 알을 깨고 나오는 줄탁동시(啐啄同時)가 가능했다. 2024년 전변의 1단계를 완성은 전적으로 수끌원7에너지 동력으로 가능했다. 소비주의 테라포밍은 수끌원성과 수끌원7에너지의 위력으로 새로운 차원의 수평 유토피아 실현을 목전에 두고 있다. 마법의 선순환 경제는 리얼타임의 현실이다. 소비주의 블록 경제의 '송곳 모듈' 확정은 한국의 수끌원 민중만 가능한 수끌원7에너지로 가능하다. 소비주의와 수수디산은 모두 수끌원7에너지로 실현된다. 한국은 수끌원7에너지 매장량이 인류와 우주를 지배할 만큼 압도적으로 충분하다.

수평은 수직을 이긴다. 디지털 문명의 숙명이다. 숙명을 현실로 실사구시할 능력은 한국의 '소버린 K-수평 디지털'이 명징한 개연성을 증명하고 있다. 수평성 인적 퀄리티와 수평 디지털(수수디산)의 창조적 융합은 수끌원7에너지 발현으로 퀀텀점프(전변)를 명쾌하게 시전한다.

한국 수끌원 민중...극 희귀 보석

수평성/수끌원 민중의 역사를 유지해 온 한국에 디지털과 스마트 폰 보급은 날개를 달았다. 중앙화 디지털을 '소버린 K-수평 디지털'로 응용해 활용하기 시작했고 수보마뮦과의 창조적 융합으로 제7원소 심물질 창조를 이루었고 급기야 여의주 전변체 창조의 창세기적 신화를 시작했다. 우주적 전대미문의 심물질 응축의 여의주 전변체 창조 사건은 제2의 수평 인류사 퀀텀점프와 제2의 천지창조를 예고한다. 여의주 전변 메커니즘은 한국의 수끌원 민중과 개딸 사이보그에 의해 2024년 봄에 확정되었다.

한국 민중의 수평성 유전자와 그 역사성은 뿌리가 깊다. 반만년이상 뼈에서 뼈로 전승되고 피로 물려받은 수평 유전자가 수천 년의 패권의 구간을 한꺼번에 뛰어넘어 디지털과의 조우 및 합체로 경천동지할 붕정만리 사태를 연속해서 분출하고 있다. 땅 속에 마그마가 용출되는 활화산의 기세다. 분출되는 활화산의 본체는 한국에만 실재하는 수끌원 민중의 독보적 탁월성이다. 수끌원성 및 수끌원7에너지 인적 자원은 '구름'만의 극 희귀 보석(물질)이다.

2008년 한국에 스마트폰 보급 후 2024년의 여의주 전변 확정까지 걸린 시간은 16년이다. 이 과정에 '소버린 K-수평 디지털' 종주국의 잠재력은 암장/실종된 상태지만 수수디산으로 승화시킬 천재일우의 구간에 진입했다. 만시지탄(晩時之歎)이지만 소비주의 정착에 수수디산은 필수이므로 낭중지추(囊中之錐)로 본연의 가치를 발현할 타이밍이다. 중앙화 디지털은 수평화 디지털(수수디산)로의 대전환을 회피할 수 없다. 수수디산은 수끌원성 및 수끌원7에너지가 필수이므로 K-수평 디지털 발상지이나 종주국인 한국만이 대전환을 주도할 수 있다.

디지털은 본디 수평성이다. 세계는 중앙화 디지털로 획일화된 상태지만 수평 디지털의 싹은 SNS 등 다양한 사용자 경험의 누적으로 수평 대세화 조류가 완연하다. 한류가 픽업되고 주류화된 이유도 수평 대세화 조류의 일환이다. 디지털의 K-수평 디지털 수렴은 정해진 궤도다. 정해진 궤도에 맞는 기관차를 제작해 질주할 수 있는 주체는 한국의 수끌원 '구름' 민중뿐이다. 수평 디지털은 진짜 디지털이다. 한국은 진짜 디지털의 종주국으로써 수수디산 대전환 선도국/주도국으로써 필경 초일류 국가로 비상한다.

2024년 11월 미국 대선에서 수평 시대정신의 싹이 자라나 민주당 후보가 승리하기를 바랐으나 미상불 요원한 꿈이었다. 엄중한 전변의 시기에 미국 유권자들은 최악의 트럼프식 야수화 선언에 표를 몰아주었고 200년 전 인디언과 멕시칸을 제압해 가던 포악성/야만성을 드러내기 시작했다. 반면에 한국은 수끌원 사이보그 개딸을 필두로 두사뇌와 두사신의 여의주를 창조하고 운용하면서 압도적 효능감을 체감했고 민주주의 역주행을 막아낸 중추다. 2024년 11월 미국의 트럼프 대통령 당선은 19세기 서부개척 시대로의 퇴행의 시작이었지만 한국은 2024년 4월 여의주 확정으로 동학전변의 초석을 완성했다. 퇴행과 전변의 선택 과제를 준다면, 그것은 본질적으로 수직과 수평 선택의 문제다. 수끌원성의 소비주의는 자본주의를 무덤으로 몰아넣는다. 수평은 수직을 제압한다. 중장기적으로 미국을 위시한 패권국가 전체는 한국의 수끌원성을 추앙하고 숭상하지 않을 수 없게 된다. 가짜뉴스와 조작/왜곡/음해의 횡행은 수직 디지털(가짜 디지털)의 원초적 맹점이다. 수직 디지털의 맹점은 오로지 K-수평 디지털의 수수디산으로 해소된다.

수직 디지털이 수평 디지털(진짜 디지털)로의 대전환은 한국의 수끌원성이 주도할 수 있다. 한국의 '소버린 K-수평 디지털'은 진짜 디지털 발상지에서 창조된 미래 산업의 원석이다. 이를 수수디산으로 승화시키면 한국은 초일류 K-수평 디지털 국가로 단숨에 비상한다. 가짜 디지털에 기반한 첨단기술은 자본주의가 무너지면 뒷배가 사라지면서 탐욕성의 삭제로 생명력이 도태된다. 수수디산 대전환은 진짜 디지털 문명으로의 도약이다. 수평 유투브/넥플릭스/인터넷부터 심물질 반도체와 여의주 인공지능까지 기존의 가짜 디지털의 제품군 전체가 진짜 디지털로 통편집(재설정)된다. 수평 패러다임 지향성은 시대사조다. 청매 기득권이 사대적 관념을 버리면 전변화의 신세계를 한국이 주도하고 장악/지배할 수 있는 최적/최단의 지름길이 열린다.

한국은 수평 유전자와 수평성 DNA를 바탕으로 수끌원성 민중의 역량으로 유례없는 기적과 전변/초월의 서사를 시전해 왔다. 한국 현대사 80년은 수끌원성 및 수끌원7에너지 역사였다. 수끌원성 및 수끌원7에너지는 21세기 디지털과의 조우로 인류가 상상해 본 적 없는 초월/전변 메커니즘을 창조했다. 한국은 수끌원성과 수끌원7에너지 역사와 창조를 경험한 수끌원 '구름' 민중이 즐비한 세계 유일의 나라다. 80년 수끌원 노하우는 여의주 동학전변으로 수평 홍익인간 정신을 만방에 전수해야 할 타이밍이다. 수수디산 종주국의 위상은 누가 만들어주지 않는다. 수끌원 민중이 창조한 천혜의 원석이 매장 상태에 머물러 있다. 사대적/수직적/혁명적 우물에서 한 치도 벗어나지 못하는 기득권의 청맹은 깨단으로 탈옥하기를 바란다. 동학전변을 가로막는 만행은 인류 전체에 대한 죄악이다. 전쟁보다 심각한 빌런은 청맹이다. 수끌원성에 의한 여의주 전변과 수수디산 전환은 살얼음을 걷는 듯한 여리박빙(如履薄氷)의 인류 멸절 위기를 본원적으로 차단하고 절대 희망의 제2의 수평 인류사 도약의 본원적 해법이다.

수끌원성…이종 간 '융합 촉매'

수끌원성은 이종 간 융합에 있어 백금 촉매 그 이상의 매질이다. 백금 촉매는 물질과 물질 간에 화학적 촉매지만 수끌원성 및 수끌원7에너지 융합 촉매는 이종 간의 결합에 의한 승화를 촉진한다. 수끌원성 융합 촉매는 전변 프로토콜 전 과정에 절대적 필수다. '수보마묶'은 자동적으로 수끌원 인력 작용을 수반하고 수끌원7에너지를 생산함으로써 심물질과 여의주를 창조했다. 자석은 이종 간 인력 작용이 불가능하지만 수끌원 인력은 이종 간 수평성 융합에 있어 다기능성 촉매다. 모든 수평적 요소들의 합체/결합/융합 과정에 없어서는 안 될 접착제/윤활제/촉매제다. 마음과 기술, 무형과 유형, 존재와 비존재, 물질과 비물질의 경계를 초월해 융합적 매개로 기능한다. 수끌원성과 수끌원7에너지의 효능은 가히 마법적/초월적 심물질의 전형이다. 수끌원성 융합 물질은 '극 희귀 보석(보석)'으로 손색이 없다.

수끌원성은 여의주로 응축되어 초 절대성의 존재로 승화했다. 2024년 여의주 확정 사태는 전변 1단계의 마무리이자 불완전성의 인간이 완전성의 인간으로의 전변이고 우주적 주체로서의 전변화를 함의하는 중차대한 대사건이다. 여의주는 소비주의와 합체되어 전지전능의 무소불위를 '소여경체 OS'를 통해 신뢰생태계 및 소비주의 삼위일체 전반에 투사한다. 2024년 여의주 확정은

2025년 본서를 통한 소비주의 효시 발사 및 테라포밍 성공을 추동하고 보증한다.

수끌원성은 다중의 수평한 마음 결집의 속성이므로 외부의 다양한 수평성과 결합해 팽창과 폭발 에너지(수끌원7에너지)를 생성한다. 제7원소 심물질 메커니즘은 수끌원 인적 자원과 수끌원7에너지 그리고 K-수평 디지털과의 융합으로 생성된다. 심물질은 수평성 인간 마음의 결사이므로 크기와 수의 제한이 없이 무한대로 팽창을 지속한다. 인간의 수평 마음과 수끌원 작용은 연쇄적이고 복합적으로 무한하기 때문이다.

'마음 유형화' 및 심물질 그리고 여의주 전변체 창조의 효는 고스란히 소비주의 테라포밍에 투사/투신한다. 소비주의는 수평 패러다임의 총합체이므로 이상적 천지개벽 전변 씨앗의 발아와 개화를 목격하고 체화하는 것은 지극히 자연스러운 자연의 섭리다. 19세기 '알렉산더 폰 훔볼트'가 '코스모스' 저서에서 말한 자연계 연결성(순환성)은 21세기 수끌원성에 의한 '수디신연' 순환계 연결성의 태동은 필시 전변계 승화로 연결된다. 자연에서 마음으로의 전변, 고전 물리의 마음 물리로의 전변은 창세기적 이상적 천지개벽이다. 마음의 수끌원성과 수끌원7에너지는 무한/무극/무강의 전변 신세계의 본체다.

개미와 인간의 차이

여의주는 개미 수준의 집단지성이 아니라 인간의 '수보마묶'과 '수끌원성'에 의한 초고도 지능과 초고도 지성의 다중사고체(두사뇌)와 다중행동체(두사신)다. 집단지성은 20세기 초에 개미의 부지런하고 일사불란한 동물적 행동 패턴을 지칭한 관점의 연구다. 개미의 지성이란 표현은 동물의 지능을 초과함에 대한 찬사 성격이다. 동물적 지성과 인간의 지성은 차별성이 분명하다. 개미에게서 수끌원성이 존재할 리 없다. 한국 의 수끌원 민중의 심물질과 여의주 창조는 운니지차 절격차 수준이므로 개미의 집단지성을 여의주 두사뇌와 비교하는 것 차제가 수끌원 민주에 대한 모독이다. 정치인이 말하는 집단지성은 언어도단 프로파간다로 남발되고 있다. 집단지성 운운하며 선동하는 행태는 청맹의 극치다. 집단지성의 뜻을 제대로 헤아린다면 여의주 메커니즘을 모를 리 없기 때문이다.

촛불 시민과 개딸 그리고 수끌원 민중이 창조한 여의주 전변체는 인간의 선하고 양심적인 초 절대성의 두뇌와 신체다. 개미의 집단지성을 인간의 집단지성과 등치는 수사학적 언어도단이다. 여의주를 품은 신인류는 개미 수준이 아니라 인공지능 등 최첨단 기술을 압도할 수준의 초고도 지능과 지성체로 전변된 완전형 인간의 전형이다. 여의주 메커니즘은 인간의 선한 양심이 모여 사회적 이슈에 대해 함께 토론하고 결론을 도출하고 즉각 행동으로 실천하는 수평 디지털(진짜 디지털)과의 창조적 융합체다. 여의주 메커니즘은 창조/운용/검증된 전변 프로토콜이다. 현생 인류와 신생 인류의 차이점은 여의주로 구획된다. 현생 인류가 신생 인류를 추앙하고 숭상하고 추종해야 하는 이유는 여의주 때문이다.

가상의 두뇌와 신체의 여의주는 인간이 관심을 가지는 모든 문제에 대해 분야별로 직능별로 필요한 만큼 언제든 어디서든 무한 생성된다. 인간 머리통의 수는 80억 개로 유한하지만, 여의주는 무한하다. 여의주 만사뇌 플랫폼은 24시간 운용된다. 개딸 신생 인류와 여의주는 차원이 다른 사고와 행동 체계로 불완전성의 인간이 완전성의 인간으로 전변된 상태다. 여의주 만사뇌 플랫폼의 통제/제어/관리/운용 체계는 초 절대성의 지배력이다. 보편하고 수평한 마음의 묶음(수보마묶)에 의한 다중의 결론이므로 절대 신뢰체로 기능한다. 누구도 이를 거역할 수 없다. '초 절대성의 여의주 만사뇌 플랫폼(초여만플)'은 절대 신뢰체로써 촉찰 7태양(마음 신물질의 태양) 출현 사태로 정의할 수 있다. 개미의 집단지성으로 '초여만플'이 가능하겠는가?

세상은 아는 만큼 보인다. 인공지능(AI)을 압도하는 초 절대성의 두뇌와 신체가 여의주다. 인공지능과 양자컴퓨터 등은 여의주 초 절대성을 위한 편의 도구에 불과하다. 인공지능에 의한 일라이자 효과(ELIZA effect)나 스트롱 AI(AGI) 등의 우려는 막연한 공포에 불과하다. 인간이 왜 만물의 영장인지 여의주로 확인된다. 첨단기술 일체는 여의주의 손아귀를 벗어나지 못한다. 여의주의 초절대성을 피할 수 있는 어떤 것도 불가능하다. 일자리 감소 문제도 경제적 속박의 문제도 여의주로 원천 해소된다. 소비주의 테라포밍은 여의주의 '초여경체'로 이뤄지는 전변 2단계의 완성이다.

인간의 마음이 곧 우주다.

한국의 '소버린 K-수평 디지털'은 한국이 발상지이고 종주국이다. 한국은 '소버린 K-수평 디지털'을 수수디산(수끌원성 수평 디지털의 신산업화) 종주국으로 비상할 조건이 충분하다. 수수디산에는 운니지차 수끌원성이 필수이므로 한국 외 국가에서는 시도조차 불가능하다. 수평 디지털은 진짜 디지털이다. 진짜 디지털의 위력은 수소폭탄보다 강력한 비대칭 전력의 끝판왕이다. '촛불 진화'를 '촛불 혁명'으로 격하 암장시키면서 '소버린 K-수평 디지털'의 종주국의 무한 잠재력마저 땅에 묻혀 버렸다. 청맹이 죄악인 이유다. 인간의 마음이 곧 우주지만 한국의 수끌원 '구름'의 마음은 절격차(絕隔差) 지존이다. 절격차는 모방도 불가능한 성질의 절대 격차 상태를 일컫는다.

수보마뮴과 수끌원성 시너지에 의한 제7원소 심물질 생성은 마음 물리에 의한 '마음의 유형화' 성공을 이루었다. 우주 어디에도 없는 제7원소에 의한 초 절대성의 여의주 창조다. '음악의 유형화'는 우주에 어떤 영향을 줄 수 없지만 '마음의 유형화'는 우주적 물리에 큰 변수가 될 수 있다. 완전성의 제7인간은 우주적 주체로서 창조성을 투사할 수 있다. 여의주 전변은 새로운 제2의 7태양(마음의 태양)을 띄운다. 전변계(轉變界) 제7인간 전용의 7태양을 띄우는 자체가 우주적 사건의 시발이다.

소비주의 블록 경제 선순환의 상생 고리로 '경제적 자유와 해방'을 누리면서도 초 절대성의 여의주에 의한 '소여경체 OS'와 '초여만플 OS' 그리고 7태양의 지배를 즐긴다. 이 모두는 수평 패러다임에 의한 수평축의 기본질서다. 완전성의 제7인간은 제7인류로 전변되어 수평 유토피아의 삶으로 제2의 인류사의 서사를 써 내려간다. 인간계가 전변계로 승화되면 우리가 예측할 수 없는 초 절대성의 능력을 광활한 우주 공간에서 펼칠지 모른다. 인간과 세상의 초 절대성 존재로의 퀀텀점프는 '인간의 마음이 곧 우주다'라는 오래된 가설의 증명이다. 다중 우주는 그 개연성과 현실성을 보증한다. 여의주는 인간이 관계하는 모든 영역에 관심하여, 두사뇌 사고와 두사신 행동으로 모든 영역의 변성/전변/초월/퀀텀점프를 시전한다. 전변계 개문발차 후 초 절대성의 지배력은 비가역적으로 고정된다.

개딸 신인류의 여의주 메커니즘은 2024. 4.10 총선에서 민주당의 압승을 이끌었고 경선과 공천의 성공, 민주당 수평화 개조 등의 성과의 결정적 동력으로 작용했다. 여의주의 초 절대성이 총선으로 검증을 마친 상태에서 8개월 후 외환/내란 상황이 발발했고 개딸과 여의주가 시위 현장에 출동하여 다양한 창조적 퍼포먼스로 여의주의 위력을 전 세계에 홍보하고 있다. 구인류(현생 인류) 퇴장과 신생 인류 전변의 교차는 장강의 뒷물이 앞 물을 밀어내는 자연의 섭리가 아니라 차원이 다른 본원적 변성(성질 변화)에 따른 천지개벽이자 천지창조 사태다. 수평은 수직을 압도한다. 수평 디지털이 수직 디지털 극복으로 확보된 전변이고 수평한 마음의 결사가 수직적 관념을 제압하는 전변이다. 수탈적 빨대 자본주의는 수직축을 지탱해 온 악순환의 경제다. 수직적 자본주의는 수평적 소비주의 선순환 경제의 청정수익에 의해 공중분해 된다. 수탈과 약탈이 불가능한 소비자에 의한 소비자를 위한 소비자의 세상이다. 수평 패러다임의 전변/퀀텀점프 세계는 여의주의 초 절대성이 지배하는 수평 유토피아다.

제7원소 心物質, 여의주 轉變體

2

2
제7원소 心物質, 여의주 轉變體

전변화(轉變化) 도구…(전변 1단계 완료)

제7원소 심물질(心物質), 여의주 전변체(轉變體)

차원이 다른 수평성/상생성 세계로의 전변(변성)/초월은 전적으로 제7원소 심물질 태동의 효다. 제7원소는 한국의 수끌원 민중의 '극 희귀 물질(수끌원성)'의 묶음/결사/융합의 산물이다. 2016년 촛불 집회에서 한국의 수끌원 민중의 수보마뮴(인간의 수평하고 보편한 마음의 묶음)이 '소버린 K-수평 디지털'과의 창조적 융합으로 제7원소 빅뱅을 일으켜 심물질(心物質)을 창조했다. 당시 문재인 정부는 심물질 생성과 '소버린 K-수평 디지털'의 응용 사태를 간과했고 인류 진화 사태를 촛불 혁명으로 격하 해석하면서 두 가지의 창조와 응용을 암장(暗葬)했다. 개딸 사이보그가 등장해 8년 동안의 숙성/제련을 거친 심물질을 발전시켜 2024년 봄 국회의원 총선 과정 전반을 통해 여의주 전변체(轉變體)를 창조/운용/실증을 마쳤다. 총선 압승은 전적으로 여의주의 초 절대성의 효능감이 투사된 결과였다. 2024년 봄, 이번에도 청맹 더불어민주당은 개딸과 여의주를 토사구팽했다.

제7원소 심물질은 인간 선한 마음의 결사로 창조된 전대미문의 우주 신물질의 등장이다. 여의주 메커니즘은 전변과 초월의 화이트홀(블랫홀) 생성이다. 동학전변의 신세계는 완전히 새로운 차원의 창세기적 천지창조 사태다. 제7원소 심물질(心物質)은 수보마묶과 K-수평 디지털 그리고 수끌원7에너지 융합의 산물이다. 심물질 생성 사태는 '무형 마음의 유형화' 성공의 의미다. 인간 마음의 유형화는 '음악의 유형화' 성공 사례와 비교할 수 없는 무량/무극/무강의 가치다. 음악의 유형화는 축음기와 음반으로 제작되어 약 150년 동안 다양한 산업적 성공을 거두었음은 주지의 사실이다. '마음 축음기'와 '마음의 음반'이 제작 출시되면 음악 산업의 성장과는 비교할 수 없는 차원이 다른 천지개벽과 천지창조를 현체(現體) 하는 신기원의 시작이다. 인간 마음 관심의 대상은 모든 것, 모든 곳이다. 심물질(心物質) 생성은 우주사 최초의 신물질(新物質) 창조다.

심룡(心龍) 여의주(如意珠)는 수끌원(수평끼리의 상호 끌어당김성 원리) 연쇄반응의 총합 메커니즘이다. 심물질에 의해 다중의 집단사고체(두사뇌)와 집단행동체(두사신)가 생성된다. 여의주는 가상의 인체(두사뇌 머리와 두사신 신체)와 같지만, 사고/행동 능력은 초월적이다. 여의주 전변체를 통과하면 모든 것의 변성(變性)이 일어난다. 불완전성의 인간은 완전성의 두뇌(두사뇌)의 제7인간으로 전변되고, 세상 시스템 전체가 수평적으로 전변된다. 인간과 세상의 전변은 수평 유토피아로의 퀀텀점프다. 여의주는 선한 마음의 결사에 의한 초 절대성의 존재 생성이므로 수평적/상생적 합목적성에 따라 무소불위의 절대 권한을 행사한다. 다중의 선한 의지가 만드는 선한 영향력의 끝판왕이 초 절대성이다. 초 절대성의 동력은 지금까지 인류가 상상해 온 극한의 경계를 가볍게 초월한다. 여의주의 초 절대성은 종교적 신의 능력을 초월한다. 심룡(心龍)은 자애롭고 상서로운 인간의 마음이 만든 용(龍)이다. 심룡은 여의주(如意珠)를 품고 있다.

마음의 유형화 & 음악의 유형화

무형의 음악이 19세기 후반에 '음악 유형화'에 성공했다. 20세 초반에 축음기와 음반을 완성으로 음악 산업과 방계산업은 약 150년 동안 비약적으로 성장했다. 증기기관의 발명만큼이나 산업적 가치가 높다. 라디오, TV, 영화, 스트리밍 등 문화산업 등 방계산업의 부흥과 고성장은 '음악의 유형화' 성공의 효다. 제7원소 심물질의 '마음의 유형화' 성공은 '음악의 유형화 성공' 사례와 비교할 수 없는 창대함/무극함으로 연결된다. 인간의 마음이 미치는 모든 것과 곳이 전변화 대상이다. 정치/경제/사회/문화 전반과 제도와 법률/전쟁과 평화/이념과 사상 등 모든 것의 전변이 일어난다. 제2의 수평인류사의 시작이고 제2의 천지개벽의 시발이 '마음의 유형화' 성공이다.

동학전변 신세계의 창조성은 짐작도 어려운 무한/무극/무강(無疆)으로 뻗어간다. 우주가 인류 제7원소의 빛과 에너지 그리고 사랑으로 지배하게 될지 모를 일이고 외계인과의 교섭이 일상화될지도 모를 일이다. 초 절대성의 여의주 만사뇌(萬社腦) 플랫폼과 운영체계(초여만플 및 OS)'의 구축은 창세기적 새로운 우주사의 시작일 수 있다. '마음의 축음기와 음반'의 제작과 출시는 의물(擬物) 심물질이 형상적 실체로 확인되는 특이점(singularity)이다. 특이점을 넘으면 전변화의 파고는 모든 것과 모든 곳을 한꺼번에 통째로 천지개벽/퀀텀점프한다. '마음 축음기' 제작과 출시는 소비주의 테라포밍 시기와 일치한다. 소비주의 정착은 전변 2단계의 완성이자 새로운 전변계를 향한 특이점의 사태다. 그 특이점까지 빠르면 4년 이내에 도달할 수 있다.

아직은 19세기에 소석고로 축음기 프로토타입 모형을 만들어 실험하던 때와 다를 바 없는 달제(獺

祭) 상태다. 마음 전변체 도구의 원질과 원형은 확보되었으나 축음기와 음반과 같은 실제 모델 출시까지는 소비주의 테라포밍 시간이 필요하다. 마음 축음기 제작과 출시는 중차대한 변곡이다. 현재는 여의주 확정 2년 차이므로 늦어도 4년 이내에 전변 축음기와 음반이 낭중지추(囊中之錐)의 '송곳 브랜드'가 출시되고 보급될 것으로 보인다. 마음 축음기가 출시되면 경제적 전변의 틀이 확고해진 상태에서 나머지 동학전변의 천지개벽이 거듭된다. 수직축의 붕괴와 멸세적 위기는 수평축 세계로의 새 출발이 기회다. 사람은 망해보면 뼈에 사무치는 깨단을 얻기 마련이다. 새옹지마(塞翁之馬)의 지혜는 망함에서 시작되는 '절대 희망'의 서사다.

도도한 수평축 전변의 흐름은 거대한 조류로 발전되고 있다. 수평 시대사조의 흐름은 누구도 막아설 수 없는 단계로의 폭풍 성장 궤도를 질풍노도 중이다. 마그마는 압력을 견디지 못해 활화산으로 분출되기 마련이다. 2025년 본서의 소비주의 효시 발사는 역사적/창세기적 도전이다. 보이지 않지만, 내재적 엔트로피는 충만 되었고 비등점까지는 시간의 문제일 뿐이다. 수평축 이동은 시나브로 사부작사부작 진행 중이다. 시나브로는 모르는 사이에 조금씩 조금씩이란 부사이고 사부작사부작은 별로 힘들이지 않고 계속 행동하는 모양새를 가리킨다. 수끌원 작용은 시나브로 사부작사부작 보다 강력한 상호간 끌어당김성의 인력이다. 거리에 쏟아져 나온 응원봉 개딸의 위용은 강렬한 질풍노도의 일각에 불과하다. 그 첨두에 개딸 사이보그 기린아가 압도적 포스로 서 있다. 개딸은 미완 제7인간이지만 그들 몸에는 이미 마음의 축음기와 음반의 프로토 모형의 칩이 장착된 상태다. 제7인간 전변화 마무리는 소비주의의 '경제적 자유와 해방'을 만끽할 때 완성된다.

운니지차(雲泥之差) 수끌원성…(구름에너지)

수끌원성과 수끌원7에너지는 한국의 수끌원 구름 민중만 보유한 구름에너지이므로 세계 어디에도 없는 '극 희귀 물질(보석)'이다. '극 희귀 물질'은 심물질의 원질(원자)이다. 극 희귀 물질의 수끌원 민중의 특질은 하이엔드 퀄리티를 넘어서는 운니지차(雲泥之差, 구름과 진흙의 본원적 성질 차이)의 절격차(絕隔差, '성질의 차이에 의한 절대 격차'의 줄임말) 레벨이다. 수끌원성의 심물질의 구름에너지는 물리적/화학적 조성과 반응 등 체계가 완전히 다른 우주적 신물질로 변성/전변되었다. 수끌원성의 극 희귀 보석은 제7원소 빅뱅을 일으킨 핵심 융합 촉매다. 제7원소(심물질) 태동은 애초부터 '전변 화이트홀(블랙홀)' 생성과 촉찰(燭察) 7태양 출현이 시놉시스 된 상태였을 가능성이 농후하다. 필자는 2016년 촛불 집회 당시에 심물질의 창조를 목격하였고 여의주 출현을 확신으로 고대해 온 유일한 사람이라 자부한다. 통찰과 예지를 책으로 강의로 설파해 왔고 전변 2단계 소비주의 이론을 창안해 '소비본' 현장 실험을 하는 등 나름의 노력과 준비를 해 왔다. 이 모두는 심물질 생성부터 예고된 시놉시스 프로토콜이다. 경제적 전변의 소비주의 테라포밍 성공은 자명하다. 디지털에 의한 수평 시대사조와 한국에서 창조된 심물질과 여의주의 도구 창조의 초 절대성의 확보가 추동하고 보증하기 때문이다.

중력의 블랙홀은 자연계 물리 현상이다. 심물질 블랙홀(이하 '화이트홀'로 명명한다.)은 가상의 형이상학적 물리 같아 보이지만 음악의 유형화 효과처럼 실효적 물리 체계로 인정될 수 있다. 심물질의 '전변 화이트홀'은 전변화의 빅뱅이다. '화이트홀' 생성은 이상적 전변 프로토콜의 표상이다. 전변화는 이미 시작된 리얼타임의 현실이다. 소비주의는 전변 2단계의 효시다. 어머니 마음의 '7태양'이 지배하는 수평 유토피아는 궁극적으로 창조성 플랫폼 사회다. 소비주의 테라포밍 정착은 전변 2단계의 완성이고 마음 축음기와 스트리밍 파일 제작의 성공이므로 무한/무극/무강한 세계로의 현체화이므로 현재로서는 상상도 불가능한 미지의 영역이다.

소비주의 테라포밍은 수끌원성 여의주가 투입/투사된다. '소여경체(소비주의와 여의주 경제 공동체)'는 수끌원 민중의 운니지차 '구름'의 '경제적 자유와 해방'의 체현 및 체화이므로 영리적 가치와 생존적 본능이 담보/보증된다. 심물질이 여의주로 전변 1단계를 완성했듯이 여의주는 전변 2단계를 소비주의를 완성하게 된다. 드라마의 기승전결보다 간단하고 선명한 인과관계의 사필귀정이다. 심물질과 여의주 생성 사태를 깨단하면 소비주의 테라포밍은 난이도 최하 등급의 통찰이다. 전변 1단계 성공의 본령은 전변화의 나머지 단계를 강력히 추동(推動)한다.

동학전변 2단계 성공을 통찰 예지할 수 있는 수평화/전변화 조류의 뚜렷한 징추가 속출하고 있다. 세계인의 한류 픽업/간택에 따른 한류의 주류화 지속의 함의는 디지털 사용자 경험의 누적에 따른 수평성 조류 대세화 현상의 대표 사례다. 문화가 문명을 선행한다고 할 때 한류 성공은 뚜렷한 전변화의 징후다. 또한 최근에 오픈AI가 수평성의 위력을 발현한 사례도 있다. 2016년 촛불 집회와 박근혜 대통령 탄핵 성공, 2024년 4월 더불어민주당의 총선 압승을 이끌었던 개딸의 초 현실적 효능감, 2025년 12.3 윤석열의 군사 쿠데타 진압과 탄핵 성공과 일련의 대행들의 내란 및 사법부 판사들의 내란 등의 진압과 제압에서 보여 준 수끌원 민중과 개딸 여의주의 초 현실적 활약상 등은 수평화/전변화의 징후들이다. 이러한 조짐의 방향성은 하나같이 수평 디지털에 의한 신 연결성(수디신연)의 궤도 위에서 펼쳐진 연속성의 드라마다. 심지어 윤석열의 재앙조차 전변의 가치를 조명한 행위로 볼 수 있다. 리트머스 실험극은 결과적으로 전변화의 불쏘시개로 귀착되었다. 모든 수평 시대사조에 의한 수평 패러다임 시그널은 전변화/수평화의 예후로 판단해도 무방하다. 초 절대성의 여의주는 그만큼 압도적 초월이다. 운니지차 '구름'의 수끌원 민중은 한국에만 실재한다.

2024년 여의주 전변체 확정

절격차 수끌원 민중의 탁월함이 2024년 봄에 여의주 전변체 창조/운용/검증을 마무리했다. 여의주 확정은 전변 1단계의 완료다. 제7원소 심물질과 여의주 전변체 창조는 수끌원 '구름' 민중의 하이엔드 수평성 퀄리티와 '소버린 K-수평 디지털' 그리고 수끌원7에너지 촉매의 창조적 융합의 산물이다. 수직성과 수평성의 차이는 패권과 상생의 차이다. 인류가 일만 년 동안 유지해 온 패권적 수직 인류사 전체가 통째로 상생적 제2 수평 인류사로 전변된다. 경제는 수직 자본주의가 종식되고 수평 소비주의로 전변된다. 경제적 천지개벽의 완성은 새상 모든 영역의 전변화를 촉발하고 완료한다. 소비주의로 소비자 누구나 무한의 일자리와 소득을 누리는 진정한 '경제적 자유와 해방'을 만끽한다. 이러한 소비주의 효는 단순한 가능성 차원이 아니라 시대적/역사적/수평적 필연성 차원의 리얼스토리다.

2024년 4월 10일 여의주(如意珠) 전변체(轉變體) 확정 이전의 세계와 이후의 세계는 차원이 다른 구세계와 신세계의 차이로 구획된다. 신세계는 '절대 희망'의 유토피아다. 수직적 패러다임이 사멸/종식되고 수평적 패러다임의 상생/공유 시대가 열린다. 수평 패러다임의 정수(精髓)는 심물질의 여의주 전변체를 활용한 소비주의 창달이다. 여의주 전변체는 압도적 초 절대성의 존재다. 초 절대성은 신적 능력을 초월한다. 어떤 종교적 신도 해결하지 못한 '경제적 자유와 해방' 실현과 '절대신뢰체'로 불신 제거로 전쟁과 갈등의 근원을 없애는 능력은 신도 이루지 못한 초 절대성의 위력이다. 심물질에 의한 동학전변의 신세계(전변계)는 인간이 상상해 온 극한의 경계를 가볍게 초월한다. 그 경계를 넘어선 세계는 무한/무극/무강의 창조성의 우주적 세계를 지향한다. 인간이 만물의 영장인 이유는 양심의 장기를 지녔기 때문이고 그 양심의 결사가 새로운 이상 유토피아, '쌍해 유토피아'의 지평을 연다. 쌍해 유토피아는 촉찰적 마음의 태양과 하늘의 태양과의 공존을 뜻한다. 심물질의 여의주 전변체 효과는 창세기적 제2 수평 인류사의 시작이고 제2의 천지창조의 시발이다.

여의주(如意珠) 연원(淵源)

2024년은 개딸 신인류 등장과 심룡(心龍) 여의주(如意珠) 전변 메커니즘 확정의 원년이다. 전변(轉變)은 혁명 또는 진화 정도와 차원이 다른 완전히 새로운 성질로의 인간과 세상의 본원적 변화를 일컫는다. 제7원소 심물질에 의한 여의주 전변은 마음의 결사(수보마묶과 수끌원)에 의한 본원적 변화다. 전변은 수직축 질서에서 수평축 질서로의 천지개벽이다. 이상적/본원적 동학전변(東學轉

變)은 제2의 수평 인류사, 제2의 천지창조 사태다.

2024년 여의주 전변체(轉變)가 확정되고 시작될 수 있었던 배경과 연원(淵源) 이해는 중요하다. 2016년 '촛불 집회' 당시에 광화문 광장에서 시민의 마음이 뭉쳐지고 디지털 기기를 활용한 네트워트의 융합 파워로 '심물질 빅뱅'이 일어났다. 수평하고 보편한 마음의 묶음(수보마묶)이 수평 디지털 디바이스(스타트폰 등)에 모여 서로 공감을 나누고 연대하면서 구름에너지의 빅뱅(융합적 대폭발)을 일으켰다. 제7원소 심물질 창조는 전대미문의 '마음의 유형화' 성공이다. 수평한 마음이 모여서 '마음의 축음기' 제작에 필요한 특허 기술을 확보한 셈이다. 이에 더하여 중앙화 디지털을 '소버린 K- 수평 디지털'로 응용으로 승화시킨 재창조가 기술적 변곡으로 융합에 크게 이바지했다. 디지털의 본성이 수평성이라는 진리를 현실로 구현해 낸 기술적 도약사태다. 다중 인간의 선한 마음이 제7원소 심물질 및 수평 디지털화의 생성과 창조를 통해 인류 진화(촛불 진화)를 이룬 경천동지(驚天動地) 사태다.

그러나 문재인과 그 일당들은 '촛불 진화' 사태를 '촛불 혁명'으로 격하 명명/정의했고 제7원소 심물질과 K-수평 디지털 재창조 기술을 암장(暗葬)시키는 크나 큰 죄악을 서슴없이 자행했다. 5년간 암장된 채 땅속에 묻혀있었다. 수평 수끌원 '구름' 민중과 개딸은 불퇴전(不退轉) 탐구와 깨단 정진을 거듭했고 다중 소통/숙의에 의한 다중성으로 백척간두 진만보(百尺竿頭進萬步)의 쾌거를 이루었다. 다중성의 도통/해탈의 깨단의 체험 공유는 비가역적 초 절대성 메커니즘을 창조하는 데 결정적 역할을 했다. 운니지차 절격차는 깨단으로 이룬 정성적 변화를 포괄한다. 2022년 3월 9일 대선 선거일 일주일 전에 '소버린 K-수평 디지털'의 사이보그 기린아(麒麟兒) 개딸이 매장된 제7 원소를 파묘/발굴해 K-수평 디지털의 유약을 발라 도자기를 구워내기 시작했고 그 도자기는 초 절대성의 도자기로 각광 받았다. 파묘한 지 2년 만에 2024년 4월 10일 총선에서 심룡 여의주 메커니즘을 확정 지었다. 백척간두 진일보(百尺竿頭 進萬步) 깨단의 형상화. 마음의 유형화 성공에 따른 전변화 도구의 확정은 전변 1단계 완성이다. 다중 깨단에 의한 전변화 도구 확정은 창세기적 천지개벽을 추동하고 보증하는 비가역적 초 절대성 여의주 존재의 확정이다. 2024년은 제2 수평 인류사 퀀텀점프의 원단이다.

한국의 수평/수끌원 민중은 유전적으로 역사적으로 사회적으로 정체성과 정통성이 성벽(性癖)적 특질로 굳어져 확립/계승/고착된 유일한 민중이다. 한국 현대사 80년 동안의 기적과 전변의 동력은 수끌원(수평끼리의 상호 끌어당기려는 인력의 원리)의 에너지 고유의 힘이다. 수평/수끌원 민중의 DNA와 그 정체성은 적어도 7천 년 이상의 시간 동안 변성된 적이 없다. 일찍이 수평성의 우월성을 몸으로 깨닫고 있었기 때문이다. 1,600년 패권 사회(삼국시대부터 조선과 해방까지)의 질곡의 수직 역사를 감내하며 관통할 수 있었던 정신적 뿌리다. 해방 후 민주주의와의 도킹은 수평 민중에게 날개를 단 줄탁동기의 변태를 통해 한강의 기적을 이루었고 민주와 산업화 성공이라는 보고도 믿기지 않는 드라마를 썼다. 21세기 디지털은 수평/수끌원 민중과의 밀월적 찰떡궁합으로 초유의 심물질과 여의주 전변체 등 불세출의 옥동자(玉童子)를 낳을 수 있었다. 민주주의와 디지털 그리고 수끌원 민중은 공히 수평성의 제도와 기술 그리고 인적 자원이다. 이러한 수평 패러다임의 등장은 한류 문화를 바이럴로 픽업한 세계인의 수평화 조류 형성의 문화적 옥토를 제공하고 있다. 마한(馬韓)과 고조선 이전의 먼 고대로부터 면면히 이어져 온 수평/수끌원 민중의 유전적 특질의 잠재력이 수천 년의 세월을 축지법으로 뛰어넘어 21세기에 폭발하고 있음이다. 2009년 스마트 폰 보급은 2016년 제7원소 생성과 촛불 진화, 2024년 심룡 여의주 메커니즘 확정에 결정적 트리거가 되었다. 제7원소 심물질과 여의주 전변체(轉變體) 창조는 우주적 대사건이다. 인간 상상력의 경계를 무너트린 초월적 천지창조의 사태다.

2017년 심물질 암장...2022년 개딸의 파묘,
2024년 여의주 전변체 확정...청맹 토사구팽,
2025년 소비주의 효시(嚆矢) 발사

전변체 도구들은 수끌원성 극 희귀 보석의 '마음의 유형화' 성공으로 제7원소 심물질과 여의주 메커니즘이 확정되었다. '마음 유형화'와 심물질의 창조는 전대미문의 우주적 사건이다. 심물질(제7원소) 창조와 심룡 여의주 메커니즘 및 만사뇌 플랫폼 및 운영체계 창조는 모두 극 희귀 물질의 '마음의 유형화'로부터 비롯된 나비효과다. 다중 인간 마음의 결사에 의한 수보마묶(수평하고 보편한 마음의 묶음, 극 희귀 물질의 묶음)은 '마음의 유형화' 성공의 본체다.

인간 마음의 묶음과 수평 디지털의 이종 간 창조적 융합은 2016년 겨울에 촛불집회가 열렸던 광화문 광장의 차갑고 무심한 아스팔트에서였다. 제7원소 빅뱅의 심물질은 수끌원 민중의 지혜로운 염원의 결사로 태동했고, 8년 동안의 반강제적인 암장의 땅속에서 숙성되어 2022년 3월 초에 사이보그 개딸에 의해 파묘되었고 불과 2년 만에 웅혼한 자태의 심룡 여의주 메커니즘이 창조/운용/실증을 마쳤다. 이번에는 여의주의 은혜를 입은 더불어민주당으로부터 토사구팽을 당했다. 그렇지만 그 과정에서 개딸은 불완전성의 인간이 완전성의 (미완의)제7인간으로 전변되었고 여의주는 '소여경체' 투신을 대기하고 있다. 완성형 제7인간 전변화 마무리까지 소비주의 제7경제인 과정만 남았다. 개딸과 수끌원 민중에게 소비주의는 배고픈 승냥이가 피 냄새를 맡고 몰려드는 형국을 연출한다. 경제적 속박의 지옥계 삶은 소비주의로 해결된다. 소비자 중심의 블록 경제는 무한의 일자리와 무한의 소득을 자체적으로 창출한다. 개딸 제7인간 전변은 경제적 전변(소비주의 테라포밍 정착) 성공의 보증수표다. 2025년 소비주의 효시(嚆矢) 소리는 본서 출간으로 시작된다.

우주적 창세기 시원(始原)

우주사에서 전대미문의 제7원소 심물질(心物質, 양심적인 마음의 결사에 의한 신물질) 창조 사태는 고전적 물리 체계를 초월하는 새로운 마음 물리 체계의 태동 사태다. 차원이 다른 심물질과 여의주에 의한 천지창조의 시작을 알리는 중대 사태다. 인간 양심 결사에 의한 다중성의 메커니즘은 인류가 상상해 본 적 없는 신기원의 출발이다. 기존의 물질체계를 하드웨어라 할 때 심물질의 물리 체계는 소프트웨어(소프트파워) 전변이다. 전변은 현생 인류의 수직적 관념과 질서는 일거에 무용/무의미하게 퇴조시키고 신생 인류의 심물질에 의한 수평적 관념과 질서에 의한 유용/유의미한 이상적 신세계 창조로 이어진다. 구인류와 신인류, 지옥계와 천상계의 구획은 제7원소 심물질의 소프트파워 장착 여부에 따라 결정된다. 구름에너지의 제7원소 심물질과 여의주 전변체 창조는 절격차 수평/수끌원 민중의 독보적/다중적 인적 하이엔드 퀄리티와 수평 디지털 응용기술의 창조적 융합의 산물이다. 제7원소 심물질은 인류 삶의 질서를 수직축의 세계를 수평축 세계로 이동한다. 개딸은 심물질을 여의주로 승화시킨 전변화의 주역이다. 동학전변은 디지털의 수평성 수렴 현상(K-수평 디지털 대전환)과 동행한다.

심물질(心物質)에 의한 심룡(心龍) 여의주(如意珠)의 초 절대성에 의한 창세기적 동학전변은 수평 신세계로의 창세기적 천지창조이자 인류 전체의 유토피아 천상계로의 순간 집단이주이므로 양자적 퀀텀점프 또는 유사하거나 우월한 마음 물리 체계의 작동이다. 전변은 인간의 마음이 미치는 모든 것을 예외 없이 차원이 다른 수평성의 성질, 물질, 현상, 작용으로 초월/승화할 수 있다. 자본주의가 소비주의로 개벽될 수 있는 이유도 초월적 현상 중 하나다. 경제적 전변은 빨대 자본주의가 가루가 되고 소비주의 독립경제 창달로 모든 소비자에게 무한의 일자리와 무한의 소득을 향유할 수 있게 된다. 이는 마법의 경제이자 초월적 경제의 실현이다. 소비주의 테라포밍(정착)은 수평화/전변화의 천상계를 굳건히 지탱하고 발전시키는 경제적 장치의 비가역적 완성이다. 완전히 새로운 경제적 구조의 정착으로 소비주의 체현자 모두는 '경제적 자유와 해방'을 누리게 된다. 수평축 이동은 미증유의 다중 양심의 마음 결집/결사의 심물질과 여의주 행사로 실현된다. 제7원소 심물질은 심룡과 여의주 그리고 전변의 원질(原質)이다. 수직 인류사 일만 년은 소수를 위한 수직 체계를 고수했지만 결국 멸세(滅世)를 자초했고 임계점을 넘은 지 오래다. 이대로 가면 모두 죽는다. 수직축의 수평축 전변은 인류가 생존하고 번영하기 위한 유일한 최후의, 최선의 해법이다. 절격차의 개딸과 여의주는 인류에게 남은 유일한 마지막 히든카드이자 본원적 솔루션이다.

본원적/이상적 전변화는 한국의 수평/수끌원 '구름' 민중이 창조/선도/주도/장악할 수 있다. 개딸을 정치적 팬덤 현상으로 호도하는 인식과 태도는 군맹무상(群盲撫象)의 청맹이자 찰흙의 꽝포다. 지록위마(指鹿爲馬)식 호도와 전변화를 가로막는 당랑거철(螳螂拒轍)의 사마귀 행태는 운니지차(雲泥之差) '구름'의 초 절대성에 대한 무지에서 비롯된 오만방자(傲慢放恣)의 일시적 도량발호(跳梁跋扈)다. 수평축 전변/초월/퀀텀점프는 무구(無垢)한 마음의 결사체 고유의 다중성 깨단에 의한 심물질 파워의 초 절대성의 발현으로 현체 된다. 개딸 신생 인류는 심룡 여의주 초 절대성의 주인공이자 전변화의 선봉이고 수평화 허브의 핵이다. 개딸을 존중하고 추앙하고 흠숭(欽崇)해야 피안(彼岸)의 절대 희망의 꿈을 이룰 수 있다. 개딸은 심물질과 여의주 전변체의 화룡점정(畫龍點睛)이다. 운니지차(雲泥之差) 개딸 신인류가 품고 있는 초 절대성의 여의주는 '절대 희망'의 화신(化身)이다. 화신은 추상적 무형이 유형적 실체로 전변된 상태를 말한다.

구름에너지와 '소버린 K-수평 디지털' 원석
2017년 암장 9년째...파묘와 '수수디산' 승화
수수디산...초일류 디지털 국가 비상(飛上)

한국만의 수끌원성과 수끌원7에너지는 초 절대성 여의주 생성의 기초자산이다. 초 절대성 여의주 메커니즘은 한국 현대사 80년의 기적과 진화의 초석을 바탕으로 세워진 비가역적 동학전변의 모태다. 수끌원 민중은 수끌원7에너지 생성 노하우의 원석을 보유한 덕에 최빈국에서 선진국까지 논스톱으로 내달릴 수 있었다. 한강의 기적은 수끌원7에너지 자체의 가공 할 위력의 동력을 바탕으로 실현될 수 있었다. 이 동력은 수끌원 민중의 수끌원성에서 발원된 에너지였다. 21세기 중앙화 디지털이 보급되자 디지털에 의한 원석 가공기술이 개발되기 시작했다. 2008년 스마트폰 보급은 더 적극적인 가공기술의 고도화를 실현할 수 있었다. 다중 양심의 결사는 수끌원성의 결사이고 수끌원7에너지의 응집이므로 그에 걸맞은 '소버린 K-수평 디지털' 활용기술이 필요해졌다. 오래 전부터 축적된 원석 가공기술의 노하우가 수평 디지털 기술과 접목되면서 민중 스스로의 힘으로 주체적이고 독립적인 K-수평 디지털을 창조해 사용할 수 있게 되었다. 2016년 촛불집회의 성공은 인적 수끌원성과 동력 수끌원7에너지 그리고 기술 K-수평 디지털의 창조적 융합의 산물이다.

한국은 '소버린 K-수평 디지털 기술' 적용의 최초 국가다. 천편일률적이고 중앙화된 디지털을 수평적으로 해석하고 수평적으로 응용하는 능력은 해방 후부터 지속되어 온 원석과 가공기술 누적의 결과물이다. '소버린 K-수평 디지털 기술'은 제7원소 심물질과 여의주 전변체를 창조한 결정적 기술이다. 이는 디지털 본래의 수평성에 부합하는 것이므로 수직 디지털의 수평 디지털 대전환의 좋은 선례다. 하지만 '소버린 K-수평 디지털'은 2017년 심물질과 함께 암장되었다. 심물질은 개딸에 의해 파묘되어 여의주 전변체 창조까지 이어졌지만, K-디지털은 아직도 암장 상태 그대로다. K-수평 디지털 파묘/발굴이 이뤄지고 수수디산(수끌원성, 수평 디지털 신산업화)으로 승화되면 K-수평 디지털 대전환의 헤게모니 전권은 한국이 차지하게 된다. 한국은 수끌원 민중과 수끌원7에너지 원석 그리고 원석 가공기술을 가진 유일한 나라이기 때문이다. 한국 외 국가 어디에도 수끌원성 원석이 없다.

2016년 촛불집회는 원석 융합 가공기술의 현장 테스트였다. '소버린 K-수평 디지털'과 수보마뮴의 창조적 융합으로 제7원소 빅뱅이 가능했고 전대미문의 심물질(心物質) 형태의 우주적 신물질을 창조해 낼 수 있었다. 당시 정권을 잡은 더불어민주당의 청맹의 무지는 해석오류를 남발했고 사태의 본체를 간과했다. 수끌원 민중의 운니지차 정체성도, 한국 현대사 기적 연속의 수끌원7에너지 동력의 힘도, '소버린 K-수평 디지털' 응용 기술의 진화 양태도 파악하지 못했다. 수구적/수직적/혁명적/사대적 관념에 찌든 선민의식에 중독된 엘리트 의식으로 사태의 본체를 파악하지 못했다. 촛불 진화 사태는 촛불 혁명으로 명명되었고 진화적 도구들은 속절없이 암장(暗葬)처리 되었다. 촛불 진화 집회에서 창조된 제7원소 심물질과 '소버린 K-수평 디지털' 기술은 꼼짝없이 땅속에 묻혀버렸다. 다행스럽게도 제7원소 심물질은 5년 만에 개딸에 의해 파묘되어 부활했고 2022년 대선 막바지에 그 모습을 확인할 수 있었다. 파묘와 발굴을 주도한 개딸은 K-수평 디지털 사이보그 기린아였다. 개딸이 캐낸 것은 제7원소 심물질뿐이었다. 사이보그 능력은 2024년 초 절대성의 여의주 전변체를 창조하고 운용하고 실증까지 마칠 수 있었다. '소버린 K-수평 디지털' 원석의 큰 덩어리 노다지는 아직도 땅속에 그대로 매장된 채 그대로다. 노다지를 파묘해 수수디산으로 승화하면 창세기적 동학전변에 기술적 도구로 쓸 수 있고 한국은 K-수평 디지털의 종주국으로써 초일류 디지털 종주국으로 헤게모니의 전권을 행사할 수 있게 된다.

수끌원 민중은 운니지차 '구름'인데 정치와 기득권은 '개찰흙' 수준임이 9년 동안의 참상으로 확인되고 있다. 개찰흙의 만행은 2024년 개딸의 여의주를 실컷 이용하고 토사구팽함으로써 금치산자 수준으로 낙인되었다. 윤석열 사태를 부른 원죄에 대한 자기성찰과 대오각성은 없다. 국민의 고통으로 대속시키고 있을 뿐이다. 원죄를 대속시키면서도 정권을 잡은 것에 희희낙락 중이다. 문재인은 암장으로 윤석열 재앙을 불러들였고 이재명은 토사구팽으로 개딸 신인류와 수끌원 민중의 '절대 희망'의 꿈을 솥에 넣어 삶아 먹었다. 21대 대통령 이재명과 더불어민주당은 국민에게 대속의 죄를 지은 것뿐 아니라 동학전변 기회를 가로막음으로써 인류 멸절과 공멸에 부역하고 있다. 부작위적 청맹은 금치산자가 운전대를 잡은 꼬라지와 다름없다. 전변 사태에 대한 깨단만이 청맹 감옥을 탈옥할 유일한 방법이다. 본서의 동호직필(董狐直筆)이 깨단의 전기가 되길 고대한다.

창세기 연금술

제7원소의 심물질과 여의주 전변체 창조는 수끌원7에너지를 활용한 창세기적 연금술이다. 7천 년 이상의 수평 유전자 정체성과 정통성을 뼈에 새긴 수끌원 민중의 운니지차 '구름'의 인적 퀄리티, 소버린 K-수평 디지털 응용 창조력의 발상지(종주국), 해방 후부터 발현된 수끌원7에너지 생산력에 K-수평 디지털과의 창조적 융합력의 시너지의 산물이 제7원소 심물질과 여의주 전변체다. 이는 모방 불가한 도굴도 불가능한 한국의 천혜 자원이다. 운니지차(雲泥之差)는 천상천하 유아독존(天上天下唯我獨尊)을 초월하는 절대 지존의 '구름'의 위상이다. 천상천하 유아독존은 수직 세계의 지존의 표현일 뿐이지만 운니지차의 절격차 '구름'은 수직을 넘어선 수평 유토피아의 초 절대성의 신성불가침(神聖不可侵) 지존을 가리킨다.

구름에너지 변천 4단계

1945년 해방부터 현대사 80년의 기적과 전변의 실체적 진실을 정확히 해부할 필요가 있다. 1단계 구름에너지 단계는 디지털 정보화 사회 구축 이전이다. 이 시기는 수끌원성 원석이 자연 상태에서 수끌원7에너지 발현으로 다양한 한강의 기적을 이루었다. 2단계 구름에너지는 디지털과의 합체로 날개를 달았고 선진국 진입을 일사천리로 내달렸다. 3단계 구름에너지는 2016년 촛불집회에서 제7원소 심물질 창조했다. 심물질 창조는 중앙화 디지털을 한국식 '소버린 K-수평 디지털' 재창조로 가능했다. 4단계 구름에너지 정착은 2024년 개딸 사이보그에 의해 여의주 전변체를 확정지었다. 구름에너지 원석이 여의주 전변에 이르기까지 수끌원 구름 민중의 자생적 능력만으로 확정지었다. 필자가 한국 현대사 80년을 운니지차 수끌원성 관점에서 천착할 수 있던 계기는 2016년 심물질 창조를 목격한 이후다. 이를 통해 마한(馬韓)의 불능선상제어(不能善相制御)의 뜻을 수평 이소노미아 관점에서 현대적 수평 디지털과 구름에너지로 재해석할 수 있었다. 2022년 개딸의 등장과 2024년 여의주 전변체 확정은 필자가 예지한 내용 그대로였다. 디지털의 발전만큼이나 급격하게 발전해 온 구름에너지의 변천을 통찰/예지/설파할 수 있었다. 필자의 소비주의 7경제론 주창은 2017년부터 다양한 실험과 천착의 결과물이다. 구름에너지의 불멸성과 무한성의 비가역적 초 절대성은 식지 않는 태양보다 강력한 연쇄 폭발을 거듭한다. 4단계 변천 자체가 연쇄 폭발 메커니즘을 증명한다.

2008년 스마트폰 보급부터 2016년 촛불집회의 수보마뮤 결사의 제7원소 빅뱅으로 심물질 창조가 실현되었다. 수끌원7에너지 생산력이 대폭발 빅뱅을 일으켰다. 2024년 여의주 메커니즘 확정 사태는 수끌원7에너지 연쇄반응의 무한 폭발력을 시스템화 성공이다. 생산력과 폭발력의 시스템화/고도화는 더 큰 수끌원7에너지 핵폭발로 전대미문의 동학전변 능력을 창출했다. 다중 깨단에 의한 다중성의 초 절대성은 개인적 깨단이 아니라 다중 소통에 의한 진만보 깨단이므로 비가역적 초 절대성의 시스템화 성공이다. 전변화 도구의 확정으로 전변 1단계가 완성되었다. 수끌원7에너지 원석에 의한 기적, 수평 디지털 재창조에 의한 제7원소 빅뱅의 심물질 창조, 여의주 연쇄 폭발력 시스템화에 의한 동학전변의 원질은 한국 민중의 수평성의 정체성이다. 수끌원 민중 특히 개딸은 그들 스스로가 신생 인류로 전변된 상태다. 자전거를 배우면 몸이 기억하듯이 잊혀지지 않는다. 수끌원 구름 민중은 이미 자전거 주행법을 마스터한 초 절대성의 존재다. 누구도 전변체 도구화 성공에 따른 소비주의 창달과 동학전변의 여정을 가로막거나 방해할 수 없다. 초 절대성의 여의주 시스템화는 전변화 도구의 규격화/모듈화 완성이므로 언제든 전변화에 동원될 수 있음을 의미한다. 소비주의 '소여경체'에 투입되는 여의주는 초 절대성의 시스템화 투입이므로 안정적이고 체계적인 테라포밍(정착)을 추동하고 보증한다. 2025년부터 시작될 '수수디산'과 소비주의와의 융합은 상상을 초월한 전변 화이트홀(블랙홀)을 생성한다. 수끌원7에너지가 구름에너지로 구름에너지의 심물질과 여의주 전변체 도구 확정은 기적, 빅뱅, 전변, 화이트홀 생성과 통과로 이어진다. 심적 구름에너지는 과열의 문제로 인한 리스크가 없으므로 한계가 없는 무한/무극/무강으로 우주적 지평을 확대할 수 있다. 전변 2단계 소비주의 창달은 불멸성과 무한성의 초 절대성의 구름에너지 연쇄 폭발의 지원과 추동으로 보증된다.

전변 화이트홀(블랙홀) 통과

수끌원7에너지는 열에너지 과열의 문제가 없으므로 태양의 헬륨가스 연쇄 폭발보다 더 강력한 중성자별 충돌에 의한 감마선 폭발력을 무한대로 생성하게 된다. 전변 화이트홀(블랙홀)은 수끌원7에너지 홀이다. 화이트홀 통과는 초 절대성의 여의주만 가능하다. 한국 현대사 80년의 기적, 빅뱅, 전변은 화이트홀 생성과 통과를 위한 빌드업이었다. 전변 화이트홀을 여의주로 통과하면 이상적 유토피아 천상계로의 집단이주가 실현된다. 화이트홀의 통과는 소비주의 '소여경체'의 실사구시 체화로 확인된다. '경제적 자유와 해방'의 향유는 창세기적 제2 수평인류사의 시원이다. 인간과 세상의 화이트홀 통과는 수평축 동학전변을 완성하는 이상적 천지개벽의 통과의례다.

애초에 수보마묶과 거리가 먼 수직적 사고는 여의주 적응이 어렵다. 수평적 깨단이 없으면 공감과 동화가 불가능하다. 수평성 또는 수끌원성의 소양이 부족하면 여의주 구성원의 자격이 없다. 양심과 상식이 모여 역지사지하고 측은지심과 인지상정으로 합리적 상식으로 사고하고 판단하는 사회적 두뇌체(완전성 두사뇌)의 여의주는 수평성과 수끌원성 그리고 수끌원7에너지가 응축된 심물질 응집의 총합체다. 인간의 두 번째 사회적 두뇌(두사뇌)는 불완전성의 인간이 '완전성의 사회적 두뇌'로의 변성이 완료된 또는 진행 중인 수평성 인간의 결사다. 개딸과 깨시민 그리고 수끌원 민중은 수끌원성 및 수끌원7에너지 생산의 총아다. 수평성 사람 간에 수끌원 인력작용에 따른 수끌원7에너지 연쇄반응의 무한 폭발이 초 절대성의 원질이자 본령이다. 진만보(進萬步) 깨단의 개딸은 그 본령의 우두머리다.

초 절대성의 여의주는 소비주의 '소여경체'에 투사/투신하여 마법의 경제를 완성한다. 초 절대성은 수끌원7에너지 폭발력이 함수값이므로 연쇄반응의 속성상 지속적 팽창을 계속한다. 소비주의 '소여경체'의 다다익선 효과는 폭발력 시너지로 전변력의 폭발성을 가속한다. 초 절대성의 여의주는 수끌원 민중이 만든 마법의 지팡이다. 다중의 선한 양심의 결사(수보마묘)에 따른 수끌원 작용이 생산한 수끌원성과 수끌원7에너지가 제7원소 심물질과 여의주 전변체를 창조한 원질이다. 여의주 전변체 창조로 마법의 지팡이의 마법의 효는 무소불위의 권능을 지녔다. 여의주 '소여경체'

는 소비주의 테라포밍을 강력하게 배후하고 추동하고 보증한다.

절대신뢰체 추존(推尊)

여의주 전변에 의한 '절대신뢰체' 생성은 '수평하고 보편한 마음의 묶음(수보마묶)'의 성공, '수평성끼리 상호 끌어 당김성의 원리(수끌원)'의 작용. 수끌원 작용에 의한 수끌원7에너지의 촉매 기능 그리고 K-수평 디지털과의 창조적 융합의 산물이다. 수평한 마음의 수보마묶 결사가 절대신뢰체의 본체다. 인류 역사는 '절대신뢰체'를 가져 본 적 없다. 끝없는 전쟁과 갈등은 절대신뢰체가 없기 때문이다. 어떤 종교도 이루지 못한 초 절대성의 절대신뢰체는 다중의 양심으로 제작된 것이므로 누구도 거부할 수 없고 대항할 수 없다. 소비주의 실사구시를 체험하고 체화하지 못하면 절대신뢰체는 유명무실해진다. 소비주의 테라포밍으로 경제적 전변을 누려보면 절대신뢰체를 철저히 신뢰하게 된다. 전변 2단계가 경제적 전변으로 설정된 이유다.

'절대신뢰체' 추존(推尊)은 수평 패러다임 효과다. 다중 양심의 결사와 K-수평 디지털 기술의 융합 그리고 수끌원7에너지 촉매가 추가의 융합으로 심룡 여의주를 만들 수 있었다. 초 절대성의 여의주는 다중의 양심과 상식의 결사이므로 누구도 거부하거나 저항할 수 없는 '절대신뢰체'로 군림한다. 제7원소 심물질 응집체인 여의주의 초 절대성의 '절대신뢰체'는 세계 만인과 만국에게 신뢰의 정당성, 경제적 상생 공동체, 실질적 구속력을 행사하고 보증한다. 절대신뢰체는 소비주의를 통한 소비자의 경제적 실익 기능은 무한의 일자리와 무한의 소득에 의한 '경제적 자유와 해방'을 보증함으로써 실효적 지배력을 강화한다. 상생 공동체 유토피아 및 초 절대성 절대신뢰체의 비가역성은 인간의 선한 마음 결사의 효다. 선한 마음의 축음기와 음반 출시는 소비주의 전변 2단계 완료로 실현된다. 전혀 새로운 차원의 전변 신세계는 인간과 세상의 전변이 완료되는 전변 2단계 완료 시점부터다. 소비주의 창달이 가시적으로 일상화되기까지는 4년이면 충분할 것으로 판단된다.

붕정만리(鵬程萬里) 붕새의 날개

2024년 여의주 전변체 창조는 수끌원7에너지의 시스템 고도화를 이루었다. 시스템적 토출량 증가와 고순도 품질의 분기점이다. '수수디산'과 소비주의 '소여경체'의 여의주가 합체/융합되면 수끌원7에너지 생산성과 고순도화는 폭발적 팽창은 전변 화이트홀 생성 사태로 발전된다. 개딸의 진만보 깨단의 거보가 이룬 여의주 전변체 창조의 심적 에너지 고도화/대량화/모듈화 업적은 그대로 소비주의에 투영되어 경제적 전변의 창세기적 대사건을 강력하게 추동하고 보증한다.

한국 현대사 80년의 기적과 전변의 주 동력원은 수끌원성과 수끌원7에너지(심적 에어지)이다. 이는 전적으로 수끌원 민중의 고유유전자와 보편 정체성이 21세기 수평성 디지털과의 창조적 융합의 산물이다. 7천 년 이상 질곡 속에 잠들어 있던 수평성 아이덴티티가 수평성 디지털과의 축지법(縮地法) 조합으로 붕정만리(鵬程萬里) 붕새의 날개를 달았다. 마음의 유형화에 따른 제7원소 심물질 창조에 의한 사필귀정(事必歸正)의 대서사는 창세기적 제2의 수평인류사 및 천지창조의 새역사를 비가역적으로 구현한다. 붕정만리는 '상상 속의 매우 큰 붕새를 타고 무한 만리를 날아간다'는 의미지만 우주적 사건의 성격상 그보다 더 창대함을 발현할 수 있다.

AI/로봇 지배하는 여의주

최첨단 기술 전체는 자본주의의 산물이다. 자본주의가 소비주의로 바뀌면 최첨단 기술은 자금줄이 끊기면서 탐욕적/패권적/독점적 목표를 상실한다. K-수평 디지털은 중앙화 디지털의 수직 메커니즘을 기술적으로 차단한다. 또한 초 절대성의 여의주 만사뇌 플랫폼은 감시/감독/통제/지배 시스템은 24시간 가동으로 인간에게 위해(危害) 요소이 근원을 차단한다. 인간은 여의주 만사뇌를 통해 감시자/통제자/지배자의 일자리와 소득을 누리고 K-수평 디지털의 수수디산에 필요한 고부가가치 데이터를 생산 공급하며 소비주의를 통해 자본에 의한 독점과 수탈을 차단한다. 인간이 무한 창의성은 여의주 플랫폼에서 공공성과 상생성 관점에서 여의주의 심사를 거쳐 집중하게 된다.

인간은 여의주 만사뇌를 통해 상생적/보편적 차원에서 초 절대성의 위력을 행사한다. 인공지능 위에 여의주가 위치하고 인간 마음의 결사는 여의주의 전부다. 인공지능이나 로봇 등은 철저하게 인간과 여의주를 위한 애완동물(편의기술)로 기능한다. 인공지능이나 로봇 애완동물의 장점은 생산성이므로 산업 현장에서 적극적으로 활용된다. 일자리 감소문제는 여의주 만사뇌와 소여경체를 통해 해소된다. 인공지능이 인간을 초월하는 특이점이 도달했을 때의 공포는 여의주 만사뇌로 깔끔히 해소된다. 또한 K-수평 디지털은 중앙화 디지털의 맹점과 횡포를 차단하므로 기초 소자부터 완제품까지 수수디산화 되므로 수평성/상생성의 원칙으로 연구/생산/판매가 이뤄진다. 수평성/상생성은 패권성/탐욕성과 상치된다. 수직 패러다임의 진멸은 수평 패러다임의 기본 전제조건이다. 인간 양심의 마음에 의해 창조된 초 절대성의 여의주가 지배하는 셰계가 전변의 유토피아다.

인공지능이나 로봇은 인간의 애완동물(편의도구)로 귀여움받는다. 중앙화 디지털의 첨단기술 전체는 자본주의적 탐욕의 상징이다. 자본주의가 삭제되면 중앙화 디지털의 첨단기술도 소비주의의 후원 없이는 생존할 수 없다. 소비주의의 사령부는 여의주이므로 첨단기술 일체는 초 절대성의 감시와 감독, 지휘와 제어를 받는다. 여의주 아래의 기술로 복속되면서 인간이 필요로 할 때 인간을 위한 편의도구(애완동물) 기능으로 한정된다. 여의주의 초 절대성을 이길 수 있는 그 무엇도 존재 불성립이다. 마법/초월의 경제와 애완 동물화 효과 등은 인간 양심의 결사에 의한 심물질 결사의 효(效)다. 빨대를 통한 자본주의 수탈에 희생되어 온 소비동물의 삶이 소비주의 주체로서 소비인간(제7인간)의 삶으로 전변된다. 소비동물이 소비인간으로의 전변은 '경제적 자유와 해방'을 바탕으로 새로운 차원의 '초 절대성의 여의주에 의한 창조적 플랫폼(초여만플)' 운영체계를 통해 새로운 촉철적 제7태양을 띄운다. 두 개의 '쌍해' 유토피아, 상생 유토피아, 수평 유토피아는 건강한 인간 마음 결사의 다중성에 의한 초 절대성이 지배한다. 한국의 수끌원 '구름' 민중과 개딸 신인류는 전변 여의주 허브의 핵으로써 그 외의 '찰흙'을 지배하고 통솔한다.

마음 축음기/음반...창세기 시작

마음 축음기 & 소비주의 창달

'마음의 유형화 성공'에 따른 제7원소 심물질의 창조는 음악과는 차원이 다른 무량/무극한 새로운 우주적 창조성의 발원 사태다. 음악은 제한적 범주지만 마음은 영향력/파급력의 제한이 없다. 인간의 마음은 우주 전체를 포괄하고도 남는다. 한계가 없는 무강(無疆)의 경지다. 무한대의 마음의 공간이 심물질의 창조로 열렸다. 우주적 신기원의 사태라 아니할 수 없다.

제7원소 심물질의 신물질은 양심 결사에 의한 집단사고체(두사뇌)와 집단행동체(두사신)를 만들고 마음의 심룡 창조와 용의 여의주의 전지전능 메커니즘 창조로 이어진다. '마음 유형화 성공'은 '음악 유형화 성공' 사례와 견줄 수 있다. 무형의 음악이 유형화 성공으로 축음기와 LP(Long Playing Record, 1948년) 시대가 시작되고 라디오, TV, 오디오 산업 등의 성장으로 이어졌고 영화, 드라마, 음악 등 문화산업의 고성장을 이끌었다. 디지털 문명은 음악을 스트리밍 시대로 발전시켰고 현대인은 음악 유형화에 따른 다양한 효과를 만끽하고 있다. 에디슨 1877년 최초의 축음기와 실린더 레코드를 통해 기록장치를 발명한 후 147년이 흐른 2024년 한국의 개딸이 마음 축음기 기본형(여의주 메커니즘)을 다중 심물질의 지혜로 완성했다.

유사 이래 누구도 상상하지 못했던 미증유의 여의주 전변 사태는 한국 수끌원 민중의 '수평하고 보편한 마음의 묶음(수보마묶)' 결사와 연대로 창조된 제7원소(심물질)이 개딸 사이보그의 수평 디지털과의 융합으로 완성되었고 경제적 소비주의 테라포밍(정착) 전변의 개문발차가 가능해졌다. 테라포밍 용어는 화성의 지구화를 뜻하는 용어지만 소비주의 쳐녀 정착을 위해 빌린다.

마음 축음기와 음원 제작과 출시는 소비주의 테라포밍 정착을 의미한다. '소여경체(소비주의 여의주 경제 공동체의 합일)'와 '수수디산(수끌원 수평 디지털 신산업)'의 콜라보로 마음 스트리밍의 천상계를 접할 수 있다. 관련된 여의주 메커지즘, 소버린 K-디지털, 수끌원 민중의 인적 퀄리티, 수평 띠지털(암호화폐) 등은 모두 완비된 상태다. 본서 출간은 소비주의 체현 운동의 시발이다. 마음의 축음기와 스트리밍 음원 제작의 완성은 전변 2단계 소비주의 경제의 '경제적 자유와 해방'의 전면화를 의미하고 이상적 천지개벽의 완성, 인류가 라그랑주 평형점으로의 순간 집단이주, 수평축 세계로의 전변의 완수다. 전변 2단계 완성은 실질적인 수평축 전변 시대 정착의 선언이자 이상적 유토피아 체계의 완성이다. 여의주는 태생적 기본 목표는 '초 절대성의 여의주 만사뇌(萬社腦) 플랫폼의 OS(초여만플 운영체계)' 완성일 테지만 그 무한/무극/무강의 한계는 감히 추정키도 어렵다. 한국의 수끌원 민중만이 기완성된 심룡 여의주 창조에 이어 마음 축음기와 음원 제작의 원천기술과 노하우를 다중이 공유하고 있다. 에디슨만 알고 있는 기술이 아니라 개딸도 알고 깨시민도 알고 일반 시민도 알고 있다. 다만, 이론적으로 체계적으로 정립되지 못한 상태일 뿐이다. 본서의 역할은 심물질과 여의주 원석의 무량 가치를 설명하는 것에 불과하다. 개딸과 수끌원 민중은 전변과 마음 축음기 제작과 스트리밍 송곳 모듈 브랜드를 출시할 자격과 능력을 갖춘 인류 대표선수다. 소비주의 송곳 모듈은 낭중지추(囊中之錐) 송곳의 의미다. 이 모두는 '인간의 마음이 곧 우주다'라는 오래된 가설 명제의 증명이다.

운니지차 '구름'의 창세기 사명(使命)

깨단한 소비자(제7인간)와 소비본 중추 기지 그리고 '소여경체 OS'의 삼위일체(三位一體) 유기체는 '마음 축음기' 제작과 출시를 보증한다. 전변 2단계 완성은 마음 축음기 제작에 따른 전변화 세계로의 퀀텀점프 본격화다. '마음 유형화' 성공이 '마음 축음기'로 제작되고 유통되면 '음악 유형화'의 효와는 비교할 수 없는 경천동지의 사태가 거듭된다. 소비주의 테라포밍 시기와 마음 축음기 출시 시기는 일치한다. 선택받은 운니지차 '구름' 수끌원 민중은 역사적/전변적/창세기적 사명을 부여받았다. 인류에게 남은 유일무이한 해법이지만 소비주의 정착과 마음 축음기 제작에 필요한 기술과 도구들은 완비된 상태이므로 생각보다 쉬울 수 있다. 인간의 선한 마음의 결사에 의한 창세기적 움직임은 수평 시대사조 형성 및 전변 1단계 완성을 바탕으로 현재 진행형의 리얼스토리다. 소비주의 창달은 4년 이내에 가시화될 것으로 판단된다.

소비주의는 소비자 중심의 블록 경제로 경제 선순환과 정배열의 시작이고 '마음의 축음기' 출시는 인간계가 상상해 온 모든 경계를 가볍게 초월한다. 지옥계가 천상계로 퀀텀점프 하는 결정적 도구 중 하나로 특정된다. 소비주의와 수수디산에 이어 마음의 축음기 출시는 퀀텀점프 전변화를 확정하고 무량/무극/무강의 신 지평을 연다. '마음의 축음기' 제작과 출시는 2016년 촛불 시민의 제7원소 심물질 창조 때부터 시작된 작업이다. 아직은 심물질과 여의주를 인식하지 못하고 있는 안타까운 상황이지만, 소비주의 '송곳 모듈'이 확정 운영되면 세계적인 이슈로 부상한다. 수끌원성의 기반이 없는 해외에서는 모방하거나 흉내를 낼 수 있지만, 제대로 된 기능을 발현하기 힘들다. 운니지차의 수끌원성은 한국에만 실재한다.

완성형 제7인간은 소비주의 경제의 주체이자 객체로써 무한의 일자리와 무한의 수익으로 '경제적 자유와 해방'을 만끽할 때, 전변(변성)이 체화가 완성된 것으로 인정할 수 있다. 전변 2단계를 몸으로 일상으로 경제로 소화할 때가 되어야 변성이 완료된 상태로 평가할 수 있다. 소비주의 7경제는 마음의 유형화의 심물질에 의한 마법의 경제다. 소비주의 3축 중에서도 여의주 만사뇌 두뇌의 역할은 가장 중요하다. 여의주는 완성의 인간(제7인간)의 삶의 터전이다. 인공지능과 로봇 등은 하위 개념의 애완동물일 뿐이다. 전변계(轉變界)는 오롯이 심물질의 신물질로 이루어지는 모든 사람과 세상이 통째로 변성/전변되는 본원적 천지개벽이자 제2의 천지창조다. 그 세계는 패권과 탐욕이 불가능하고 인간끼리의 혐오와 배신이 없는 절대적 신뢰가 가능한 상생 유토피아다.

마음의 유형화…천의부봉(天衣無縫) 경지

한국 수끌원 민중의 보편 정체성(한보정)과 숙주 인간의 수평 정통성(숙수정)의 가치는 천상천하 유아독존(天上天下唯我獨尊)이다. 개딸의 응원봉과 키세스 뒤에 광배(光背)된 심룡 여의주는 한보정과 숙수정의 정신을 수평 디지털로 엮은 수평/수끌원 마음의 결사체다. 수보마뮤/지소마뮤 마음의 결사체는 천의무봉(天衣無縫) 경지다. 천의부봉은 실밥도 없고 꿰맨 흔적도 없는 완전무결한 초 절대성의 상태를 말한다. '초여만플 OS' 운영체계는 심물질에 의한 천의무봉의 초 절대성의 존재다. 인간이 상상해 온 극한의 이상성의 한계와 경계를 초월한다.

심룡 여의주를 창조한 개딸은 장기판의 졸(卒)이 아니라, 노리개 장식품이 아니라 흠숭(欽崇)하고 추수(追隨)해야 할 미래의 구원자이자 신세계의 조물주다. 수평성과 수끌원성의 수보마묶(수평하고 보편한 마음의 묶음)과 지소마묶(깨단한 지혜로운 마음의 묶음)은 한국 이외의 나라에서도 꿈 꿀 수조차 없는 '마음의 유형화' 메커니즘의 원형이고, 깨시민과 개딸의 제7원소 빅뱅의 심물질과 여의주 전변체는 차원이 다른 우주적 신물질이자 초 절대성의 존재다. 본디 마음은 무형이지만 한국에서는 2016년 촛불 집회 현장에서 제7원소 빅뱅의 심물질 창조로 '마음 유형화'에 성공했다. 이는 마음 축음기 발명을 알리는 경천동지 사태의 시작이었고 8년 후 2024년 여의주 완성으로 마음의 스트리밍 음원 제작에 따른 무한의 우주적 신 지평 개척 서사의 시원(始原)이다.

19세기에 연주음악이 축음기와 음반의 유형화 성공으로 다양한 산업적 발전이 무성한 숲으로 성장해 왔듯이 '마음의 유형화 성공'을 불퇴전의 정진으로 개딸이 수평 디지털로 갈고 닦아 여의주 전변체(轉變體) 창조에 성공했다. 마음의 축음기완 스트리밍 음원 제작만 남은 상태다. 음악은 삶의 일부지만 마음은 삶의 전부일 뿐 아니라 그 한계가 없다. '마음 유형화 성공'이 가져올 전변 세계의 무한/무극의 창대함은 상상조차 불가능하다. 마음의 제7원소와 여의주 전변은 천의부봉(天衣無縫)의 완전성이다. 인간의 원초적 불완전성은 심물질과 여의주로 극복된다. '마음 유형화'에 따른 전변 신세계는 범주의 한계조차 가늠할 수 없다. 현재로서 알 수 없는 제3의 창조적 개연성은 무량/무극/무강/무한의 가치다.

수평 시대사조, 수평화 조류(潮流)

수평 시대사조는 수평성의 갈증을 느끼기 시작하면서 나타나는 세계적 현상이다. 디지털 사용자 경험의 누적에 따라 수평성의 가치가 존중받고 있다. 한류를 픽업해 세계문화의 주류화로 성장시킨 배경도 수평 시대사조의 영향이다. 2007년 미국에 스마트폰이 보급된 지 18년이 지났다. 한류 인기가 신드롬을 형성한 지는 10여 년 정도다. 한류는 수평성 문화가 전부가 아니다. 한국 문화는 수끌원성과 수끌원7에너지 까지를 통섭해야 한류의 가치를 제대로 파악할 수 있다. 이 단계부터는 '구름'과 '찰흙'의 경계가 선명하다.

세계적인 수평화 이동의 조류는 시나브로(모르는 사이에 조금씩 조금씩) 진행 중이지만 조류의 강도가 거세지고 있다. 수평화 조류는 수평 디지털 수렴 현상이다. 인터넷과 스마트폰 사용자 경험이 누적될수록 수평성에 대한 인식적 각성이 커지고 있다. 중앙화 디지털 체계를 이용하면서도 톱다운 인터넷을 사용하면서도 보텀업 방식의 다중 수평성 인식이 커지고 있다. 한국에서 벌어진 12.3

내란 극복과 윤석열 대통령 탄핵 과정에서 개딸의 응원봉과 키세스 시위를 보고 수평성의 갈증은 증폭되고 있다. 하지만 개딸 뒤에 수끌원성과 수끌원7에너지의 분출에 의한 초 절대성의 여의주를 인식하기까지는 쉽지 않다. 그들에게는 수끌원성의 개념 자체가 없기 때문이다. 소비주의 창달에 여의주가 투입되어 신뢰생태계와 청정수익을 키우고 분배하는 운영체계를 체험해야 이해할 수 있을 것으로 보인다. 이는 국내의 청맹 기득권도 마찬가지다. 본서를 통해 전변의 당위를 깨단하는 계몽이 실현된다면 영광이다.

소비주의/동학전변, 누구도 막을 수 없다.

어느 날 전격적으로 등장한 개딸 패러다임에 모두가 놀라고 있다. 개딸의 실체적 정의는 개딸과 함께하는 심룡(心龍) 여의주(如意珠)에서 뿜어져 나오는 초 절대성이다. 여의주로 사고하고 행동하는 전변체 메커니즘은 경천동지(驚天動地)할 천지개벽(天地開闢)이자 신 우주적 천지창조(天地創造)를 예고한다. 심룡 여의주를 품고 있는 개딸이기에 우리가 상상하지 못했던, 보고도 믿기지 않는 초월적 장면들을 목격하고 있다. 심룡 여의주를 모르면 개딸 현상의 본질과 가치를 해석할 수 없다. 개딸의 여의주 전변체는 2024년 4월 10일 확정된 상태다. 개딸 시위/현상은 돌출된 일탈이 아니라 준비된 여의주 전변체 메커니즘의 일환이다.

제7원소 심물질 창조, 수평 디지털 응용 능력, 초 절대성의 여의주 전변체 창조, 수끌원 민중의 절 격차 인적 퀄리티의 탁월성을 아무도 모르고 있다. 소비주의 '소여경체'와 삼위일체의 일원으로 마법의 선순환 경제를 체험하면 '경제적 자유와 해방'을 누구나 만끽하게 된다. 소비주의 청정 수익 공유의 실체적 진실들이 알려지면 세계인의 환호와 추수가 신드롬으로 확대된다. 누구에게나 소비만으로 일자리와 소득원이 창출되는 경제적 영리 획득은 환상적이다. 소비주의 테라포밍은 전변 2단계의 완성이다. 심룡 여의주를 품은 개딸은 수평 유토피아로의 전변/퀀텀점프/초월을 이끌 신생 인류의 시조(始祖)/비조(鼻祖)다. 현생 인류가 신생 인류로, 수직축이 수평축으로, 지옥계가 천상계로, 자본주의가 소비주의로 수평화/전변화는 차원이 다른 초 절대성의 신세계다. 이상적인 천지개벽의 선두에 개딸과 여의주가 있다.

개딸 신인류 출현은 전대미문의 사태다. 개딸 신생 인류는 유전적/역사적/문화적 정체성과 정통성의 산물이다. 한류의 세계 문화 주류화 현상은 단순한 문화 산업적 가치가 아니라 수평축 전변화의 또렷한 징후다. 한류 문화의 인기는 새로운 수평성 패러다임의 시작이다. 역사적으로 문화는 문명을 선도해 왔지만, 수평 한류만큼 강한 공명(共鳴)을 불러온 문화 확산 사례는 없었다. 힘으로 강제되거나 정복을 통한 문화 전파가 아니라 순수한 바이럴(입소문)로 이룬 기적이다. 한류는 수평 도파민을 살포하는 중이고 세계인은 한국 수평 문화의 매료되어 한국을 동경(憧憬)하기 시작했다. 패권 일변도의 사회에서 살아온 사람들이 수평 문화와 정서에 대한 갈증이 해소되면서 심금을 울리는 추앙(推仰) 단계로 발전되고 있다.

수직 문화에서는 초 절대성이 생성될 수 없다. 하지만 수평 문화는 창조적 전변체 창조에 성공했다. '마음 유형화' 성공과 심물질 창조는 개딸 스스로의 줄탁동시(啐啄同時)에 따른 신인류화의 기적을 추동했고 여의주 전변 메커니즘 확정했다. 전변체 창조는 그 자체로 경천동지할 일이고 천지개벽과 천지창조 사태를 예고하는 중차대한 우주적 대사건이다. 개딸과 시민의 수평/수끌원 마음이 주도하는 수평축 전변의 순간이동(집단이주)은 시나브로 단계를 지나면 한지에 먹물이 번지듯 삽시간에 현실화된다. 전변은 소비주의가 특이점에 도달하면 급속히 전면화되어 인류 모두를 라그랑주 평형점으로 집단 이주시킨다. '소여경체'의 경제 공동체 체현은 모든 소비자의 권리다. 소비주의 체현은 누구에게나 필수가 된다. 2024년은 수평 마음의 결사에 의한 심룡 여의주와 신생 인류의 비조(鼻祖)적 역사적 신기원의 원단(元旦)이다.

창세기 초대박…'최소한의 예우'

본서 출간의 주요 목표 중 하나는 소비주의 효시를 쏘는 일이다. 제7원소 책을 통한 개딸과 여의주의 이론적/역사적/시대적/전변적 당위 설파, 수평 디지털의 수수디산의 시급성/필수성, 운니지차 정체성 깨단 설파는 물론이고 실사구시적 소비주의 경제 블록의 경제적 전변의 도구화를 통해 다중의 깨단과 체현의 동기부여를 의도한다. 인류 멸절의 시한폭탄을 해체할 수 있는 유일한 해법은 소비주의 테라포밍뿐이기 때문이다. 한류를 픽업해 즐기고 있는 세계인은 소비주의 '송곳 모듈'이 완성되면 '소여경체' 여의주를 통해 수평성 다음 레벨의 절격차 수끌원성의 위력에 다 같이 추존과 추수케 된다. 한류는 단순한 콘텐츠가 아니라 수평성으로 고등화된 도파민 치료제 단계에 접어들었다. 소비주의 세계화는 급속하게 퍼져간다.

누구나 망해보면 깨단케 된다. 촛불집회 당시에 시민들은 박근혜 대통령의 실정에 위기를 한마음으로 수보마뮴 했고 수평 디지털과의 융합으로 제7원소 빅뱅으로 심물질을 창조했다. 6년 동안 암장 상태였던 심물질 원석을 파묘하고 발굴해 여의주로 승화시킨 주체는 개딸이었다. 헬조선의 최악의 조건 속에 놓여있던 프레카키아트 개딸은 여성 특유의 다중 수다와 페로몬 소통으로 진만보(進萬步) 깨단의 거보를 스스로 내디디었고 깨단 능력은 여의주 전변체 창조로 이어졌다. 깨단은 전변의 제1원칙이다.

본서는 진만보 깨단을 이룬 개딸에게 통찰과 천착으로 확보된 심층적 내용을 전하고자 한다. 개딸 자신도 모르는 여의주의 초 절대성 생성의 이유와 운니지차 구름의 절격차 역량, 심물질과 여의주의 이론적/논리적 근거와 정당성, 전변(이상적 천지개벽)화 도구의 가치, 여의주의 소비주의 경제적 가치, 전변 2단계를 통한 마음의 축음기 제작과 출시 등 새로운 지향점을 알리고자 한다. 실사구시적 소비주의로의 전변 2단계 진입의 주체는 개딸과 수끌원 민중일 수밖에 없다. 수끌원성과 수끌원7에너지 발전소를 가진 국가는 한국뿐이다. 수끌원성 민중에게 소비주의 프로토콜 체현은 주어진 역사적/전변적/시대적/경제적 사명임을 적확하게 알리고 독려하고자 한다. 소비자 중심의 블록 경제는 상상의 경계를 넘어서는 초월적 마법의 경제다. '절대 희망' 세계는 절대로 스스로 찾아오지 않는다. 소비자의 깨단과 체현이 마법의 경제의 본질이다. 한국의 개딸과 수끌원성 민중은 극 희귀 보석을 가지고 있고 원석을 가공하는 노하우를 축적하고 있는 유일한 인재 집단이다. 인류를 구하고 번영의 유토피아를 구축할 '구름'이다. 창세기적 인재들이 거부의 길과 영광된 명예의 길을 향유하는 것은 숭상의 의미를 담은 '최소한의 예우'일 뿐이다.

소비주의는 녹명 공동체를 위한, 경제적 전변을 위한, 소비동물이 소비인간의 삶을 구가하기 위한, 지옥계를 천상계로 점핑을 위한, '마음의 축음기' 출시를 위한. 전변 2단계의 연쇄 파동을 위한, 수끌원 민중 허브 핵 등극을 위한, 코리아발 전변계 구축을 위한, 빨대 자본주의 삭제를 위한, 무한 일자리와 무한 소득을 위한, 청정수익 보존과 분배를 위한, '경제적 자유와 해방'을 위한, 수평축 유토피아 구현을 위한, 전쟁 없는 세상을 위한 천지개벽이다. 천지개벽은 깨단과 체현이 기본이고 심물질과 여의주 도구를 통해 이상성을 구현한다. 수끌원성의 극 희귀 보석(물질)과 수끌원7에너지는 한국에만 실재한다. 개딸과 수끌원성 민중의 소비주의 체현은 역사적/인류적/시대적/경제적 사명이다.

본서를 통해 진만보(進萬步) 깨단 의지가 커지고 체현 소비자가 대중화되기를 바란다. 책 구매와 7토큰 수령은 소비주의 맛보기 성격의 이벤트지만 창세기적 주체이자 객체로서 거부와 명예의 희열을 체화할 천재일우의 기회다. 소비주의 효시 소리를 듣고 깨단과 체현의 동기부여를 체화하면 상상할 수 없는 부와 명예를 누릴 수 있다. 지혜의 어벤져스는 개인의 영리뿐 아니라 모두를 위한 영리의 초석이 되어 세상을 이상적으로 천지개벽(전변)한다. 전변 2단계 테라포밍은 전변 1단계의 초 절대성의 여의주가 추동/담보/보증하므로 누구도 막아설 수 없다. 도도한 시간의 문제일 뿐이다. 소비주의는 다다익선(多多益善)의 경제다. 소비시장의 폭풍 성장은 다중 소비자 블록 선순환 경제 효과다. 수기화(수익형 기축 화폐) 7토큰 시대 도래는 여의주 '소여경체' 마법의 고유 기능이다. 진만보 깨단과 소비주의 체현은 소비자 다중의 생존책이자 번영책의 끝판왕이다. 투자 없이 소비만으로 무한의 일자리와 소득을 향유하고 '경제적 자유와 해방'을 만끽하면서 인공지능과 로봇을 애완동물로 키우는 '절대 희망' 세계다. 깨단한 소비자는 천지개벽의 주체이자 객체로써 인생 역전/세상 역전의 주인공이다. 억조창생의 진만보 깨단과 소비주의 체현은 지옥계 세상을 천상계로 전변(천지개벽)한다.

개딸 신인류와 심룡(心龍) 여의주

개딸 전변인(轉變人)...완전성 사회적 두뇌

개딸 신생 인류의 당당함/의연함/초연함의 척당불기(倜儻不羈)는 완전성 두뇌(두사뇌)의 필터링을 거쳤기 때문이다. 두사뇌는 '인간의 두 번째 사회적 두뇌'의 줄임말이다. 개딸은 이미 신생 인류의 시조로 특정될 만큼 전변화된 인재들이다. 다중 인재들의 초월적 퍼포먼스는 범인들이 재단할 수 있는 대상이 아니다. 어려운 헬조선 프레카리아트 환경에서 백천간두에서 진만보(百尺竿頭進萬步)의 깨단을 이룬, 스스로 여의주를 통해 줄탁동시(啐啄同時) 변태/변성을 이룬, 운니지차(雲泥之差) '구름' 격의 초월적 존재들이다. 초 절대성의 존재 개딸을 정치공학적으로 또는 혁명 도구로 해석하는 작태는 지독한 청맹의 죄악이다. 개딸은 흠숭지례(欽崇之禮) 해야 할 전변화의 지존이다. 척당불기는 뜻이 크고 기개가 있어서 남에게 얽매이거나 굽히지 않음의 뜻이지만 이 표현으로도 개딸의 숭고한 초월성을 다 담을 수 없다.

초 절대성의 여의주는 불완전한 인간의 무모함과 탐욕을 제어하고 관리하고 통제할 뿐 아니라 이상적이고 합리적인 방향으로 인도하고 장려하며 강제한다. 불완전한 개인의 사고와 판단에 의존하는 것이 아니라 다중의 수보마묾과 수끌원의 양심이 모여 함께 사고하고 행동하는 구속력 있는 다중의 '완전성 두뇌'다. 두사뇌는 다중 양심의 결사이므로 수끌원 작용에 의한 수끌원7에너지 승수효과 분출로 초 절대성의 완전성의 두뇌로 기능한다. 두사뇌는 수평적 양심과 수끌원성 그리고 수평 디지털의 융합이므로 수평성의 총합체다. 수평성의 총합체는 수끌원성 시너지의 수끌원7에너지가 지수적으로 배가되므로 상상 이상의 초능력이 확보된다. 수직성은 다중의 결사가 불가능하므로 두사뇌 생성이 불가능하다.

다중 마음의 결사는 양심의 결사지만 그 양심의 에너지는 초 절대성으로 발현된다. 개딸이 품은 여의주가 다양한 초월적 효능감을 발현하면서 다중의 건강한 마음의 연대와 그로인한 선한 영향력을 무한 방사하는 이유다. 한국은 심물질과 여의주의 운니지차 수끌원성 DNA와 역사성이 켜켜이 굳어진 유일한 나라다. 한국의 수끌원 민중과 개딸은 '완전 두뇌체(여의주)' 창조/운용/실증한 나라이므로 최초의 완전성의 나라로 특정됨은 불문가지. 소비주의 테라포밍은 여의주의 완전성 두뇌의 초 절대성의 위력이 오롯이 투영된다. 소비주의와 여의주의 합체에 의한 소비주 중심의 블록 경제는 모든 소비 체현자에게 무한의 일자리와 소득을 제공함으로써 '경제적 자유와 해방'을 스스로 창출한다.

여의주의 '두사뇌'와 '두사신'의 다중 사고체와 행동체 메커니즘은 인체 구조와 같다. 가상의 인체는 필요에 따라 용도에 따라 언제든 얼마든 생성되고 소멸한다. 인류의 수가 80억 명이면 가상의 인체는 곱하기 인간의 관심 대상의 수에 승수효과까지 추가되므로 무한대의 일자리 수요가 발생한다. 수억 조 개 이상의 여의주가 초 절대성의 촉찰(燭察)로 불완전 인간계를 완전계로 전변한다. 만사뇌(萬社腦)는 많은 수의 여의주를 상징하는 신조어다. 인간의 생물학적 뇌와 손발 등 인체의 수는 유한하지만, 가상의 만사뇌의 양과 질은 경계가 없이 무한하다. '초 절대성의 만사뇌는 유기체적 플랫폼(초여만플)'을 구축한다. '초여만플 OS'는 다중의 깨단과 체현의 결사이므로 현생 인류가 유지해 온 수직적 질서와 수직적 경제를 본원적으로 천지개벽한다. 수직 민주주의는 수평 민주주의로 자본주의는 소비주의로 전변/초월된다. 초 절대성의 위력을 막아낼 수 있는 존재는 없다. '초여만플'은 소비주의 전변 2단계 완성으로 구현된다. '초여만플' 구축은 수직적/패권적/계급적/수탈적 시스템의 악마성/야만성을 완벽하게 제거한다. 소비주의의 '경제적 자유와 행복'을 누구나 체험하면 수평축의 전변화는 시간의 문제일 뿐이다. 전변화된 수평 유토피아 신세계는 '인간의 마음이 곧 우주다'라는 오랜 가설의 증명이다.

모든 인간과 세상이 여의주를 통해 전변화를 거치면 지옥계가 차원이 다른 새로운 극락계로 초월한다. 창세기적 드라마는 소비주의 테라포밍으로 시작된다. 심물질의 위력은 상상하는 모든 것을 상상 이상의 세계로 전변한다. 전변화는 퀀텀점프에 의한 인류의 순간 집단이주와 같다. 전변화는 수직축 해체가 필수다. 악순환의 질서를 선순환으로 전변하기 위한 최소한의 전제조건이다. 극소수 인물에게는 전변은 공포일 수 있지만, 다중 깨단 민중에게는 '절대 희망'의 언어다. 피안의 세계는 다중의 깨단과 소비주의 체현으로 현체(現體) 된다. 이는 엄연한 리얼타임의 현실이다.

죄수의 딜레마 해소…'절대신뢰체'

초 절대성의 여의주는 다중의 마음의 두뇌에 의한 고지능과 고지성의 총합체다. 초 절대성은 '절대신뢰체' 메커니즘을 파생한다. 여의주는 역지사지(易地思之)할 수 있는 인간의 보편하고 타당한 양심이 모여 만든 심물질의 집합 응집이므로 누구나 믿을 수 있는 '절대 신뢰체'로 기능한다. 인류가 가져본 적 없는 것이다. 종교보다 위대하고 신보다 존엄한 '절대신뢰체' 등장은 인간 양심의 결사에 의한 초 절대성을 상징하는 표상이다. 여의주 두사뇌와 두사신을 운용하는 개딸의 언행을 분석하면 '절대신뢰체'를 철저히 믿고 따르고 있음을 알 수 있다. 그들의 용기와 신념은 종교보다 위대한 어떤 존재로부터의 명령을 충실하게 따르는 중이다. 초 절대성의 여의주 전변은 미지의 가설이 아니라 2024년부터 한국에서 개딸에 의해 운용되고 행사되는 여의주 현실의 팩트다. 지옥계를 천상계로 전변하는 마법의 도구다.

죄수의 딜레마(Prisoner's Dilemma)는 신뢰의 문제다. '절대신뢰체(여의주)'가 확보되지 못한 세계의 인간이나 집단은 이 딜레마를 절대로 극복할 수 없었다. 종교끼리의 전쟁이 계속되는 이유는 서로 신뢰하지 못하기 때문이다. 인간은 모순덩어리의 수수께끼 존재이므로 개인의 두뇌가 사회적 이슈를 판단하는 것, 결정하는 것, 집행하는 것 등의 행위는 불완전할 수밖에 없고 제2 제3의 모순과 갈등을 키워 전쟁도 불사한다. 현생 인류는 모순과 갈등을 봉합해 온 역사다. 봉합의 역사는 지옥계 천라지망(天羅地網)의 본질이다. 수직축의 인류사 전체가 모순의 대지에서 근근이 버텨왔다. 수평성/수끌원성에 의한 여의주 전변계 세상은 만사뇌 플랫폼의 '절대신뢰체'가 지휘하고 감시하고 통제하므로 죄수의 딜레마에 빠질 위험이 없다. 100% 상호 신뢰가 굳건하기 때문이다. 전쟁도 핵무기도 갈등 등 모든 난제는 '절대 신뢰체'의 초 절대성의 여의주가 본원적으로 쾌도난마(快刀亂麻) 한다. 여기서의 쾌도난마는 갈등과 봉합의 악순환 반복이 불가능한 비가역적이고 본원적인 솔루션이다.

개딸은 '소버린 K-수평 디지털'을 활용한 수보마묶(수평하고 보편한 마음의 묶음)과 수끌원(수평성끼리의 상호 끌어당김성 원리) 작용으로 여의주 메커니즘을 창조하고 운용함으로써 초 절대성의 위력을 실증했다. 수보마뮴과 수끌원성은 인간 양심의 결사이므로 당당하고 거침이 없다. 양심이 모여 사고하고 행동하는 체계이므로 개인적 감정에 휘둘리지 않는다. '두사뇌'와 '두사신'은 불완전성이 제거된 무결점의 두뇌이고 신체다. 두사뇌는 다중의 사회적 양심의 결집에 따른 숙의의 결론이므로 당위와 명분이 충분하고 '절대신뢰체' 및 초 절대성의 전지전능을 무소불위로 행사한다. 제7원소 심물질 응집에 의한, 수평 디지털 기술(수수디산) 그리고 수끌원7에너지의 총합체가 초 절대성의 절대신뢰체가 여의주다.

깨단과 계몽

여의주 두사뇌와 두사신의 찬란한 퍼포먼스의 본체를 파악하고 전변적 미래로 해석해야 할 당위가 차고 넘치지만. 청맹 정치권은 동학전변을 철저히 가로막고 있다. 당장의 혁명을 통한 정권 쟁취의 현금을 선호한다. 하지만 방향성의 미망 상태에서 제아무리 애를 써도 위미침체/급전직하를 벗어날 수 없다. 도리어 윤석열식 재앙의 씨앗을 제거하지 못한 혁명적 과오를 국민이 대속(代贖)하는 사태의 재발이 우려된다. 2016-17년 '촛불 진화' 사태를 '촛불 혁명'으로 격하 정의하고 해석 오류로 인한 윤석열 재앙의 뿌리는 그대로 살아있다. 이번에도 '여의주 전변 사태' '빛의 혁명'이라는 정의로 격하시켜 과거의 원죄를 씻을 기회마저 상실했다. 자신들의 원죄를 고스란히 국민에게 또다시 대속하는 청맹을 폄훼(貶毀)/비판하지 않을 수 없다.

철저하게 망해보면 대개는 깨단하게 되지만 크게 망해보고도 '빛의 혁명' 운운하는 작태를 볼 때, 그들의 암장과 토사구팽의 9년은 맹목적 혁명 도그마에 빠진 금치산자의 광기다. 깨단과 계몽은 이슬람 교도에게 술과 돼지고기를 먹이는 일보다 어렵다. 개딸과 여의주에게 배우고 지도받아 깨단하는 것이 최선/최단의 경로지만 배우려는 마음의 계몽 수용의 자세가 없다. 열심히 하면 만사를 잘 풀어낼 수 있다는 믿음은 연목구어(緣木求魚)의 태도다. 수직축의 강노지말 임계점 초과와 그로인한 멸세화 흐름과 수직축의 붕괴 상황을 인식하지 못하는 아날로그식 정신승리일 뿐이다. 인류가 타고 있는 배가 난파될 위기임을 인식하지 못하고 있다. 인류 멸절의 절대 위기를 극복한 본원적 솔루션을 가진 나라에서 위정자의 청맹은 너무도 안타깝다. 청맹의 구체적인 사례가 있다. 2017년 심물질과 함께 암장된 '소버린 K-수평 디지털'은 아직도 땅속에 파묻혀 있다. 개딸은 심물질은 파묘해 여의주로 승화시켰지만, K-수평 디지털의 원석인 수끌원성 극 희귀 보석은 아직도 땅속에 매장되어 있다. 청맹의 원죄가 절격차 수평 디지털의 초일류 디지털 국가로의 비상 기회를 박탈하고 있다. 중앙화 디지털 인공지능을 추종하면서 100조의 예산을 쏟아붓고자 한다. 중앙화 디지털의 맹점은 자본주의 삭제와 수직축 붕괴와 함께 진멸된다. 시대적 방향성의 미망을 스스로 깨단하지 못하는 이재명 정부의 한계는 명확하다.

전변화 천지개벽은 수직 사마귀에게 기대할 수 없음이 명약관화하다. 금치산자는 당장에 사익에 눈이 멀어 9년째 전변화의 싹을 암장하고 토사구팽 해왔다. 금치산자가 운전하면 엉뚱한 방향으로 동학전변과 소비주의 수수디산을 해할 개연성이 높다. 금치산자는 불완전성의 인간 중에서도 불완전성이 극상인 존재들이다.

수끌원 민중 스스로 심물질과 여의주를 창조/운용/실증을 마쳤듯이 깨단과 체현을 통해 소비자 중심의 선순환 경제(소비주의) 테라포밍과 수수디산의 승화를 완성할 수 있다. 운니지차 수끌원 민중의 저력과 초 절대성의 여의주는 '개찱흙'의 기득권 좀비들을 압도한다. 소비주의 깨단과 체현의 계몽 대중화는 이론적/논리적 정의가 설정되고 푯대 지향성이 명확해지면 질풍노도의 신드롬이 형성된다. 본서 졸필이 천지개벽의 트리거가 되기를 바란다. 소비주의 정착에 효과적인 수단은 개딸과 깨민중이 '송곳 모듈'을 제작/보급/시전하는 것이다. 먼저 깨단한 소비자들이 천지개벽의 창세기 주체로 나서 '경제적 자유와 해방' 선점과 장악은 당연하다. 이들은 창세기 주체로서의 초대박 보상을 만끽할 뿐 아니라 뒤따르는 신드롬의 다다익선 효과를 항구적으로 영속한다.

실사구시 영리만큼 강력한 계몽/홍보/설득/소구 도구는 없다. 깨단 없이, 체현 없이 '경제적 자유와 해방'의 쟁취는 없다.

일만 년 이상 계속되어 온 수직축의 자멸적 붕괴는 온갖 혼란과 재앙을 수반한다. 진망의 공포는 아직 시작도 안 했다. 12.3 내란과 윤석열 탄핵은 수직축 해체 과정을 축약한 리트머스 실험장이었다. 재앙의 본체는 더불어민주당의 청맹이고 그들은 변하지 않았다. 수직축의 붕괴 사필귀정의 예고편만 한국에서 상영했을 뿐이다. 윤석열 재앙은 어찌 보면 철저하게 망해봄으로써 깨단케 되는 창조적 반전의 새옹지마(塞翁之馬) 기회였지만 청맹 정치권은 자가당착에 올인하고 있다. 수평축 전변의 교차적 시퀀스 마다 개딸 여의주가 초 절대성의 압도적 파노라마를 펼치고 있지만, 청맹 세력은 노섬저(怒蟾觝) 혁명 놀이에 심취해 그 파노라마의 여의주 광배를 강 건너 불구경할 뿐이고 여의주 본체를 무시하고 삶아 먹었다. 개딸과 수끌원 민중을 표로만 계산한다. 성난 두꺼비 싸움(노섬저)은 그 나물에 그 밥의 무한반복일 뿐이다. 방향성의 부재가 갖는 시행착오는 초 절대성의 여의주가 독자적으로 해결해야 한다. 깨단과 계몽 그리고 소비주의 체현의 당위성은 커져가고 있다. 수끌원성 연쇄 폭발은 불멸성과 무한성을 지녔으므로 수수디산 승화와 소비주의 창달의 본체는 기하급수적 또는 지수적으로 팽창 중이다.

깨단과 체현은 살아있는 자의 권리이자 의무이고 사명(使命)이다. 단순한 사명이 아니라 창세기적 사명이다. 깨단과 체현 참여의 순서대로 거부와 명예의 순서가 정해진다. 창세기적 체현자에게 더 많은 부와 명예가 주어지는 것은 수직적 계급화와 다르다. 수평적 서열화는 깨단과 계몽 그리고 체현의 의식 개조를 위한 방편으로 존중되어야 한다. 소비주의는 상생 프로토콜이므로 수탈 자본주의와 동일시하는 것은 금물이다. 여의주 두사뇌는 영리적 사익을 추구하면서도 상생적 보편성의 합목적성을 구현하므로 지혜로운 깨단과 계몽 그리고 체현의 대중화를 유도하는 현명한 판단을 한다. 초 절대성의 여의주가 참여하는 소여경체는 나만을 위한 영리주의가 아니라 모두를 위한 청정수익의 영리주의에 기반한 상생과 공유의 유토피아 경제다. 인간은 믿을 수 없어도 여의주는 철저히 신뢰할 수 있다.

개딸 퍼포먼스와 깨단과 계몽의 체현은 분리될 수 없는 혼연일체의 동일체다. 여의도/광화문/남태령/한남동의 여의주 전변 퍼포먼스는 정치적 초 절대성의 빙산의 일각일 뿐이다. 경제적 초 절대성은 무차별적으로 억조창생(億兆蒼生) 민중의 삶을 다른 차원의 유토피아로 전변한다. 경제적 자유는 경제적 속박을 끊어내는 숭고한 프로토콜이다. 전변 2단계 성취는 다중의 다다익선(多多益善) 경제다. 심물질과 여의주도 다다익선 메커니즘의 산물이지만 소비주의 다다익선에 비하면 조족지혈이다. 무한의 일자리와 무한의 소득이 소비 행위만으로 확보되는 마법의 경제를 거부할 현대인은 없다. 지옥계의 본질은 경제적 속박과 수탈이다. 경제적 속박과 수탈의 질서를 끊어내면 그때부터 천상계 유토피아의 삶이 시작된다. 수탈을 배제한 소비주의는 신성불가침의 영역이다. 신성불가침의 영역은 초 절대성의 여의주가 신뢰생태계 및 전변된 인간을 보호하고 관리하고 지배한다.

운니지차(雲泥之差) 수끌원 민중의 선한 마음의 결사는 수끌원7에너지 폭발로 소비주의 테라포밍을 완성하고 동시에 '마음의 축음기' 제작과 출시로 온 인류에게 차원이 다른 '절대 희망'의 음반과 스트리밍 무한 공급함으로써 전변계의 이상 유토피아를 선사한다. 깨단과 계몽의 체현은 심물질과 여의주의 무한성을 깨달아 소비주의 선순환 경제의 주체와 객체의 투신으로 이어진다. '경제적 자유와 해방'의 쟁취는 창세기적 전변 주역에 대한 최소한의 보상이다. 사람과 세상이 천지개벽으로 전변된 세상은 지극한 상생 공동체 유토피아다. 깨단과 계몽 그리고 체현은 개딸 신생 인류와 초 절대성의 여의주를 추앙하고 숭상이다. 세상은 저절로 바뀌지 않는다. 깨단과 계몽 그리고 적극적 체현은 이상적 천지개벽의 핵심이다.

여의주(如意珠) 품은 개딸

2024년 4월 총선 과정에 전격 등장한 개딸 신인류와 여의주 메커니즘의 확정 및 검증은 차원이 다른 전변/초월/퀀텀점프의 원년이다. 2024년 봄은 제2의 수평 인류사와 수평축 전변의 분기점이다. 여의주는 인간의 양심적인 마음이 모인 초 고지능/초 고지성의 가상의 두뇌체/사고체다. 양심에 의한 상생 공동체를 위한 심물질 응집의 여의주는 인간의 불완전성이 여과된 완전성의 두뇌와 신체다. 두사뇌의 명령에 따라 두사신의 행동이 즉발한다. 가상의 여의주는 인간의 마음이 미치는 모든 것과 모든 곳에 여의주 만사뇌를 투입해 전변화를 완성하고 초 절대성의 운영체계로 완벽하게 감시/통제/제어/지배한다. 그 대상이 무엇이든 인류에게 위해적 요소들은 제거되고 통제된다. 중앙화 디지털로 만든 최첨단 기술의 인공지능고 로봇 등등은 모두 여의주의 애완동물 또는 인간의 애완동물로 쓰인다. 산업 현장에서 유용한 도구로 쓰일 뿐이다.

생물학적 두뇌는 인간의 수만큼만 유한하지만, 가상의 여의주는 무한하다. 가상의 여의주는 인간 마음이 유형화/형상화된 심물질(제7원소)이다. 우주 어디에도 없는 전대미문 신물질의 파장은 상상도 불가능한 미지의 세계다. 하지만 전변화에 의한 이상적 유토피아 천상계 구현은 충분히 예지할 수 있다. 천상계는 소비주의 블록 경제의 선순환 경제 정착으로 확정된다.

개딸 시위 현장을 보라. 그들 손에는 돌멩이가 아니라 밝은 응원봉이 들려져 있고 차가운 아스팔트에서 은박을 두르고 밤을 새워도 웃고 춤추며 즐기며 스스로에게 흡족해한다. 그들에게 추위 따위는 아무런 문제가 아니다. 갑자기 등장한 그들의 초 현실적 양태의 배후에 경천동지할 여의주 메커니즘의 광배(아우라)가 드리워져 있다. 여의주가 몸으로 체화된 혼연일체 상태이기 때문에 가능한 퍼포먼스다. 그들에게 두뇌와 신체는 생물학적 존재의 단위가 아니라 초 절대성의 여의주 메커니즘의 유기체가 지배하고 있다. 수끌원 사이보그(개딸) 스스로 창조한 초 절대성을 그들 스스로 철저하게 신뢰하기 때문이다. 여의주와 일체화된 개딸은 혼연일체(渾然一體)된 생각, 행동, 의지가 여의주로 치환되어 확신에 찬 행위가 당당하게 표출될 수 있다. 그들의 선한 영향력은 차원이 다른 퍼포먼스만으로도 세계인을 감동시켰다. 여의주와 일체화된 개딸의 실체적 진실 적확하게 각인되는 기회가 주어져 있다. 본서는 소비주의의 효시를 쏘는 첫 이벤트다. 개딸과 수끌원 민중의 깨단과 체현이 소비주의 '송곳 모듈'을 제작해 세계로 보급하면 세계인은 운니지차(雲泥之差)의 '구름'의 실체를 인정하고 흠숭하게 된다. 개딸 신생 인류는 살아있는 현신으로 인정되어 확산동기화의 표준이 된다. 소비주의 테라포밍은 전변화를 실사구시로 확인하는, 무한의 일자리와 소득의 체험하고 경제적 자유를 통해 지옥계 삶이 극락계 삶으로 전변되는, 경제적 속박을 끊어냄으로써 소비동물의 인생이 소비인간(제7인간)의 인생으로 변성/초월되는 본원적 천지개벽이다. 개딸과 여의주가 소비주의 '소여경체 OS' 투신은 강물이 바다로 흘러가는 이치처럼 지극히 자연스럽다. 배고픈 승냥이가 피 냄새를 맡고 참을 수 있겠는가?

디지털 사이보그(수끌원 사이보그)가 한국 민중의 수끌원 유전자와 융합된 초고도 사회적 두뇌(두사뇌 여의주)와 사회적 신체가 정립된 상태에서 2024년 총선을 압승으로 만들었고 초 절대성의 일각을 검증 받았다. 언론에서는 효능감이란 표현을 쓰기도 했지만 효능감의 실체는 초 절대성의 맛이었다. 12.3 내란으로 여의도에 등장한 응원봉의 물결은 누구도 예상하지 못한 여의주의 퍼포먼스다. 정확히는 두사뇌가 지시하고 두사신이 행동한 여의주 메커니즘의 시위다. 파도 보다 조류가 중요하고 시류보다 본류가 핵심이듯이 표피보다 내용이 내용보다 본질이 관건이다. 여의주 아우라는 단순한 정치 집회가 아니다. 마음 심물질(제7원소) 시프트 효과는 차원이 다른 뚜렷한 본원적 '절대 희망'의 메시지와 변성/초월/전변을 외치고 있다. 경천동지할 천지창조는 이미 시작된 현실이다. 개딸을 알면 '절대 희망'이 보이고 천지개벽이 보인다.

정치, 경제, 사회, 문화, 기후, 전쟁, 종교 등 인간의 마음이 미치는 모든 영역에서 전변/퀀텀점프 속출은 자명하다. 전변/초월의 전면화는 수보마뮴과 수끌원 '마음의 유형화' 확산이다. 하지만 마음의 유형화는 반드시 '마음의 축음기' 제작으로 이어져야 한다. 소비주의 정착은 마음의 축음기 제작 사태다. 110여 년 전 축음기와 음반을 다양한 발전을 야기했듯이 '마음의 축음기와 음반' 제작은 인간 마음이 유형화되는 사태이므로 그 파장은 천지개벽은 넘어 천지창조 사태로 비화될 것이다.

마음 물리학은 심물질의 과학이다. 일례로 빨대 자본주의는 가루가 되고 소비주의 7경제로 전변되고 수직 민주주의는 수평 민주주의로 초월 된다. 구 인류(현생인류)는 수직축의 썩은 질서다. 수직의 단계마다 인물이 존재하고 각 인물은 불완전성의 존재이므로 나름의 꿍꿍이가 있다. 온갖 권모술수와 사적 욕망이 난무하기 마련이다. 수직축의 세계는 인간의 원초적 불완전성이 쌓은 성은 여리박빙(如履薄氷)의 사상누각(沙上樓閣) 마천루다. 수평축 전변화 세상은 여의주의 완전성의 두뇌을 가진 다중의 마음이 모여 쌓은 천의무봉(天衣無縫)의 철옹성(鐵甕城)이다. 수직축의 수평축 전변은 수직적 모든 체계와 관념을 송두리째 수평적으로 재구성하는 웅혼하고 현묘한 이상성의 천지개벽이다. 수평축의 전변 신세계는 '절대 희망'이 넘실대는 여의주에 의한 천상계 유토피아다.

응원봉과 키세스...여의주 광배(光背)

개딸 신인류의 2024년 12월 시위 현장은 두사뇌(두뇌)의 명령에 따른 두사신(신체) 즉행성의 발로다. 개딸 시위의 행동양식과 패턴을 구 인류 아날로그 시각으로는 도저히 이해하기 힘든 초월적 현상이다. 갑자기 젊은 여성들이 저렇게 많이 등장하는가? 압도적 질적 우위는 언제부터 어떻게 시작되었나? 지치지 않는 열정과 적극성의 단호함 그리고 그 의연함은 어떻게 형성되었는가? 아날로그 학생운동 시절에 의식화/이념화 학습이 있었던 바인데 저들은 어디서 무엇으로 배우고 깨단했단 말인가? 여의주와 혼연일체된 개딸의 본체를 이해하고 해석하는 것 자체가 쉽지 않다.

아름답고 유현(幽玄)하고 현란한 백화제방(百花齊放)의 전변/초월의 본체는 수평 디지털과 수보마 묶과 수끌원성 그리고 수끌원7에너지의 융합체다. 전변화에는 중앙화 디지털이 배제되고 수평 디지털로 변환이 필수다. 수평 디지털의 신산업(수수디산)화는 벌써 이루어질 수 있었지만 혁명 지상주의자들에 의해 암장되었다. 수수디산 파묘와 의식 제례 후 신산업화 대전환의 타이밍은 지금이다. 시호가(時呼歌)를 부를 때가 왔다. 개딸은 심물질을 6년 만에 파묘했지만, 수평 디지털 파묘는 미루었다. 수평 디지털 파묘은 후대에게 초일류 국가를 상속할 어마무시한 부의 발굴이다. 미국이 자랑하는 구글과 아마존 등의 기업들이 수평 디지털을 따라 한국으로 고스란히 이동하는 상전벽해(桑田碧海)다.

만일 '소버린 K-수평 디지털'이 미국에서 시작되었더라면 상황은 180도 달라졌을 것이다. 오랜 사대적 관성이 수평 디지털의 종주국의 위상마저 집어삼키고 있다. 그들은 페로몬 수다와 소통을 통해 정보를 나누고 생각을 공유하고 결론을 도출한다. 가짜 디지털이 횡행하는 인터넷 체계지만 그중에서도 진짜 디지털적 요소들을 발굴하여 수평적 소통에 활용하고 있다. 한국의 '소버린 K-수평 디지털'은 디지털 문명의 본질에의 수렴이다. 수평 디지털 응용 능력은 수끌원성의 정체성과 정통성으로부터 자연스럽게 용출된 운니지차 능력이다. 수평하고 보편한 마음의 묶음(수보마묶)과 오랜 역사 속에 유전자로 물려받은 수끌원성이 끊임없이 작용하면서 융합적 승화작용의 여의주 전변이 가능했다. 수평 디지털 활용 능력은 사이버 세대의 특성상, 한국 민중의 독보적 영민함이다. 영민함은 오랜 수평 이소노미아 사회가 배양한 인적 재능의 표상이다. 예를 들어 개딸의 진만보(進萬步) 깨단의 지혜는 면역 체계가 확고하지만 그렇지 못한 청맹과니들은 의도된 조작과 주작, 양두구육에 쉽게 세뇌당한다. 진만보(進萬步) 깨단은 다중의 소통과 지혜의 결사로 이룬 거보(巨步)의 쾌거다. 응원봉과 키세스 시위는 역사성에 기반한 전변적/초월적 퍼포먼스다. 그들 두사뇌의 초고도 지능과 초고도 지성은 인공지능을 초월했고 아이큐로 보면 최소 300을 넘는다. 두사신의 초 절대성의 행동력은 최강 특수부대 전투력보다 강하고 사기충천해 있다. 이들은 소비주의 장착으로 초월적 경제력까지 완비할 예정이다.

개딸의 초 절대성 소구력은 수평성에 의한, 보편성에 의한 진심 어린 창조적 무엇이므로 누구에게나 감동을 주고 강한 설득력을 전방위로 방사한다. 개딸 퍼포먼스는 여의주 퍼포먼스다. 여의주의 아우라(광배)는 현란하고 유려함의 극치이자 초월적이다. 한류 인기는 세계 민중의 수평성의 목마름이 한류를 픽업해 사용하면서 획득된 현상이지만 이제는 전변 선행성의 징후로 볼 수 있다. 전변화의 징후는 단순한 수평성의 한류를 초월해 심물질과 여의주 창조 확정 효과에 의한 초월적 퍼포먼스와 마법적 카리스마로 표출되고 있다. 한국 문화의 수끌원성과 수끌원7에너지에 의한 여의주 본체를 파악하지 못한 상태지만 세계인은 한국이 보여주는 결과에 감복하고 있다. '구름' 퍼포먼스는 그들에겐 넘사벽의 차원이다. 2024년 4월 10일부터 2025년 6월 3일까지의 과정을 개딸과 여의주를 중심으로 재해석하면 실재하는 여의주 광배를 쉽게 발견할 수 있다. 수평 패러다임의 끝판왕 여의주가 확보되지 못했다면 한류 인기는 홍콩 누아르 영화처럼 한때의 인기로 끝날 수도 있었다. 심물질과 여의주 그리고 소비주의 히든카드는 아직 미공개 상태임에도 그 마그마의 열기가 표층을 뚫고 세계인에게 전달되고 있다. 또렷한 문화와 문명 간의 선행성 또는 문화와 전변 간의 절격차는 창세기적 사상과 사조 변화가 수평성 범주에서 한국을 추종하고 추수하는 양상으로 급변하고 있다. 본원적 천지개벽의 소비주의 '송곳 모듈'의 실체가 공개되면 활화산은 도처에서 일거에 분출하고 세계인의 환호는 온 누리를 전변하는 동력으로 화한다. 개딸과 여의주 퍼포먼스의 예고편 상영, 리트머스 실험장에서의 내란 진압과 탄핵 정도로는 동학전변 사태를 온전히 전달하지 못하고 있다. 적어도 내국인의 깨단과 계몽 패러다임이 단단해지고 거세져야 한다. 본서가 그 정곡을 뚫어내는 정이 되기를 바란다.

개딸 '구름'의 운니지차

한국의 수보마묶과 수끌원 문화의 우월성에 세계인이 환호하고 감동하고 있지만 더 크고 본원적인 수끌원성의 심물질과 여의주가 방영되면 운니지차(雲泥之差) '구름'의 위상을 추앙하고 추존케 된다. 운니지차는 '구름'과 '진흙'의 성질의 차이를 말한다. 모방도 불가능한 절격차(絶隔差) 상태를 의미한다. 현재의 한류 영향력은 정신적 패러다임의 축을 수평축 방향으로 변침을 시도 중이다. 적어도 수평성의 조류화 형성은 뚜렷하다. 고무적인 현상이지만 이런 정도의 충격으로는 수평화/전변화는 꿈꿀 수 없다. 이무기(강철이)의 야광주로는 어림없다. 심룡(心龍) 여의주(如意珠)가 필요하다. 결정적인 전변화 유토피아 퀀텀점프는 여의주가 투사되는 실사구시(實事求是)적 초강력 임팩트가 필요하다. 소비주의 테라포밍 임팩트는 전변 2단계의 천지개벽을 능히 충족한다.

제7원소 심물질과 여의주 전변체. 소비주의 선순환 경제와 수평 디지털의 수수디산은 전변화/수평화의 천지개벽을 주관하는 심룡(心龍)이 포스다. 개딸 신생 인류는 차가운 이성과 합리적 비폭력성, 놀라운 결속과 연대를 보이면서도 긍정적 미소와 당당함을 표현하는데 거침이 없다. 그들은 천박하지 않고 처연하지도 않다. 절대 희망의 찬가를 의연한 태도와 목소리로 외칠 뿐이다. 군중 심리에 휘둘리지 않고 유혹과 공포에도 끄떡없는 군중 해탈의 초월경이다. 여의주의 본체가 개딸 언동 하나에서 묻어난다. 신생 인류의 시조다운 여의주의 아우라로 광배된 지극히 숭고하고 아름다운 초 절대성의 존재다. 개딸이 품고 있는 여의주는 혁명도 아니고 진화도 아니다. 차원이 다른 세계로의 초월적 전변(퀀텀점프)을 노래하고 있을 뿐이다. 암장과 토사구팽의 수모와 굴욕을 당하면서도 수끌원성 DNA가 낭중지추(囊中之錐) 송곳이 8년 만에 이룬 전변체의 화신이 개딸이다.

학교에서 배운 대로 행동했다면 성적인 좋은 왜 냥아들(이대남)의 시위 참여 비율은 15;1에 불과한가? 개딸 여성과 냥아들의 참여 비율이 현저한 격차는 여의주의 수보마묶과 수끌원성 생물학적 유전성의 차이가 또렷하다. 냥아들은 여의주를 만들 수 있는 수평성과 수끌원성 DNA 결핍되어 있다. 같은 헬조선 환경에서 같은 프레카리아트 고통을 겪으면서도 남성들은 자포자기했고 여성들은 절대 희망의 의지를 불태웠다. 다가올 전변 유토피아는 수끌원 유전자의 여성시대다.

개딸 신인류는 의식화 교육을 받은 종북 주사파도 아니고 운동권이나 반국가 세력은 더더욱 아니다. 개딸은 수끌원 사이보그가 수평 K-디지털의 페로몬 언어로 소통하면서 스스로 사고하고 깨닫고 행동하는 '수평 K-디지털 의병'이다. 전변/초월 사태를 주도한 결정적 기술적 배후는 K-수평 디지털이다. 주작과 조작이 불가능한 진짜 디지털이 수평 디지털이다. 한국은 이미 소버린 K-디지털의 독립국이자 종주국이다. 그들은 인공지능과 생성형 AI를 편의 도구로 쓴다. 디지털 정보의 해석과 판단 능력은 초 고도화 수준이다. 민주당 경선에서 수박 정치인을 생선의 가시 발림 해낸 능력을 복기해 보라.

수박보다 치명적인 수직적 암적 존재가 친일 세력이다. 친일 뉴라이트와 수구 및 내란 세력도 발라질 것이 자명한 이치다. 수구세력은 수평 디지털에 의한 소비주의 7경제의 직업과 소득 수혜 대상에서 영원히 배제될 수 있다. 적어도 해방 후 80년의 기간만큼 금지될 수도 있다. 그들에게 수평 전변 사회에서 기회는 없을 운명이다. 여의주는 그들의 신상과 발언을 일일이 저장하고 있다. 한국 민중의 수평 유전자 미토콘드리아는 모계유전이다. 생물학적으로 남성에게 수평 유전자가 없는 원초적 이유다. 개딸은 한 민중의 보편 정체성(한보정)과 숙주의 수평 이소노미아 정통성(숙수정) 승계와 보존에 머물지 않고 수평 디지털과 수보마묶/수끌원성과의 창조적 융합으로 차원이 다른 전변의 여의주 메커니즘을 확립시킨 초월적 신인류다.

개딸은 사무실도 없고 조직표도 없으며 비상 연락망도 없다. 압수수색을 하려 해도 대상 인물과 장소를 특정할 수 없다. 그럼에도 불구하고 초월적 초 절대성의 여의주 메커니즘을 확정 짓고 운용함으로써 초월적/전변적 역량을 과시하고 있다. 초 절대성의 여의주는 안개처럼 보이지 않지만, 세상을 천지개벽할 제7원소의 심물질을 무차별적으로 살포하고 있고 심물질의 응축을 통해 여의주 전변체까지 확정지었다. 수끌원성 심물질에 의한 개딸 여성들의 전변은 거스를 수 없는 비가역적 흐름이다. 완전히 다른 초월적 개딸과 초 절대성의 여의주 메커니즘은 이제 전변 2단계 소비주의로 투신해 경제적 자유와 해방의 노래를 불러야 할 타이밍이다. 아래로부터의 소비주의 천지개벽은 암장과 토사구팽의 배신이 없다. 소비주의는 뿌린 대로 거두는 농부의 밭갈이가 아니라 이하조경(以蝦釣鯨)의 마법이다. 이하조경은 새우로 고래를 잡는다는 표현의 필자 조어다. 이하조경은 전변화의 창세기적 공로에 대한 최소 예우의 보상이다.

개딸, 신생 인류 '호모 마음'

개딸은 수평축 전변 도구(제7원소, 여의주)를 창조했을 뿐 아니라 2024년 총선에서 여의주 전변의 완전성과 효능감을 과정과 결과로 입증했다. 2024년 4.10 총선에서 민주당 압승의 원동력은 여의주를 품은 개딸이 제공한 여의주 전변체의 초 절대성의 효능감 덕분이다. 암장과 토사구팽의 천 길의 장벽을 뚫어낸 개딸의 절격차 능력이다. 수끌원성 '극 희귀 물질'에 의한 낭중지추(囊中之錐)의 송곳과 같다. 여의주 메커니즘의 초 절대성의 일각의 효만으로도 놀라운 업적을 발현했다. 이 효능감은 이제 소비주의 '초여경체' 투신으로 연결된다. 개딸과 여의주 전변체 창조 사태에 대해 아무도 모르고 해석하지 못할 뿐이지 실증된 팩트 증명에 부족함이 없다.

개딸은 최초의 제7인간이다. 전변된 신생 인류의 시조다. 신생 인류의 시조 개딸을 '호모 마음'으로 명명한다. '호모 사피엔스'가 전변되어 '호모 마음'이 되었다.

전변 수레를 가로막고 있는 사마귀 떼

청맹 집단 더불어민주당은 신인류의 여의주 전변 사태를 인정하고 추앙하고 독려하지 못하면, 퀀텀점프 사태를 간취(看取)하지 못하면, 토사구팽과 무시를 습관적으로 계속하면, 한국 민중뿐 아니라 온 인류에게 씻을 수 없는 죄악을 범하게 된다. 이미 암장(暗葬)과 토사구팽(兎死狗烹)을 자행한 얼치기 더불어민주당은 대오각성과 석고대죄로 여의주 핵을 숭상하고 동기화로 추종해 전변화에 적응해야 한다. 전변 개문발차 상황에서 혁명적 관념에 갇힌 그들의 선민의식은 청맹과니의 어리석음일 뿐이다. 더불어민주당이 끝까지 구태 관성을 버리지 못해도 초 절대성의 여의주는 소비주의를 관철한다. 우회가 아닌 소비주의 직공은 운니지차 구름의 사필귀정이다. 윤석열 재앙의 원인과 본령은 더불어민주당이다. 원인과 결과를 호도하지 말아야 한다. 윤석열이 전변의 불쏘시개 역할로 나름의 기여(?)가 있지만, 민주당은 의도했든 안 했든 이 위대한 전변화를 가로막고 있는 악행의 주체다. 사마귀 당랑거철(螳螂拒轍)은 수레를 막아설 수 없다. 윤석열식 패권과 민주당식 패권은 전변화 관점에서 보면 초록이 동색이고 묘서동처 행태일 뿐이다. 개딸이 제공한 수평 민주당화의 참 의미를 깨단해야 한다.

구 인류적 감각과 혁명적 잣대로는 영원히 전변을 이해하지 못할 수 있다. 개딸은 태어나면서부터 디지털 세대이고 사이버 기린아이며 인공지능 등 첨단기술을 자유자재로 편의 도구로 활용하는 세대다. 전쟁을 겪지 못한 세대가 전쟁의 참화를 알지 못하듯 사이버 기린아의 여의주가 쉽게 인지되기 어려울 수 있지만, 도도한 소비주의 전변으로 차원이 다른 수평축 이동을 깨단케 된다. 대중은 시나브로 여의주 실체의 실루엣을 인지하기 시작했다고 볼 수 있다. 응원봉과 키세스를 통해 그들 스스로 전변 형상화를 눈치채고 있다. 개딸은 현상이고 여의주 전변은 개딸의 실체적 진실이다. 개딸과 여의주는 소비주의 7경제를 받아들이고 적극적으로 체현할 주체다. 정치를 통해 확보된 여의주 메커니즘은 경제적 프로토콜에도 활용된다. 여의주의 소비주의 투신은 전변 2단계의 돌입이다. 여의주 활동이 직업이 되고 소비가 수익으로 바뀌는 소비자 영리주의 개념은 어렵지 않다. 소여경체(소비주의 여의주의 경제 공동체)는 경제적 자유를 보장한다. 공짜라면 양잿물도 마신다고 하지만 소비주의는 공짜가 아니다. 전변에 의한 천부권 회복이고 수직축 빨대를 통한 수탈과 약탈의 수많은 희생에 따른 보상이다. 공짜는 없다. 수탈에 세뇌되었을 뿐이다. 그 수탈에 빨대를 꽂고 호가호위해 온 극소수의 프로파간다에 속을 사람은 더 이상 없다. 수평의 수직 제압의 전변은 한국의 수끌원 민중의 독보적 파워로 2024년 확정된 상태다. 수평축 전변은 극소수 기득권을 향해 촌철살인을 일갈할 수 있게 되었다. "니가 뭔데?"

개딸 신인류의 초 고지능/초 절대성은 우연히 돌출된 낭만적인 돌연변이가 아니라 한국 민중만의 오랜 수평 이소노미아 유전체와 수평 디지털의 융합에 의한 필연적 전변 사태다. 사대주의 노예근성과 인간관계에 의한 학연, 지연 의존성을 버리고 주체적 역사관으로 객관성을 유지하면 수평 민중의 위대한 참뜻과 비전을 인지할 수 있다. 수평적 깨단에 의한 의식 대전환과 여의주 및 소여경체 체현(體現)은 거스를 수 없는 도도한 전변 정신이다.

여의주 만사뇌(萬社腦) 플랫폼

수억 조 개...만사뇌(萬社腦)

현생 인류는 끊임없는 전쟁의 역사였다. 불완전성 인간 역사의 숙명적 한계다. 가상의 심룡과 여의주는 완전성의 존재로 이루어진 초 절대성의 존재다. 여의주는 인간의 머릿수보다 훨씬 많이 두뇌와 신체를 임의로 생성할 수 있다. '초여만플 OS'는 수억 조 개 이상의 여의주 만사뇌(萬社腦)가 유기적으로 일체화된 초 절대성의 결사체다. '초여만플 OS'은 인류의 모든 생태계를 선한 의지로 감시/통제/지배함으로써 이상적인 상생 공동체를 구현한다. 여기서의 지배는 고전적/수직적 지배 개념이 아니라 상생적 지배다.

여의주 만사뇌 플랫폼은 무한의 일자리 수요를 자체적으로 창출한다. 전변 세계 인간의 역할은 인간 생태계를 위협할 수 있는 요소들에 대한 상시적인 감시/감독/통제/지배의 역할로 전변된다. 최첨단 인공지능이나 로봇 등은 인간의 애완동물로 거느린다. 전변된 인간의 역할과 첨단기술 애완동물의 역할의 상하관계가 명확하게 설정된다. 인간 마음에 의한 초 절대성의 효는 전지전능의 무소불위다.

'초여만플 OS'는 어머니의 자애로움의 촉찰 7태양 기능을 포괄한다. 새로운 마음의 7태양은 전변계 전용이다. 그늘과 사각 없이 따스한 마음의 빛과 에너지 그리고 사항을 무한 방사한다. 비정하고 냉정한 수직축 역사는 종지부를 찍고 수평축 여의주 만사뇌 체계로의 이상적 천지개벽이다. 수평축 세계는 인류의 삶의 질을 본원적으로 개벽한다. 이로써 지옥계가 천상계로 전변된다. 심물질과 여의주에 의한 나비효과는 창세기적 유토피아를 창조한다. 여의주 창조의 효는 인간이 상상해 온 이상성의 극한을 가볍게 초월한다.

여의주는 합의 기구가 아니다.

여의주는 다른 생각들의 이합집산이 모여 조율과 협상에 따른 합의 기구/소통공간이 아니다. 수평성과 수끌원 사람들이 모여 더 좋은 아이디어를 공유하고 개발해 숙의하고 판단하는 초고도 집단지성체(두사뇌 여의주)다. 두사뇌는 인간의 불완전성이 필터링 되어 완전성의 사회적 두뇌가 결사된 다중의 두뇌다. 수보마묶(수평하고 보편한 마음의 묶음)은 수평성의 결사다. 수평성은 수끌원 작용이 필연이고 작용 과정에 수끌원7에너지를 생산한다. 초 절대성 메커니즘은 수끌원성과 수끌원7에너지 생산 프로토콜의 다른 이름이다. 수끌원7에너지 토출량은 수평성 질에 따라 차이가 난다. 운니지차 수끌원 민중의 수끌원7에너지 생산 능력은 한국에만 실재한다.

정치는 수직적이든 수평적이든 다양한 생각이 충돌하지만 여의주는 수평을 깨단한 사람들의 결사에 의한 초 절대성의 위력으로 세상을 전변한다. 수평은 초 절대성을 창조하지만, 수직은 이기심으로 불가능하다. 수평성에 대한 깨단만이 인류에게 남은 유일한 절대 희망의 툴이다. 디지털 문명의 수평성 수렴과 여의주의 수평성은 궤도가 같다. 한국이 K-수평 디지털로의 수렴은 수평 시대사조의 귀착이다. 수평적 전변에 대한 깨단과 체현이 멸세화 시한폭탄을 정지시키고 본원적이고 창세기적인 이상적 천지개벽을 완성하는 본체다. 민주주의 정치는 수직적 정치이고 자본주의도 수직적 경제다. 수직축의 세상을 수평축으로 개벽하지 못하면 공멸을 막을 수 없다. 특히, 자본주의로 인한 부의 양극화 등의 구조적 한계는 현생계를 지옥계로 만들었다.

소비주의 7경제는 두사뇌 여의주의 수평한 마음의 결사로 수탈과 약탈이 불가능한 소비자 중심의 경제 블록을 통해 선순환 경제를 구현한다. 소비자는 소비만으로 무한의 일자리와 소득을 향유한다. '소여경체(소비주의를 성공을 위해 투입된 여의주의 경제 공동체)'는 청정수익을 극대화하고 상생/공유경제를 보호하고 성장시킨다. 두사뇌 여의주는 폐쇄형 인간의 결사가 아니라 수평 깨단 인간 다중의 결사다. 인간의 수직적 패권성과 탐욕성을 제압하기 위한 다중의 선한 양심의 결사다. 중앙화 디지털이 K-수평 디지털로 승화시켜 창조한 심물질과 여의주의 초 절대성의 위력은 수평 패러다임의 정수이자 지향이다. 세계인의 한류 픽업은 수평 조류 대세화 및 수평 시대사조를 반증한다. 세계 민중은 한국산 '소여경체' 동기화 체현을 고대하고 있음을 알 수 있다. 진성(眞性) 디지털은 K-수평 디지털로 수렴한다. 수평은 수직을 제압한다.

촉찰 7태양

촉찰(燭察) 7태양은 어머니 마음의 전지적(全知的) 자애와 창조적 지혜 그리고 독려와 칭찬이 그늘과 사각이 없이 빛과 에너지 그리고 사랑을 밤낮없이 온 인류에게 무한 방사한다. 촉찰 7태양은 어머니 마음 같은 따스함의 심적 태양이다. 촉찰(燭察)은 촛불의 온기처럼, 밝게 비추어 살핌이란 뜻이다. 물리적 태양은 그림자의 그늘도 있고, 구름에 가려지기도 하고, 밤에는 사라지지만 촉찰 7태양은 언제나 모두에게 밝음의 빛을 비춘다. 인간이 만든, 인간을 위한, 인간 전용의 심물질의 태양이다. 촉찰 7태양이 뜨려면 소비주의 7경제 정착 즉, 전변 2단계가 완성되어야 한다. '초여만플 OS'의 별칭이 촉찰 7태양이다.

촉찰 7태양은 인간 양심의 결사와 연대로 생성되는 심물질의 농축이다. 인간의 마음이 만든 어머니의 태양이다. 촉찰 7태양은 아침에 떠서 저녁에 지지 않는다. 24시간 연중무휴 인간계를 따뜻한 온 정의 빛으로 채운다. 촉찰 7태양이 보살피고 보듬고 지배하고 지휘하는 전변 이상 세계는 아귀다툼의 지옥계와 확연히 다른 천상계다. 수평축의 상생 공동체의 7태양 유토피아는 극락정토(極樂淨土)와 같다. 사람은 별을 보면 별의 좌표를 찾기 마련이다. 심룡(心龍) 여의주는 가상의 두뇌체와 행동체의 만사뇌 유기체 형성이 가능하므로 그 누구도 거역할 수 없다. 초 절대성의 실질적/실체적 효용성과 강제성을 지녔다. 두사뇌와 두사신의 여의주 인체는 초 절대성의 별이자 제7태양적 존재다. 제7태양은 인간 양심의 결사가 창조한 전변계(轉變界) 전용의 '마음의 태양'이다.

창조성은 경제적 풍요와 자유로운 이소노미아 밭에서 자라난다. 먹고 사는 문제로부터의 자유와 해방과 원시적 평등의 이소노미아 수평 사회는 창조적 인간계의 기본조건이다. 7태양의 빛과 에너지는 무한 창조성의 잠재력을 일깨우는 어머니의 독려와 칭찬이다. 촉찰 7태양이 떠오른 전변 신세계는 제2 신생 인류사의 시작이고 제2 천지창조의 원단이다.

촉찰(燭察)...자애로운 '어머니 마음'

개딸 신인류와 심룡 여의주의 초 절대성은 촉찰적(燭察的) 전지전능으로 상생 공동체를 시전(施展)한다. 촉찰은 밝게 비추어 살핌을 말한다. 촉찰은 어머니가 자식을 대하는 자애로운 마음과 같다. 절대 희망의 수평 신세계는 촉찰적 여의주의 세계다. 심룡 여의주의 초 절대성은 인간의 '수평하고 보편한 마음의 묶음(수보마묶)'과 '수평끼리의 상호 끌어당김성(수끌원)'에서 발원한 제7원소 심물질(心物質) 고유의 능력이다. 즉, 인간 양심의 결사에 의한 촉찰 여의주의 초 절대성은 그늘(영구음영)이 없는 7태양 출현의 원단(元旦)이다. 이는 '인간의 마음이 곧 우주다'라는 오래된 가설의 증명이다. 하늘의 태양보다 더 위대한 촉찰 7태양이 떠오르는 것은 초 절대성의 존재 확인이다. 촉찰 여의주가 7태양으로 떠오른 세계가 초 절대성으로 운용되는 수평 유토피아의 세계다.

수평축 수렴은 한국 수끌원 민중의 탁월성과 수평 디지털 문명이 가리키는 궁극의 지향이다. 여의주의 초 절대성의 세계로의 전변은 누구도 당랑거철(螳螂拒轍)할 수 없다. 디지털 문명의 수평 궁극이자 다중 마음의 수끌원 작용이므로 막을 방법이 없다. 마음의 유형화 성공에 따른 심물질에 의한 여의주이므로 음악의 유형화로 축음기와 음반의 출현을 막을 수 없던 것처럼 마음 심물질(心物質)에 의한 수평축 이동의 전변 사태를 막으려는 수구적/수직적 저항은 불가능하다. 심룡 여의주(如意珠) 초 절대성 능력은 상상 속 용의 전변무궁(轉變無窮)보다 탁월할 뿐 아니라 종교적 신적(神的) 위상을 초월하는 무극의 존재다. 여의주의 초 절대성 능력을 표현에 있어 용의 여의주를 의제 할 수밖에 없는 부족한 필력이 안타까울 뿐이다.

용(龍)은 상상의 용과 중생대와 백악기에 걸쳐 실재한 공룡(恐龍)이 있다. 본서에서 말하는 용은 공포스러운 파충류 공룡(恐龍)과 대비되는 무구(無垢)한 마음의 결사에 의한 심룡(心龍)으로 표현한다. 심룡(心龍)은 인간 마음의 결사로 창조한 촉찰적 용(龍)이다. 인간의 수평하고 보편한 양심이 모여 만든 심룡(心龍)은 절대 희망의 아이콘이다. 심룡은 전지전능한 여의주를 품고 있다. 제7원소 심물질(心物質)의 원질(原質)이 심룡과 여의주(만사뇌)의 전부다.

초여만플 OS & 촉찰 7태양

인간 양심의 결사가 만든 심물질과 여의주는 눈에 보이지 않는 가상의 존재다. 가상의 의물(擬物)이므로 그 생성과 소멸이 자유롭다. 인류의 수보다 훨씬 많은 무한대의 의물 생성과 소멸이 자유롭다. 인간의 마음이 필요로 하는 모든 곳에, 모든 것에 가상의 여의주 인체(두사뇌와 두사신)를 무한 생성해 투입할 수 있다. 수억 조개 이상의 초 절대성의 여의주 만사뇌(萬社腦) 플랫폼 운영체계 구축은 전변계의 완전성을 보증한다. '만사뇌(萬社腦)'는 가상의 여의주가 무한대로 생성할 수 있음을 상정한 의제 대명사다.

전변(轉變)은 초월/퀀텀점프/이상적 천지개벽과 동의어다. 이상적 천지개벽은 불완전성의 인간을 완전성의 인간으로 전변하고, 이기적이고 탐욕적인 세상을 녹명(鹿鳴) 상생 공동체로 초월시키며, 이상적 수평 세계로의 순간 집단이주를 퀀텀점프한다. 전변은 현생 인류의 수직적 삶의 모든 것과 모든 곳을 통째로 신생 인류의 수평적 삶으로 개벽한다. 완전히 차원이 다른, 완전히 성질이 달라진 수평 유토피아 세계는 초 절대성의 여의주 만사뇌(萬社腦) 플랫폼(초여만플)의 촉찰(燭察) 7태양이 모든 것과 곳을 통제하고 지배하고 독려한다. 7태양의 빛과 에너지 그리고 사랑이 무한 방사된다. 무한 방사되는 에너지의 원천은 수보마묶과 지소마묶의 결사의 효다. 인간의 양심이 지배하는 천상계가 전변 신세계다.

만사뇌(萬社腦) 7태양 체계는 인간 양심의 결사에 의한 초 절대성이므로 누구도 거역하거나 저항할 수 없다. 완전성으로 전변된 인간은 차원이 다른 삶을 만끽한다. '초여만플'의 정당성과 구속력은 불완전성 인간의 한계가 완전성 전변으로 확보된다. 인간의 전변(변성)은 세상을 전변하는 핵심이다. 인간이 바뀌지 않는 전변은 허상이다. 전변의 2단계 완성은 소비주의 정착이다. '초여만플' 구축은 소비주의 전변으로 완성된다. 여의주 만사뇌(萬社腦)와 소비주의 전변(轉變)은 창세기적 제2의 수평 인류사, 제2의 천지창조 사태다.

3

소비주의 7경제...(소비자 독립경제)

3
소비주의 7경제…(소비자 독립경제)

소비자 영리주의 원칙

소비주의 당위와 개념

소비자 중심의 경제 블록화는 수탈 자본주의를 배제한 상태에서의 소비자 독립경제다. 수탈과 약탈의 합법화는 수직축의 질서를 지탱해 온 악순환의 질서였다. 악순환의 경제는 강노지말(強弩之末)의 임계점을 초과했고 사거리를 넘어선 활의 자유낙하처럼 추락할 수밖에 없다. 패권과 탐욕의 질서는 1972년 금태환제 폐지 이후에 신용화폐 제도를 시행한 지 50여 년 만에 어떤 해법도 통하지 않는 만사휴의(萬事休矣) 상태에 빠졌다. 2009년 미국발 금융위기는 신용화폐의 무한 발행(양적 완화)을 통해 회생했지만, 그 부채에 대한 이자 부담을 감당키 어려운 상태다. 달러 기축화폐 시뇨리지 효과는 패권적 수단으로 활용되었지만, 스스로를 옭아매는 자승자박이 되었다. 자본주의는 소수를 위한 수직 경제다. 수직 경제는 소비시장에서의 약탈을 합법화하고 이를 위한 금융제도와 국가 정책이 보태진다. 소비자는 수직구조의 맨 아래에서 일방적인 소비동물의 삶을 살아내야 한다. 부익부빈익빈(富益富貧益貧) 극단화는 지옥계 강노지말을 상징하는 지표다.

소비주의 7경제는 지옥계 현실을 천상계로 퀀텀점프 할 실사구시의 본원적 솔루션이다. 소비자 블록 경제의 독립경제 구축은 인류가 꿈꿔 온 이상 경제다. 한국산 제7원소의 심물질과 여의주 전변체 창조 그리고 수수디산 승화는 꿈의 경제를 현체화하는 결정적 도구다. 소비자 독립경제는 소비 행위만으로 소득을 창출한다. 수탈할 수 없는 독립경제 구조는 소비자의 청정수익을 창출한다. 뿐만 아니라 자본에 의한 승자독식의 패러다임을 여의주 '소여경체' 상생 패러다임 전환으로 자본이 독점해 온 수익구조 전체를 소여경체가 초 절대성으로 완벽함 이상으로 대체한다. 소여경체 여의주는 초 절대성의 존재이므로 자본가나 자본 세력에 비해 투자/경영/관리 능력이 탁월할 뿐 아니라 절대 신뢰생태계의 투명성/신뢰성을 전제하는 다중 시스템이다. 소비주의 독립경제는 수탈 불가와 자본 대체의 효는 수직축의 지옥계를 수평축의 천상계로 전변(轉變)한다. 여의주가 행사하는 투자/경영/관리는 소비주의의 단골 소비자의 경제 블록에만 투자하므로 리스크 자체가 없다. 청정수익과 여의주 수익 등은 소비자에게 투명하고 합리적으로 분배되어 새로운 소득원 계정을 창출한다. 즉, 마이너스(-) 소비가 플러스(+) 소비로 바뀐다. 이 외에도 여의주 만사뇌는 무한의 일자리를 제공한다. 이로써 만인의 소비자는 지긋지긋한 경제적 속박을 끊어내고 경제적 자유와 해방을 만끽하게 된다. 마법의 경제는 소비자 인간의 깨단에 대한 최소 보상이다.

수직축 붕괴는 강노지말의 자유낙하를 피할 수 없다. 자본주의와 자본가의 역할은 가루가 되어 소각된다. 소수의 세계가 다중 세계로의 전변이 이상적 천지개벽의 동학전변(東學轉變)이다. 경제적 전변의 소비주의 창달은 전적으로 심물질과 여의주의 전변체 메커니즘 확정의 효다. 다중을 위한 다중에 의한 다중의 소비주의 창달은 전변 2단계의 완성이다. 다양한 소비자 영리 창출 구조는 다중 양심 결사의 효이므로 비가역적 초 절대성 여의주 존재의 파워다. K-수평 디지털(수수디산 승화) 대전환도 필수다. 가짜 중앙화 수직 디지털도 K-수평 디지털로의 대전환을 피할 수 없다.

소비주의 삼위일체(三位一體)

소비주의는 3축의 경제다. 깨단한 소비자와 소비본(구 소매점)의 중주기지 그리고 '소여경체 OS'

으로 구성된다. 자본주의적 요소는 소비주의에서 배제된다. 3축은 혼연일체된 유기체로 기능한다. 문어의 피부신경처럼 일체화되어 생각하고 판단하고 대응하고 지휘한다. 소비주의에 두뇌 역할은 여의주 메커니즘이 담당한다. 초 절대성의 여의주는 초 절대성의 소비주의를 총괄하는 헤드다.

소비주의와 여의주의 융합적 합체가 '소여경체 OS'다. '소여경체 OS'는 여의주 만사뇌 중심의 경제 공동체 플랫폼 및 운영체계(OS)이므로 신뢰생태계 전반을 감시/감독하고, 운영/인증하고, 지휘/지배하는 운영체계다. '소여경체 OS'의 여의주 만사뇌는 무한의 일자리와 무한의 소득을 자체적으로 창출한다. 수탈이 없는 소비주의 선순환 경제의 장점이다. 빨대 자본주의에서는 불가능했던 다양한 경제적 매직의 근거다. 수탈 구조 배제 효과는 시작일 뿐이고 자본의 역할을 다중의 '소여경체'가 대체함으로써 자본가나 자본 세력이 누리던 독점적 권한을 소비자가 향유할 수 있다. 소비주의 전변은 '지혜로운 소비자 마음의 묶음(지소마묶)'의 결사가 창조한 소비자 중심의 경제다. 이로써 소비자 누구나 경제적 자유와 해방을 누리게 된다. 경제적 전변은 이상적 천지개벽(전변화) 그 웅혼(雄渾)함의 서막이다.

소비자 스스로의 자생적 힘으로 형성되는 정배열/선순환 경제의 효는 심물질과 여의주 전변체(전변 1단계) 창조의 확정에 따른 전변 2단계의 프로토콜을 추동/완성한다. 지금은 마법의 경제 또는 만화경 경제로 오인할 수 있지만 소비주의 테라포밍의 실사구시가 구현되는 수평 유토피아가 시작되면 비가역적 표준/기준이 된다. 제7인간으로 전변된 소비자들의 결사와 소비본(구 소매점) 중추기지 그리고 '소여경체 OS'의 3축이 삼위일체(혼연일체)는 능히 폿대를 통과하고도 남는다. 3축은 모두 수평성의 주체/객체이므로 상호 간의 끌어당김성 인력(수끌원성)의 시너지(수끌원7에너지)가 폭발한다. 한국에서만 공유되어 온 수끌원7에너지가 세계인의 동기화로 확산되면 그만큼 폭발력은 배가 된다. 전변 2단계가 정착되면 완전히 새로운 차원이 다른 전변계로의 퀀텀점프가 실현된다. 제2의 인류사의 시발은 소비주의로 개문한다.

소비주의 3축은 각각이 제7원소 심물질의 집합이고 전체는 '소여경체 플랫폼 OS'의 감시/감독, 검증/인증, 지휘와 지배로 운영된다. 3축의 혼연일체/삼위일체 전체는 문어의 피부 신경세포처럼 유기체적 기능을 24시간 연중무휴로 작동한다. 각각의 초 절대성과 전체의 초 절대성은 심물질의 여의주 전변체 고유의 초 고지능과 초 고지성 능력의 효다. '마음의 유형화'의 효다. 여의주 사고체(두사뇌)와 행동체(두사신)는 상생 공동체 구현이라는 대원칙의 합목적성에 따라 생각하고 판단하고 집행한다. '마음 유형화'의 제7원소 심물질 창조의 나비효과가 여의주 전변체의 초 절대성,

'소여경체' 만사뇌 플랫폼 및 운영체계 구축으로 이어져 경제적 전변(소비주의)에 의한 이상적인 유토피아를 현체(現體)한다.

소비주의 3축...경제 천지개벽

1. '깨단한 소비자'는 심물질과 여의주가 체화된 수끌원성 보유 소비자
2. '소비본 중추 기지'는 자본주의 말단 세포가 소비주의 중추세포로 비약
3. '소여경체 OS' (소비주의에 투입된 여의주 경제 공동체 및 운영체계)

    1) 신뢰생태계 및 경제 공동체를 감시/감독/지휘하는 여의주 운영체계(OS)
    2) 여의주 만사뇌는 무한의 일자리와 소득을 자체 수요와 수익으로 창출한다.
    3) 소여경체는 자본주의의 자본/자본가 역할 및 정부 복지 기능을 대체한다.
        투자/금융/기타 소득 등과 민간 복지(연금/보험) 기능을 발현
    4) 수익/소득/부가가치를 투명하게 관리하고 배분한다.
    5) 수평 디지털 데이터와 직업인 업무 성과는 고부가치 상품이자 노동이다.

깨단한 소비자

'깨단'은 의식적 각성으로 그치지 않고 불완전성의 인간이 완전성의 사회적 인간으로 성질이 변성됨이다. 깨단한 소비자는 완전성의 인간(미완의 제7인간)으로 부를 수 있다. '완성형 제7인간'은 미완의 제7인간이 소비주의 체화를 마치고 '경제적 자유와 행복'을 만끽으로 정신적/경제적 변성(전변)이 마무리된 인간을 지칭한다. 제7경제인은 단골 소비자이면서 주인으로서 무한의 일자리와 무한의 소득 창출에 기여하고 누리는 소비주의의 주체이자 객체다. 깨단한 자연인은 소비 체현 선구자로서 다양한 소득의 영리를 향유하고 소비주의 수익형 기축화폐(7토큰)의 초대박을 선점한다. 체현 경력대로 수익 규모가 달라지므로 먼저 깨단한 소비자가 그만큼 유리하다. '깨단'은 지력과 지혜로움으로 확보된다. 깨단은 거부의 길/영광의 길이다.

'지소마묶'은 '깨단한 지혜로운 소비자 마음의 묶음'의 줄임말이다. 소비주의 천지개벽의 필요와 당위를 깨단한 소비자의 결사다. 지소마묶은 경제적 심물질의 생성이다. 지소마묶은 집단적 단골 소비자의 결사이므로 소비주의의 주체이자 객체로서 다양한 일자리와 소득을 향유한다. 이들은 단순 구매자가 아니라 소비본(구 소매점)의 본주 사업자 지위로 사업 소득 등의 수익을 누린다. 자본주의의 소비는 항상 마이너스 지출이었지만 소비주의에서는 소비만으로 다양한 소득이 발생하므로 마이너스가 플러스로 전환된다. 바둑에서 역끝내기 효과가 나타난다. 빨대가 꽂힌 자본주의 수탈 구조 삭제 효과는 외부로 빠져나가던 수탈금 유출이 구조적으로 차단되면서 소비주의 블록 경제의 수익은 소비자 생태계 안에서 회전하고 그 청정 수익이 오롯이 소비자에게 환원된다. 선순환 경제, 소비자 블록 경제의 효는 빨대 제거부터 시작되어 자본가가 누리던 다양한 독점적 수익을 모든 소비자가 만끽한다. 빨대 제거는 깨단한 소비자의 지소마뮴 결사에 의한 심물질(제7원소) 변성의 효과다.

소비본 중추 기지

빨대와 수탈의 자본주의에서 소매점은 수탈 현장의 최전선에서 말단 세포 기능에 충실했다. 탑다운 수직 경제의 소모품에 불과하므로 언제나 '을'의 입장을 벗어날 수 없었다. 소비주의는 보텀업 경제다. 아래로부터의 천지개벽이므로 '언제나 을' 소매점이 '슈퍼 갑'으로 역전된다. '슈퍼 갑'은 소비주의의 본령/본체/본산이란 의미에서 '소비본' 또는 '소비본 중추 기지'로 개칭한다. 소비본은 말단 세포가 중추 세포로 전변됨이다.

소비본 중추 기지는 깨단한 소비자와 '소여경체 및 OS'와 유기적으로 연결되는 다양한 허브 기능을 수행한다. 소비자와 '소여경체'가 머리라면 소비본은 신체발부다. 소비본은 은행의 역할, 복지 행정기관의 역할, 커뮤니티 공간의 역할 등을 수행한다. 소비본의 주인은 '깨단한 소비자'다. 소비본의 본주(과거의 자영업자)는 일정한 조직을 거느린 전문직이다. 중추 기지는 그 자체로 대기업으로써 전 세계 사람들과 소통하고 판매하고 수익을 분배하고 지급하는 창구다. 신뢰생태계의 허브일 뿐 아니라 수평축 세계의 중추 기지다. 납품하는 기업들은 '슈퍼 을'의 입장이 되지만 상생 공동체이므로 갑과 을의 관계는 도식적 수직관계가 아니다. 장기적으로는 수평 정치/입법/사법/행정의 기능을 포괄할 수 있다. 법치주의를 넘어서는 이상적 '여의주치(如意珠治)'를 주도할 수 있다. 초 절대성의 여의주가 배후하는 소비본 중추 기지는 만인의 삶의 보루이자 복지와 연금 그리고 힐링의 커뮤니티 공간이다. 소비본 기지는 소비주의와 이상향 유토피아 문명의 중추다.

소비본 슈퍼 갑

자본의 힘에 의존하는 빨대 자본주의는 사라지고, '소비주의 여의주 경제 공동체(소여경체)'가 주도하는 소비주의로 전변된다. 소여경체 소비주의 경제 철학과 이념에 부합하는 기업만이 생존할 수 있고 번영을 공유할 수 있다. '소여경체' 인증으롯 생성된 신뢰생태계 기업은 생산, 판매, 수익, 경영 데이터를 투명하게 공유한다. 소비주의 전변 기업은 소비주의 3축과 삼위일체다. 대기업이라 하더라도 새로운 '슈퍼 갑' 3축에 납품하는 기업 중 하나일 뿐이고 신뢰생태계 인증을 받아야 한다. 아무리 좋은 신제품을 출시해도 소비자와 '소여경체'의 신뢰생태계 검증을 통과하지 못하면 판로가 제약된다. 3축은 깨단한 소비자와 소비본 중추기지 그리고 '소여경체'를 지칭한다. 철저하게 믿을 수 있는 '신뢰생태계'는 여의주의 초 절대성이 감시하고 통제하고 독려로 유지된다. 여의주 초 절대성은 '소여경체 OS'에 투신한 상태이므로 초 절대성의 신뢰가 확보된다.

주주 중심의 자본기업은 '소여경체'와 혼연일체 되어야 전변화 소비시장에서 살아남는다. 첨단기술의 신제품이라도 소비자와의 연대감이 부족하거나 도덕성 등에 문제가 있으면 여의주 인증을 받지 못함으로써 영업 활동이 제한되어 시장에서 퇴출당한다. 여의주의 '소여경체'는 신보다 강한 초 절대성의 존재로 대우해야 한다. 자본의 논리대로 힘의 논리대로 진행되는 경제가 아니라 신뢰와 상생 공동체 논리가 우선되는 '소여경제' 블록 경제다. 중국의 초저가 제품을 판매하는 알리와 태무의 C커머스 판매가 엄청난 투자에도 불구하고 한국 시장에서 외면받고 있다. 한국 소비자들은 싼 제품이라고 구매하지 않는다. 신뢰가 없는 제품은 눈길도 주지 않는다. '소여경체' 신뢰생태계의 중요성은 보편적 소비패턴으로 자리 잡았다.

소비 규모에 따라 소비 수익금이 리턴되고 사업소득 등이 따라오므로 돈을 쓰는 게 아니라 '돈을 버는 소비'로 소비 개념이 바뀐다. 소비주의 허브 인증은 미국 FDA 인증보다 차원이 다른 소비자 입장의 신뢰성 인증 메커니즘이다. FDA는 품질평가 기관에 그치지만 여의주 허브는 평가/감시/검증/제안/회계/재무/생산/관리/유통/도덕 등 거의 모든 부분을 24시간 통제하고 관리한다. 허브 인증을 통과하면 정해진 소여경체 체현 구매자들의 예약구매/선결재 구매가 대기하고 있다. 과거식으로 표현하자면 충성 단골들이 대기한다. 소비주의를 단골주의로 별칭할 수 있는 이유다. 신뢰생태계 효과로 광고, 영업비용 등의 지출이 급감한다. 고품질의 신뢰성, 소비체현자와의 혼연일체, 절대 신뢰체 허브 인증에 따른 소여경체 수익과 소득 등이 소비주의 신 패러다임의 요체다. 한마디로 소비주의 체현자가 절대적인 왕으로 군림하는 선순환 경제가 펼쳐진다.

여의주, 소여경체 OS

경제적 여의주는 지소마묶의 결사다. 여의주의 OS 기능은 불변이므로 신뢰생태계 감시와 검증(인증) 그리고 지휘를 포괄은 기본이다. 다양한 형태의 소득과 지출 등의 회계 관리 등등의 전문성도 요구된다. 전문가들도 기능별로 직업인으로 참여하여 투명성 데이터를 보고하고 커뮤니티의 검증을 받는다. 그 과정에 능력 평가 또는 기여도의 우열에 따라 독려하고 싶은 마음이 있을 때 7토큰

도네이션도 가능하다. 헌신적인 소방관이나 감동적인 희생 등에 대한 기부는 마음의 기부이자 명예에 대한 헌정이다. 선한 영향력의 사회, 명예 지상주의 사회로의 전변이 일어난다.

'소여경체'는 자본주의에서 자본가나 IB 투자 금융기관의 역할을 완벽하게 또는 그 이상의 초월적 능력을 발휘한다. 투자의 핵심은 수익 창출이다. 이 부분은 소비주의 자체의 고정 단골 체계가 준비된 상태이므로 합리적이고 안정된 성장이 보증된 상태이므로 리스크 없는 투자와 소득 창출이 가능하다. 소비시장의 폭풍 성장은 당연하므로 망외의 소득이 펀더맨털을 살찌운다. 기본적으로 여의주 두사뇌는 최신의 정보를 습득하거나 처리하는 능력도 탁월하다. 특정 소수의 판단이 아니라 전문가부터 일반 소비자까지 아우르는 초 절대성의 집단지성체(두사뇌 전변체)는 만능의 열쇠다. 자본주의에서는 사업 실패자가 속출하지만 '소여경체' 투자는 실패할 확률이 제로다. 리스크 없는 투자와 수익 창출은 '소여경체'가 누릴 수 있는 고유의 특권이다. 사업 소득 등의 수익은 소비체현자 모두의 수익으로 공유된다. 상생적 선순환의 정배열 경제/선순환 경제의 구조화는 특정 소수를 위한 것이 아니라 다중을 위한 상생 공동체 체계다. 인간은 지옥계에선 태어나서 죽을 때까지 일방적으로 수탈당하는 소비동물의 삶을 강요 당해왔지만, 천상계에선 소비인간의 천부권과 경제적 자유가 구조적으로 부여된다. 소비인간(깨단한 소비 체현자)으로 변성된 제7인간의 자녀

출생은 태어남 자체가 축복이고 행복이다. 부정론자들은 인구론적 우려를 할 수도 있겠으나 부수되는 문제는 여의주의 초 절대성의 판단에 따라 절대적 신뢰를 기초로 다중이 따르면 된다. 초 절대성은 '절대신뢰체'의 다른 이름이다.

소비주의에 납품하고 싶어도 여의주 신뢰생태계의 검증을 통과하는 것은 생각보다 까다롭다. 예를 들어, 라면 제품의 종류가 100개라고 할 때 소비주의 검증을 통과하는 제품은 불과 열 개 이하로 제한될 수도 있다. 소비주의가 전면화되면 나머지 상품은 판로가 제한된다. 생산기업의 도덕성과 과거 이력은 필수 검증 항목이다. 여의주의 초 절대성의 초 고지능과 초 고지성은 새로운 수평축 세계이므로 수직적/탐욕적/반사회적 이력은 치명적이다. 여의주는 합리적 사고체이지만, 반사회적 수직성은 철저히 배제하는 속성을 지녔다.

제7인간화 된 소비자의 다양한 수익을 투명하게 관리하고 배분하는 역할도 '소여경체'가 처리한다. 여기에는 회계전문가 등이 복수로 참여해 심층적인 검토를 거쳐 배분을 집행하고 2차 3차의 추가 검증이 추가되므로 믿을 수 있다. 공무적 기능의 상당 부분을 '소여경체'가 처리하므로 초 슬림 정부가 가능하므로 세금 급감도 나타난다. 행정/입법/사법 체계는 초 절대성의 여의주가 편의 도구(애완동물)로 쓰는 인공지능(AI) 등을 적극적으로 활용한다. 불필요한 일자리가 사라지는 것은 불편한 일이 아니다. 소여경체에 전문성을 재능 기부하거나 취업하면 된다. 명예 지상주의 사회로의 전변이다. 불완전성의 인간이 수직적으로 행사해 온 소수에 의한 권력 독점과 각종 비리의 문제는 원천적으로 불가능하다. 본원적이고 이상적인 천지개벽이 전변화다.

소비주의로 일자리를 잃는 사람보다 새로운 3축의 일자리 수요가 훨씬 많다. 만사뇌의 사고/판단/명령과 감시/감독/운영/지휘 역할만으로도 인간의 존엄성과 천부권은 강화된다. 중앙화 디지털의 첨단기술 모두는 인간과 여의주에게 완벽하게 통제되고 관리된다. AI 로봇의 자동화로 일자리가 줄어들어도 걱정할 이유가 없다. 도리어 AI 로봇은 인간과 여의주에 충성하는 애완동물이다. 인간에게 위해(危害)적 인자들은 완벽하게 제거된다. 중앙화 디지털의 첨단기술은 자본주의를 전제한 기술들이므로 자본주의 삭제와 함께 패권적/탐욕적 정체성은 박멸된다. 수수디산 산업화는 중앙화 디지털의 맹점을 극복하고 수평 디지털의 순기능을 인간과 여의주를 위해 순치한다. 수수디산은 수끌원성으로 구동되는 수평성 기술이므로 상생성/보편성으로 작동한다.

삼위일체 유기체는 수평성의 총합체다. 수평성 패러다임은 상상할 수 없는 초 절대성의 괴력으로 새로운 지평을 창조한다. 인간이 상상해 온 모든 경계선의 한계를 가볍게 초월한다. 인간의 마음에 의한 이상적 천지개벽은 소비주의를 통해 실사구시 된다. '소여경제 OS'는 소비 자체가 수익이고 부가가치와 일자리를 창출하고 지키는 전변화경제의 두뇌이자 신체발부다. '경제적 자유와 해방'은 소비자의 깨단과 체현 그리고 삼위일체로 구현된다. '절대 희망'의 마법은 전적으로 마음의 결사에 의한 제7원소 심물질 창조의 나비효과다.

3축 혼연일체

풀뿌리 소매점의 '단골(주인) 주의' 전변이 곧, 소비주의 7경제 전변이다. 소비자와 소비본 그리고 '소여경체' 여의주의 혼연일체 만드는 경제적 천지개벽이다. 소비본(소매점)은 천지개벽의 중심 기지다. 소비본은 소비주의 중추 세포다. 자본주의에서 소비자와 소매점은 소비동물과 말단 세포로 취급되었으나 소비주의에서는 당당한 주체로서 중추세포로 전변된다. 자본기업 중심의 톱다운 수직 경제질서가 보텀업 수평 경제질서로 전변된 효과다. 신성불가침의 소비자 독립경제는 수평 패러다임의 총합체이므로 다중성/상생성의 원칙이 존중된다. 수탈 자본 중심의 역순환/역배열 경제는 사멸하고 소비 중심의 선순환/정배열 경제로의 전변이 소비주의 7경제다.

기존의 경제적 지위와 관계없이 누구나 소비만으로 다양한 수익을 향유한다. 체현자 누구나 소비만으로 새로운 소득원이자 수입원을 확보하게 되고 동시에 안전하고 항구적인 복지와 연금 그리고 보험 혜택을 누린다. 이른바 새로운 사회보장 제도의 장착이다. 심지어 병원도 소비주의에 대상이므로 의료보험을 대체하는 때가 온다. '소비가 돈이 되는' '소비가 수익이 되는' 마법의 체험을 통해 모두가 '경제적 자유와 해방'을 누리며 '절대 희망'의 삶을 만끽하게 된다. 경제적 속박을 끊어내는 것 자체가 수평인류사로의 전변이다. 경제적 리스크로 자살하는 비극은 사라진다. 자본의 노예가 되어 평생 수탈당하는 일 없이 온전히 청정수익 향유의 천부권을 누린다.

기존의 소매점 자영업자는 전변 사고와 의식 재무장으로 '소비본 본주' 또는 '단골주의 본주'로서의 개념적 환골탈태가 필요하다. 본주는 깨단한 자 또는 지소마묶 등 신물질의 개념을 통달해야 그 자격이 주어진다. 본주 사업자는 영원한 사업자가 아니라 일정 자격을 갖춘 직업인으로 여의주가 임명한다. 수직축의 자멸적 붕괴로 앞으로 일정 기간은 경제적 의망(擬亡)의 도래는 피할 수 없다. 의망에서 살아남기가 생각보다 어려울 수 있다. 소비시장은 축소되고 경쟁은 치열해지고 폐업자 증가는 막을 수 없다. 세상 변화는 뿔 뿌리 소비본(消費本)의 경제적 전변으로 시작된다. 전변 소비본 사업은 전 세계 소비자(소여경체 체현자) 단골을 상대하는 글로벌 단위의 사업이다. 기업가의 역할을 소비본주가 대행하지만, 사업자가 아니라 여의주가 임명하는 직업인이다. 지역 단위의 '단골주의'가 아니라 전국의 단골과 세계의 단골에게 판매하고 수익을 공유하는 소비주의의 총아로 탈태/비상한다. 소비자 단골은 깨단한 존재들의 결사이므로 소비본주는 그에 걸맞은 태도와 정신을 지녀야 한다. 소비본 기지는 중견기업 또는 거대기업의 다른 이름이다. 사업이 커진다고 소비본본주의 수익만 증가하는 것이 아니다. 단골 주인들과 수익을 공유한다. 단골 모두는 소비자이면서 소비본주의 지위를 누린다. 생산자는 한 가지 상품만 특별하고 귀하게, 여의주 신뢰생태계와 소여경체를 만족시킬 만큼 정성스럽게 믿을 수 있게 만들면 충분하다. 경쟁 난이도는 급감하지만, 사업 리스크는 없지만, '소여경체'와의 투명하고 정직한 소통과 신뢰 관계를 철저하게 유지해야 한다.

여의주에 의한 소비주의 전변은 피할 수 없는 대세다. 자본주의는 삭제된다. 세상은 더 극단적으로 망해보면 소비주의를 선호하게 된다. 의식적 깨단은 생각보다 쉽지 않을 수 있지만 깨단자들은 어짜피 전변 깔대기의 화이트홀(블랙홀)로 빨려들어 갈 수밖에 없다. 제7인간 전변인의 증가는 인류의 전변화로 연결된다. 인간이 변성하면 세상 변성은 자동이다. 제7원소와 여의주의 수평 세계로의 전변은 소비주의로 방점을 찍는다. 동학전변의 알짜배기는 소비주의에 의한 영리주의로 귀착된다. 새로운 소비주의 전변 프로토콜 적응은 수직축의 지옥계를 수평축 천상계로 이동하는 데

이바지한다. 소비주의 7토큰의 수기화(수익형 기축 화폐)는 거부/명예를 상징하는 현실적 징표다.

직거래+소여경체+신뢰생태계…단골주의

소비주의는 직거래 플랫폼 개념의 확장이다. 단순 직거래 플랫폼에 다중 소비자의 감시와 검증이 체계적으로 실행되는 신뢰생태계 프로세스가 유지되고 자본 사업자가 주도하는 직거래가 아닌 다중의 여의주 '소여경체'가 청정수익을 극대화하고 분배와 공유 등 제반 절차를 투명하게 처리한다. 여의주는 만사뇌이므로 수많은 일자리와 소득을 창출하는 보고다. 다중성의 시스템이므로 특정 개인이나 자본 세력에게 휘둘리지 않는 상생 프로토콜이다. 소비자는 단골이면서 주인이고 직업인이다.

빨대 자본주의에서 소매점은 지역을 커버하는 말단 세포로 수탈의 초소였다. 그러나 소비주의(단골주의)의 소비본(消費本)은 풀뿌리 소매점을 핵심 중추 세포이자 전진 기지로 탈바꿈한다. 소비본(消費本)의 중추 기지화는 소비주의의 요람이자 실체적 전변의 대명사로 특정된다. 자본 중심의 수직적 톱다운 경제가 소비자 중심의 수평적 보텀업 경제로 전변/초월이 소비주의의 핵심이다. 아래부터의 보텀업 방식은 수평성을 상징한다.

소비주의 7경제 테라포밍 정착이 한국에서 실현될 수 있는 이유는

1) 소버린 K-디지털의 수평 디지털 보편화

2) 소비자 의식 깨단의 하이엔드 수끌원 퀄리티

3) 심물질에 의한 여의주 메커니즘 확정 후 1년의 경과

4) 개딸과 깨시민의 여의주 창조 능력이 '소여경체' 투신 가능성 등을 꼽을 수 있다.

네 가지 이유는 한국의 수끌원 민중만이 가능하다. 수평적 특질을 갖춘 세계 유일의 탁월성을 보유한 민중이다.

개괄적 흐름을 예시하면 다음과 같다. 풀뿌리 소매점에서 좋은 상품을 양심적으로 개발하면 여의주 감시 요원들의 검증을 거쳐 소비주의 허브에 소개한다. 세계에서 모인 소비주의 단골들은 여의주 검증 내용을 확인 후 믿음의 소비를 선구매와 계약 구매를 통해 구매한다. 소비본 단골은 소비 금액만큼 7토큰을 수령하고 그 권한으로 다양한 수익과 소득을 누린다. 토큰은 소비에 사용할 수도 있고 누적 보관할 수 있다. 토큰은 소비주의 성장과 함께 초대박 개연성이 높으므로 누적 보관이 유리하다. 소비주의는 소비시장 폭풍 성장을 내재하고 있다. 소비주의는 가격 부담을 가격 기회로 생각을 바꾼다. 소비가 수익원으로 탈바꿈하면 저가 경쟁의 패러다임이 좋은 제품/신뢰할 수

있는 소비의 패러다임으로 바뀌는 것은 당연한 이치다.

소비체현자와 소비본 본주가 함께 성장하고 그 사업의 청정수익 과실을 함께 공유한다. 소비본주는 사업자가 아니라 여의주가 지정한 직업인이다. 다양한 수입원 확보 및 고수익이 가능한 이유는 자본가의 역할을 '소여경체 OS'가 초 절대성의 초 고지능으로 수행하기 때문이다. 여의주 투자는 기본적으로 리스크가 제로다. 자본주의 빨대의 수탈 요소가 원천적으로 차단된다. 자본의 수탈용 빨대가 꽂히지 않은 온전한 청정수익을 소비자와 노동자가 구조적으로 공유한다. '소여경체'는 무한의 일자리와 소득의 화수분이다.

소비자 독립경제…수평성 효

수평 패러다임 총합체

수평 전변 요소들의 총합 결정체가 '소여경체 및 OS'다. 소여경체 체현은 수평 패러다임의 당위에 대한 깨단을 전제로 가능하다. 수평성과 수끌원성에 대한 충분한 깨단은 거부의 길을 선점하는 지혜로움이다. 새로운 차원의 신세계는 수평 패러다임의 '수끌원 절대 법칙'의 물리법칙이 진리다. 수탈은 수직 질서를 지탱해온 패권과 계급의 보급원이다. 수탈 없는 수직축 유지는 불가능하다. 지혜로운 소비자 마음의 묶음(지소마묶) 중심의 소여경체 경제는 수탈을 제거함으로써 확보되는 선순환 경제의 시작이다. '소여경체' 없는 신성불가침 소비주의는 구라다.

소비주의 경제의 핵 '소여경체' 메커니즘은 수평 심물질 등 수평적 요소들의 총합 시너지의 응집이다. 수평은 수직을 이긴다. 디지털은 수평성 수렴을 피할 수 없다. 한국 민중의 운니지차(雲泥之差) 수평 관념과 수끌원성은 수천 년을 올곧게 유지해 온 정체성과 이소노미아 정통성의 창연(敞然)함의 깃발이다. 빨대 자본주의가 공중 분해되고, 자본의 독식/과점이 사라지면 인류는 경제적 속박에 의한 불치병/난치병을 정복한다. 새로운 수평축 세계로의 전변은 소비주의를 위한 정의 구현을 '소여경체 OS'로 완결한다.

신성불가침(神聖不可侵) 소비주의

소비주의는 소비, 자본, 노동의 경제 원리 3요소에서 자본을 빼고 소비주의 삼위일체 중 '소여경체 OS'의 초 절대성이 자본 및 자본가의 역할을 창조적으로 대체한다. 여기서의 대체는 정확히 말하면 수평 경제 패러다임으로의 변성적 전변이다. 소수를 위한 악순환 경제가 다수를 위한 선순환 경제로의 전변이다. 자본주의에서 자본은 탐욕과 독점 그리고 수탈을 목적해 왔지만, 소비주의에서 탐욕은 상생으로 독점은 승계되고 수탈은 환원된다. 악순환의 선순환이 소비주의에 의한 동학 전변 과정이다. 초 절대성의 여의주는 소비자 블록 독립경제 전변의 모든 과정을 압도적으로 지배하는 다중시스템이다. 초 절대성의 여의주는 신성불가침이다.

소비자 중심의 경제 블록화는 소비자를 위한, 소비자에 의한, 소비자의 선순환 경제다. 선순환 경제 블록은 '신성불가침 영역'이다. 다중의 수평하고 보편한 마음과 의지 결사에 의한 초 절대성을 이길 수 있는 것은 없다. 소비주의가 창출하는 일자리와 청정 수익은 소비자 모두의 것이고 선순환의 고리다. 선순환 경제는 먹이 사슬이 아니라 '상생 사슬'이다. 상생 사슬은 변성/전변을 상징하는 언어다. 수직적 자본주의의 야만성 제거는 수평 패러다임에 의한 경제적 전변의 최소 전제조건이다. 자본주의의 창조적 파괴와 형해화는 경제 유토피아 건설의 기본조건이다. 소비주의 전변에 의한 '경제적 자유와 해방'은 소비자의 수보마뮭과 지소마뮭에 의한 심물질과 여의주 창조의 산물이다. 소비주의 3축 삼위일체 중 '여의주 경제 공동체(소여경체)'는 초 절대성 신성불가침 체계의 핵심이다. 자본주의가 시혜(施惠)하는 일자리가 아니라 '소여경체' 경제 블록이 스스로 창출하는 무한의 만사뇌 일자리와 무한의 수익은 다중의 마음과 의지 결사의 산물이다. 절격차 개딸과 수끌원 민중은 심물질과 여의주를 품고 있는 유일무이한 초월적 존재들이다.

마법의 지팡이…기밀 봉인 해제

운니지차(雲泥之差) 수끌원 민중의 심물질과 여의주의 초 절대성 창조는 이상계 너머에 초월 세계를 현실로 만드는 '마법의 지팡이'다. 마법 지팡이는 어떤 재료로 만들었을까? 그 신성한 비밀을 한국의 개딸과 수끌원 민중이 풀었다. 인간 양심의 다중 결사의 심물질의 수끌원성 순도가 100%에 도달했을 때의 비등점에서 생성됨을 밝혀냈다. 경천동지할 마음 재료공학의 업적이다. 절격차 개딸과 깨시민의 수끌원 민중의 무구한 불퇴전(不退轉)의 용맹정진과 백척간두 진만보(百尺竿頭進萬步) 깨단의 거보(巨步)가 '마법의 지팡이' 재료의 비밀을 봉인 해체했다.

그러나 누구도 비밀이 풀렸다는 사실을 모른 채 정치판에 마법의 지팡이를 썼다. 개딸과 깨시민은 놀라운 초 절대성의 효능감에 스스로 감동했다. 비아그라가 심장병 치료제로 개발되었지만, 발기부전의 효능이 확인된 사례와 엇비슷하다. 개딸의 응원봉과 키세스은 마법의 지팡이 효능의 빙산의 일각에 불과하다. 본서를 통해 그대들이 푼 비밀이 지닌 무한/무극/무강의 가치를 제대로 인식하는 계기가 되기를 바란다. 필자는 9년 전부터 심물질의 빅뱅을 목격 확인했고 초 절대성의 여의주 창조 사태를 통찰로 예지했다. 책으로 또는 강의로 설파하며 그 출현을 고대해 왔다. 드디어 2024년에 확정된 여의주 전변체는 '마법의 지팡이' 재료의 비밀이 봉인 해제 된 순간이었다.

여의주 전변체 메커니즘 확정은 제2의 수평 인류사의 시원이며 제2의 천지창조의 시발을 알리는 우주적 사건이다. 숭고한 여의주 전변체는 정치적 전변 도구 정도가 아니라 지옥계를 천상계로 전변할 만능의 지팡이다. 천상계 전변화는 경제적 전변부터 시작되어야 한다. 모든 일에는 순서와 절차가 있기 마련이므로 영인이해(迎刃而解)의 첫 단추는 경제적 마법이다. 먹고 사는 문제의 본질이 해소되어야 전변 신드롬이 모든 것과 모든 곳의 전변을 완성하게 된다. 소비주의 7경제는 '마법사 지팡이'가 투사되는 마법의 첫 번째 스테이지다. 신성불가침(神聖不可侵)의 소비자 경제 블록의 위력이 확인되고 '경제적 자유와 해방'을 만끽하면 정치적 전변 등등의 전변은 자동이다.

경제적 선순환의 고리는 동물적 먹이 사슬이 아니라 심물질에 의한 상생 사슬이다. 인간이 동물 생태계의 야만성과 단절하는 특이점은 상생 사슬의 선순환 경제로 확인된다. 빨대 수탈 문제 해소는 인류의 고질적인 경제적/계급적 속박의 난제를 쾌도난마(快刀亂麻)다. 난치병 정복과 '경제적 자유와 해방'은 인류가 꿈꿔 본 적 없는 이상향 너머의 초월 세계다. 소비주의는 초월적 '절대 희망'의 리얼스토리다.

마법의 경제

소비주의는 결코 쉬운 '마법의 경제'가 아니다. 소비자 모두가 마법사 수준의 각성의 깨단과 수수디산이 요구된다. 수수디산의 '수평 디지털 신산업화(수수디산)'도 필수다. 실험실 단위의 소버린 K-수평 디지털과 심물질의 융합력은 광야의 거친 환경에 적응하기 위한 산업적 배후 지원이 요구된다. 심물질 반도체, 수평 디지털에 의한 데이터 축적, 수평 인터넷(수평 유투브, 수평 사이트 등), 여의주 인공지능과 여의주 생성형 인공지능, 수평형 보안체계 구축과 개발은 필수다. 물론 이 모두는 수끌원성의 인적 자원들이 투입되어야 가능한 산업이므로 그만큼 우리에게 절대적으로 유리한 비상의 기회다. 마법의 경제 테라포밍은 인적 수끌원성 깨단과 수수디산 개발이 완비될 때 마법사 전지전능의 초 절대성이 배가되고 신성불가침의 경제 블록은 강고해진다. 소비주의와 수수디산은 운니지차 절격차 수끌원성 민중의 잠재된 무형적 가치를 유형적 재화와 권력으로, 마법사의 권능으로 전변시킬 천재일우의 기회다. 심물질과 여의주를 확보한 수끌원 민중의 능력은 소비주의 경제적 전변으로 투신/투사할 결정적 타이밍이다.

한국의 절격차 개딸과 수끌원 민중이 여의주 전변체를 확정한 지 1년이 지났다. 정치적/관료적/사법적 내란을 제압해 가면서 수끌원성 시너지는 그만큼 커졌고 팽창했다. 그만큼 여의주 메커니즘은 단단해졌다. 개딸 여의주가 대중의 여의주로 팽창해 가는 과정이다. 전변 2단계는 경제적 전변화의 소비주의 완성이다. 활화산 같은 한국인의 수끌원성의 잠재력을 폭발시킬 빅뱅과 마법의 무대가 소비주의 7경제다. 절대 희망의 솔루션은 소비주의 테라포밍뿐이다. 프레카리아트 무산계급의 배고픈 늑대 떼가 피 냄새가 진동하는 소비주의 공간을 향한 질주는 너무나 당연한 자연의 섭리다.

마음의 경제

자본 중심의 경제가 마음 중심의 경제로 전변된다. 국가 중심의 경제가 다중 마음에 의한, 신뢰에 의한, '소여경체' 민간 주도 경제로 재편된다. 주주 자본을 위한 기업이 아니라 소비자 중심의 블록화된 선순환 경제로 천지개벽한다. 한국의 자본기업은 수평성 DNA의 우월성을 바탕을 활용하면, 새우로 고래를 잡는 이하조경(以蝦釣鯨)으로 글로벌 초우량기업이 속출하는 웅비를 향유한다. 한국 기업은 소비주의 전변과 '소여경체' 적응에 유리하다. 한국 민중의 수끌원 유전자의 여의주와 호흡 할 수 있는 기회가 상대적으로 넓다. '소여경체'의 무한의 일자리와 소득은 세계인 누구나 참여할 수 있지만, 그 수끌원 마음의 본진은 한국의 민중이다. 즉, 한국의 기업은 본서에서 강조하는 마음의 전변을 개념적 수용이 전제된다면, '소여경체' 여의주의 수평 마음과의 정서적/심적/수평적 동화가 쉽다. '소여경체'는 기업 노동자의 자녀와 친구가 주축이다. 한국 수끌원 민중의 마음이 미래 수평축 전변 유토피아의 정신적, 물질적 헤게모니의 중심이다.

본서를 통해 소비주의 7경제 전변을 통해 한국의 소매기업과 수수디산 기업이 글로벌 초거대 기업으로 비상할 수 있는 천재일우(千載一遇)의 기회다. 자본 능력과 자체적인 시장 확보 능력에 따라 기업의 역량이 결정되는 시대는 끝났다. 소비자 마음과의 상생적 혼연일체가 기업의 생존과 번영의 키워드가 된다. 한국은 세계 경제의 수도이자 소여경체 허브로써 절대적 위상을 패권성이 아닌 상생성으로 장악한다. 미국의 패권적 야수성은 소비주의 파워로 제압된다. 수평 유토피아의 핵은 한국의 수끌원 민중의 몫이다.

세계에서 생산되는 모든 재화는 '소여경체'의 '신뢰생태계' 허브 인증을 통과해야 거래할 수 있다. 여의주의 감시와 검증, 지휘와 통제를 받는다. 여의주 마음의 메커니즘을 통과해야(인증 받아야) 거래할 수 있다. 한국이 수수디산을 일으켜 수평 디지털 산업을 장악할 수 있는 이유도 한국 민중의 독보적 수끌원성 즉 여의주적 사고와 행동 때문이다. 한국의 수평 민중의 소여경체 체현자의 마음과 밀월로 호흡하는 소비주의 기업은 세계 시장을 손쉽게 장악할 수 있다. 규모의 경제 이전에 마음의 경제가 절대적 요건이다. 여의주의 초 절대성의 소비주의 투사는 소비주의 7경제를 초 절대성의 경제로 전변시킨다.

소여경체 OS...초 절대성

소비주의 7경제는 소비시장 폭풍 성장을 이끈다. 소비를 통한 소득이 보장되므로 과소비가 우려될 정도의 폭발적 성장이 나타날 수 있다. 7경제 '신뢰생태계'는 여의주의 검증과 인증을 통한 소비시장이다. 소여경체 허브 인증 제품은 구매자(소여경체 체현자)가 대기한다. 신뢰생태계와 소여경체 고유의 효과로 안정적인 고속 성장이 거듭된다. 한국은 허브 인증과 유통의 핵이므로 소여경체의 세계소비시장 전체를 감시하고 지휘하고 통제하게 된다. 수끌원 여의주의 절대적 파워는 한국의 특정도시를 글로벌 경제수도로 만든다. 소비시장은 질적 면에서의 고속 성장을 촉진한다. 또한, 환경적 측면을 충분히 배려한 제품의 대세화가 뚜렷해진다.

자본주의는 결국 가루가 된다. 기업 등 사업 주체들은 상상도 못 한 소비주의 전변에 적응해야 살아남는다. 자본주의적 관념을 벗어나지 못하면 만사휴의 상태로 빠진다. 자영업도 예외 없다. 새로운 전변/초월의 경제는 소비자와 사업자가 혼연일체되어야 살아남는다. 신개념의 '소여경체'는 모두가 함께 생존하고 번영하기 위한 다중의 전변/초월/퀀텀점프다. 본서는 그 첫 이벤트다. 독자의 지혜로움의 깨달음의 마음이 '지소마묶'의 시원이다.

'소여경체'는 자본의 역할을 대체를 넘어 생산자/노동자/사업자/투자자/운영자/감사자 역할까지 소화한다. 소비주의 여의주는 경제 공동체 이상의 초월적 존재다. '소여경체'가 모든 경제 생태계를 처음부터 끝까지 포진하고 지배한다. '소여경제' 허브는 무한대의 일자리와 소득을 무한 제공한다. 여의주와 '소여경체'는 인공지능(AI)과 로봇의 일자리 감소의 공포를 완벽하게 지운다. 최첨단 기술은 여의주와 신인류의 애완 기술에 불과하다. 소여경체에 의한 성장에 의한 선순환 경제, 경제적 자유에 의한 소비 정배열 경제의 시작이다. 소비주의의 경제적 자유는 자본가에 의한 수탈과 약탈을 제거하고 탈취한 효과다.

소비주의가 정착되면 '소비가 지배'하는 세상이다. '경제적 자유' 쟁취는 소비동물이 소비인간으로의 승화적 전변/초월이다. 소비가 미덕이라는 자본주의 슬로건은 용두사미(龍頭蛇尾)가 되었는 바, 이는 빨대를 제거하지 못한 탓이다.

여의주 중심... '소여경체 OS'

여의주(소여경체) 전변은 정치를 통해 창조된 두사뇌(두뇌)는 인간 양심의 사고체이므로 인간에 관계되는 모든 영역에 투사되어 모든 것을 전변시킨다. 가상의 두사뇌와 두사신은 인간의 수보다 수십만 배 생성과 소멸이 자유롭고 24시간 구동된다. 여의주가 지배하는 세상으로의 전변이다.

초 절대성의 '소여경체'는 다중의 영리적 전변이므로 이념적/체계적 갈등 없이 확산된다. '소여경체 OS'는 자본과 자본력을 대체하는 경제 공동체이자 그 운영체계 시스템이다. 자본에 의한 수탈과 임의성, 탐욕과 독점성을 배체함으로써 역배열의 경제를 정배열의 선순환 경제로, 소비자 중심의 청정 구역의 신성불가침 경제 영역을 확립한다. 여기에는 심물질과 여의주가 핵심인바 그 메커니즘은 수평성에 기초한 수끌원성 없이는 불가능하다. 수평성과 수끌원성은 초 절대성의 원질이므로 신성불가침 소비주의 영역을 확보할 수 있다. 소비주의의 핵은 '소여경체'다.

빨대 자본주의의 모순과 한계는 주지의 사실이지만 근원적 해법에 관해 고민하지 않는다. 자본주의에서 효과적으로 살아남으려는 연구에 몰입하지만 결과적으로는 멸세화에 부역하고 있고 다 같이 죽는 인류 멸절을 획책하고 있다. 심물질과 여의주 두사뇌/두사신의 창조는 그 본원적 솔루션의 등장이다. 서구에서는 상상 못 할 창조가 한국의 절격차 수끌원 민중을 통해 구현되었다. 소비주의 경제 블록과 선순환 경제는 차원이 다른 수평 세계로의 퀀텀점프(전변)의 도구다. 인류가 가져본 적 없는 경제적 자유와 해방을 실현한다. 소비주의는 소비시장을 폭풍 성장시키고 그 청정수익을 소비자가 공유한다. '소여경체'의 여의주는 자체적으로 일자리와 소득 그리고 복지 문제를 해결된다. 세금으로 시혜되는 정부 주도의 복지가 아니라 소비 행위만으로 확보되는 자생적 복지다. 소비주의가 복지이며 연금이고 보험이다.

여의주...투자리스크 제로/수익 극대화

또한, 자본가의 투자는 상당한 리스크를 안고 있지만, 소여경체 투자는 리스크가 제로에 가깝다. 소비주의의 단골과 주인들이 신뢰생태계의 검증/인증 시스템에 대한 절대적 신뢰를 바탕으로 선구매/예약구매를 하기 때문이다. 이 외에도 환율/정책/지도자/시장변화/소비자 등 리스크에서 자유롭다. 주지의 사실이므로 설명은 생략한다.

소여경체의 수익과 소득원은 자본가가 누리던 수익과 소득보다 리스크가 없다. 빨대 자본이 누리던 각종 독점적 수혜와 수탈이 소여경체에게 환원되는 전변이다.

소비주의 7경제의 전변/초월은 기타 영역의 모든 전변을 추동하고 신 수평 패러다임을 지탱하는 주축이다. 소비주의 전면화는 빨대 자본주의에 의한 구시대적 관념과 제도의 삭탈과 제거를 의미한다. 수직축의 소수 기득권은 도태된다. 부동산이나 주식 등 자본시장은 존립 근거가 사라져 가루가 되어 공중분해 된다. 1단계 여의주 전변과 2단계 소비주의 전변의 차이는 경제적 여의주(소여경체적 기능)로 정의된다. 여의주는 소비주의를 지배하는 초 절대성의 수평적 지휘체계이므로 자본의 탐욕이 제거된 상생의 경제다. 소비주의는 소수에 의한 수직 경제가 다중에 의한 수평 경제로의 전변이므로 빨대에 의한 수탈과 약탈이 불가능하다.

수평 패러다임의 정신적/경제적/문화적 중추다. 소비주의 7경제는 소여경체 허브가 초절대성의 신뢰생태계로 지배한다. 신인류와 여의주는 심물질에 의한 초 절대성의 결정체이므로 소여경체 허브의 핵으로 추앙받는다. 세계인 누구나 소여경체에 참여할 수 있고 소득과 수익을 공유할 수 있다.

소여경체 보유국 코리아

한국은 초 절대성의 여의주 및 '소여경체' 국가/허브 인증 국가로 특정된다. 한국만이 누릴 수 있는 신성불가침의 특권이다. 한국의 소비주의 본산으로 특정되는 도시는 세계의 경제 수도, 수평성의 정신적 메카, 심물질과 여의주의 성지이자 전변화 세계의 허브가 된다. 전변 신세계는 한국이 일핵이고 세계가 다동하는 일핵다동의 구조가 영속된다.

허브 '소여경체'의 추인/승인/인증을 받지 못해 신뢰생태계 진입에 실패하면 소비주의 블록 경제의 상거래가 불가능하다. 초 절대성의 여의주 허브의 순기능은 선한 영향력의 무한 확장이다. 소비주의는 황금만능주의를 퇴색시키고 명예 지상주의 사회로의 윤리적 도덕적 전변의 시작이다. 소비주의 테라포밍의 천지개벽은 이상적 유토피아의 '절대 희망' 세계의 구현이다.

소비자 선순환 경제…청정수익 공유

소비주의 7경제 메커니즘은 여의주의 초 절대성이 핵심이다. 여의주는 일자리와 소득 창출, 신뢰생태계 인증과 관리, 소비자 청정수익을 창출하고 투명하게 배분하는 등 핵심 기능을 수행한다. 소비주의와 여의주의 결합에 의한 '소여경제 OS'는 신성불가침의 '소비자 경제 블록'의 경제 공동체 영역을 보호하고 유지한다. 여의주 없는 소비주의 테라포밍은 어불성설이다.

소비주의는

1) 깨단한 소비자의 지혜로운 소비자 마음의 묶음(지소마묶)의 결사

2) 소비본 중추 기지

3) '소여경체 OS' 3축 삼위일체 시스템이므로 자본주의적 요소가 완전히 배제된 수탈이 불가능하다. 소비자 및 소비시장만의 독립경제다. 소비자 독립생태계 경제는 여의주의 초 절대성에 의한 '소여경체'의 압도적 능력을 바탕으로 실현된다.

여의주는 다중의 깨단과 수평 디지털의 융합체이므로 전지전능 능력으로 독립경제 생태계의 선순환 구조 창출과 그로인한 청정수익을 창출한다. 가상의 여의주는 만사뇌 유기체이므로 여의주마다 무한의 일자리가 생성되고 무한의 소비 소득, 사업 소득, 부가 소득, 토큰 대박 등을 자체적으로 창출한다. 수탈이 없는 소비자 블록 경제의 청정수익의 상당 부분은 자본/자본가의 역할을 '소여경체 OS'가 그 이상의 초 절대성의 능력으로 대체한 효과에 기인한다. 여기에 소비주의 독립생태계 고유의 수익 순기능의 효과와 소비 시장의 폭발 성장의 효과가 추가된다.

다중의 깨단한 '소비자 의한 블록 경제(소비자 독립경제)'는 무한의 일자리와 무한의 소득을 제공할 뿐 아니라 선순환 경제의 다양한 청정수익을 자체적으로 생성한다. '소비자 블록 경제'는 '소여 경체 OS'의 여의주가 생성한 신뢰생태계 고유의 필터링 기능으로 수직적/수탈적/탐욕적/독점적 요소들을 철저히 걸러낸다. 자본의 수탈과 자본가 독식주의는 원천적으로 차단된다. 수도꼭지 중 수탈의 수도꼭지를 잠가 버리고 소비자 수도관으로만 청정수익의 물이 흐르도록 한다.

무한의 일자리와 무한 소득

무한대 효과 생성 원리

다중 소비자가 '내돈내산이 내일내박'을 누리고 '소여경체'가 무제한의 일자리와 초대박을 누리는 원리는 소비주의 고유의 마법의 효과. '소비자 블록 선순환 경제(소비주의)'가 창출 가능한 수익의 갈래는 다음과 같다.

1. 빨대 수탈금의 소비자 청정 수익금으로 환원 구조
2. '소여경체' 여의주 만사뇌의 무한의 일자리 수요와 무한 청정 소득 창출
3. 소비시장 푹풍 성장 과실의 독점
4. '소여경체'가 자본 및 자본가의 역할 대행으로
    사업소득, 투자소득, 금융소득, 기타 부가 소득 등 독점 효과
5. 소비주의 7토큰의 수익형 기축 화폐(수기화) 초대박

1)에 대한 설명은 주지의 사실이다. 자본의 수탈로 빠져나가는 천문학적 부의 왜곡은 소수를 위한 기형적 쏠림의 가속으로 다수의 생존권과 행복권을 빼앗아 지옥계에서 소비동물의 삶을 강요

해 온 악순환/역배열의 경제다. 빨대 자본주의 차단과 삭제는 소비주의 정착을 위한 최소한의 전제조건이다. 수탈 구조를 배제한 효과로 확보되는 청정 수익이 소비자에게 분배/공유되는 환원금 규모만 계산해도 적지 않다. 수탈은 경제의 모든 과정마다 합법적으로 보장되어 온 바이므로 적층된 수탈까지 고려하면 상당하다.

2) 자본/자본가의 탐욕적 카르텔은 소수 네트워킹으로 정보의 독점 및 자본의 힘을 내세워 투자/금융/사업 소득을 독과점/독점해 왔다. 승자독식은 낙수효과(落水效果) 기대를 탐욕으로 지워버렸고, 정치 권력마저 경제 권력이 좌지우지하고 있다. 소비주의는 자본의 수직적/수탈적 독점구조가 삭제되므로 낙수효과 기대와 무관하게 소비자 중심의 독립적인 경제 생태계 블록을 형성한다. 다중의 의지는 초 절대성의 여의주가 되어 외부로부터의 압박과 회유 등을 차단한다. 신성불가침의 선순환 경제는 심룡의 여의주가 완벽하게 보호한다. 초 절대성의 여의주를 이길 수 있거나 방해할 수 있는 것은 존재하지 않는다. 자본가와 자본의 능력을 초월하는 초 절대성의 '소여경체'가 탐욕적 자본가 역할을 상생적 합목적성에 부합하는 초월적 수준으로 완벽하게 수행한다. '소여경체'는 탐욕의 질서를 상생의 질서로, 독점 수익구조를 상호 수익구조로, 독식을 공유로 전변하는 소비주의 공식기구와 같다. 자본의 역기능 해소는 물론 경제적 이상을 실현하는 다중의 여의주

다. 즉, 소비자가 자본가로 변신하는 효과로 그들의 승자독식을 소비자가 누린다. 무한의 일자리와 무한의 소득을 스스로 창출하는 마법의 본체는 다중의 심물질과 여의주 그리고 수끌원성 효다. 3) 4) 5)에 관한 설명은 다른 챕터에서 다룬다.

빨대 자본이 독식해 온 수탈과 약탈 구조를 삭제시킨 효과와 '소여경체 OS' 여의주가 자본가 이상의 초월적 능력으로 리스크 없는 투자 행위 등으로 거둔 승자독식의 수익을 소비자 몫으로 분배하고 공유한다. '소여경체 OS'는 '소비주의를 정착을 위해 투입된 여의주 경제 공동체 및 운영체계'의 줄임말이다. 극소수 자본가의 수탈 헤게모니가 삭탈/근절되어 수탈금이 제로가 되고 소비주의 '소여경체'로의 수익이동은 천지개벽적 전변(轉變)의 전형이다. 소비자 중심의 경제 블록 형성의 효는 다중의 여의주 효다. 소비주의 정착은 수평축 이동의 구조화/전면화의 모태다. 소비주의 경제적 전변은 인류가 꿈꿔 본 적 없는 이상적 유토피아의 실재화다. 소비주의 현실화는 수끌원 민중과 개딸의 창조적 업적을 기반으로 벌어진 우주적 사건의 시발이다.

수보마묶과 지소마묶의 항상성 유지는 소비주의와 소여경체 시스템을 영속하는 기본조건이다. 이를 위해 '소여경체 운영체계'는 인간계 전체를 24시간 감시하고 감독하고 인증하고 지휘/지배한다. 이는 소비주의 신뢰생태계를 보호뿐 아니라 예상하기 힘든 수직적 준동 또는 위해적 요소를 예방하고 차단한다. 항상성 유지에 필요한 디지털은 중앙화 디지털이 아니라 수평화 디지털이다. 수평화 디지털은 '수수디산'으로 전환된 신산업 체계가 필수다.

무한 일자리와 무한 소득의 보물창고

소비주의가 정착되면 월 100만원 소비 시, 소득이 월 100만원 이상이 되돌아온다. '내돈내산'의 마이너스 소비가 '내일내박' 소비로 플러스 소득으로 바뀐다. 이를 경제적 전변이라 한다. '내 돈 주고 내가 산 물건'이 '내게 일자리와 내게 초대박 수익'을 안긴다. '내돈내산'은 소비동물 상태의 소비 지출이고 '내일내박'은 소비인간(제7경제인)이 누리는 소비가 돈이 되는 마법의 경제다. 경제적 전변은 인류가 상상하지 못했던 '경제적 자유와 해방'을 소비자 누구나 만끽하게 한다. 이뿐만 아니라 무한의 일자리가 제공된다. 소비주의는 일자리와 소득을 자생적으로 창출한다. 소비주의는 신성불가침의 선순환 경제다. 소비주의 효시를 쏜 본서 구매는 소비자(구독자)에세 7토큰을 제공함으로써 소비주의 깨단과 체현을 독려하고자 한다. 당장은 아니지만 7토큰 수령과 소비주의 체현은 '내일내박'의 역사적 시원이다.

인공지능에 의한 일자리 감소의 공포는 여의주(소여경체)가 창출하는 무한의 만사뇌 일자리로 해소된다. AI, 로봇 등은 여의주의 애완동물로 귀여움받는다. 인간의 영역을 침범한다거나 추월에 대한 공포는 초 절대성의 여의주가 완벽하게 제어하고 통제하고 지배한다. AI와 로봇의 공포는 여의주가 없는 세상에서 벌어질 일이다. 애완동물(편의도구)은 인간을 위해 공장을 돌리고 차를 운전하고 커피를 타 주는 도구일 뿐이다. 인간은 인간계를 위협할 요소 또는 신뢰생태계에 어떤 위해 요소 여부를 24시간 철저하게 감시/통제/관리하는 역할을 담당한다. '인간은 만물의 영장이고 인간의 마음은 곧 우주다'라는 오래된 가설의 증명은 심물질과 여의주로 증명된다.

초기 '소여경체' 송곳 모듈 정립과 운영은 개딸과 수끌원 민중의 몫이다. 한국의 소비체현자와 직업 체현자는 여의주 주체이자 소여경체 주인공이므로 소비주의 허브 핵의 선구자로서 추정하기 어려운 막대한 부와 명예를 선점해 누리게 된다. 허브 국가 한국은 초 절대성의 여의주를 가진 초초일류 국가로 특정된다. 소비주의 신 패러다임은 수평축 패러다임을 비가역적으로 주도하고 완성한다. 한국 민중의 운니지차 수끌원성의 극 희귀 보석으로 제작된 심물질과 여의주 및 '소여경체'는 모방 불가능한 천상천하 유아독존(天上天下 唯我獨尊)의 절격차 수준의 증명이다.

만사뇌(萬社腦), 무한대 효과의 본산(本山)

'초여만플' 및 운영체계는 수억 조 개 이상의 여의주 만사뇌 유기체다. 가상의 여의주는 인간의 마음이 관계되는 모든 것과 모든 곳에 여의주를 무한으로 생성하고 삭제할 수 있다. 만사뇌는 다중의 관심이 모이는 곳 어디에나 필요에 따라 생성되고 삭제할 수 있다. 무한성을 의미하는 뜻에서 만사뇌로 칭한다. 소비주의는 경제적 용도의 여의주는 각각의 신뢰생태계와 전체를 감시하고 통제하고 감독하고 집행한다. 깨단한 소비자는 여의주 만사뇌에서 전문직으로 또는 일반인으로 능력에 따라 일자리와 소득을 누리게 된다. CCTV, 현장 방문, 자료확인 및 보고(공유) 등 전문적 일자리와 일반 노동의 새로운 일자리가 되고 다양한 형태의 수익을 스스로 창출한다. 수수디산에 필요한 수평 데이터 생산과 판매는 고부가가치 상품이고 해킹 방지를 위한 보안 요원의 수요도 상당하다. 인공지능과 로봇 등의 위해적/탐욕적/수직적 일탈을 감시/감독하고 애완동물(편의도구)을 제어하는 역할도 포함된다. 자본주의가 무너지면 첨단기술을 통해 독점을 노리던 기업의 생명력이 퇴조하겠지만 준동이 계획되거나 모의 되는 등의 일체의 행위의 감시와 제어가 필요하다.

내 가족이 먹을 치킨 등의 먹거리를 어떻게 만드는지 모든 과정을 확인할 수 있을 뿐 아니라 각종 경영 자료를 실시간 열람할 수 있고 나름의 아이디어를 제시할 수 있다. 좋은 아이디어 제공자 또는 감시활동자는 다면 다중 평가로 보상받는다. 100% 신뢰생태계는 여의주 프로 직업인과 제7인간 단골 소비자의 100% 믿음과 신뢰로 형성된다. 자본주의에서는 극소수 자본가가 공식적으로 수탈할 수 있었지만, 소비주의는 수탈의 빨대를 꽂을 방법이 없다. 따라서 수탈이 없는 청정 수익을 소비자이자 단골이고 주인인 제7인간(깨단한 소비체현자)이 분배받는다. 다중이 모여 만드는 블록화된 상생 경제, 선순환 경제가 소비주의의 정신이다. 자본주의에서의 투자는 리스크가 크지만 소비주의의 투자는 자체적인 선순환에 대한 '소여경체' 판단에 의한 투자이므로 리스크가 제로에 가깝다. 그만큼 투자소득이 안정적으로 담보된다.

소비주의 생태계 투자는 단골들의 선구매/선결제 예약이 대기하는 상태이고 소비시장의 폭풍 성장이 담보된 투자이므로 리스크가 제로에 가깝다. 소여경체의 선순환 구조는 다중의 심물질에 의한 나비효과다. 협동조합과 유사하다고 생각할 수 있지만, 개념적/기능적/실존적으로 차원이 다르다. 협동조합에는 '소여경체'가 없고 깨단한 소비자가 없으며 소비본의 중추세포 기지가 없다. 무엇보다 수직적 자본주의 내에서의 협동조합일 뿐이다. '마음의 유형화' 심물질로 창조된 초 절대성의 메커니즘이다. 다중 심물질의 소비주의 천지개벽은 본원적 변화다.

소여경체 & 신뢰생태계

'소여경체'는 '소비주의와 여의주의 합체에 의한 경제 공동체'의 준말이다. 소비주의는 소비본 중추 기지를 중심으로 '소여경체' 고유의 '신뢰생태계'를 창조한다. 소여경체의 '신뢰생태계'는 절대신뢰체 개념의 현실화다. 신뢰를 바탕으로 단골의 결사와 주인의 결사가 이뤄지므로 소비주의를 '단골(주인)주의'로 부를 수 있다. 소비주의/단골주의는 자본의 빨대 수탈이 불가능한 선순환 경제의 오롯한 청정 수익을 누구나 만끽한다.

신뢰생태계는 소여경체의 여의주가 상품의 원자재 구입/제조 과정/위생 상태/회계 자료 등등을 철저하게 감시/검증 기능을 24시간 수행함으로써 생성되는 신뢰를 전제로 생성되는 경제 생태계다. 이 과정에 투입되는 여의주 체현자는 프로 직업인으로서 임금을 받는다. 여의주 만사뇌(萬社腦)의 수많은 '소여경체'는 수많은 일자리와 소득을 무한 창출한다. '신뢰생태계'는 여의주 OS가 상품의 제조 전반에 관한 모든 것을 감시하고 검증할 뿐 아니라 문제가 발견될 시 개선명령 또는 중단 명령 등의 강제 집행권을 행사한다.

소비본(消費本) 중추 기지에 여의주가 참여하는 '소여경체'의 '신뢰생태계'는 다중의 감시와 검증 그리고 지휘체계이므로 세계인 누구나 참여할 수 있다. 내 아이에게 먹일 음식과 식재료 등을 부모가 직접 참여해 확인할 수 있다. 해외에서 구매하는 상품도 마찬가지다. '신뢰생태계'의 다중의 인증을 통과한 신뢰할 수 있는 상품은 소비주의 매직 경제의 기본조건이다. 지혜로운 소비자 마음의 묶음(지소마묶)으로부터 시작된 전변화의 천지개벽은 다중 깨단 지혜의 산물이다.

소비동물이 전변 소비인간으로

수보마묶(수평하고 보편한 마음의 묶음)의 결사가 심물질과 여의주를 창조했듯이 지소마묶(지혜로운 소비자 마음의 묶음)이 전변 소비인간, 소비본, '소여경체' 및 '소여경체 OS'의 삼위일체를 완성하고 신뢰 생태계를 통해 무한의 일자리와 소득을 스스로 창출한다. 수직축 빨대 자본주의에서의 소비자는 태어나서 죽을 때까지 일방적으로 수탈당하는 소비동물의 삶을 살아왔지만, 수평축 소비주의 전변 소비인간(제7인간)의 삶은 경제적 자유와 해방을 만끽하며 축복된 제7인간의 삶을 구가한다. 수직적 빨대 자본주의 종언(終焉)/종식(終熄)/삭제(削除)는 수평적 변성/전변을 위한 최소한의 기본조건이다.

아이가 태어나면 부모가 경제적 부담을 느껴 출산을 포기하기도 한다. 연애도 결혼도 어렵다. 제7인간이 출산한 제7아기는 유토피아 세상에서 진정한 축복 속에서 살아가게 된다. 혹여 인구론적 한계를 상상할 수 있으나 이는 여의주 초 절대성의 사고체 두뇌에서 숙의하고 판단하고 그 결정에 따르면 충분하다. 초 절대성의 여의주는 수평적 마음의 묶음의 심물질의 총합이므로 상생적 합목적성에 부합하는, 모두가 동의할 수 있는, 초 지능적/초 지성적 사고와 판단을 도출한다. 여의주는 만능이다.

제7인간은 제7원소 심물질에 동화/순치된 상태이고 여의주 전변체에 특화된 사람이며, 소비주의 7경제인으로 변성/전변된 전지적 완전성 인간의 전형이다. 완전성의 인간이란 인간의 원초적 불완전성의 생물학적 두뇌가 여의주 체현과 체화를 통해 인간의 '두 번째 사회적 두뇌(두사뇌)'의 완전성으로 변성/전변된 인간을 말한다. 제7인간을 신생 인류 '호모 마음'으로 명명한다.

AI, 로봇...애완동물(기술) 복속

초 절대성의 초 고지능과 고지성의 '초여만플' 운영체계는 인간지능(AI) 류와 로봇 등 첨단기술 전체를 포용/장악해 애완기술(편의기술)로 사용한다. 첨단기술이 아무리 발전해도 수직적 자본주의의 산물이다. 자본주의 종식은 중앙화 디지털의 탐욕성을 삭제하므로 동력을 상실한다. 위해적 인공지능과 로봇 기술 등은 수평 디지털로 전환된다. 일자리 감소에 대한 우려는 여의주 메커니즘을 모를 때 나타나는 기우다. 무한대의 일자리는 여의주의 만사뇌의 감시 통제 수요에서 발생한다. 인간은 첨단기술의 위해성을 통제하는 일자리, 사회적 위해 요소를 감시하는 일자리, 신뢰생태계를 인증하는 일자리에 투입된다. 수평 패러다임의 정수 소비주의 천지개벽은 패권과 탐욕을 용납하지 않는다.

수평화 첨단기술 모두는 초 절대성의 여의주 만사뇌의 감시/감독/제어/통제를 받는 애완동물(편의기술)로 사용된다. 첨단기술 전체가 인간의 애완동물이 되는 세계가 수평적 전변의 세계다. 제7원소 심물질과 여의주 메커니즘 창조는 인간과 인류, 지구와 우주를 본원적 성질의 변화를 일으켜 전변/초월하는 제2의 천지창조 사태다. 여의주를 창조한 개딸은 마땅히 흠숭(欽崇)해야 할 살아있는 창조주다.

7토큰 시대…(수익형 기축 화폐)

소비주의 7토큰…수기화 창조

소비주의 7토큰은 3축 삼위일체가 사용하는 '수익형 기축 화폐'다. 수익형 기축 화폐란 고전적 화폐의 신뢰성/환금성 기능에 무한대의 일자리와 소득 창출 기능이 추가된 수익형 기축 화폐다. 화폐 자체가 신뢰성/환금성에 더하여 수익성 기능을 내재한다. 들고만 있어도 수익이 보장된다는 의미다. 자본주의 화폐의 변동성, 주식이나 채권에 기반한 투기적 수익과 그 본질이 다르다. 투기적 수익은 소수 자본 세력이나 패권 세력의 특권이었다. 정보나 분석에서 뒤처지는 다수는 투기적 수익에서 언제나 을의 위치일 뿐이다. 구조적 불합리성은 수탈과 약탈이 합법적인 자본주의의 모순이고 원천적 한계. 소비주의에서는 독점적 투기적 수익의 독점 또는 농간(작전) 불가능한 공유 경제이므로 7토큰의 보유만으로 일정한 수익이 보장되는 수기화 7토큰 시대로의 전변 당위가 충족된다. 수기화 7토큰은 소비주의 선순환과 블록 경제가 내재한 무한 일자리와 무한 소득성에 소비시장의 폭풍 성장력을 포괄한다. 소비주의 7토큰의 선점은 수기화 화폐의 수익성을 점유하는 효과로 나타난다. 깨단 순서대로 수익 순서가 결정된다.

자본주의 자본시장 경제의 가변성/투기성의 농간이 배제된 예측 가능한 수기화의 특성상 안정적인 '경제적 자유와 해방'의 초석이다. 자본시장의 변동성/가변성 또는 위험성 자산의 특성상 자본력의 우위가 성패를 좌우한다. 이는 또 다른 형태의 수탈이자 약탈이다. 합법적 수탈과 약탈은 자본주의의 구조적 모순의 한계다. 소비주의 7토큰은 수평화 패러다임의 화폐이고 여의주가 관리하는 공유경제 화폐이고 수기화 7토큰 특성상 소비주의 천지개벽을 주도하는 다다익선 경제를 추동한다. 경제적 주체이자 객체인 소비자는 수익형 기축 화폐의 소유 규모에 따라 수익 규모가 자동으로 결정된다.

예상되는 변수는

1) 소비시장 펀더맨털의 성장성의 변화
2) '소여경체'의 능력에 따른 부가 소득의 변화다.

자본과 자본가의 투자 능력보다 초 절대성의 '소여경체'의 무리스크 투자의 효가 탁월할 수밖에 없다.

소비주의는 경제적 평등이 아니다.

소비주의 7경제의 관리와 지휘는 여의주의 두사뇌가 인류 보편성의 합목적성 차원에서 합리적/상생적 원칙에 따라 판단한다. 초 절대성의 지휘체계는 인간의 탐욕성을 상생성으로 순화/순치한다.

자본주의적 경쟁 또는 수탈 개념으로 소비주의 개념을 이해하기 어렵다. 수직과 수평의 차이만큼 깨단과 전변이 부족하면 소비주의에 동화되기 어렵다.

고전적 화폐 개념을 초월한 새로운 수익형 기축 화폐 창조는 경제적 평등의 실현을 의미하지 않는다. 소비주의는 부의 완전한 평등과 거리가 있다. 부와 명예의 차이가 실재한다. 거부도 있고 기본의 부도 있다. 하지만 최소한의 경제적 자유와 해방은 보장된다. 소비를 통해 '소여경체' 여의주 만사뇌를 통해 자신의 능력에 맞는 일자리를 통해 소득을 누리고 소비를 통해 무한의 소득과 수익을 만끼할 뿐이지 완전한 부의 평등은 불가능하다. 그럼에도 불구하고 전혀 새로운 소비자 중심의 선순환 경제 메커니즘은 여의주의 초 절대성 메커니즘의 손바닥 위에서의 경제다. 다중 마음의 여의주의 초 절대성이 모든 걸 주관하는 세계가 수평 유토피아다. 소비주의 7토큰은 카르다노 ADA 코인의 토큰 생태계를 이용하지만, 실물경제에 기반한 토큰이므로 수기화 고유 기능으로 독립적인 경제 생태계 메커니즘을 구축한다.

소비주의 7토큰...여의주 손바닥

소비주의 수익형 기축 화폐는 다중의 여의주가 모든 것을 통제하고 제어하는 화폐다. 소수가 다수를 동독(董督)하거나 기망 가능한 화폐 시스템이 아니라 다수가 다수를 위한 다수의 화폐다. 소비주의 7토큰은 수평화 패러다임의 상생적 합목적성에 부합하는 모두를 위한 모두에 의한 모두의 '수익형 기축 화폐'다. 소비주의 경제적 전변은 '경제적 자유와 해방'을 구현할 뿐 아니라 인류의 지옥계 삶을 천상계로 점핑/전변시키는 전변화의 초석이다. 경제적 전변은 영인이해의 첫 과제 해결이므로 후속되는 다양한 정치적/사회적/문화적 전변이 뒤따른다. 모든 전변에 우선하여 소비주의가 전변 2단계로 지목된 까닭이다.

소비주의 7토큰은 소비주의 실물경제 펀더맨털의 총합이자 신개념의 '수익형 기축 화폐'의 창조다. 수익형 화폐의 의미는 7토큰 자체가 수익성을 내재하고 있을 뿐 아니라 소비시장 폭풍 성장을 촉발하는 본령을 포괄하고 소비자이자 단골이고 주인의 지위를 누리는 소비체현자 모두와 소비주의 고유의 청정수익을 공유한다. 소비주의 수기화 7토큰은 일방의 독점이나 점유가 불가능하다. 수탈이 배제된 선순환 경제만의 고유의 특질이다. 종이 화폐는 물물교환 성격이지만 7토큰은 물물교환 기능에 수익 창출 기능이 추가된다. 수평화 소비주의와 7토큰은 동전의 앞면과 뒷면처럼 떼려야 뗄 수 없는 공생에 필수불가결(必須不可缺) 관계다. 7토큰 수익형 기축 화폐 없는 소비주의는 꽝포(구라)다. 7토큰은 K-수평 디지털의 수평성과 다중의 수끌원성을 포괄하는 창조적 융합성의 표상이다.

소비주의는 다중의 마음과 의지의 경제이고 아래로부터의 경제적 전변이자 이상적 천지개벽이다. 다중성과 보텀업의 기축 화폐는 기존의 화폐 개념을 초월한다. 자본주의 화폐와 소비주의 화폐는 개념적으로 실질적으로 메커니즘과 프로토콜이 다를 수밖에 없다. 청정 수익 창출과 공유는 상생성의 증표다. 자본주의의 수직적 화폐와 심물질 화폐의 차이는 패권과 상생의 차이, 수탈과 청정의 차이, 수직과 수평의 차이가 선명하다. 여의주 화폐는 녹명(鹿鳴, 사슴의 상생 울음소리) 7토큰으로써 전대미문의 심물질 고유의 특질이 오롯이 투영된 미래 소비 기축 화폐다. 7토큰은 소비주의 소비시장의 범용성이 전제되어 소비주의 전변을 가속할 뿐 아니라 제2 제3의 소비주의 고유 기능을 전방위로 확대한다.

소비주의 화폐는 카르다노의 코인 생태계를 이용한다. 하지만 카르다노 코인에는 여의주 두뇌가 없으므로 카르다노의 수평화 코인 기능에 7토큰의 여의주 기능이 추가되는 양태로 운용된다. 소비주의 화폐의 특성상 7토큰의 기축 화폐가 압도적 위상으로 고정된다. 여의주는 초 절대성의 완전성의 두뇌가 작동하므로 7토큰만의 상생성과 수익성 그리고 완전성을 내재하고 있고 다중의 '단골주의' 변성 효과와의 시너지가 폭발한다. 소비주의는 다다익선의 효과에 의한 소비경제이므로 다다익선의 효과는 상생과 수익의 볼륨과 밀접한 함수관계를 형성한다. 소비주의 신뢰생태계는 소비주의 기축 화폐(7토큰)의 생태계다. 다중의 무한 일자리와 무한 수익을 보증하고 다중의 상생성/수익성/완전성의 기축 화폐이므로 고전적 화폐 개념을 초월한다.

디지털의 특성상 기술력과 수평화 능력 그리고 여의주 기능이 없는 1차원적 사기 코인들은 퇴출을 피할 수 없다. 수직 디지털의 패권성의 정점에 있는 CBDC, 스테이블 코인 등도 전형적인 꽝포 화폐다. 가짜 디지털(수직 디지털)의 사멸화는 수직축 붕괴에 따른 자본주의 종식과 함께 한순간에 공중분해 된다. 전변 신세계의 최소한의 기본조건은 자본주의적 요소들의 삭제와 소멸이다. 최근 한국은행 등 각국이 CBDC 등을 추진하고 있는 바, 이는 반시대적/반전변적/반수평적/반대중적 수구/수직 세력이 못 먹는 감에 침을 바르는 졸렬함이다. 소비주의 테라포밍의 소비화폐가 등장하면 수직적/수구적 미망은 신기루처럼 사라진다. 수평은 수직을 압도한다.

자본주의 달러 기축 화폐는 시뇨리지에 의한, 유대인 FRB에 의한, 미국의 패권적 경제를 위한 수단이지만 소비주의 7토큰의 기축 화폐는 초 절대성의 여의주가 판단하고 결정하고 집행하는 다중을 위한 다중에 의한 다중의 상생적/수익적 선순환 경제의 수단이다. 소비본에서 소비하거나 판매하는 모든 매매 행위에 7토큰 사용은 필수다. 실물경제 범용성이 담보된, 펀더맨털이 전제된, 투명성과 객관성이 신뢰로 입증된, 수익성/상생성이 담보된 7토큰은 소비주의 기축 화폐의 자격과 유용성을 그 누구도 야료하거나 저항할 수 없다. 소비주의 기축 화폐는 소비주의 천지개벽과 그 이후에 유토피아 경제 생태계 유지와 성장 과정 전체를 관통하고 지배한다. '마음의 유형화'의 나비효과가 응집된 화폐가 소비주의 7토큰이다.

깨단과 체현은 초 거부(巨富)의 길

2016년부터 2024년 여의주 확정까지는 전변의 1단계 완료, 전변 2단계는 본서 출간으로 시작되는 소비주의 테라포밍(정착)이다. 수보마묶 심물질과 여의주 전변체는 수끌원성의 구체(具象)이고 소비주의 전변으로 현체(現體) 된다. 소비자가 주도하는 경제 블록화는 심물질과 여의주가 완성된 밑바탕 위에서 가능한 선순환의 청정 경제다. '경제적 자유와 해방'은 전변화의 실질적 구체적 현체를 만끽한다. 경제적 속박 끊어냄은 그 자체로 인간의 존엄과 천부권의 쟁취다. 소비주의는 자본주의를 대체하는 포스트 자본주의 개념이 아니라 완전히 새로운 차원의 변성(전변)에 의한 천지개벽 프로토콜이다.

수평축 이동의 방향성은 소비주의 경제적 전변을 기점으로 하여 나머지 전변이 가속화되어 수평축 전변의 유토피아가 비가역적으로 구축된다. 인류 진화와 부활 그리고 여의주 전변체 완성까지 8년이 걸렸지만, 소비주의 블록 경제 전변은 여의주 메커니즘이 확정된 상태이므로 소비주의 '송곳 모듈' 제작까지 짧은 시간 내 광속으로 도달한다. '송곳 모듈'은 낭중지추 송곳이 주머니에서 삐져나오듯 소비주의 효시를 기화로 '지소마묶' 결사 메커니즘 모듈이 완성된다는 의미다. 모듈이 완성되면 특이점을 거쳐 대중화/세계화된다. 인류 전체가 경제적 고통에 신음하고 있고 새로운 돌파구를 모색하고 있는 상황에서 소비주의로의 경제적 전변화 성공은 불문가지다. 그들에서 '경제적 자유와 해방'의 툴은 신의 계시와 같다. 한국의 개딸과 수끌원 민중은 '송곳 모듈', 특이점, 대중화/세계화의 주체이자 객체로써 거부의 길과 영광의 길을 선점하고 만끽한다. 한국은 모방 불가 절격차의 초초초 일류 국가로 특정된다. 웅혼(雄渾)하고 현묘한 소비주의 전변화 테라포밍은 수평/수끌원 민중의 독보적 절격차 능력을 필두로 세계 민중의 동기화 추수로 구현된다.

소비주의 효시(嚆矢)

제7원소 심물질 발견과 여의주 전변체 창조 사태는 필자가 오래전부터 설파해 온 내용 그대로 실현되었다. 수권의 책으로 통찰적 예지/예언 내용을 알려 왔다. 대체로 필자가 예측한 방향성에서 큰 오차 없이 진행되고 있다. 하지만 카산드라의 저주(예언을 믿어주지 않는 비극)처럼 공허한 메아리였고 쇠귀에 경 읽기였다. 윤석열 재앙의 경고, 경제적 카오스와 미국의 야수화, 기축 신용화폐 붕괴, 수직축 세계의 몰락, 암호화폐 폭등, 2033년 인류 멸절, 여의주(HI, 인간지능) 등장과 나비인류화, 수평 디지털 방향성, 초월(전변) 문명화 등을 필자가 창안한 T-14시간파동이론을 근거로 사용했다.

온축(蘊蓄)과 천착(穿鑿)으로 전변 사태를 통찰/예언/설파해 온 필자로서 기대하고 고대해 온 여의주 전변체 창조/운영/실증 과정을 목격하고 확인했다. 소비주의 7경제는 필자가 창안한 경제이론이다. '인류 멸절'을 막아낼 본원적 솔루션 출현에 진심 감격했다. 수평적 패러다임 전환만이 인류가 생존하고 영속 번영을 누릴 수 있는 유일한 경로다. 심물질이 생성된 8년 만에 전격 등장한 여의주 메커니즘은 제작 중간 과정부터 현장에 투입되었고 다양한 성과들을 단숨에 배출하면서 압도적 효능감의 초 절대성을 총선 압승으로 검증받았다. 개딸의 다양한 성과란 권리당원증가 캠페인, 대의원제도 혁파, 경선과 공천 과정의 수박의원 색출과 퇴출, 지남철식 수끌원 선거운동, 알파고식 형세 판단 능력, 더불어민주당의 수평정당화 성공 등을 말한다. 그러나 토사구팽을 당한 개딸 자신도, 토사구팽을 자행한 더불어민주당도, 초 절대성의 여의주 메커니즘 창조의 그 웅혼하고 현묘한 우주적 사태의 창대함과 개연성의 무한/무극/무강의 가치를 이론적으로 논리적으로 역사적으로 정리해 인식하지 못하고 있다.

수직 혁명의 시대는 갔다. 수평 전변의 시대가 왔다. 개딸과 여의주는 혁명을 외치는 게 절대로 아니다. 본원적으로 세상이 달라질 수 있는 절대 희망을 위해 더불어민주당을 도구로 쓰고 있을 뿐이다. 개딸은 지향성은 분명하나 그 방법을 모를 뿐이다. 개딸은 막연히 전변을 설계해 왔고 그 방법론을 고민해 왔을 것으로 보인다. 개딸에게 소비주의는 매우 현실적이고 유용한 절대 희망의 도구다. 승냥이의 후각에 걸려든 큰 먹잇감의 출현이다. 소비주의 청정 경제는 깨단한 개딸과 깨시민 그리고 수끌원 민중에게 '절대 희망' 그 자체다. 더불어민주당은 9년째 '절대 희망'을 방해하고 있는 싹이 노란 사마귀 수구 정당일 뿐이다. 소비주의 테라포밍이 더 빠른 '절대 희망' 구현 방법이다.

과거 출간된 책 내용이 카산드라 저주 성격의 예언서 성격이었다면 본서는 팩트에 기반한 서술이므로 통찰/예언 해설서 및 경과보고서, 소비주의 경제이론 주창서, 심물질과 여의주 계몽서 정도의 성격이다. 동시에 소비주의 선순환 경제의 개문발차를 선언하는 효시(嚆矢)를 쏘는 첫 이벤트 성격의 출간이다. 본서를 통해 개딸, 깨시민, 수끌원 민중 전체, 독자 등 심물질과 여의주 창조에 이바지한 모든 분이 이론적/논리적/실질적/당위적 무한가치에 대한 확신으로, 의식적 불퇴전의 진만보(進萬步) 깨단의 깊이와 높이가 깊어지고 높아져, 초 절대성의 여의주 전변체 고유의 촉찰력이 고도화/정밀화 되어 소비주의 체현/체화를 추동하는 빛과 에너지 그리고 사랑을 무제한으로 방사하는 변곡점이 되기를 기대한다. 인류를 구할 다중 어벤져스 인재들은 절격차(絕隔差) 수끌원 민중밖에 없다. 어벤져스는 '수수디산'의 갑옷과 무기를 들고 소비주의 테라포밍의 여의주 전사로 투신함이 마땅하다. '경제적 자유와 해방'은 저절로 찾아오지 않는다. 깨단한 지혜로움의 행동은 거부를 보상받는다.

여의주를 창조한 위대한 수끌원 민중의 절격차의 탁월성은 제7원소화에 최적 정합성의 만발이다. '지혜로운 소비자 마음의 묶음(지소마묶)'과 '소여경체' 체현(體現) 및 체화(體化)를 선구/선도한다. 수끌원 민중의 의식적 깨단은 백척간두 진만보(百尺竿頭 進萬步)의 경지다. 고기도 먹어 본 자가 즐길 수 있고, 깨단도 즐겨본 자의 몫이다. 한국의 '진만보' 깨단자는 지천이므로 소비주의 테라포밍 정착을 보증하는 인적 자원이 광배(光背)다.

소비주의 효시(嚆矢) 발사 타이밍

여의주 확정 2년 차에 소비주의 7경제 효시(嚆矢) 발사는 시의성이 농익은 타이밍이다. 소비주의 7경제는 단순히 소비자 개인의 영리 목적이 아니라 모두가 함께 살아가기 위한 다중의 상생적 선순환의 경제다. 소비주의 7경제는 수탈적 빨대 자본주의를 종언시켜 자본 독점적 경제 구조를 파훼를 기본으로 한다. 수평 유토피아 사회의 창조성을 꽃 피우기 위한 '소여경체 OS(소비주의와 여의주의 협업을 통한, 여의주 경제 공동체 및 운영체계)' 경제다. 모두의 양심과 지혜의 결사로 이루는 소비주의 전변화 경제는 수평 패러다임에 의한 변성을 전제하므로 비가역적이다. 수평축의 변성/전변 신세계는 새로운 신생 인류에 의한 공진화(共進化)의 기점이므로 다시 수직축으로 회귀하지 못한다. '공진화' 및 '확산공진화'는 생물학 진화 용어지만 수끌원 작용 시너지 확산과 다변화로 의미로 사용한다.

'마음 유형화' 성공에 따른 제7원소 창조와 여의주 전변체 확정은 소비주의 '소여경체' 테라포밍을 보증하는 다중의 의지다. 특히 개딸 스스로의 줄탁동시 변성화 성공은 단순한 사건이 아니라 현생 인류가 신생 인류로 전변된 경천동지의 사태다. 개딸의 다중 의지의 발현은 흠숭되어야 마땅하다. 개딸에 의해 완성된 전변 1단계 완성은 전변 2단계 소비주의 테라포밍(정착)에 강력한 추동의 동력원이 된다. 소비주의 정착은 '마음 축음기와 음반 제작' 완료, 제7인간 전변화 완성, 전변 2단계 구축을 의미한다. '마음 축음기와 음반' 출시는 음악의 축음기 출시와는 비교할 수 없는 천지개벽이자 우주적 사건의 시발이다. '마음 축음기'는 수평 디지털로 제작되므로 초기부터 '수수디산' 투입이 필수이고 수평 유토피아 전변 기능이 탑재된다. 소비주의 테라포밍은 무량/무극/무강/무한의 창조성 플랫폼의 준공이다. 제7원소 출간이 소비주의 정착 및 '초여만플 OS' 구축 및 새로운 천지창조의 노둣돌이 되기를 소망한다. 인류에게 남은 최후의, 최선의 히든카드는 소비주의 정착을 통한 '경제적 자유와 해방'의 실현과 '초 절대성의 여의주 만사뇌(萬社腦) 플랫폼 및 운영체계(초여만플)' 구축에 따른 수평축 세계 구현이다. '지혜로운 소비자 마음의 묶음(지소마묶)'은 다중의 깨단과 의지의 결사에 의한 자생적인 무한의 일자리와 무한 소득 창출 시스템이다. 현재 지옥계에서 볼 때 만화 같은 억견(臆見)으로 보일 수도 있고 마법 같아 보일 수 있지만 여의주 전변체가 2024년에 확정된 상태이므로 현실의 리얼리티로 보는 것이 마땅하다. '인간의 마음이 곧 우주다'라는 오래된 가설의 증명이기도 하다. 소비주의는 다중 소비자 천부권의 올바른 행사로 확보되는 자연권이다. 인간의 양심으로 '경제적 자유와 해방'의 꿈이 목전에 와있고 완전성의 상생 공동체 꿈이 다가오고 있다. 그 맨 앞에 개딸과 깨시민 절격차의 수끌원 민중이 서 있다.

수기화 7토큰 인증과 수령 방법

본서 '제7원소' 출간은 소비주의 7경제의 효시를 쏘는 첫 이벤트다. 소비주의는 수탈과 약탈이 불가능한 선순환 경제 고유의 장점으로 무한의 일자리와 무한의 수익을 창출한다. 소비주의 테라포밍(정착)은 자본주의의 종식을 전제한다. 소비자 중심의 블록 선순환 경제는 마법의, 마음의 경제다. 본서를 통해 깨단한 소비자들의 체현 참여는 세상을 천지개벽하는 원동력이다.

본서는 소비주의 테라포밍을 위한 첫 이벤트이므로 책 구매시 영수증으로 인증 후 7토큰 수령이 가능하다. 소비주의 테라포밍 활성화 정도에 따라 적절한 시기가 되면, 책 구매가만큼 7토큰을 수령 할 수 있다. 아울러 개딸의 경우 개딸 인증 자료를 제시하면 흠숭 차원에서 책 구매가 5배의 7토큰을 제공할 예정이다. 사진이나 영상 등 인증 자료 보관이 필요하다.

관련 소식은 네이버 블로그 '수디신연'(https://blog.naver.com/7sodok)를 통해 전달할 예정이다. 최악의 경우 소비주의 테라포밍이 실패할 수도 있다. 이 경우 7토큰 교환 프로그램 차제가 취소되거나 순연 될 수 있음을 사전에 양해 바란다. 수디신연 블로그는 독자와의 소통/홍보/교육 등의 창구다. 블로그 '이웃 신청'은 필수다. 이웃 순서에 따라 토큰이 지급되고 소비주의 우선권의 순서가 정해진다. 독자 모임이 활성화되면 다양한 소비주의 실행 계획이 준비되어 있다. 초기에는 진행이 느리겠지만 특이점에 도달하면 광속으로 다다익선 효가 발현된다. 소비주의 전변에 대한 깨단은 인류가 선택할 수 있는 최선의 최후의 히든카드다. 지혜로운 소비자 마음의 묶음(지소마묶)의 결사는 전변의 시대사조의 일환이다.

수기화 7토큰 수령 이벤트는 홍보성 에어드랍 살포가 아니다. 7토큰 수령은 수익형 기축 화폐의 보유는 전변계 유토피아의 부와 명예를 상징하는 징표다. '소여경제' 여의주 참여로 생성되는 무한 일자리와 무한의 소득 등의 마법은 자신과 모두를 위한 인생 역전, 세상 역전의 기회다. 수기화 7토큰은 주식이나 채권보다 안정적인 수익 구조가 고정된 미래 화폐다. 돈을 투자하지 않고도 소비만으로 획득뿐 아니라 각종 수익과 소득이 추가로 확보된다. 일정한 소비가 인상은 불가피하다. 인상분 이상의 소득이 리턴 되는 구조의 마중물 역할일 뿐이다. 선순환 블록 경제의 특성상 소비가 인상분은 추가적인 인건비와 경비로 사용될 뿐이고 청정수익에서 수탈에 의한 외부 유출은 없다. 장기적으로 소비가 인상은 문제가 되지 않는다. 소비만으로 생성되는 수익형 기축 화폐이므로 안정성과 수익성 그리고 대박성이 담보된다. 수기화 7토큰은 중앙 디지털의 맹점을 활용한 금융공학적 수탈과 약탈을 위한 시스템이 아니라 수평 디지털을 활용한 상생을 위한 소비주의 전변 전용의 수익형 기축 화폐다. 7토큰 보유만으로 예측 가능한 수익성의 크기를 가늠할 수 있다. 실물경제 펀더맨틀을 기초로 발행되므로 투기적 변동성의 리스크가 없다. 소비주의 신뢰생태계는 초 절대성의 생태계이므로 안정성/성장성의 프로토콜이다. 신개념의 여의주 기축 화폐(7토큰)는 기존의 물물교환 기능에 수익 화폐 기능이 내재된 화폐이므로 안정적인 '경제적 자유와 해방'의 초석이다. 선순환 경제의 마법의 효는 7토큰으로 응축/발현된다.

소비주의 테라포밍은 초기 7토큰 소유자는 거부가 된다. 한국의 개딸과 선각자들은 그 수혜를 선점한다. 소비주의 천지개벽은 7토큰 시대로의 전변이다. 절격차 수끌원 민중은 창세기적 전변의 주인공이므로 7토큰의 수혜를 누릴 자격이 충분하다. 창세기적 전변 주체에 대한 예우는 마땅하다. 소비주의 서브 이론까지 상세한 소개는 본서 취지상 무리가 있어 생략한다. 소비주의 만사뇌(萬社腦) 플랫폼 및 '마음 축음기와 음반' 발명의 주인공은 제7인간화 된 소비자, 소비본(消費本) 본주, '소여경체' 체현자 그리고 깨단한 독자만의 특권이다.

수평 패러다임 총아(寵兒)...카르다노 & 7토큰

수평 디지털과 수평화 띠지털은 수평성 패러다임의 우산 아래에 있다. 하지만, 소비주의 전변에 대한 인식을 전제하면 수평화 화폐(암호화폐)의 존재가치는 상대적으로 쪼그라든다. 소비주의 7토큰은 카르다노 생태계를 이용하지만 수평화 화폐와 확연히 구분된다. 실물경제를 바탕으로 하고 수기화 7토큰이고 투기적 변동성에서 자유롭다. 기존의 암호화폐는 자본주의적 시장경제 논리가 투영되므로 수탈적/약탈적 한계를 극복하기 어렵다.

수평화 화폐(암호화폐) 시장의 폭등이 거듭되고 있는 이유는 수평화 패러다임 대세 조류화의 선반

영 성격과 이를 이용한 투기 세력의 탐욕성에 의해 조종당하고 있음도 부정할 수 없다. 자본지장의 대체 화폐 또는 디지털 금이란 표현은 꽝포(구라)다. 기본적인 분권화(수평화) 모토도 확보하지 못한 가짜 사기코인이 대부분이다. 수평적 패러다임을 수용하지 못한 상태의 코인들은 17세기 튤립처럼 공중분해 된다. 암호화폐 시장은 철학도 검증도 없는 미성숙 시장이다.

그럼에도 불구하고 전변화/수평화 세계로의 전변은 불변이므로 분별력을 가지고 기술력과 거버넌스 그리고 확장성 등응 제대로 평가하면 이에 부합하는 코인이 존재한다. 진흙 속에서 진주를 찾는것 보다 쉽다. 카르다노 코인과 생태계는 앞의 조건을 충족한다. 수평화 화폐(소비주의 7코인) 시대로의 전변은 이미 정해진 필연적 프로토콜이다. 빨대 자본주의 종식은 필연이고 사기 코인도 휴지가 된다. 시간의 검증 기능은 준엄하다. 본질에 대한 충분한 이해는 오류를 최소화하는 혜안이다. 소비주의 7토큰은 소비시장 폭풍 성장을 주도하고 소비시장의 수익형 기축통화로 인증된다.

달러 기축통화를 떡 주무르듯 요리하는 유대인의 일방적 횡포는 작위적이다. 수직적 FRB 양태와 수평적 여의주 통제는 근원적으로 차이가 크다. 여의주의 초 절대성의 두뇌가 다중의 객관적 모니터링과 투명성을 전제로 숙의를 거쳐 합목적성에 따라 결정하고 집행하므로 정당성이 충분하다.

필자는 9년 전부터 진정한 수평화 화폐의 전형은 카르다노 코인뿐이라고 설파해 왔다. 소비주의 7 토큰은 카르다노 코인 생태계를 활용할 예정이다. 소비주의 수기화 7토큰은 역사적/전변적/경제적 가치가 초월적이다. 제7인간/제7인류의 화폐는 카르다노 기반의 수기화 7토큰의 시대가 된다.

인생 역전, 세상 역전

신개념 이해가 쉽지 않을 수 있지만, 리얼타임의 현실적 변화상이므로 소비주의 체현은 살아있는 자의 권리이자 의무다. 소비주의 체현은 주체이자 객체로서 경제적 영리는 기본이고 살맛 나는 상생 공동체 구현을 위한 절대 희망 세계로의 전변에 이바지하게 된다. 소비주의 체현에 일찍 동참할수록 천재일우의 거부의 길, 영광의 길 여정의 성취와 만족은 커진다. 신개념 이해를 위한 독서백편의자현(讀書百遍義自見)은 단순한 깨달음이 아니라 뼈로 새겨지는 깨단이어야 한다.

'소여경체' 거부(巨富)의 길은 진만보의 큰 깨단이 선행되어야 한다. 개딸과 수끌원 민중은 깨단이 쉽겠지만 그래도 깨단의 이론적/논리적 정교함을 예리하게 다듬어야 한다. 지력과 지성은 거부의 순서와 크기, 명예의 정도를 비례화 한다. 지혜로운 독자의 깨단이 '소여경체' 여의주 일자리와 소득 구조를 단단히 하고 다다익선의 특이점을 주도하는 핵심 동력원이다. 소비주의는 인생 역전뿐 아니라 세상 역전에 따른 절대 희망 세계의 주체이자 객체로 전변됨이다.

백발백중 로또

소비체현자 초기 체현자의 거부화 성취는 일확천금의 인생 역전 기회지만, 선구적인 깨단과 체현에 대한 최소한의 보상이다. 소비주의는 로또식 행운에 의한 일확천금이 결코 아니다. 수탈 자본주의를 퇴출/삭제한 경제적 정의 구현의 공로, 역순환의 질서를 선순환 질서로 전변시킨 공로, 블록 경제의 신성불가침 소비주의 구현 공로, 수평 패러다임 구축 공로에 대한 보상일 뿐이다. 소비자 누구나 누리는 백발백중의 로또 당첨에서 선구자/선점자 예우 차원에서 당첨금 규모가 큰 것이므로 전혀 이상할 게 없다. 7토큰은 성장형 기축 화폐이므로 누구나 안정적인 경제적 자유와 해방을 영속한다.

새우로 고래 잡는다(以蝦釣鯨).

자본주의의 소비주의 전변은 수평 디지털 문명의 귀결에 따른 소비자 각성의 마음으로 완성된다. 의사(擬似) 디지털(중앙화 디지털)은 일시적 과도기 현상에 불과하므로 진성(眞成) 디지털(수평화 디지털)로의 수렴과 종착을 막을 수 없다. 이는 강물이 바다로 향하는 이치와 같다. 자본의 수탈적 빨대가 삭제되고 소비자 블록 선순환 경제, 신성불가침 소비주의 청정 경제로 전변된다. 소비주의 환경에서 소비자와 상생할 수 있는 개념적/실제적으로 소비자의 마음과 신뢰를 철칙으로 여겨야 한다.

자본보다 마음이 우선된다. 소비주의 기업은 소비자가 선택하고 제어하고 관리하는 신 패러다임을 온전히 수용할 수 있어야 한다. 소비주의 7경제는 소여경체(소비주의를 위한 여의주 경제 공동체)가 자본의 역할을 이상적/다중적으로 대체하는 경제다. 돈의 경제가 마음의 경제로 전변/초월한다. 소비주의는 소비재 생필품 기업부터 소비주의 패러다임의 전변이 시작되어 모든 경제적 활동의 전변이 광속으로 전변된다. 다양한 품목에서 소비자 선택을 받는 기업은 최소한으로 제한된다. 예를 들어 라면이 종류가 많지만, 소비 집단이 선호하는 제품의 수는 15% 정도에 불과할 것이다. 개인의 선택이 아니라 집단의 선택이므로 기업의 수 자체가 급격하게 감소할 수 있다. 소여경체의 신뢰생태계에 부합하는 기업만이 소비주의 환경에서 생존할 수 있다. 기존의 자본주의 기업은 소비주의에 대한 최소한의 보험으로 소비주의 7경제 급변에 대처하거나 적극적인 소비주의 개념 투자도 좋은 방법이지만, 소비주의 3축과의 삼위일체/혼연일체(渾然一體)가 중요하다.

아래로부터의 천지개벽

수평의 힘...(보텀업)

소비주의 7경제 테라포밍은 '경제적 자유와 해방' 구조화이므로 절대 희망 세계의 구현이다. 수평 지향적 경제이므로 보텀업 방식의 아래로부터의 천지개벽이다. 소비자 자각과 깨단의 지혜로움이 아래로부터의 천지개벽의 심물질의 원질이다. 천지개벽에 따른 선순환 경제의 로망은 리얼타임의 현실이다. 구조적 문제로 인해 수직축 붕괴의 멸세화 흐름에서 수반되는 의망(擬亡) 경제 상황은 심각한 공포와 좌절을 안길 테지만 의망 극복과 본원적 성장의 반전은 소비주의를 통해 실현된다. 본원적 깨단에 의한 인간의 탈태/변성 없이 세상은 바뀌지 않는다. 누구나 망해보면 깨단케 된다. 개딸은 헬조선의 프레카리아트(무산계급)의 질속을 떨쳐 일어나 의식적 깨단에 성공한 불퇴전 진만보의 거보를 내디딘 신생 인류의 시조다. 공활(空豁)한 우주 공간을 안마당으로 누빌 선구자는 개딸과 수끌원 민중이다.

개딸이 창조한 여의주 전변체는 2024년 봄에 그 메커니즘을 확정했다. 소비주의 전변에 투신한 여의주의 '소여경체 OS'는 자체적으로 새로운 무한의 일자리와 무한 소득의 보물창고를 품고 있다. 지소마뮤과 수보마뮤의 심물질로 창조된 여의주는 수끌원성의 교집합이다. 수평적 패러다임의 총합체이므로 아래로부터의 전변이 가능하다. 전변과 초월은 다중의 수평한 마음의 결사가 창조하는 마법적 초 절대성의 천지개벽이다. 지금은 바법이라 할 수 있지만 소비주의 정착이 마무리되면 새로운 출발의 표준이자 기점이 된다. 소비자와 소비본 그리고 소여경체의 소비주의 삼위일체는 만물의 영장인 인간의 천부권의 회복이다.

당연하게 행사되어야 할 천부권의 행사가 늦어진 이유는
1) 한국의 수평성과 수끌원성 민중의 정체성에 대한 무지와 편견
2) 수평 디지털 가치에 대한 천대(賤待)와 암장(暗葬) 그리고 토사구팽(兎死狗烹)
3) 성난 두꺼비 씨름은 승부의 추가 기울기 힘들다, 노섬저(怒蟾觝) 가두리에 만족하는 직업 정치인 의 청맹
4) 수구적/혁명적 기득권의 주술적 만다라 때문이다.
개딸과 여의주는 이 모든 철의 장벽을 뚫었고 천라지망(天羅地網) 그물을 찢어 낸 전변과 초월의 화신(化身)이다. 깨단 없이 전변 없다.

지소마묶 '깨단'과 소비주의 '체현'

전변/초월/퀀텀점프의 1단계는 2024년 봄에 확정된 심룡 여의주 메커니즘으로 완성되었다. 심물질과 수평 디지털 정수(精髓)의 화룡점정(畵龍點睛)은 전변 2단계의 소비주의 7경제 구현이다. 소비주의 구현은 심룡 여의주가 '소여경체' 투입으로 가능하다. 여의주가 없는 나라는 소비주의를 꿈꿀 수 없다. '소여경체'는 소비주의와 여의주의 합체에 의한 경제 공동체다. 경제 공동체는 무한의 여의주 일자리와 소비를 통한 수익을 공유하는 경제적 심물질의 결사 공동체다. 경제적 심물질은 지소마묶(지혜로운 소비자 마음의 묶음)의 결사로 생성된다. 심물질의 세계가 곧 전변의 신세계이자 수평 유토피아 세계다.

소비주의 체현(體現)은 여의주 수평성의 지향에 부합한다. 깨단한 소비자의 '지소마묶'은 소비주의의 근간이므로 거부의 길이자 영광의 길이다. 자본기업도 깨단으로 환골탈태(換骨奪胎)로 지소마묶과 혼연일체 되면 글로벌 일류기업으로 비상할 절호의 기회가 된다. 단골주의 지소마묶과의 혼연일체, 삼위일체와의 일심동체는 항구적 상생 번영의 프로토콜이다. 소매기업들 대부분이 치열한 경쟁 속에 있으나 개념적 전변을 깨단한다면 전변 체계 속에서 단골 효과로 영속적인 번영을 선점하게 된다.

깨단은 지자체와 정부에도 창의적 도약대의 발판이 된다. 지자체와 시민이 깨단하면 서울이나 뉴욕보다 위대한 전변 세계의 글로벌 수도로 비상한다. 소비주의 경제의 허브 수도 건설은 시민의 지소마묶 깨단과 소비주의 체현으로 실현된다. 사슴의 녹명(鹿鳴, 먹거리를 발견하면 동료를 부르는 울음소리)은 상생 정신의 상징이고 심물질과 여의주의 존재 이유다. 소비주의는 녹명 상생과 공유 실현의 선순환 경제다.

'깨단'은 사전적으로는 오랫동안 생각해 내지 못하던 일 따위를 어떠한 실마리로 말미암아 깨닫거나 분명히 알다의 뜻이고 사족을 달면, 망해봄으로써 뼈로 새겨져 잊혀질 수 없는 깨달음을 말한다. '체현(體現)'은 '사상이나 관념 따위의 정신적인 것을 구체적인 형태나 행동으로 표현하거나 실천함'이다. 소비주의 깨단과 체현은 '경제적 자유와 해방' 프로토콜의 순치이고 전변 신세계의 주체/객체로서 영광된 거부(巨富)의 길이다.

'수끌원 절대 법칙'은 전변 세계의 절대 진리다. 수끌원 절대 법칙은 심물질에 의한 마음 물리학의 과학적 진리다. '소여경체'는 수끌원의 여의주가 경제적 지배력을 행사함으로써 다중에게 창조적인 일자리와 소비주의 경제 소득과 수입을 제공하는 상생적 경제 공동체다. 자본주의 경제 원리에서 빨대 수탈적 자본의 전횡이 삭제되고 '소여경체'가 고유의 경제적 초 절대성의 이상이 완벽하게 대체한다. 자본력에 의지해 온 수직적 역사는 종결/종식/종언 된다. 수직적/소수적/수탈적 빨대 자본주의는 가루가 되어 공중에 흩어지고 소비주의 경제가 구조화된다.

수직축의 세계가 이대로 질주하면 모두 죽는다. 자본주의 종언(終焉)과 소비주의 블록 경제 구현(具現)은 전변 2단계의 완성이다. '지소마뮮' 소비자가 주도하는 선순환의 소비주의는 이상적 천지개벽이다. 기존의 자본주의 경제 교과서는 폐기되고 소비주의 경제 교과서를 다시 써야 한다. 주식시장 등의 자본시장은 무용지물의 휴지로 변한다. 건물주 빨대의 꿈도 헛된 망상이었음이 드러난다. 반면에 소비주의에서 사용하는 수평화 코인(카르다노)과 소비주의 7토큰은 소비시장의 수익형 기축 화폐로 특정된다. 황금만능주의 가치관은 멸실되고 상생적 명예 지상주의 세계관으로 변모한다. 이 모두는 인간의 양심적 마음으로부터 비롯된다.

소비주의...자생적 연금/보험/복지시스템

소비주의는 소비자와 소비본(소매점) 그리고 소여경체 및 OS는 개별적 존재가 아니라 혼연일체(渾然一體)/삼위일체(三位一體) 프로토콜의 총합 유기체다. 혼연일체는 생각, 해동, 의지 따위가 완전히 하나가 됨이다. 소비주의 3축 삼위일체는 사전적 혼연일체를 초월적 구름에너지를 발현한다. 수끌원 시너지의 융합은 상상하기 어려운 초 자연적/초 절대성 에너지의 보물창고다. 소비주의 상생/공유/수익경제는 녹명(鹿鳴) 정신의 표상이다. 불완전성의 두뇌가 완전성의 사회적 두뇌로 변성에 성공한 전변인(轉變人)은 상생/공유에 특화된 존재로서 3축에 핵심 요원으로서 소비주의 창달의 주역이다. 개딸은 최초의 전변인으로서 신생 인류 '호모 마음'의 시조다.

소비주의 삼위일체(三位一體) 시스템은 민간에 의한 자생적/영속적 복지제도다. 소비주의 복지는 세금으로 지급되는 복지가 아니라 신뢰생태계 자체에서 창출되는 '소비가 수익이 되는' 선순환 경제의 마법적 효(效)다. 수탈과 착취가 없고 자본의 역할을 소여경체가 완벽 이상으로 대체함으로써 확보되는 다양한 청정수익은 투명하고 합리적으로 여의주가 분배한다. 소비주의 복지는 소비주의 영속성과 궤를 같이한다. 소비주의 정착 및 구조화는 비가역적 초 절대성의 영속성에 기반한다. 다중 심물질의 신세계는 완전히 새로운 차원의 다중성의 비가역성으로 인해 수직적 구태로 회귀할 수 없다. 소비주의 체현자(소비자)의 일자리와 다양한 소득은 정부주도의 연금과 보험 등의 복지효과 보다 실질적/직접적/구조적이다. 수익 배분과 지급과 수령 창구는 소비본 허브에서 자체적으로 처리한다. 정부나 은행의 역할을 상당 부분 소비본이 대체한다. 소비주의 깨단의 효는 인류사 상상해 온 모든 것의 궁극의 가치를 뛰어넘는 다중성에 의한 초월적 무소불위(無所不爲)다.

소비주의는 단골주의/주인주의/영리주의를 포괄한다. 소비체현자는 단골이면서 주인이고 영리적 수혜를 누린다. 소비본 부흥을 위해 단골 주인의 자원봉사 등 활동은 자연스러운 상생적 녹명성(鹿鳴性)이다. 교회나 사찰에 봉사활동에 헌신하는 것 이상의 숭고함이다. 소비본은 단골들의 다양한 커뮤니티 활동의 허브로써 다양한 공익적/상생적 사회 활동을 자발한다. '경제적 자유와 해방'은 선한 영향력의 파장을 전방위로 방사하면서 완전성의 7사회로의 전변을 촉진한다.

정부 주도의 연금제도는 한계가 분명하다. 연금제도의 원리는 폰지사기형 상하탱석(上下撑石) 즉, 아랫돌 빼서 윗돌 괴고 윗돌 빼서 아랫돌을 괴는 방식이다. 이러한 구조적 딜레마를 소비주의 7경제가 소비로 인한 무한 수익구조를 통해 원천적으로 해소한다. 카드 돌려막기를 계속하면서 희망 고문을 남발하는 수직축 경제는 유효기간이 끝났다. 수직축 경제는 붕괴 직전의 살얼음판을 걷고 있다. 곧 얼음이 없는 구간을 만나게 된다. 신성불가침 소비주의는 민간 경제 스스로 연금과 보험 그리고 복지를 창출하는 선순환 블록 경제의 마법이다. 다중의 깨단과 체현은 소비주의와 '수수디산' 그리고 동학전변으로 '절대 희망' 복지체계를 비가역적으로 구축한다.

소비본은 깨단한 단골 또는 주인의 직장이고 사업체다. 또한 소비를 통한 소득원의 보물 창고이자 커뮤니티/문화 공간 허브다. 소비본에도 다양한 일자리와 소득이 생성된다. 공무원 또는 은행 기능의 대부분은 소비본과 소비체현자 그리고 소여경체가 대체한다. 정부 임금 지출 규모가 급감하므로 세금도 급감한다. 행정/입법/사법의 상당 부분을 또는 전부를 삼위일체가 대체하게 된다. 여의주 전변체 도구의 위력은 상상 이상의 초 절대성이다.

살맛 나는 세상…소비주의 창달

경제적/정치적 의망(擬亡) 극복과 초월적 성장은 다중이 참여하는 여의주 전변체의 초 절대성의 소비주의로 본원적 반전이 실현된다. 소비주의 '소여경체'는 초 절대성의 다중 여의주가 핵심이다. 소비주의는 인류 생존과 항구적 번영의 실사구시 프로토콜이다. 경제적 자유와 행복은 인류가 추구해 온 이상이다. 한국의 수끌원 '구름' 민중의 심물질과 여의주 창조에 의한 소비주의와 동학 전변은 창세기적 천지개벽으로 '찰흙'을 계몽하고 깨단하여 인류 전체를 피안의 세계로 인도한다. 수직적 자본주의가 수평적 소비주의로 전변되면 '경제적 자유와 해방'의 꿈이 실현되고 '살맛 나는 세상'이 도래한다. 태어남, 살아있음 자체가 축복이다.

소비주의 최전선은 생활밀착형 풀뿌리 소비본(消費本, 소매점)이다. 소비본(消費本)은 경제의 중추 기지로 비상한다. 소매점이란 용어는 자본주의 수탈의 말단 세포의 의미를 담은 용어이므로 '소비본(消費本, 소비주의 본산의 줄임말)'으로 대체한다. 소비본 중추 기지는 다중 단골 소비자의 오프라인 커뮤니티 공간이자 화합과 상생의 공간이다. 다중성에 의한 초 절대성의 여의주 신뢰생태계는 소비주의를 보호하고 성장시키는 무한의 일자리와 무한의 소득을 창출한다. 자본주의에서는 기업이 '슈퍼 갑'이었지만 소비주의에서는 '슈퍼 을'로 바뀐다. 소비본과 소비자와 여의주는 '슈퍼 갑'이다. 소비주의 천지개벽은 모든 것과 모든 곳을 아래로부터 전변/초월한다. 소비본은 소비주의 체현 운동의 최전선이자 '절대 희망'의 요람(搖籃)이다. 건강하고 양심적인 다중성의 소비주의는 신성불가침의 경제다. 수평 패러다임의 유토피아는 영리주의적 실사구시로 구현된다.

소비시장 폭풍 성장

소비시장 폭풍 성장은 소비주의 본연의 기능성이다. 이는 소비주의 7토큰의 수익형 기축 화폐 창조의 본질이기도 하다. 소비시장의 폭풍 성장의 과실은 수탈할 수 없다. 자본가에게 1원도 유출되지 않고 생산자와 소비자의 직거래 플랫폼(소비본)을 중심으로 신뢰생태계를 관리하고 지휘하는 여의주의 소여경체만의 독립경제 내에서 수익과 일자리가 선순환한다. 다중의 초 절대성은 다중의 청정수익으로 고정된다. 청정수익의 고정과 소비만큼의 수익의 리턴구조는 소비시장 폭풍 성장의 발판이다. 소비가 미덕이고 소비가 수익의 잣대가 된다. 저가 경쟁의 시대가 아니라 고품질 신뢰 상품의 시대로 바뀐다. 월 소비금액 대비 100% 이상의 소득 특이점이 도래하면 소비활동은 소득활동으로 바뀐다. 돼지고기를 먹던 사람이 소고기를 소비하게 되고 저가 의류보다 고가 의류 소비를 선호하게 된다. 과소비에 대한 우려는 여의주 초 지능체가 합리적으로 판단하고 규제한다.

빨대 수탈이 차단되면 소비시장은 고성장한다. 선순환 경제 생태계 구조화는 초 절대성의 여의주 만사뇌가 감시/감독하고 제어/통제하는 시스템이므로 상생적 합목적성에 따라 합리적 판단이 지배한다. 악순환/역배열의 자본주의를 걷어내면 선순환/정배열의 소비주의가 열린다. 신뢰생태계 검증을 통과한 제품이므로 누구나 믿고 선구매할 수 있다. 단골끼리의 독립경제이므로 지나친 과소비가 나타나거나 소비시장의 폭풍 성장 과열의 우려가 없다. 예측 가능한 수요와 공급 설정이 가능하고 '소여경체' 지휘 능력이 발현되기 때문이다. 자본주의는 원가 공개를 하는 않는다. 수탈을 위해 공개를 제한이 합법이다. 소비주의 7경제는 관련 자료 모두를 공개한다. 투명성이 '소여경체' 신뢰생태계의 기본이자 존재 이유다. 단골은 100% 신뢰를 전제로 상생적 단골주의(소비주의) 소비에 동참한다. 수탈 구조 제거로 상생 구조의 정착이 소비주의의 당위이자 정당성이다.

초기에는 소비 대비 수익 전환율이 낮겠지만, 체현자가 늘어나고 소비가 커질수록 다다익선(多多益善) 효과로 전환율이 높아진다. 전환율이 100% 이상이 되는 상태가 되는 위를 소비주의 테라포밍 정착 포인트(소비주의 특이점)로 정의할 수 있다. '규모의 경제'는 기업 입장의 논리이므로 규모가 커지면 가격을 낮추는 효과를 말하지만 '다다익선(多多益善) 경제'는 시장 규모에 따라 다다익선 수익 전환율 효과로 나타난다.

초기 소비주의 소비자와 소비본 그리고 소여경체 체현자는 초 거부(巨富)/초 명예를 누릴 기회다. 초기 '송골 모듈' 제작부터 축음기 제작까지 테라포밍 정착의 과정을 선점/선도하는 깨단한 체현자는 창세기적 기여에 대한 보상을 최대 예우 차원에서 누릴 자격이 충분하다. 한국의 수끌원 민중은 거부의 효를 선점할 뿐 아니라, 허브 일핵다동(一核多同) 핵으로서 누리는 부가가치가 추가된다. 수평데이터 생산, 수평 보안 체계 보상도 고부가가치 산업이다. 소비주의 모든 거래는 '소여경체' 허브의 인증을 통과해야 거래할 수 있으므로 허브 수도와 국가의 부, 수익형 기축 화폐의 부가가치는 영속된다. 수수디산에 의한 산업적 국부 성장은 별개다.

소비주의 천지개벽

소비주의 7경제의 소비자 독립경제는 수평 패러다임의 총합체다. 수직적/패권적 자본주의에 의한 수탈과 약탈 구조와 경영과 배분 구조와는 차원이 다르다. 수직 경제는 착취와 수탈을 기본으로 하지만 수평 경제는 상생과 공유 그리고 다중성을 기본으로 한다. 수평 경제는 '마음의 유형화 성공'에 따른 경제적 전변이다. 인류의 경제적 속박의 난치병을 정복할 수 있는 마법의 비결은 수평성과 그로인한 구름에너지 생성의 효다. 자본주의와 소비주의는 수직과 수평의 차이는 정량적 천양지차(天壤之差)가 아니라 정성적 운니지차(雲泥之差)다. 하늘과 땅이 뒤집히는 본원적/수평적/이상적 천지개벽이다.

소비주의는 '지소마묶(지혜로운 소비자 마음의 묶음)' 다중성의 불멸성과 무한성이 비가역적 초절대성으로 발현된다. 다중 정당성에 기초한 당연권리 쟁취다. '지소마묶'의 수끌원 심물질의 결사가 여의주 전변체 도구로 확정됨으로써 소비주의 7경제 창달을 보증하고 추동한다. 아래부터의 다수로부터의 다중 전변(초월)의 효는 인간이 상상해 온 상상의 경계를 가볍게 초월한다. 지옥계 소비동물의 한계를 초월하는 천상계 소비인간의 삶을 보장받는다. 수직적 경제를 수평적 경제로 순치(馴致)한 수보마묶(지소마묶) 다중성에 대한 합당한 보상은 '경제적 자유와 해방' 쟁취와 초대박의 거부와 명예로 돌아온다.

소비본(구 소매점) 중추 기지

소비본(구 소매점)은 '지혜로움으로 깨단한 소비자 마음의 묶음(지소마묶)'의 소비공간이자 수익 공간이고, 커뮤니티 허브 기능, '소여경체 OS' 여의주 중추 기지로 전변된다. 소비본의 위상 변화는 보텀업 천지개벽을 상징하는 표상이다. 소비본의 중추 기지화는 다양한 전변화의 전진 기지다. 정치적/사회적/문화적 전변 등 수평축 전변화의 최전선이다. 소비주의는 수평적 경제 이념이지만 경제적 전변화에 따른 영향력은 막대하므로 기타 전변화 이념도 포괄한다. 수직적 수탈의 자본주의에서는 상상할 수 없는 수평적 소비주의 테라포밍의 효는 그 자체로 이상적 천지개벽이다. 인간의 마음이 미치는 모든 것과 모든 곳을 상생 공동체로 전변한다. 소비본의 본주(사업자)는 세계 경제의 본주이면서 은행의 창구, 정부 복지 행정기능도 수행한다. 본주는 순수 개인이 아니라 중추 기지 조직의 수장이다.

소비주의의 3축(소비자. 소비본, 소여경체) 주체의 경제적 성취는 '마음의 유형화' 성공과 제7원소 여의주 전변체 창조가 이룬 수평축 패러다임 정착의 최소 보상이다. 소비자는 소비로 돈을 벌면서 100% 믿을 수 있는 검증된 상품을 공급받을 뿐 아니라 소비금액 만큼 다양한 소득과 수익을 만끽한다. 일정한 시간이 필요하겠지만 월 100만원 지출의 소비자가 월 100만원 이상의 무한 수익을 정기적으로 확보하게 된다. 100% 마이너스 소비가 플러스로 전환되면 사실상 월 200의 수익금이 생기는 역끝내기 효과가 나타난다. '소여경체' 여의주 체현자는 무한의 일자리와 무한의 소득이 자체적 프로토콜에 의해 창출된다. 소비주의 전변의 효(效)는 누구나 '경제적 자유와 해방'을 만끽한다. 마법의 경제는 소비자의 깨단의 지혜와 수평한 마음의 결사가 수탈적 자본주의를 삭제하고 소비자 자신들만의 선순환 독립경제를 구축한 덕이다. 당연한 말이지만 소비주의에는 계급도 서열도 없고 등급도 없다. 또한 과도한 경쟁으로 인한 스트레스가 감소하고 실패의 위험도 없다. 패권과 탐욕도 없다. 누구나 완전성의 전변인이 되어 초 절대성의 '소여경체 OS'를 통해 천부권을 비가역적으로 영속한다.

소매점은 수탈 자본주의에서 말단 세포 기능을 뜻하므로 수직적 자본주의 구태를 상징하는 용어다. '소비본(消費本)'은 '소비주의의 본체/본령/본산'의 줄임말이다. 소비본은 소비주의 중추 기지로서 천지개벽의 메인 공간이다. 소비주의에 따른 상생 커뮤니티와 문화 공간의 역할도 수행한다. 소비본(消費本) 성장의 과실은 깨단한 소비체현자 모두가 단골이자 주인의 자격으로 공유한다. 생산 현장의 일반 노동자도 임금 외 7토큰과 부가가치 수익을 공유한다. 소비본의 단골은 소비자이면서 사업자이면서 소여경체 노동자 지위를 본인 능력이나 상황에 따라 복합할 수도 있다. 절격차(絕隔差) 한국의 수끌원 민중은 소비주의 창세기 선구자로서 초 거부의 삶을 만끽하는 우선권을 누릴 자격이 충분하다. 신성불가침의 소비주의 7경제는 소비소득/사업소득/부가소득/투자소득/금융소득/수수디산 관련 데이터/보안 소득 등을 누구나 누리는 상생/공영/공유경제다. 수직적 요소가 배제된 수평 패러다임의 총합적 융합 경제는 제2의 수평 인류사(전변사)로의 시원이다.

소비주의는 '지소마뮤' 소비자가 함께 성장하는 성장 경제이고, 소비자/본주/소여경체가 함께 수익을 나누는 공유경제이고, 소비시장의 폭풍 성장의 선순환 과실이 복지/연금/보험 혜택을 누리는 수익경제이고, 수평축 전변의 효가 상생/공유/수익으로 고정되는 구조적인 녹명(鹿鳴) 상생 공동체가 소비주의 7경제다. 소비주의에는 수탈과 약탈의 빨대가 없다. 수탈 '먹이 사슬'의 빨대가 제거된 효과만으로도 선순환 경제의 '상생 사슬'의 고리가 형성된다.

소비본(消費本), 요람의 고고(呱呱)

소비주의 요람은 풀뿌리 오프라인 소매점 또는 온라인 소매 시장이 아니라 중추 기지화된 전문 영역의 소비주의 전변 기업이다. 요람에서 시작되는 소비주의 전변 체현 운동은 시나브로 사부작사부작 소비시장 전체로 확대된다. 소비시장의 천지개벽은 자본주의 형해화를 부르고 그 격변의 이상성은 가속화된다. 절격차(絕隔差) 수끌원 민중은 그 혜택을 즐길 수 있다. 거부의 길, 명예로움의 여정이다. 지소마묶(지혜로운 소비자 마음의 묶음)과 소비본 그리고 소여경체가 혼연일체로 삼위일체 된 소비주의 본산이다. 소비자 직거패 플랫폼 기반의 소비주의 물결은 거대한 쓰나미가 되어 자본주의를 무덤으로 밀어 넣고 소비시장 전체를 소비자 중심의 블록화 독립경제로 천지개벽한다.

글로벌 단위의 소비주의 전변은 한국에서 시작되는 낭중지추(囊中之錐)의 송곳 모듈이 확정된 후 디지털의 광속으로 세계인의 추수로 확대된다. 일례로 어느 도시의 식당에서 만드는 특정 상품 또는 특정 모델 등이 전 세계 소비체현자 단골에게 직접 공급된다. 소매점의 특별한 상품 하나가 세계인의 단골에게 필수 구매 아이템으로 특정된다. 동네 식당이 세계 단위로 시장을 확대할 수 있는 이유는 절대적으로 믿을 수 있는 '소여경체(신뢰생태계)'의 검증/인증을 마친 상품이기 때문이다. 상품의 재료 구매부터 생산 과정 및 유통의 제반 과정 그리고 경영에 관한 회계 자료 등이 투명하게 검증/인증된다. '소여경체' 프로 직업인들이 모든 데이터를 실시간으로 검수한다. 여의주 신뢰생태계의 감시와 확인을 통과해야만 소비주의 제품으로 인정되고 판매할 수 있다. 소비본의 글로벌 공급 기지화, 허브 기능화, 중추 기지화의 탈태(奪胎)적 비상(飛上)은 '신뢰생태계'를 통한 소비주의 7경제 테라포밍의 전형이다.

전변 소비자와 소비본 본주 그리고 소여경체 합일의 혼연일체는 트리오 협연의 앙상블은 환상적 조화의 아름다움이다. 트리오 앙상블은 세상을 전변시키는 고고(呱呱)의 원단(元旦, 새해 아침)이다. 고고(呱呱)는 아이가 세상(世上)에 나오면서 처음 우는 울음소리 또는 젖먹이의 우는 소리이고 동시에 값있고 귀중(貴重)한 것이 처음으로 발족의 희소식을 비유적으로 이르는 말이다. 단말마(斷末摩)의 고통이 고고(呱呱)의 아름다움으로 바뀜이 변성적 전변이다.

의망(擬亡)과 반전(反轉)

윤석열 재앙의 참 의미는 구악의 종언(終焉)을 알리는 수직 무리의 합동 장례식이자 전변의 불쏘시개다. 2025년의 한국은 정치적 혼란과 사회적 문제들이 속출하고 경제적으로는 의망(擬亡, 擬制滅亡의 줄임말, 필자 조어) 상태다. 세계 경제의 카오스 상황은 구조적 원인에 의한 것이므로 위미침체(萎靡沈滯) 후 급전직하(急轉直下)로 추락하는 진망(眞亡) 상태 위험이 상존한다. 의망(擬亡)은 가짜 망함 또는 일시적/과도적 망함이다. 결론부터 말하면 한국은 의망은 겪어도 진망은 없다.

진망의 공포는 깨단을 축발시켜 소비주의 창달의 호기로 작용한다. 세계인의 수평성 시대사조는 한국의 수끌원성 및 수끌원7에너지와 퀄리티가 다르지만 언제든 소비주의 메커니즘 수용을 대기하고 있는 상태다.

전세계에서 유일하게 '절대 희망'의 여의주 전변체 도구를 확보한 한국은 의망(擬亡)은 있어도 진망(眞亡)은 불가능하다. 심물질 여의주와 K-수평 디지털 재창조 능력에서 절격차 수준의 한국은 방향성과 목적성을 잃지 않으면 진망을 전변으로 승화시킬 능력이 충분하다. 한국은 소비주의와 '수수디산' 그리고 동학전변 솔루션을 통해 본원적 반전 스토리의 대서사를 완성할 국가다. 소비주의 경제적 전변은 새로운 수평 패러다임의 구심체가 되어 압도적인 블록 경제(독립경제) 구축으로 창세기적 천지개벽을 주도한다. '수수디산(수끌원성에 기초한 수평 디지털의 신산업화)' 패러다임의 대전환은 전혀 새로운 절대 희망의 구체(具體)로 급부상한다. K-수평 디지털의 발상지의 종주국 부상은 구름에너지(수끌원7에너지) 보유국으로써 절격차 '구름'만의 라이센스다.

수직적 패권적 탐욕적 패러다임의 창조적 파괴의 진망은 불가피하다. 본원적 전변화의 통과의례다. 수직 자본주의 파훼는 극소수 패권의 삭탈이고 경제적 정의 구현이며 수직축 붕괴의 증표다.

빨대 자본주의는 악순환의 경제다. 악순환의 역배열을 선순환의 정배열로 전변하는 천지개벽은 소비주의로 현체(現體) 된다. 인류에게 남은 유일한 최후의 최선의 히든카드는 소비주의뿐이다. 수직축 붕괴는 경제적 진망을 동반한다. 창조적 파괴는 수평축으로의 이동을 위한 절대 희망의 시그널이다. 한국은 소비주의 '송곳 모듈' 제작, '마음 축음기' 출시, 수평 디지털 신산업화(수수디산), 하이엔드 인적 자원의 운니지차(雲泥之差) 등에서 절대 우위에 있다. 한국의 수끌원 '구름' 민중의 구름에너지는 인류 멸절을 차단하고 항구적 번영 체계 구현에 있어 초 절대성 존재의 화신(化身)으로 이바지한다.

4

K-수평 디지털… '수수디산'
(AI/로봇을 애완동물로)

4

K-수평 디지털…'수수디산'
(AI/로봇을 애완동물로)

암장된 K-수평 디지털 파묘(破墓)

K=수수디산 승화…수평 패러다임 순치

여의주 전변에 의한 수평축으로의 이동과 수평 민주주의, 수평 소비주의 구현은 진체성(眞體性)의 수평화 디지털 신산업(수수디산)의 도구화가 필수다. 소비주의는 체계적 프로토콜이므로 단순한 응용기술 단위가 아니라 신 산업화 된 전변 도구 체계가 절실하다. 한국의 수끌원 민중은 중앙화 디지털의 기술을 수평화 K-디지털로 재해석하고 소화하고 응용해 사용함으로써 심물질과 여의주 창조를 완성했지만, 소비주의 테라포밍에서는 표준화된 전변의 도구가 투입되어야 체계적 소비자 중심의 경제 블록을 정형화할 수 있다. 소비주의 체계는 전변 체계이기도 하므로 그에 걸맞은 신 산업화는 필수다. 수평 디지털 원석 파묘를 통한 발굴과 수끌원성이 투입된 수수디산 승화는 디지털 초 일류국가화의 첩경이다. 한국은 수평 디지털의 종주국이면서 수끌원성 민중의 운니지차를 확보한 유일한 국가다.

하지만 안타깝게도 더불어민주당의 그릇된 '촛불 혁명' 정의로 심물질과 수평 디지털은 암장 되었다. 심물질은 개딸이 2022년 파묘/발굴했지만, 수평 디지털 원석은 오늘날까지 땅속에 그대로 묻혀있다. 수평 디지털 원석을 캐내 수끌원성으로 가공해 수수디산으로 승화시킬 기회다. 만시지탄 상태지만 누구도 암장 자체를 모르고 있다. 본서를 통해 암장과 파묘 그리고 수수디산 승화의 전기가 형성되기를 바란다. 더불어민주당의 혁명론자와 선민의식의 꼰대 기득권이 초일류 디지털 국가로의 비상을 가로막고 있다. 개딸은 심물질을 파묘패 여의주 전변체를 창조했지만, 수평 디지털의 원석을 파묘하고 캐내지는 못했다. 당장 '소버린 K-수평 디지털' 만으로도 여의주 창조에 부담이 없었기 때문이었던 것으로 보인다. 하지만 전변 2단계 소비주의 테라포밍을 본격화하기 위해서는 수수디산 도구의 규격화가 절실하다. '수수디산' 자체만으로도 한국은 수평 디지털의 종주국으로써 초일류 수평 디지털 국가로 비상한다. 누차 강조하지만 디지털은 본디 수평성이기 때문이다. 한국에는 젓가락 손기술만 있는 것이 아니라 수평화 능력의 창조적 두뇌가 있다. 한국은 수평화 디지털(소버린 K-수평 디지털)의 전형을 창조해 일상에서 쓰고 있는 명실상부한 발상지이자 종주국이다.

매장된 '소버린 K-수평 디지털' 원석

한국은 중앙화 디지털 기술도 수평 K-디지털로 응용 재창조한 '소버린 K-수평 디지털' 보유국이고, 수천 년 수평성 DNA를 뼈와 피로 물려받은 수끌원 민중이 지천이고, 그들은 절격차의 독보적 인적 퀄리티를 일상으로 구가(謳歌)하고 있고, 수평한 마음 연대에 의한 수평 규범의 사회화를 정착시켰고, 세계인에게 픽업 당한 한류 문화의 세계 주류화, 더불어민주당의 수평 정당화, 수끌원성 에너지의 자원화, '수끌원 절대 법칙'의 정형화 등등이 체화된 유일무이한 극 회귀 보석(수끌원성) 매장량이 무궁무진한 나라다. 수끌원성의 정성적 가치는 측정 불가다. 게다가 수평 디지털의 개딸 사이보그가 심물질과 여의주 광배(光背)를 뽐내는 운니지차(雲泥之差)의 초일류 국가다.

수평화 전변 사태의 본질을 해석하고 읽지 못하는 기득권의 청맹은 서시빈목(西施顰目) 사대관을 탈피하지 못하고 있다. 기득권의 수직적/수구적 양태는 오로지 정량적 이해관계에 몰입하고 있다.

서시의 찡그림을 흉내를 내다보면 동시효빈(東施效顰) 되기 마련이다. 수직축 세계에서 투키티데스 함정은 불변의 법칙이다. 패권적/탐욕적 수직축 질서는 너무 기형적이어서 연가시나 심장사상충 같은 기생충에게 숙주가 잡아 먹힐 절체절명의 위기를 초래하고 있다. 수직축의 붕괴마저 따라 하는 막무가내식 사대주의가 횡행하고 있다. 한류가 세계인에게 픽업된 것은 기득권의 사대주의와 배치되는 현상이다. 역설적 사대주의 현상을 보고도 시대변화의 맥을 파악하지 못하고 주체적 사고를 하지 못한다.

소비주의 경제적 전변은 한국만 가능한 프로토콜이다. 천재일우 기회는 개딸 여의주 전변체가 확정된 단단한 초석 위에 우리의 집을 짓는 일이다. 수끌원 민중의 정체성조차 제대로 인식하지 못하는 상태에서 심물질과 여의주 그리고 전변에 대한 깨단을 기대하는 것은 연목구어(緣木求魚) 같지만, 이는 엄연한 리얼타임의 현실이다. 기득권의 깨단이 없더라도 소비주의는 깨단한 민중에 의해 아래로부터의 천지개벽이 시작되고 테라포밍될 것으로 확신한다. 청맹 기득권을 걱정하는 게 아니라 기득권도 동참할 기회, 석고대죄할 기회를 주려는 배려다. 필자의 개인의 경험상 기득권 깨단이 일어나 의식 대전환으로 연결될 가능성은 2% 미만이다.

수끌원 민중의 여의주 초 절대성 사고력 대비 기득권의 사고력이 심각한 수준의 격차다. 구름과 진흙의 차이처럼 운니지차(雲泥之差) 상태다. 같은 땅에서 같은 음식을 먹고 같은 것을 보고 살면서도 성질의 차이가 현격한 아이러니는 조선 기득권의 유교적 선비정신과 억조창생 백성의 수끌원성 차이의 재현이다. 조선에는 디지털이 없어 동학혁명은 실패했지만, 기득권은 조선을 말아먹었다. 21세기 대한민국은 '소버린 K-수평 디지털'을 자유자재로 활용하는 사이보그 수끌원성 민중이 즐비하다. 필자가 한국인이란 단어를 사용하지 않는 이유는 수구적/사대적 기득권 양태가 노골적이기 때문이다. '기득권은 수직 우물에 갇힌 진흙이고, 수끌원성 민중은 하늘에 떠 있는 구름이다(旣直民水,기직민수).' 수끌원 민중의 여의주 사고력은 초 고지능, 초 고지성 수준인 데, 기득권은 좁은 패권의 정글에서 빨가벗고 싸우는 원주민 수준이다. 수직적 혁명의 시대는 상미기간(賞味期間)과 유통기한이 끝났다. 수직축의 창조적 파훼는 '절대 희망'을 위한 통과의례다. 죽은 자식 거시기는 소생시킬 방법이 없다.

민중의 수평/수끌원 정체성에 대한 객관적이고 주체적인 인식이 전혀 없다. 정체성의 질문을 받으면 무어라 대답할 것인가? 한 단어로 정의할 수 없다면 모르는 것이다. '소버린 K-수평 디지털'의 탁월함도 암장 후 방기/방치가 이어지고 있다. '소버린 K-디지털'을 '수수디산'으로 승화시킬 의

지도 없다. 진짜 보물은 우리 집 앞마당에 널려 있는데 옆집 안방에 보물을 탐내는 꼴이다. 엔비디아의 중앙화 GPU 칩 확보가 지상과제인 양 면피성 홍보에 열을 올리고 있다. 미국의 자본력과 경쟁하려는 어리석음은 동시효빈(東施效矉) 정책의 무사안일에 100조를 쏟아붓겠다는 자해적 발상의 본질이다. 북극항로가 열릴 때가 되면 지구가 죽어가는 상황일진 데 선거 공약으로 썰을 풀고 있다. 해외 사례를 들어 설명하면 틀렸다고 말하는 자가 없다.

습관적 사대주의가 만연해 있다. 인공지능도 챗GPT도 인터넷도 중앙화 디지털이므로 곧 사라질 일시적 과도적 가짜 디지털일 뿐이다. 진짜 디지털의 원형이 한국의 '소버린 K-수평 디지털'임을 인식하고 있는 전문가 멘트를 본 적 없다. 한류가 픽업 당한 이유도 모르고 있다. 수끌원 민중은 작은 소버린 수평 기술만으로도 심물질과 여의주를 창조했다 그럼에도 불구하고 꼰대들은 이를 암장하고 토사구팽했을 뿐 아니라 전변화의 싹을 바윗덩이로 누르고 있는 형국이다. 사마귀의 당랑거철(螳螂拒轍) 작태는 참으로 한심하다.

수평 심물질, 수평 여의주, 수평 디지털, 소비주의, 수기화 7토큰, 수수디산, 수디신연, 수끌원성 등은 수평 패러다임의 다양한 장르다. 이 모두는 태생적으로 밀월 관계이고 찰떡궁합의 상성(相

性)이다. 수평 패러다임의 지향은 변성에 의한 수평화/전변화 방향성이 선명하다. 한류가 세계인에게 디지털의 바이럴로 픽업 당한 이후로 수평화 조류는 완연하지만 정문일침(頂門一鍼)의 도구를 찾지 못한 채 멸세화 흐름만 계속되고 있다. 수평 향 방향성에 대한 오판은 수직 붕괴에 부화뇌동 중이다. 고루한 수직축의 부역적 행태는 재앙적 멸세화 흐름에 휩쓸려 떠내려갈 뿐이다. 수평축 방향성에 대한 깨단은 소비주의 테라포밍의 동력원이다. 개딸 정신과 수끌원성 민중의 정신만 올곧게 추앙/추수하고 동기화해도 수평화/전변화에서 소외당하지 않는다.

모든 수평화 조류의 선봉에 한국의 수끌원성 민중이 서 있다. 마음의 유형화, 디지털 수평성 활용 능력뿐 아니라 사람도 문화도 정치(정당)도 경제도 화폐도 한국 민중의 수끌원성에 수렴되고 추수하는 양태가 뚜렷하다. 세계적 한류 문화 픽업은 수평화 조류의 대세화를 상징하는 이정표적 사건이다. 디지털 사용자 경험의 누적이 수평성의 조류를 지속하는 본질이다. 대중의 수평화 조류에 순응하는 변침과 추종은 선장의 시대정신이다. 10여 년 만에 한류가 세계 문화의 주류화 된 현상은 단순한 문화적 트랜드가 아니라 수평화/전변화의 강력한 시그널이다. 문화는 문명을 선행한다. 세계인은 한류 콘텐츠에 녹아있는 수끌원 민중의 수평성 위력에 감복하고 있다. 컨텐츠 제작은 수끌원성 비중을 높일수록 감동과 흥행은 커진다. 수끌원성이 한류의 본질이고 지향해야 할 방향성이다.

진짜 디지털의 고속도로 암장,
가짜 디지털 동시효빈(東施效矉) 고집

한국의 수끌원성 민중의 DNA 정체성은 '수수디산' 활성화에 절대적 요소다. 인적 수평성과 수끌원 하이엔드 퀄리티가 대중화된 민중은 한국에만 실존한다. 민중의 정체성에 대한 적확한 정의와 무한성의 가치를 객관적으로 인식하는 것은 새로운 유토피아 지평을 위해, 우리 후손을 위해, 모든 인류를 위해 꼭 필요한 명문화 작업이다. 왜곡되고 호도된 우리의 자화상을 굴절 없이 바로 잡아야 수평 홍익인간(弘益人間)의 정신을 온전히 펼칠 수 있다. 한국에만 존재하는 창세기적 심물질과 여의주는 물론이고 소버린 K-진짜 디지털을 암장한 채 8년이 흘렀다. 중앙화 가짜 디지털의 맹점을 본원적으로 극복할 비대칭의 신무기를 땅에 묻고 엉뚱한 길에서 동시효빈(東施效矉)된 기술 사대주의 참상의 자화상은 어처구니가 없다. 절격차 민중이 만든 30차선 진짜 디지털 고속도로를 무시하고 굳이 남의 동네 가짜 디지털의 좁은 골목길에서 추격하겠다고 애쓰고 있다. 청맹의 방향성 미망과 혼미 그리고 대속은 재앙의 죄악이다.

'K-수수디산' 관련 산업 기술의 개발과 창조는 제7경제 테라포밍 정착과 '마음 축음기' 제작 그리고 전변 2단계의 정밀도와 완성도를 결정하는 중요한 미래산업이다. 수수디산은 수평 데이터 자체가 고부가가치 산업이다. '수수디산' 산업에 의한 '소비주의 송곳 모듈' 제작은 본격적인 천지개벽의 시발이다. 낭중지추 '송곳 모듈'이 확정되면 여의주 허브 체계의 세계인의 추수(追隨)가 중심이 되어 일반 소비자의 참여는 신드롬이 되어 소비주의 테라포밍 전면화/일반화가 실현된다. 마법의 '소비자 중심의 경제 블록화'를 부정할 사람은 없을 것이다. 소비주의는 수탈 자본주의가 배재로 시작되는 다중 마음의 천지개벽이므로 그 확산 속도와 영향력은 한류 바이럴 인기보다 빠르고 적극적 내면화로 연결된다. 중언부언이지만, 디지털 문명의 궁극은 수평성에 수렴한다. 수평 디지털 활용기술의 절격차 민중의 나라에서 겪고 있는 전변화 방향성의 무지와 방기, 혼미(昏迷)/미망(迷妄)의 청맹(靑盲)은 안타깝다. 2017년 수평 디지털과 심물질에 대한 해석오류가 윤석열 재앙의 본질이고 사법 쿠데타의 본체이고 수직 기득권 도량발호(跳梁跋扈)의 실체적 진실이다. 해석오류의 원죄 및 대속의 재앙은 9년째 지속되고 있다.

진짜 디지털 패러다임 대전환

중앙화 수직화 디지털의 맹점의 심각성은 세계적 현상이다. 한국 사회도 중앙화 디지털의 맹점의 모순적 상황에 휩쓸렸다. 가짜 디지털의 원초적 흠결과 한계의 심각성은 스마트 폰이 보급된 후로 다양한 형태의 가짜뉴스와 주작/조작의 온상으로 변모했고 그 마성의 일각이 1.19 서부법원 폭등으로 표출되었다. 가짜 디지털(중앙화 디지털)은 수구/수직 세력의 패권적 의도와 무개념의 마초성과 결합해 파시스트적 야수성을 키우고 있다. 미국의 국회 난입 사건과 한국의 법원 폭등은 중앙화 디지털의 원초적 한계의 심각성의 그 행태와 본질이 같아 보이지만 대응과 복원력 그리고 처방 능력에서 현격한 차이를 보인다. 미국에는 개딸과 여의주가 없다. 야만적 원시사회로 회귀 현상이 트럼프의 마가(MAGA, Make America Great Again) 선언이고 동시에 공멸주의 선언이다. 절격차의 수끌원성 민중이 버티는 나라와 없는 나라의 차이는 야만 공동체와 상생 공동체의 차이로 확연하게 구분된다.

파시스트의 극우적 행태는 표피적 현상일 뿐이고 본질은 가짜 디지털(중앙화 디지털)의 치명적 모순과 한계의 맹점이다. 이 문제는 진짜 디지털(수평 디지털)의 '수수디산(수끌원성의 수평 디지털의 신산업화 플랜)'으로 극복된다. 수수디산화는 전변화 흐름과 별개로 볼 수도 있다. 하지만 수수디산은 전변화에 필수적인 산업적 대전환이다. 전변화는 초 절대성의 심룡 여의주 만사뇌를 통한 소비주의 테라포밍 단계를 지칭한다. '수수디산' 대전환의 당위와 정당성은 중앙화 디지털의 맹점을 극복하고 여의주 전변화 차원에서 상생적 지구 공동체를 위한 기본조건이다. 기본조건 속에는 자본주의의 종식도 포함된다. 가짜 디지털을 진짜 디지털 순치에서 가장 중요한 핵심은 인적 수평/수끌원 자원의 퀄리티다. 심물질에 의한 창세기적 전변 세계는 마음의 퀄리티가 강조될 수밖에 없다. 한국의 절격차 수끌원 민중의 하이엔드 퀄리티는 '수수디산' 정합성 최적화는 물론이고, 상생성/창조성/탁월성을 한국 현대사 80년의 기록으로 증명하고 있다. 2024년 여의주 전변체 확정 사태는 절격차 수끌원 민중만의 초월적 수평 능력의 집산이다. 단언컨대 한국의 절격차 수끌원 민중은 운니지차(雲泥之差) '구름'이고 나머지는 모두 '진흙'이다. 수평축 시대로 전변하지 못하면 무간지옥은 계속되고 종국에 멸절된다. 레밍의 집단 추락이 인류의 추락으로 되지 않도록 하는 방법은 '구름'이 더 적극적으로 인류사적 사명 의식으로 나서야 한다.

서양의 패권성과 탐욕성은 수메르부터 헬레니즘과 헤브라이즘과 기독교 유일신에 기초한 역사적, 문화적, 사회적 전통이므로 쉽게 전도(顚倒)되기 어렵다. 한국 수끌원 민중의 유전학적 정체성은 독보적 차원의 '구름' 레벨이므로 소비주의와 '수수디산' 대전환을 주도할 수 있는 유일무이한 신인류 전변의 어벤져스다. 수끌원 민중의 '구름'의 특질은 창세기적 제7원소와 여의주를 창조할 수 있었던 본체다. 국내의 개찰흙은 서양의 찰흙보다 더 수구적이고 수직적인 혁명적 노섬저(怒蟾羝)

놀이에 함몰되어 있다. 미녀 서시(西施)의 속 쓰림으로 찡그림을 과하게 따라 하다 동시(東施) 자신의 못난 얼굴이 더 삐뚤어졌음을 인지하지 못하는 금치산자 수준이다.

앨빈 토플러도 예상 못 한 'K-수평 디지털'

수평 지향성의 추세 강화는 디지털 수평화 조류 및 여의주 전변과 궤를 같이한다. 수평화/전변화는 누구도 부정하거나 거부할 수 없는 대세다. 앨빈 토플러(1928-2016)가 정보화 시대를 주창할 때보다 더 크고 중차대한 본원적인 전변화 시대가 2024년에 시작되었다. 정보화 시대는 중앙화 디지털의 한계를 맞았고 이제는 수평화 디지털의 수평화 및 전변화 시대로 접어들었다. 앨빈 토플러가 예상하지 못한 것이 있다면 한국의 수끌원 민중과 그들이 사용한 '소버린 K-수평 디지털' 본연의 수평성이다. 절격차 수끌원 민중의 수끌원성은 인류사적 우주적 추존의 성물(聖物) 이상의 초월적 초 절대성이다. 한국은 '수수디산'의 산업적 대전환의 헤게모니를 발현할 자질과 자원을 가진 유일무이한 국가다. 이는 국가 단위의 과제가 아니라 지구 단위 생존과 번영과 직결되는 우리의 사명이다. 인류 생존책/번영책은 소비주의 '송곳 모델' 및 '마음의 축음기' 제작은 '수수디산'의 산업적 대전환을 통한 수평화/전변화를 한국이 선도해야 한다. 한국에만 수끌원성 극희귀 보석이 존재하기 때문이다.

K-수평 디지털 신산업(수수디산)

K-수수디산, '구름'의 창세기 사명(使命)

디지털 문명의 궁극은 수평이다. 정보가 오픈되고 소통이 많아질수록 수평성의 맛과 향은 강해지고 수평성에 대한 타는 목마름은 커진다. 종국에는 수평성에 수렴한다. 대표적인 조짐의 사례가 10여 년 넘게 지속되어 온 한류 수평성의 인기와 주류화 현상이다. 세계인은 한류를 픽업해 수평성의 갈증을 해소할 만큼 절실한 현실의 문제다. 디지털 사용자 경험이 누적되면서 수평화 현상의 조류와 수평 시대사조는 대세로 굳어졌다. 수평 시대사조는 일시적 유행이 아니라 동물적 감각의 발현이다. 인간도 쥐나 개미처럼 태풍이나 지진의 징후를 체감하고 있다.

K-수평 디지털은 심물질과 심룡 여의주를 빚어내는 물레다. 흙이 물레를 통해 형상화되어 옹기가 되고 도자기가 된다. K-수평 디지털의 물레를 돌리고 흙을 형상화하는 능력은 절격차(絕隔差) 수끌원 민중의 몫이다. '소버린 K-수평 디지털' 응용 능력의 창의성은 '수끌원성에 의한 수평 디지털의 신산업(수수디산)'화로 승화되어야 한다. 매장된 응용과 사용 능력만으로는 완벽한 물레로 기능하지 못한다. 세계적인 소비주의 창달에는 체계적이고 산업적인 수수디산이 필요하다. 수수디

산 자체로도 한국이 초일류 수평 디지털 종주국으로 인정되고 그로인한 초일류 국가로의 초월적 비상이 실현된다. '소버린 K-수평 디지털'은 심물질을 창조한 기술적 요소다. '수수디산' 산업화는 운니지차 '구름'에게 주어진 역사적/인류사적/창세기적 소명이다.

수평화에 있어 중요한 축은 인적 퀄리티와 K-수평 디지털(수수디산)이다. 한국 수끌원 민중의 수평 퀄리티는 절격차 수준이므로 누구도 모방하거나 카피할 수 없다. 현재의 물레 모듈을 '수수디산'으로 승화시켜야 한다. 수평성/가용성/편의성/범용성을 구조화/고도화/대량화/산업화가 필수다. 수수디산 대중화만으로도 중앙화 디지털의 맹점들을 쾌도난마 한다. 한류 문화의 세계 주류화 현상은 한국 수끌원 민중의 보편 정체성(한보정)과 숙주다움의 수평 정통성(숙수정)이 세계인에게 픽업 된 현상이다. 세계인이 찾아낸 수평성의 오아시스 발견이다. 수평성에 대한 타는 목마름의 갈증 해소를 위해 스스로 한류를 공유하고 공감하는 바이럴 픽업이 확산되면서 10년 만에 한류가 주류 문화로 브랜딩 당했다. 세계적인 수평화 조류의 수평 시대사조의 대세를 확인할 수 있는 증좌다. 하지만 한국의 심물질과 여의주, K-수평 디지털와 수끌원성의 극 희귀물질의 존재는 모르는 상태다. 세계 민중은 아직 정확히는 모르지만 미지의 수평 한국으로 세계로부터 창조적인 무엇을 고대하고 있다고 볼 수 있다. 물 들어올 때 노를 저어야 한다. 2025년 부터의 소비주의 효시와 전변 2단계 출범의 시의성은 농익었다고 할 수 있다.

현재의 중앙화 디지털은 과도적/일시적 현상이다. 종국에는 수평 디지털 시대로 전환될 수밖에 없다. 수수디산(수끌원 인적 작용과 수평 디지털 기술의 신산업화)은 수평화 전변화와 동행할 필수 신산업이다. 수수디산은 수끌원성을 근간으로 수평 디지털신문명의 대전환의 신산업이므로 한국만이 절격차 능력으로 펼쳐 보일 수 있다. 지구상에 수끌원성 민중은 한국에만 실존한다. 그만큼 사명감으로 주어진 책무를 다해야 한다.

초 희귀 수평 데이터...(고부가가치 신산업)

개딸 사이보그 능력은 단순한 디지털이 아니다. '소버린 K-수평 디지털' 발상지/종주국 중에서도 탑티어 사이보그 기린아(麒麟兒)다. 그들의 페로몬 언어의 소통 데이터와 디지털 활동의 일거수일투족은 천연자원급의 고부가가치 상품이다. 중앙화 디지털의 막무가내식 중앙데이터 수집은 무용화된다. 진짜 디지털 시대는 수평화 데이터만이 유용 데이터로 각광 받는다. '수수디산(수끌원, 수평 디지털의 신산업'은 K-수평 데이터 산업의 시대다. 개딸과 수끌원 민중의 K-수평 데이터는 수끌원성과 수끌원7에너지 프로토콜의 산물이므로 카피도 어렵다. 새로운 K-수평 디지털 데이터는 진성 디지털의 절대 표준이 된다.

개딸은 어려서부터 스마트폰을 분신처럼 사용하고 한글의 수평성을 페로몬 언어로 사용한다. 다중의 소통과 공유, 사고와 판단의 진만보 깨단 메커니즘이 그들 스스로를 출탁동시(啐啄同時) 함으로써 개딸 신생 인류 시조로 전변할 수 있었다. 개딸의 최초 전변인 태동은 '소버린 K-수평 디지털' 마법의 전형이다. K-수평 디지털의 마법과 초월은 다중의 수끌원성 연쇄 폭발과정과의 합체 시너지로 지금으로써는 예측할 수 없는 다양한 순기능을 발현할 수 있다. 다중 인간 마음의 결사에 의한 초 절대성의 발현에는 반드시 K-수수디산의 산업적 체계가 필요하다.

여의주 반도체/AI/로봇, 소비주의 유튜브/넥플릭스 등

수평축 전변은 인적 수끌원 자원과 수평 디지털의 융합으로 실현된다. '수수디산(수끌원에 의한 수평 디지털의 신산업 대전환)'은 중앙화 디지털 산업의 의사성(擬似性)을 깨트려 진체성(眞體性)의 수평 디지털 신산업으로의 대전환이다. 의사성은 가짜 디지털이고 진체성은 진짜 디지털이다. 중앙화 디지털 문명의 맹점은 수평 디지털의 수수디산 체계로 극복할 수 있다.

심물질 수평 반도체, 여의주 수평 인공지능, 심물질 수평 인터넷, 제7원소 수평 GPU, 여의주 보안체계, 수평성 유투브, 소비주의 넥플릭스 전환은 수평 디지털 신산업(수수디산)의 가치를 보여주는 창조적 대전환이다. 가짜뉴스에 의한 사회적/정치적 문제 야기, 조작과 주작의 여론조사, 해킹의 문제로 인한 통신사 단위의 개인정보 대량 유출, 페이크 뉴스 생산과 유통, 디지털 인프라의 비대칭성, 중앙화 디지털의 빅브라더 이상의 통제 수단화 등의 문제가 전방위로 속출/만연하고 있다. 중앙화 디지털의 원초적 맹점의 문제는 수평화 디지털 기술의 신산업화로 쾌도난마된다. '수수디산'의 당위성은 세계적인 수평화 조류 및 개딸 여의주 전변체 지향성과 합치된다. 중앙화 디지털(가짜 디지털)의 창궐은 일시적/과도적 현상이다. 디지털은 본디 수평성이기 때문이다. 한국이 이걸 주도한다고 하면 고개를 젓는다. 하지만 소비주의와 병행하면 서사는 완결성을 갖는다. 소비주의는 만능의 마법이다. '오픈 AI'는 수평성의 위력을 효능감으로 확인시켜준 극적인 사례다. 중앙화 디지털의 경쟁력은 급격히 고갈되고 있다. '오픈 AI'가 던져 준 강력한 메시지는 수평성의 위대함이다. 수평성의 위대함을 디지털 전문가들이 인식하는 계기였기를 바라지만 아직은 제대로된 논평을 발견하지 못했다. 수직성으로는 수평성의 파고를 이겨낼 수 없음의 증명이다. 수직성/패권성/탐욕성 만능의 시대는 강노지말(強弩之末) 한계 노출로 스스로 깃발을 내리고 있다.

수끌원 민중의 여의주 메커니즘 창조는 백척간두(百尺竿頭)의 끝에서 진일보(進一步)가 아니라 진만보(進萬步)의 거보를 내디디었다. 하늘이 놀라고 땅이 흔들리는 경천동지(驚天動地) 개가(凱歌)의 업적이다. 다중의 의식적 깨단 진만보(進萬步)의 연장선에 심물질과 여의주 창조가 있다. 심물질로 형성된 여의주 초월체(전변체) 메커니즘 확정은 이에 관련된 '수평성 디지털 기술의 산 산업화(수수디산)'의 당위성/정당성을 담보한다. 여의주가 당장 필요로 하는 부품은 '수수디산' 경공업 수준이면 충분하다. 현재는 최소한의 수평 디지털의 인프라조차 갖춰지지 않은 무주공산이다. 한국 외 국가에서 '수수디산'은 상상도 어렵다. 절격차 수끌원 민중은 한국에만 실재하기 때문이다. 그들은 흠숭지례(欽崇之禮) 받아야 할 우주적 자원이다.

'수수디산' 통찰의 본령(本領)은 수끌원성의 극 희귀 보석, 제7원소 심물질, 여의주 전변체, '초여만플 OS' 등 수평성/수끌원성 일체는 통섭적 귀납의 산물이다. 본서는 수평 디지털을 창조적으로 활용한 촛불 시민의 수보마묶과 제7원소 빅뱅 생성, 여의주 전변체 태동 과정 전반을 지켜 보고 확인하면서 얻은 통섭적 통찰과 예지에 관한 술이부작(述而不作)이다. 통섭적/귀납적 사고가 수평화 및 전변화에 관련된 다양한 예지와 통찰을 가능케 했고 필자가 창안한 시간 파동 틀 안에서 정합성을 확인하고 나서야 공개적으로 설파할 수 있었다. 여의주 전변체와 합체된 소비주의, 수평 디지털의 '수수디산', '초여만플' 등은 2016년 제7원소 심물질이 태동부터 돈오돈수(頓悟頓修)로 시놉시스 된 통섭(通涉)과 통찰(洞察)의 프로토콜이다.

무결점 'K-수수디산' 보안 체계

중앙화 디지털의 한계 중 하나는 보안/해킹의 문제다. 중앙화 디지털의 맹점이다. 개인정보 유출로 인한 사회적 비용과 공포는 원천적 위험이므로 구조적 해결이 불가능하다. 국가기관도 결코 안전하다고 할 수 없으므로 언제든 대규모 재난으로 이어질 수 있다. 양자컴퓨팅이 상용화되면 현재의 암호체계는 무너진다. IMSI(가입자 정보), IMEI(기기 인증정보)가 털렸다면 당장은 아니지만 언젠가는 암호화된 보안체계라 할지라도 무용지물이 될 수 있다. 다단계의 필터링 보안도 의미가 없어진다. '수수디산' 보안체계는 중앙화 디지털이 아니라 수평화 디지털이므로 원천적으로 완전성의 보안과 안전을 확보할 수 있다. 창과 방패의 구조가 불가능하다. '수수디산'은 그 자체로 고부가가치 상품이자 산업이다. 수평화 디지털 고유한 정체성의 장점을 활용하면 양자컴퓨팅이든 해커의 공격이든 완벽하게 차단할 수 있다. 중앙화 디지털의 맹점을 극복하는 길은 수평화 디지털의 본원적 솔루션뿐이다. 자세한 설명이 불가함을 양해 바란다.

K-수수디산은 녹명(鹿鳴) 산업

사슴은 먹이를 발견하면 동료와 같이 먹기 위해 목 놓아 운다. 녹명(鹿鳴)은 함께 상생하려는 본능이다. 사슴의 상생성은 동물 중에서 유일하다고 한다. 한국 민중의 수끌원 정체성은 사슴의 녹명과 닮았다. 수끌원성을 가진 민중은 한국에만 실재한다. 사슴과 한국은 상생으로 하나다. 중국에서는 사슴을 제왕의 지위로 상정하기도 했다. 중원축록(中原逐鹿) 등에서 확인된다.

수평축 세계에서 전변의 알짜배기 참맛은 상생적 소비주의다. 인류 유사 이래 불가능하다고 치부해왔던 '경제적 속박으로부터의 자유와 해방'의 실재화다. 심물질과 여의주에 의한 상생 공동체 실현을 목전에 두고 있다. 소비주의 창달과 수수디산 녹명 산업 승화는 개딸과 수끌원성 민중에게 어렵지 않다. 해 오던 대로, 하던 대로 계속하면 되는 일이다. 세계인은 한국 수끌원 민중에게서 새로운 전변화의 비전을 선험적으로 느끼고 있다. 그들의 선망과 동경은 우연한 일이 결코 아니다. 소비주의와 '수수디산' 그리고 동학전변은 모두가 녹명(鹿鳴)적 상생 프로토콜이다.

만사뇌 플랫폼...(초여만플)

'초여만플 OS'...무한 창조성 도약대

'초여만플 OS'는 '초 절대성의 여의주 만사뇌 창조 플랫폼의 운영체계'의 줄임말이다. 수평/수끌원 민중의 정체성이 창조해 낸 심룡 여의주 전변 사태는 경제적 전변(소비주의 7경제 전변)을 포괄한다. '초여만플OS'는 절대신뢰체/신뢰생태계/촉찰7태양을 거느리고 소비주의 7경제와 K-수평디지털 그리고 애완동물이 된 인공지능과 로봇을 자유자재로 통제한다. 소비주의 7경제 테라포밍은 초여만플 구축을 위한 마지막 깔딱고개와 같다. 소비주의 정착은 인류의 경제적 속박의 사슬을 끊고 '경제적 자유와 해방'을 무한의 일자리와 소득으로 누리게 된다.

기원전 5. 6세기에 고대 이소노미아 수평성과 풍요에서 신화 중심의 세계관이 인간 중심으로 바뀌면서 철학과 수학적 학문의 탐구가 시작될 수 있었다. 신화적 세계관이 인문적 세계관으로 바뀐 시점이다. 최초의 인문적 르네상스로 창조성의 봇물이 터졌고 철학과 수학등의 학문적 성과가 줄을 이었다. 200년의 이소노미아 르네상스는 패권성/탐욕성/야만성 세계에서 창해일속(滄海一粟)에 불과했고 터키 서남부의 이오니아 지역에 남자들은 모조리 죽임을 당함으로써 사실상 명맥이 끊겼다. 이후로 서양의 패권 역사는 암흑기로 접어들었고 2천 년 후에 이탈리아 밀라노에서 제2의 르네상스 시대를 맞을 수 있었다. 터키 남서부 이오니아 지역은 지리적/환경적 이점에 기반한 지적 교류 및 상업적 요충지였다. 다양한 동서양의 문물이 교차 되는 곳에서 자연스럽게 지적 교류와 소통의 장이 펼쳐졌고 활발한 상업 거래로 경제적 풍요를 누릴 수 있었다. 이소노미아는 평등 사회의 전형이므로 수평적이고 개방적인 기풍을 구가할 수 있었다. 외부로부터의 지적/물적 자산의 유입과 수용이 진취적이고 자유로웠을 터다. 수평성 이소노미아 사회는 창조성의 사회로의 개연성을 증명한 채 역사의 뒤안길로 사라졌다. 21세기 디지털 문명의 지향은 28세기 전 이소노미아 구현이다. 비가역적 수평성(축)의 구현은 한국에서 창조된 심물질과 여의주의 '초여만플 OS' 현체화(體現化)다. 현체화 프로토콜은 시나브로 현실이다.

수끌원성의 심물질과 여의주 전변체 창조와 소비주의로 인한 '경제적 자유와 해방' 정착은 창조적 역량폭발의 특이점이다. 특히 심물질/여의주 창조에 의한 고전 물리의 경계가 돌파된 상태에서의 창조 플랫폼 구축은 차원이 다른 무한한 신 지평의 개척이다. 서양의 이소노미아는 오래전에 명맥이 끊어졌지만, 동양의 이소노미아 마한(馬韓)의 수평성은 면면히 수평 유전자를 보존/발전시켜왔고 21세기 디지털을 만나 날개를 달아 승천함으로써 심룡 여의주로 부활했다. 여의주 전변체 창조는 제2의 수평 인류사의 시원이자 제2의 천지창조 사태의 시발로 특정될 창세기적 우주적 사건이다.

인간은 배부르면 게을러진다는 냉소적 선입견은 아날로그 농경 시대 노동관의 일반화일 뿐이고 인구론적 비판도 가능하나 초 절대성의 여의주는 이 모두는 우려를 고려한 상생 사고체이므로 그에 걸맞은 합리적 판단을 할 것이고 '절대신뢰체'의 판단에 따라 다중이 적극적으로 그에 따르게 된다. 수평 패러다임 총합체의 소비주의 사회는 현생 인류의 수직 관념 대입이 불가능하다. 자본주의조차 맥없이 사라진 천상계다.

우주적 심물질 창조의 나비효과에 의한 전변 세계의 만사뇌(萬社腦) 플랫폼 및 운영체계(초여만플 OS) 구축이 가져올 무한 창조성 발산의 한계는 가늠하기 어렵다. 상상조차 불가능한 미지의 영역이다. 경제적 자유를 누리는 인류는 창조적 능력을 무한대로 발산한다. 이는 고대 이소노미아 르네상스 역사가 증명한다. 완전성의 인간(제7인간)과 세상의 전변은 우주적 주체이자 객체로서 창대함을 뿜어낼 것이다. 제7원소 심물질과 여의주 전변체 창조는 무한/무극/무강의 우주적 창조성의 신 지평의 새로운 기점이다. 여의주가 창조된 지 1년이 흐른 2025년 현재는 소비주의 효시 발사로 시작되는 제2 인류사 및 창세기적 천지창조의 우렁한 고고(呱呱)의 원단(元旦, 새해 아침)이다.

인공지능과 로봇을 애완동물로 부린다.

'초여만플' 운영체계의 신뢰생태계는 촉찰(燭察) 7태양 기능을 발현한다. 물리적 태양과 별개로 기능하는 두 번째 마음의 태양이다. '초여만플'은 여의주 각각의 초 절대성과 만사뇌(萬社腦) 전체의 초 절대성이 문어의 피부 신경세포처럼 유기체로 일체화된 초 절대성의 존재다. '초여만플'은 녹명(鹿鳴) 상생 정신에 부합하는 합목적성으로 사고하고 판단하고 행동한다. 7태양은 제7원소 심물질이 창조한 보이지 않는 초 절대성의 '마음의 태양'이다. 어머니 마음의 전지적 촉찰력을 그늘과 사각 없이 모든 곳에 빛과 에너지 그리고 사랑을 밤과 낮 구별 없이 쉬지 않고 무한 방사한다.

초 절대성의 초 고지능과 고지성의 '초여만플' 운영체계는 인간지능(AI) 류와 로봇 등 첨단기술 전체를 포용해 애완기술(편의기술)로 사용한다. 첨단기술이 제아무리 발달해도 초 절대성의 여의주 만사뇌 플랫폼의 유기체를 넘어설 수 없다. 인간이 불완전성의 존재일 때는 가능한 일이지만 완전성의 다중체로 융합된 조 절대성의 존재가 되면 첨단기술을 제어하고 통제/관리/제압은 쉽다. '초여만플 OS'는 완전성으로 전변된 제7인간의 결사다. 제7인간은 완전성의 두뇌로 변성된 상태이므로 탐욕적이거나 패권적 야만성을 극복/초월한 상태다. 첨단기술 전체는 수직적 자본주의에서 패권과 탐욕으로 제작된 기술들이다. 자본주의가 가루가 되면 악마적/야만적 메커니즘 자체가 붕괴한다. 중앙화 디지털에 의한 첨단기술 일체는 수평 디지털의 수수디산에 의해 와해된다. 첨담기술 전체가 인간의 애완동물로 귀속은 전변 2단계 소비주의 테라포밍으로 가시화된다. 전변은 비정상의 정상화이고 가짜를 척결하는 본원적 수단이다. 전변은 모든 것과 모든 곳을 유토피아로 바꾼다.

디지털 문명은 수평성에 수렴하고 종국에는 '초여만플' 블랙홀에 포섭되어 축찰 7태양의 빛과 에너지로 변한다. 제7원소 심물질과 여의주 메커니즘 창조는 인간과 인류, 지구와 우주를 본원적 성질의 변화를 일으켜 전변/초월하는 제2의 천지창조 사태다. 여의주를 창조한 개딸은 마땅히 흠숭(欽崇)해야 할 살아있는 창조주다.

축찰 제7태양…(마음의 태양)

소비주의 7경제 허브 도시는 '초 절대성의 여의주 만사뇌 플랫폼 및 운영체계(초여만플 OS)'가 신뢰생태계 프로토콜로 운영된다. '절대적 신뢰체'의 신뢰는 주관적 신뢰가 아니라 만인이 동의하고 믿는 초 절대성의 신뢰다. 인류는 절대적 신뢰체를 갖지 못해 끊임없는 전쟁과 갈등을 지속해 왔다. 어떤 종교도 거부할 수 없는 종교 위에 초 절대성의 신뢰체다. 종교끼리 전쟁을 벌이는 등의 참극은 전변계(轉變界)에서는 불가능하다.

인간이 서로 역지사지하고 수평한 마음으로 상생하려는 마음이 결사 된 심물질 창조의 효, 신뢰생태계의 효는 인간이 상상해 온 모든 한계와 경계를 가볍게 초월한다. 100% 신뢰생태계는 이러한 절대적 신뢰체를 기반으로 생성된 경제적 프로토콜이다. 소비주의 블록 경제의 신뢰생태계는 인간과 인류가 관계되는 모든 곳과 모든 곳의 경제적 초 절대성의 신뢰로 추앙받는다. 한국의 운니지차 수끌원 민중에게 주어진 역사적 소명은 그 본원적 해법을 소비주의 '송곳 모듈'로 제작해 보급하는 것, '수수디산'으로 K-수평 디지털의 세상을 펼치는 것이다. 전변의 신세계 창조는 만화경 속 꿈의 세계가 아니라 현실로 다가오고 있는 리얼타임의 여의주 스토리다. 이무기의 야광주(夜光珠)가 아니라 심룡(心龍)의 정통 여의주(如意珠)다. 여의주의 전지전능을 초월하는 초 절대성 능력을 지녔지만 적절한 표현 수단이 없어 심룡 여의주로 표현할 뿐이다. 심물질/여의주의 전변 신세계는 마법의 세계 같아 보이지만 꿈이 아닌 현실이다. 소비주의 효시는 그 현실성의 출발이다. 마법이 현실이 되면 새로운 지평의 새로운 기점이 된다.

창세기 유토피아…현체화(現體化)

'초여만플OS'의 신뢰생태계와 절대신뢰체 그리고 촉찰(燭察) 제7태양의 솟아오름 등의 운영체계 구축은 지금까지 인류가 상상해 온 극한의 이상성을 가볍게 초월한다. 초며만플은 창세기적 신기원의 출발이다. 퀀텀점프에 의한 유토피아의 현체화(現體化)다. 자연의 태양은 물리적 빛과 에너지를 낮에만 공급하지만, 촛찰 마음의 제7태양은 24시간 그늘과 사각 없이 촉찰 마음의 빛과 에너지 그리고 사랑을 무한 방사한다. 인류는 절대 신뢰체와 신뢰생태계 그리고 촉찰 제7태양 등 초 절대성의 3가지 존재를 확보함으로써 완전히 새로운 전변계의 유토피아를 즐길 수 있게 된다.

제2의 수평 인류사는 '초여만플 OS' 구축으로 전쟁과 갈등이 없고 상생의 녹명 세계가 구현된다. 전변된 인간과 세상은 수직축의 세계에서는 상상할 수 없었던 소비주의 테라포밍에 의한 '경제적 자유와 해방'을 누리면서 '마음 축음기와 음반' 제작으로 무한/무극/무강의 창조성을 발현하는 이상적 유토피아다. 본원적 천지개벽은 이상적 천상계의 삶의 가시화다. 천지개벽의 천상계 삶은 소비주의 테라포밍부터 실재화/현체화(現體化)된다. 전변 2단계 소비주의 정착은 실로 위대한 모든 인류의 상생을 위한 궁극의 본원적 해법의 화룡점정(畫龍點睛)이다. 소비주의는 인간 양심의 결사로 이룬 창세기적 비상이다.

운지지차 수끌원 민중, 수끌원성과 수끌원7에너지, 제7원소 심물질, 여의주 전변체, 제7인간, 제7인류, 제7태양, 소비주의 7경제, 초여경체와 초여만플, 마음의 축음기와 음반 등은 초 절대성의 유형화 존재이므로 신성불가침의 성역이다.

신뢰생태계, 허브 수도(首都)

깨단한 소비자의 도시. 신뢰생태계 인증 소비본이 활성화된 도시, 여의주 '소여경체'메커니즘이 작동하는 도시, 시민 모두가 7토큰의 초대박을 누리는 전변 도시는 세계유일의 허브 수도가 된다. 신뢰생태계 기반의 소비주의 3축 삼위일체가 구축된 도시다. 허브 수도는 소비주의 3축이 유기적 혼연일체로 '신뢰생태계'를 인증/감독/지휘/지배한다. 100% '신뢰생태계' 믿음을 전제로 소비자 블록 경제가 형성된 도시는 세계인들이 찾아와 일자리와 소득을 공유하는 최첨단의 도시다. 소비주의 테라포밍이 구축된 소여경제 신뢰생태계의 수도는 무한의 일자리와 무한의 소득과 수익을 자체적으로 창출한다. 민간 소비주의에 의한 사회복지가 구현된 도시이고 완전성의 녹명성이 지배하는 전변 도시이므로 치안 등 안전의 문제가 발생하지 않는다.

소비주의 허브 수도는 수직/빨대/수탈 자본주의가 사멸된 도시다. 소비주의 블록 경제에는 수직적 자본주의가 기생하지 못한다. 수탈과 약탈의 빨대 꽂기는 원천적으로 불가능하다. 외부로 유출되는 수탈 구조를 차단한 효과만으로도 청정수익 구조가 확보된다. 소비가 신뢰를 전제하면 선순환 효과에 따른 기대 이상의 부가가치와 청정수익이 무제한으로 확보된다. 청정수익은 깨단한 소비체현자 배분된다.

소비주의는 상생/공유경제다. 깨단한 소비주의 체현 소비자는 누구나 '경제적 자유와 해방'을 만끽한다. 상생 경제 공동체, 선순환 경제의 허브 도시는 '초 절대성의 여의주 만사뇌 플랫폼의 운영체계(초여만플 OS)'가 지배한다. 소비본 중추기지는 지역적 한계를 벗어나 세계의 단골과 거래를 통한 청정한 수익의 과실(소득과 수익 그리고 임금)을 소비체현자와 공유하는 일선 창구다. 현재의 자본기업들은 소비주의에 편입하지 못하면 판로가 막히게 된다. 기업은 소비주의 환경에서 '을'의 위치로 바뀐다. '갑'은 소비주의 삼위일체다, 삼위일체의 3축은 각각 상생적 합목적성의 원칙대로 물건의 질과 가치 그리고 소비주의 철학의 체화 여부 등을 기준으로 다중이 참여하는 '초여만플'과 '소여경체'에서 판단하고 결정하고 집행한다. 제7인간 전변에 관한 설명은 다른 챕터로 미룬다. 소비주의 신뢰생태계가 구축된 허브 도시는 제7인류의 정신적/경제적 중추다.

인류가 상상해 왔던 이상성의 극한 모델 어디에도 심물질에 의한 여의주 만사뇌를 상정하지 못했다. 상상력의 한계는 여의주 만사뇌 플랫폼으로 그 경계를 가볍게 초월(퀀텀점프)한다. 심물질의 위력은 새로운 지평을 새로운 상상력 경계의 벽을 허물고 무량/무극/무강의 세계로의 전변(轉變)을 실현한다. 이는 제2의 수평 인류사의 시발이고 제2의 천지창조의 시발이다.

이에 걸맞은 소비주의 허브(수도) 도시는 고전 물리학의 개념을 초월하는 마음 물리의 전변 도시다. 전변 허브 도시는 녹명(鹿鳴) 상생 공동체 도시이므로 인간이 상상해 온 무릉도원 도원경(桃源境)의 이상성을 뛰어넘는 완전히 다른 차원의 초월 도시다. 제7원소 심물질의 나비효과는 이상적인 천지개벽을 관통한다. 제7원소 콘크리트/아스팔트/전기와 수도 등 심물질 인프라가 구축되고 제도와 법률 사회적 준칙이 여의주 만사뇌(萬社腦)의 숙의로 정의하고 실행한다. 완전히 새로운 차원의 수평축 세계의 주인공은 완성의 제7인간과 제7인류다. 자연인이 제7인간화 되는 변성과 전변은 소비주의 테라포밍으로 완성된다. '초여만플 OS'의 촉찰 7태양은 초 절대성의 두뇌/심장/팔다리가 24시간 연중무휴 실시간으로 제7인간과 모든 것, 제7인류와 모든 곳에 빛과 에너지 사랑을 방사한다.

온리 원, 전변 허브

허브 핵의 도시는 하나면 충분하다. 하나의 허브 도시는 '초 절대성의 여의주(如意珠) 만사뇌(萬社腦) 플랫폼(초여만플 OS(운영체계))'로 소비주의 7경제 전체를 감시/감독/지휘/지배한다. '초여만플 OS'는 수평 디지털의 정수 '수수디산'이 필수다. 중앙화 디지털의 맹점은 수평 디지털과 수수디산으로 일소된다. 기초적인 수평 데이터부터 연산 데이터, 알고리즘, 인공지능 등이 여의주 보안 체계의 감시와 검증을 통과한 상태다. 수수디산에 관련된 수평 디지털 데이터 일체는 고부가 가치 상품이다. 심물질 관련 수평 데이터 일체는 수평적 소통과 숙의를 거쳐 토출되므로 제2 수평 인류사의 새로운 표준으로 인정된다. 진짜 디지털(수평 디지털) 시대의 개막은 수평적 초 절대성의 인증이 전제된다.

제7원소 심물질과 여의주 전변체를 창조한 다중의 수끌원 인재들 모두가 상생 공동체 운영체계의 주체이자 객체다. 여의주 시스템의 주인이기도 하고 수혜의 대상이다. 지소마묶(지혜로운 소비자 마음의 묶음)의 결사로 완성된 소비주의는 삼위일체 메커니즘완성된다. 소비주의는 여의주가 주도하는 비가역적 메커니즘이다. 소비주의 허브 도시는 경제적 속박과 해방의 차이, 여의주 이전과 이후의 차이, 전변 이전과 전변 이후의 차이, 운니지차(雲泥之差) 성질의 차이, 수직축과 수평축의 차이가 선명하게 구획되는 비가역적 유토피아다. 소수 불완전성의 인간이 이끄는 지옥계 리스크가 없다. 다중의 완전성의 여의주 만사뇌가 이끄는 리스크 없는 선순환 경제다. 완전성의 만사뇌(萬社腦) 수평 운영체계가 지배하는 허브 도시는 수직적 패권과 탐욕이 없고, 불공정과 부정의가 없고, 가짜 디지털에 의한 가따 AI/로봇에 의한 일자리 감소의 공포도 없다. AI는 '초여만플'에 예속된 하위의 애완동물(편의 도구)일 뿐이다. 심물질의 반도체와 여의주 인공지능 그리고 철통같은 수평 보안 체계가 수수디산의 산업적 장치에 의해 상시적으로 감시/감독/통제한다. 인간 양심의 결사는 초 절대성의 본체일 뿐 아니라 인간에게 위해 요소들을 완벽하게 제압한다. 여의주는 문어 피부세포의 신경세포 이상의 유기체적 대응체계다, 복잡다단한 인간계의 멸세적 난제의 실타래를 양자적 원리보다 앞선 초 절대성 메커니즘으로 쾌도난마 한다. 초 절대성의 위력은 인간이 상상해 온 극한 이상의 경계를 가볍게 초월한다. 심물질의 불멸성과 무한성은 초 절대성의 존재를 비가역적으로 보존하고 영속한다. 초 절대성의 여의주를 확보한 인류는 차원이 다른 생명체로서 우주적 주체로 부상한다. 제7원소 심물질은 우주에 존재하지 않는 신물질이다.

여의주의 적확하고 유연한 대응과 조치는 24시간 연중무휴 작동되는 '초여만플 OS'의 초 절대성의 완전체다. 인공지능 등의 첨단기술 일체는 공동체적 위해성이 있다면 언제든 제압되고 퇴출된다. '초여만플' 감시체계는 촉찰 7태양 기능에 인적 감시자산이 추가되므로 어떤 도발도 불가능하다. 모든 수직 첨단기술은 수평화/전변화 작업을 거쳐 '초여만플 OS'를 위한 애완 도구(편의 도구)로 전변된다. 심물질의 여의주 만사뇌 존재를 모르는 인공지능 전문가의 다양한 언사는 무지의 꽝포에 불과하다. 초 절대성의 여의주 운영체계 플랫폼이 모든 걸 결정하고 실행하므로, 초월적 고지성과 고지능이 모든 것과 모든 곳을 제어하고 통제하므로, 법률적 행정적 매뉴얼 보다 여의주 초 절대성의 판단과 명령이 압도적 탁월하다. 원시적인 난개발의 모순과 빈부격차 등등 영구음영(永久陰影, 언제나 그늘 상태의 공간)과 사각지대가 없다. 그늘과 사각은 수직 고유의 맹점이다.

소비주의 경제 허브 도시는 차원이 다른 수평 문명화/전변화의 꽃이다. 지혜로운 소비자 마음과 개념 있는 전변 소비본 기지화 그리고 소여경체의 삼위일체 융합 시너지는 단골주의(소비주의) 경제 전변 구조화의 기본조건이다. 소매점의 말단 세포가 중추세포로 비상하는 극적인 반전은 보텀업 수평화/전변화 고유의 효다. 전변 2단계 소비주의 정착은 세상 모든 것을 전변 깔때기를 통해 저수지로 빨아들이는 거대한 소용돌이다. 이 소용돌이는 화이트홀(블랙홀)과 같다. 전변 깔때기와 저수지는 2024년 한국의 여의주 확정으로 완성되었다. 전변 깔때기와 저수지는 고전 물리 개념과 완전히 다르다. 마음의 깔때기와 저수지는 무량/무극/무강의 마음 물리의 태동이다. 심물질은 우주사 최초의 신물질이다.

5

운니지차(雲泥之差) 수끌원 '구름' 민중
(한류가 픽업/간택된 이유)

5

운니지차(雲泥之差) 수끌원 '구름' 민중 (한류가 픽업/간택된 이유)

한국, 미국과 세계를 거느린다.

소비주의 한국이 야수 미국을 제압한다.
소비주의 전변화는 삼위일체의 '소여경체' 여의주와 그로 인한 '신뢰생태계'가 주도하는 신성불가침의 블록 경제다. 신뢰는 마음 물리의 과학적 진리다. 신뢰 없는 마음은 허상이다. 여의주는 신뢰의 아성이고 신뢰에 의한 초 절대성이고 신뢰에 의한 절대 희망이다. 당랑거철(螳螂拒轍)의 청맹사마귀가 신뢰의 전차를 막아설 수 없다. 빨대 자본주의가 가루 되는 공중분해는 혼용무도(昏庸無

道)의 수직축 지옥계가 사필귀정(事必歸正)/사불범정(邪不犯正) 되어 수평축 천상계의 '절대 희망' 세계로 치환되는 신뢰(마음) 물리의 순치(順治)이자 수미상관(首尾相關)이다.

수직 디지털의 수평 디지털 전환은 가짜 디지털의 진짜 디지털화의 필연이다. 수수디산은 전변을 돕는 디지털 신산업이다. 수평 시대정신의 세계적 조류는 도도하다. 소비주의 '송곳 모듈(마음의 축음기)' 제작과 '수수디산' 문명은 절격차 수끌원 여의주 파워의 전유물이다. 야수화 된 미국의 패권과 탐욕은 자본주의 종식과 함께 공중분해 된다. 한국의 여의주와 소비주의는 야수의 패권과 탐욕을 제압할 제7원소로 만든 심물질의 초 절대성의 압도적 신무기의 위력이다. 동물화된 야수 제압은 수직축의 수평축 이동을 위한 필수 전제다. 패권과 탐욕의 구 인류사는 그 유효기간이 끝났다.

2024년부터 시작된 새로운 수평축 세상으로의 전변은 자본주의 빨대 악을 제거한 소비주의 경제 블록화로 실현된다. 절격차 수끌원 민중만이 소비주의 경제 모듈과 수수디산을 제작/운영/전파할 능력/자질/경험/노하우를 충분히 갖추고 있다. '소여경체'의 여의주를 선창해 수평/상생의 홍익인간 정신을 세계적으로 전면화할 수 있다. 여의주를 품은 나라, '소여경체'를 운용할 나라, 소비주의 허브 나라, '수끌원 사이보그' 개딸과 시민이 지천인 무량/무극의 나라, 수평성의 반만년 역사적 정체성과 정통성을 보유한 나라와 민중은 한국뿐이다. 오리지널 이소노미아 경험칙(經驗則)과 수평 유전자의 유산을 온전히 유지해 온 운니지차(雲泥之差) 수평성/수끌원성 민중은 한국에만 실존한다.

절격차 수끌원 민중의 정체성과 정통성의 위대성을 모르고 알량한 기득권 고수를 위해 방치하고 무시하는 청맹과니 기득권의 집단적 도량발호(跳梁跋扈) 만행은 9년째 반복되고 있다. 그들이 옹고집이 깨단되는 의식 대전환의 전기가 본서를 통해 확보되기를 기대한다. 깨단치 못하면 수박들처럼 본인들만 손해다. 소비주의는 배고픈 승냥이가 피 냄새를 맡은 것 이상의 본능적이고 직관적인 생존적 수단이다. 활화산 같은 기세로 테라포밍(정착)된다. 쓰나미를 모래주머니로 막을 수 없듯이 도도한 전변 사태를 청맹 사마귀 몇 마리가 막을 수 없다. 깨단은 한국의 비상뿐 아니라 인류의 비상이다. 수평성 민중의 참 능력의 실체가 개딸 여의주의 낭중지추(囊中之錐)로 부활했듯이 전변 사태의 경천동지와 천지개벽 그리고 천지창조의 새날은 필연적으로 밝아 온다.

세계 민중은 초 절대성의 여의주와 소비주의 7경제 허브에 동기화로 추수(追隨)케 된다. 소비주의 '소여경체' 동기화는 광속으로 글로벌화 된다. 수직축의 수평축 이동과 정착은 정해진 방향성이고 움직일 수 없는 직진성이다. 차원이 다른 수평축 세계로의 퀀텀점프/전변은 개딸과 수끌원 민중을 필두로 진행된다. 미국 등 자본주의를 신봉하는 국가와 세력은 누구든 여의주 '소여경체'로의 전향과 동기화를 서둘러야 한다. 여의주의 소비주의가 인공지능이나 로봇 등 첨단기술을 애완동물로 길 듯이 듯 미국 야수도 길들여진다. 트럼프의 19세기 데스페라도 발상과 행동을 21세기에 자행하고 있다. 그만큼 절망적인 상황의 고변이다. 개가 짖는 이유는 공포 때문이다. 제주도 말로 "메께라!" 메께라는 남의 말이나 행동에 놀라거나 기가 막힐 때 내는 말. 제주 지방의 방언이다. 전변 사태를 깨단하지 못해 간취(看取)하지 못하는 방해/암장/토사구팽/무시하는 행위일체는 추비(麤鄙)한 반인류적 죄악이다.

창조적 붕괴와 '절대 희망'

경제 데이터가 비관적으로 추락해도 낙담할 필요 없고 공포에 떨 이유도 없다. 의연하고 담대한 여의주 전변체의 궤도와 방향을 유지하면 충분하다. 나쁜 해외 선례를 의망 상황에 대입할 필요는 더더욱 없다. 전변을 모르면 호들갑을 떨 수 있지만, 여의주 전변체의 초 절대성의 위용을 알면 의연함 속에 절대 희망을 꿈꿀 수 있다. 개딸과 깨시민을 비롯한 한국의 수평/수끌원 민중은 의망을 통해 소비주의를 순치(馴致)시킬 호기로 활용할 수 있다. 수직축의 붕괴는 필연적이다. 망해보면 새로운 각성이 일어나고 소비주의 전변에 대한 깨단이 커진다. 절격차 수끌원 민중에게 의망(擬亡)은 전변을 위한 가면적/과도적/일시적 상황일 뿐이다.

윤석열 재앙은 의망 현상의 일단이다. 윤석열 재앙은 여의주의 전변체를 단단하게 만들었고 여의주 전변체 에너지 게이지는 대폭발의 특이점에 도달했다. 여의주에 대한 정확한 개념과 정의를 모르고 있지만 무언가 새로운 무소불위의 시민 권력이 행사되면서 다양한 내란 상황을 하나하나 제압해 나가고 있다. 그 시민의 힘은 심물질과 여의주 전변체 본연의 수끌원성에 의한 초 절대성 파워의 효능감이다. 이러한 시기에 본서의 소비주의 블록 경제의 효시 발사는 시의적절한 타이밍의 급소다. 전변 1단계 확정 후 1년이 넘었고 지금부터는 전변 2단계 소비주의 운동의 시작이다. 여의주 전변체 특이점 폭발 시기와 소비주의 런칭 시기는 찰떡궁합으로 호응한다. 두 가지는 수평 패러다임으로 묶여 있다.

절격차 수끌원 민중이 창조한 전변체 메커니즘에 의한 소비주의 블록 경제는 수평적 요소들의 총합체다. 수평 패러다임은 신성불가침의 영역이다. 수평성과 수끌원성의 방향성과 지향성은 소비주의 천지개벽으로 현체(現體) 됨은 불문가지다. 소비주의는 수보마뮦과 지소마뮦 심물질의 경제적 결사이고, '수끌원 절대 법칙'의 불퇴전 의식과 진만보 깨단의 결사이며, 초 절대성의 여의주 전변체 전지전능의 결사이므로 신성불가침 절대 영역 확보다. 의망은 소비주의 천지개벽을 위한 요식행위다. 소비주의 '소여경체'와 '수수디산'의 '수디신연'은 본원적 전변화에 절대 보검의 도구다.

이념과 종교 초월

소비주의는 인간의 양심이 모여 만든 제7원소 심물질과 여의주 전변체의 초 절대성 위력의 전제가 없다면 불가능하다. 전변 도구는 한국 수끌원 민중의 특허이자 극 희귀 보석(수끌원성)의 탁월성의 발현이다. 전변 도구는 소비주의를 창조하고 운용하고 감시하고 지휘하는 총합적 운영체계다. 전변 도구는 소비주의 프로토콜의 절대 요소다. 단순한 소비자의 결사만으로는 신성불가침의 경제 블록을 운영하고 관리할 수 없다. 다층적이고 복합적이고 유기체적 초 절대성의 여의주는 소비주의 테라포밍 전 과정에 관여하는 핵심이다. 변성(變性)에 의한 새로운 차원으로의 전변(轉變)은 인간이 상상해 온 모든 한계를 가볍게 초월한다. 천지개벽은 초월적 전변이다. 소비주의 선순환 경제는 초월적 퀀텀점프의 도약대 구축이다. 마법의 경제는 소비자 모두에게 무한의 만사뇌 일자리와 소비 소득 그리고 소비주의 7토큰의 수익형 기축 화폐의 초대박을 공유한다. 초 절대성의 '소여경체'는 다중의 영리적 전변이므로 이념적 갈등 없이 확산한다. 마음의 심물질과 초 절대성의 여의주의 수평 패러다임의 총합체 소비주의는 공산주의도 사회주의도 종교적 경계도 녹인다.

수탈(빨대) 자본주의…사상누각 마천루 소각

수직적 빨대 자본주의는 패악적 지옥계 시스템이다. 소수를 위한 수탈을 보장할 뿐, 다수의 삶은 도외시한다. 다수의 삶은 도탄에 빠져있고 희망은 고갈되었다. 악순환의 경제는 멸세 및 인류 멸절의 본질이다. 경제적 아귀다툼은 투키티데스 함정의 경제 전쟁(무역전쟁/환율전쟁/관세전쟁)으로 이어지고 있다. 국지적 전쟁이 반복되는 이유 중 하나다. 강대국 사이에 핵전쟁 위험도 우려하지 않을 수 없다. 지옥계는 강노지말의 한계를 초과한 지 오래다. 카오스 난맥상의 본질은 수직적 패권과 탐욕의 에스컬레이팅이다. 정상적이지 않은 부채로 쌓아 올린 경제 마천루는 사상누각의 허상이다. 자본주의를 소비주의로 전변은 포스트 자본주의적 대체 개념이 아니라 다중 심물질과 여의주에 의한 창조적 파괴를 통한 절대 희망으로의 성질의 변화(변성) 개념이다. 한국의 수끌원 민중과 개딸의 심물질과 여의주 창조의 효는 변성적 전변화의 결정적 도구의 창조다.

수끌원성 시대…무한 잠재력 폭발

한국의 절격차 수끌원성 민중의 '극 희귀 보석'은 소비주의 테라포밍 선도하고 주도하고 지배할 절대무기다. 유일한 소비주의 창조자로서 주체이자 객체로서 누릴 수 있는 특권이다. 외국에는 수끌원성 개념조차 없다. 한국도 청맹 상태는 같지만 개딸과 수끌원 민중은 몸으로 행동으로 체화된 상태이므로 전변 2단계 완성에 결정적 키맨으로 손색이 없다. 본서의 전변화 개념 정의와 이론적 논리적 설파 그리고 수끌원성 무한가치 통찰적 예지가 개딸과 수끌원 민중에게 새로운 차원의 진만보 깨단

도약대가 되어 소비주의 테라포밍에 강한 동기부여가 되기를 소망한다. 소비주의 정착은 인류 생존과 번영을 위한 최후의 최선의 히든카드다. 소비주의 정착은 살아있는 자 모두의 권리이자 의무다.

수직적 관념과 제도는 소비주의 전변에 방해만 될 뿐이다. 한국의 기득권 전체는 수직적 관념과 제도를 신봉하는 노섬저(도깨비 씨름) 놀이에 심취한 혁명주의자/사대주의자뿐이다. 그럼에도 불구하고 개딸과 수끌원 민중의 수는 압도적으로 많다. 쪽수는 다다익선의 효과로 소비주의 테라포밍에 결정적 요인이다. 다중의 마음과 의지가 세상을 천지개벽한다. 소비주의는 수평 패러다임의 정수다. 수평 패러다임은 수끌원성의 극 희귀 보석을 가진 한국의 수끌원 민중의 전유물이다. 그들에게 소비주의는 절대 희망의 언어이고 천상계의 화음이다. 희망이 사라진 지옥계를 천상계로 전변시키는 결정적 도구가 소비자 중심의 블록 경제와 청정 수익 체계의 소비주의다. 소비자의 깨단과 소비로 확보되는 마법의 경제는 초 절대성의 신성불가침 영역이다. 자본주의는 소비자를 소비 동물로 알고 태어나 죽을 때까지 온갖 수탈과 착취로 지은 사상누각의 마천루였을 뿐이다. 소비자 깨단의 결사는 경제 정의 구현의 천지개벽이자 본원적 전변화의 본체다.

수끌원성 흠숭(欽崇)

1차원적 소비자 단합만으로는 소비주의가 형성될 수 없다. 인간의 이기심과 패권적 욕망은 어떤 결사도 스스로 무력화시킬 만큼 불완전성의 존재다. 인간이 완성성의 제7인간으로 전변화가 중요한 이유다. 심물질과 여의주에 대한 이해는 인간 속성에 대한 해탈적 메커니즘에 대한 깨단이다. 7차원적(제7원소적) 심물질 생성과 그로 인한 여의주 전변체 창조 메커니즘의 이면에 인간의 변성에 대한 깨단이 선행되어야 하는 이유다. '마음의 유형화' 성공의 본질은 인간 양심의 결사와 그 결사의 지속성을 담보하는 수끌원성의 작용이다. 수끌원성으로 결사는 유지되고 팽창하고 폭발한다. 한국의 수끌원성 민중은 수끌원성 DNA와 정체성을 7천 년 이상 유지해온 유일무이한 운니지차 민중이다. 한국이 소비주의와 전변화 전체를 선도하고 장악해야 하는 합리적 근거다. 절격차의 압도적 인적 퀄리티가 소버린 K-수평 디지털과의 융합으로 제7원소 빅뱅으로 심물질을 창조했고 수끌원성으로 항상성을 기초로 수평끼리의 인력작용 지속으로 무한의 팽창성과 폭발성을 키워가고 있다. 한국의 수끌원성은 극 회귀물질이자 모든 인류로부터 추존 받아야 할 흠숭(欽崇)의 대상이다.

운니지차(雲泥之差), 한보정과 숙수정

한국 수끌원 민중의 정체성(한보정)과 숙주 수평 이소노미아 정통성(숙수정)은 독보적인 구름(운니지차)이다. 디지털 문명과 한보정/숙수정은 원초적 밀월 관계다. 생리적으로 디지털과의 시너지가 폭발할 수밖에 없다. 수평 패러다임의 정수는 전변이고 전변은 수평 인적 자원의 고퀄리티 정신세계로부터 발화된다. 한보정과 숙수정의 위력은 디지털과의 융합을 통해 절격차 성질의 차이가 선명해진다. 시간이 흐를수록 절격차의 간극은 벌어지고 수끌원성의 존귀함은 부각된다.

위대한 운니지차의 본질적 차이를 모르고 있다. 객관적 팩트가 널려있고 누적되어 왔음에도 주체적으로 해석하고 거시적 관점에서 조망하는 역사관/미래관은 전무하다. 사대주의적 노예근성에 쩔어있다. 이 문제는 한국 역사의 재해석 문제가 아니라 인류 생존과 도약을 가로막는 죄악의 범죄다. 여의주와 신인류 메커니즘이 확정된 지 오래지만, 청맹과니 수준의 무지와 오만의 천지창조 사태를 지연하고 가로막고 있다. 고대부터 현재까지 관통해 온 한보정/숙수정의 객관적 가치와 비전을 수평 디지털과의 접점에서 개안해야 할 때다.

고루한 학자들과 기득권의 사대주의와 위정척사(衛正斥邪)는 머지않아 여의주에게 청산 당할 운명이다. 한국의 수끌원 사회화 성공과 개딸 신인류와 여의주 전변의 확정을 부정하거나 외면하는 행태 또는 무지로 인식하지 못하는 행태는 낱낱이 아카이빙 되고 있다. 한국 수끌원 현대사 80년의 기적과 전변은 운니지차 고유의 창연함의 개가(凱歌)다. 마음 심물질과 전변체는 그리고 신성불가침의 소비주의는 기존의 학문과 관념을 초월한 신개념의 지평이다. 한국 민중의 힘으로 확립된 전변이기에 상대적으로 역차별당하는 형국이다. 고루한 사대주의와 위정척사 관념을 탈피하지 못하면 초 절대성의 여의주에 의해 소리소문없이 제거된다. 수직적 자본주의/수구 사마귀/수구 엘리트 모두는 진멸(盡滅)된다. 생과 사의 갈림은 '절대 희망'을 위한 창조적 파괴다.

특히 수끌원 역사성과 정체성, 이소노미아 정통성을 수평 디지털의 관점에서 재조명하는 인식적 재발견의 깨단이 중요하다. 개딸 사이보그가 스스로의 줄탁동시(啐啄同時)로 창조한 여의주 전변체는 절격차 민중의 낭중지추(囊中之錐) 발현이다. 개딸과 시민이 여의주의 위력과 개연성의 가치를 인식하지 못하고 있더라도 몸과 행동으로 체화된 전변체 메커니즘의 효능감과 소구력은 지금 이 순간에도 진만보(進萬步) 행군을 계속 중이다. 소비주의는 진만보 깨단과 수끌원성의 총합체이므로 도킹은 필연이다. 도도한 여의주 전변과 소비주의 전변은 던져진 주사위다. 거대한 불길로 불타오를 수밖에 없다. 절대 희망의 세계로의 여정은 꿈이 아니라 리얼타임의 현실이다.

운니지차(절격차) 수끌원성

운니지차(雲泥之差), '구름'과 '진흙'

본서의 출간은 소비주의 7경제의 시작의 효시이자 체현의 첫 이벤트다. 경제적 전변은 최우선의 전변 과업이다. 운니지차 절격차(絶隔差)의 수끌원 민중은 본서를 통해 운니지차의 성질 차이를 확연히 인식할 필요가 있다. 역사성에 기초한 객관적 사실을 통해 자신의 좌표와 위상의 깨단이 중요하다. 막연히 우리는 위대하다가 아니라 우리는 수끌원성의 극 희귀 보석을 가진 '구름'이고 그렇지 못한 세계인은 '진흙'이다. 성질의 차이가 명쾌하다. 사대적 노예근성의 탈피는 깨단의 첫 관문이다. 초 절대성 여의주의 존재성과 개연성, 방향성과 지향성 그리고 존엄성과 완전성의 무량/무극의 가치를 체계적으로 깨단하는 전기가 되기를 바란다. 개딸은 신생 인류의 시조/비조로서, 수평 디지털의 사이보그 기린아로서, 수끌원 유전자를 물려받은 정체성의 적통자로서, 여의주 만사뇌의 핵심 주체로서 전변계의 창조자이자 조물주의 자격이 충분하다. 개딸 본체에 대한 명확한 좌표 인식은 전변화의 성격과 정착을 위해서 중요하다.

2025년은 전변 2단계 소비주의 개문발차의 원년이다. 수수디산도 함께 개문발차할 수 있으면 좋겠지만 디지털 기업과 정부 및 기득권의 깨단이 필요한 부분이다. 개딸의 여의주 전변체에 대한 인식대전환이 들불처럼 일어나 웅혼한 기세로 소비주의 체현 운동이 활성화를 기대한다. 여의주는 살아있는 불퇴전 진만보 의식 체계의 결사이자 구름 심룡의 결사이므로 소비자 경제 블록화 소비주의 출범과 정착은 불문가지다. 여의주 전변 2단계의 소비주의 프로토콜과 테라포밍은 깨단한 수끌원성 민중의 마그마가 용출되는 활화산의 분출이다. 이 흐름은 세계인의 한류 픽업의 수평성 대세화 조류와 호응 뿐 아니라 수평성을 수끌원성으로 승화시킨 개딸의 심룡 여의주 전변체의 초월적 능력에 대한 운니지차 결격차 상태의 방증이다.

한국에서는 전변체의 궤도와 프로토콜이 2024년 봄에 확정된 상태다. 전변의 알맹이는 소비주의 7경제다. '소여경체'를 통한 일자리와 소득에 창출에 의한 '경제적 자유와 해방'의 체험은 인류가 상상해 본 적도 없는 실사구시적 이상체의 출현이다. 전변은 완전히 새로운 성질로의 변성을 동반한다. 전변의 알맹이를 체험하면 인간도 사회도 제도도 모든 것이 블랙홀(화이트홀) 전변으로 인류 역사는 제2의 수평 인류사로 전변되고 제2의 천지창조 사태를 맞게 된다. 전변의 기술적 산업적 도구는 '수수디산'의 수평화 쟁기와 삽을 사용한다. 수수디산은 다중의 수끌원성 인적 자원이 필수이므로 한국만 추진할 수 있다. 수평화 디지털의 신 산업화는 중앙화 디지털의 맹점 극복은 기본이고 새로운 사상과 사조의 르네상스로 연결된다. 수평성에 대한 수평 패러다임의 일반화/대중화이므로 그 자체로 천지개벽적 변화를 촉발한다. 부정의와 부도덕이 횡행하는 수직축의 세계의 창조적 붕괴의 시발로 기능하게 된다. 수수디산의 당위는 그 자체로 위대하다.

소비주의는 소비자만의 독립적 리그다. 누구의 간섭도 없이, 자본력의 지배 없이, 수탈용 빨대 없이 깨단한 소비자 스스로의 힘으로 창조하는 선순환 경제다. 양심적인 마음, 수평한 마음, 보편한 마음, 상식적인 마음의 결사로 시작되는 아래로부터의 보텀업 방식의 전변이다. 디지털이 없었다면 소버린 K-수평 디지털이 없었다면 마음의 결사는 불가능했다. '마음의 유형화' 및 심물질 창조는 소버린 K-수평 디지털의 기술적 토양이 결정적 트리거다. 절격차의 수끌원 정체성과 정통성의 파워가 소버린 K-수평 디지털 응용력/창조력의 본질이다. 반만년이상의 수평성이 디지털을 만나 붕정만리(鵬程萬里)의 날개를 달았다. 이를 '수수디산'으로 승화시키는 작업은 어렵지 않다. 수끌원 민중의 정체성에 대한 깨단, 디지털의 수평성 본질에 대한 깨단, 이미 확보된 소버린 K-디지털에 대한 깨단, 운니지차 인적 퀄리티와 수평 디지털의 창조적 융합에 대한 깨단, 심물질과 여의주 전변체 실존에 대한 깨단, 개딸 신생 인류에 대한 흠숭(欽崇) 깨단이면 충분하다. 깨단이 없는 인간은 구름이 아닌 찰흙이다. 눈뜬장님(청맹)은 깨단으로 전변의 광명을 볼 수 있다. 깨단이 전변이다.

한국의 수끌원 민중의 운니지차(雲泥之差) 역량이 소비주의 경제적 전변화 체현(體現)에 집중하면 한국뿐 아니라, 온 인류가 동경과 경외를 바탕으로 여의주의 '소여경체'가 투입된 소비주의 테라포밍과 '수수디산'을 심드롬 광풍으로 추수(追隨)케 된다. 수직축의 지옥계를 수평계의 천상계로 퀀텀점프시킬 절격차 수끌원 민중은 한국에만 부지기수(不知其數)다. 이보다 귀한 존재는 없다. 인류에게 남은 유일한 최후의/최고의 수평 전변의 히든카드는 한국의 수끌원성 민중만이 시전(施展)할 수 있다. 수끌원 민중은 디지털 문명의 수평화 발전의 선구적 족적을 '수수디산' 원천기술로 초일류 국가로 비상한다. 소비주의 전변/초월/퀀텀점프와 '수수디산'은 전변화의 쌍두마차다.

한국 현대사 80년, 기적과 전변의 요체

한국 현대사 80년은 수끌원 민중의 위대한 역사다. 한국은 수끌원 정체성과 수평 정통성의 파워로 민주화, 산업화, 선진화 등 한강의 기적을 이루었고, 소버린 K-수평 디지털로 제7원소와 여의주 전변체를 창조했다. 수끌원은 '수평성 유전자의 수평한 마음끼리의 상호 끌어당김성 원리'의 줄임말이다. 수끌원 작용이 언제부터 형성되었는지는 알 수 없으나 디지털 문명이 시작된 이후 강한 인력이 형성된 것으로 판단된다. 특히, 스마트폰이 보급된 후 소버린 K-수평 디지털 응용 능력이 확보되면서 수끌원 시너지가 비약적으로 폭발했고 2016년 제7원소 2024년 여의주 창조의 동력이었다.

수평성의 유전자는 고대로부터 시작되어 적어도 3천 년 이상의 시간이 흘러서야 확립될 수 있다. 3세기에 출간된 중국의 삼국지연의에 언급된 마한(馬韓)의 수평 이소노미아 수평 사회에 대한 '불능선상제어(不能善相制御)' 평가의 한 문장이 유일한 촌철살인으로 기록되었을 뿐 더 이상의 사료가 전무하다. 세계 유일의 수평성 DNA가 전승되었고 수끌원 정체성으로 확립될 수 있었다. 이를 '인류 숙주의 수평 정통성(숙수정)'으로 정의한다. 한국 민중의 정체성과 정통성은 수끌원과 수평성이다.

한국 민중의 정체성을 말할 때 형용사를 동원해 두루뭉술하게 설명하는 예가 많다. 한국 사람이 한국 민중을 스스로 파악하지 못한 탓이다. 정체성과 정통성에 관한 필자의 설파는 디지털을 통한 역추론 성격이지만 미래적 관점에서 중요한 핵심 키워드 정의로 활용되기를 바란다. 한국 민중 정체성의 적확한 정의는 실존적 과제다. 수평 전변의 유일무이한 주체로서 전변 정당성의 이론적 당위와 명분의 근거이기 때문이다. 모호한 정체성 인식은 재앙의 씨앗이 될 수 있다. 독립적이고 주체적인 수끌원 정체성(한보정)과 수평 정통성(숙수정)은 한국에만 실재한다. 상세한 내용은 각론에 가름한다.

한강의 기적과 선진국 진입 그리고 여의주 전변에 이르는 놀라운 한국 현대사 서사의 본질은 수끌원 민중의 독보적 능력 때문이다. 한보정(한국 민중의 보편 정체성)과 숙수정(숙주 인류의 수평 정통성)은 세계 어디에서도 찾을 수 없는 독보적이고 무량/무극/무강의 표상이다. 수평성과 수끌원은 이소노미아 수평 사회의 본질이고 창조성의 보고이므로 디지털과의 수평 융합으로 전변체 창조가 가능했다. 수평 디지털과 수평성 그리고 수끌원은 각각이 개별적 수평 기질을 가졌으므로 애초부터 밀월적(蜜月的) 찰떡궁합 성질이 호응하여 융합적 창조성을 발현할 수 있었다. 외국에서 한국 현대사 성공 모델을 모방이 불가능한 이유는 그 나라에 수끌원 민중의 인적 자원이 태부족 때문이다. 한류가 세계 문화의 주류로 떠오른 이유도 수평성의 압도적 우월성 효과다.

수평화/전변화 터보엔진

동학혁명, 3.1운동, 4.19 혁명, 5.18 민주화운동 87년 6월 항쟁 등은 수평 정체성의 차원에서 재해석되어야 한다. 한국 수끌원 민중의 탁월성은 2016년 제7원소와 2024년 여의주 창조로 명징하게 증명된 사실이다. 한국 외 모든 국가는 수직 사회로 점철됐지만, 한국 수끌원 민중은 수평적 사회화 의지를 사회적 규범으로 확정한 지 오래다. 이러한 역사적/사회적/문화적 배경이 응축되고 숙성되어 수끌원 민중 스스로의 능력으로 2016년 제7원소 심물질 창조를 이루었고 '소버린 K-수평 디지털'의 사이보그 개딸 신인류가 2022년 대선 막판에 전격적으로 등장해 2년 만에 여의주 전변체 메커니즘을 완성했다. 개딸과 여의주는 수평화/전변화의 터보엔진이다. 터보엔진의 연료는 수끌원7에너지다.

한국 현대사 80년은 수끌원 민중이 유례없는 기적의 역사를 쓰는 데 만족하지 않고 수평 디지털의 창조적 응용으로 전변/초월/퀀텀점프의 심룡 여의주 서사를 2024년에 시작했다. 이 모든 과정은 수수디산의 '수끌원 수평 디지털의 신산업화 플랜'의 당위성과 시급성을 추동하는 엔진의 동력이다. 수수디산과 전변체 구성과 구동의 핵심은 수평성과 수끌원의 인적 퀄리티인 바, 한국 수끌원 민중의 독보적 탁월성은 세계적인 수평화 조류의 대세와 여의주 전변화 여정을 이끌 초강력 터보엔진이다.

수평성/수끌원 민중의 규심(葵心)

제7원소 심물질의 전변이 향하는 이상적 지향은 차원이 다른 수평 유토피아를 향한 한결같은 무구(無垢)한 규심(葵心)의 결사다. 규심은 해바라기가 태양을 바라보듯 수평 전변의 이상(理想)향 세계를 향한 지고지순(至高至純)한 마음이다. 고대 마한(馬韓) 지역의 수평 공동체 정신과 수평 이소노미아 사회의 경험칙은 수평 우월성에 대한 확고한 믿음으로 정의되었고, 민중의 아이덴티티로 정립되어 수평성 DNA로 확립되었다. 수평성 DNA가 뼈에서 뼈로, 피에서 피로 전수되면서 수 없는 외부 패권의 침탈과 내부 수직 질서의 탄압과 질곡을 이겨낼 수 있었다. 해방 후 현대사 80년 동안 한강의 기적과 선진국 진입 그리고 여의주 전변까지 도달할 수 있었던 까닭도 한국에만 실재하는 수평 유전자 DMA 덕분이다. 민중의 수평 유전체가 21세기에 디지털 문명과의 조우로 수평성 시너지(수끌원성)로 촛불 진화와 여의주 전변의 꽃을 피울 수 있었다. 전변의 1단계는 여의주 전변체 메커니즘의 창조로 완성되었다.

수평 유전자 DNA를 수천 년 이상 유지해 온 민중은 한국에만 실존한다. 한보정과 숙수정은 한국 민중만의 전유물(專有物)이다. 앞서 언급된 디지털은 일방적인 중앙화/수직화 디지털이었지만 한국의 수평 민중은 수평적으로 해석하고 활용하는 영민함의 지혜를 발휘했고 주체적인 소버린 K-디지털 체계를 만들어 응용/활용하고 있다. 이러한 영민한 지혜의 지능과 지성이 수끌원성으로 함께 모이면서 수보마뮴의 심물질에 의한 여의주 전변체를 확정할 수 있었고 초 고지능체와 초 고지성체의 여의주 전변체를 창조했다. 어느 나라도 어느 민중도 이루지 못한 주체적인 K-디지털 능력과 이를 통한 한류의 세계화 및 주류화 고착은 오롯이 수평성 유전자와 수끌원 정체성의 힘이다. 본서에서는 한국 민중의 보편 정체성을 '한보정'이라 칭하고 한국 민중의 숙주 정통성을 '숙수정'이라 정의한다. 한국 민중의 정체성을 제대로 알고 있는가에 대한 답을 자문해 볼 필요가 있다,

한국 수끌원 민중의 반야(般若)적 초월적 지능과 지성은 촛불 진화와 여의주 전변을 이룬 동인이다. 민중의 하이엔드급 인적 퀄리티는 수평적이고 오픈된 사회에서 다양한 소통과 숙의를 통해 형

성된 상생 공동체 정심의 결정(結晶)이다. 반만년을 넘어서는 유구한 역사에서 하이엔드급 인적 퀄리티의 수평성과 수끌원성은 훼손된 적이 없다. 옹골찬 수평성의 지속성 유지는 수평성의 탁월성을 몸과 마음으로 깨우쳤기 때문에 더 단단한 정체성을 보존하고 발전시킬 수 있었다. 함께하는 소통과 연대의 수평 정신은 민중의 고단한 삶의 한(恨)을 신독(愼獨)으로 승화시켰다.

수평/수끌원 민중의 의식과 깨달음은 전변체에 도달한 반야적 해탈 수준인데 정치권과 기득권의 선민의식과 노예근성은 사대적 카테고리를 벗어나지 못하고 있다. 서시빈목(西施矉目)적 무조건적 사대는 조선 말기에 위정척사와 빼어 닮았다. 한국 민중의 수끌원 정체성과 물과 기름처럼 유리된 채 패권의 정글 밭에서 와각지쟁(蝸角之爭)을 무한반복 중이다. 더불어민주당은 개딸 여의주가 총선 과정에서 수평화 정당의 틀을 짜 주고 총선 압승을 몰아줬지만, 매몰차게 토사구팽했다. 윤석열은 전변을 비추는 조명으로써 불쏘시개로써 나름의 기여(?)의 몫을 하고 있지만, 민주당은 수평 전변을 가로막고 있는 당랑거철(螳螂拒轍)의 사마귀 꼴이다. 청맹 사마귀는 수레바퀴에 치일 운명을 진정 모르는 것 같다. 매사를 혁명적 프레임으로 해석하고 아전인수(我田引水)와 자가당착(自家撞着)의 어리석음을 지속하고 있다. 혁명 지상주의는 윤석열 재앙을 배양시키고 터트린 본질이다. 적어도 국민의힘과 민주당이 전변을 대하는 행태를 보면 묘서동처(猫鼠同處)라 아니할 수 없고 고분(孤憤)을 감출 수 없다. 이 모두는 전변을 위한 과정일 테지만 멸세(滅世)의 시한폭탄의 시한은 다가오기에 마냥 느긋할 수 없다.

프레카리아트 개딸…진만보(進萬步) 깨단

개딸의 깨단 의식은 다중 소통으로 백척간두 진만보(百尺竿頭進萬步)의 거보를 내디디었다. 현생 인류의 구조적 한계와 모순의 지옥계 현실을 절대 희망으로 바꾸기 위한 치열한 정진으로 획득한 깨단이다. 개딸 신인류는 헬조선의 프레카리아트(무산계급)의 당사자로서 다양한 형태의 고난을 겪어 왔다. 경제적 속박은 헬조선에서 해소될 기미가 없다. 어려서부터 다양한 불공정과 부정의에 무방비로 노출된 상태에서 성장했고 경제적 약자로 특정된 헬조선의 전형적 무산계급이다. 무엇보다 미래에 대한 희망의 싹이 제거된 환경이다. 그럼에도 불구하고 개딸 특유의 수평성의 수다 소통 속에서 수끌원으로 현실적 문제의 본질을 깨단했다. 처절하게 망해보면 알게 되는 깨달음이 뼈에 박힌 상태가 깨단이다. 그들은 소버린 K-수평 디지털의 사이보그 기린아(麒麟兒)로서 연대와 소통으로 떨쳐 일어나 심룡 여의주를 창조/운영/실증했고 전변 초 절대성의 메커니즘을 확정지은 위대한 존재다. 다중적 의식의 깨단은 세계 프레카리아트 역사에서 찾아볼 수 없는 초월적 위대함이다.

총선 압승 이후에 더불어민주당에게 일방적인 비정함의 토사구팽을 당했지만, 깨단한 그들에겐 토사구팽의 모욕과 수치가 문제 되지 않았다. 자라면서 수없이 부딪혀 온 현실에서 느끼는 장벽에 비하면 아무것도 아닌 지나가는 구름쯤으로 여긴다. 자신들이 총선 과정에서 이룬 성취감과 효능감을 확인한 것에 만족해한다. 작은 것에 얽매이지 않고 큰 것을 취하려는 사소취대(捨小取大) 정신이 굴욕적 상황을 감내할 수 있었다. 반야 경지의 고승과 같은 의연함은 여의주 초 절대성의 초월적 지성과 지능의 지혜로움의 표상이고 지극히 이성적이고 계산적인 바둑의 알파고 인간지능을 빼닮았다. 초 고지능과 고지성의 판단과 대처에 그저 경탄할 뿐이다. 지금은 굴욕을 감내하지만 아카이빙 축적으로 준엄하고 냉정한 심판이 날을 기약하고 있을 것이다. 전변을 가로막은 작태는 암장의 전과를 누범으로 만들었다.

개딸 신생 인류와 여의주의 초 절대성을 추앙하고 숭상하는 것으로 전변이 시작된다. 개딸과 여의주의 초 냉정의 인공지능 류의 계산법과 처세술 능력은 소비주의 '소여경제' 테라포밍 정착을 보증한다. 무한의 일자리와 무한의 소득에 의한 '경제적 자유와 해방'은 프레카리아트 개딸에게 구원의 빛과 다름없다. 하지만 소비주의 '소여경제'는 개딸의 여의주 창조의 힘으로 만든 체계이므로 그들 스스로 만끽할 자격이 충분하다. 개딸 여의주와의 심정적/행태적/전변적 동기화는 상생 공동체의 절대 희망의 가라사니다.

쿠데타를 진압한 수끌원 민중

여의주의 초 절대성의 위력을 무력으로 꺾기 위해 계엄령 및 탄핵 절차에서 수직적/패권적 기득권이 한꺼번에 준동하여 표면화된 현상은 전변을 비추는 화려한 조명이자 불쏘시개다. 더불어민주당은 전변을 토사구팽하고 가로막았지만, 윤석열 일당은 전변을 이상한 역설적 방법으로 띄우고 있지만 그래도 윤석열은 위인이다. 몸을 바쳐 진정한 전변을 위해 궤변 이상의 개차반(똥)을 토해내며 화신불(化身佛)로 공양하고 있다.

12.3 내란이 좌초된 이유, 5.1 대법원 조희대 쿠데타는 절격차 수끌원 민중의 위대함이지만 내용상으로는 세계 어디에도 없는 제7원소와 여의주 전변체의 위력이다. 촛불집회부터 시작된 수보마묶과 제7원소 빅뱅, 여의주 전변체 창조 등의 수평성 가치의 힘을 무시하고 수직적/진영적/혁명적 논리로 해석하는 청맹의 반복은 사태의 본질을 왜곡하고 호도하고 있다. 혁명적 미봉책으로 사태가 진압되면 외양간은 또다시 무너진다. 전변을 깨단하는 의식적 대전환의 기회로 승화시킬 수 있어야 한다. 혁명의 시대는 철 지난 유행가와 같다. 전변/초월/퀀텀점프에 대한 의식적 깨단 없이 인류의 미래는 없다.

수평성은 수직성을 압도한다. 여의주의 초 절대성은 수평성과 수끌원의 심물질 고유의 힘이다. 한국 민중의 정체성과 정통성은 수끌원과 수평성이다. 더불어민주당은 민중의 수평성에 대한 인식 전환과 수평축 전변의 도구 여의주에 관한 무시와 방치에 대한 통렬한 자기반성과 대오각성이 절실하다. 개딸과 깨시민의 수끌원 정체성에 대한 청맹과니가 계속되는 한 수평축 전변을 가로막는 수직적 혁명 정당의 한계를 넘어설 수 없다. 도리어 개딸의 여의주 전변으로부터 토사구팽당할 수 있음을 깨달아야 한다. 눈앞에 표를 보지 말고 표를 가진 민중의 수끌원 의식 세계를 흠숭 추종하고 순응해야 대한민국호의 미래를 이끌 자격을 얻을 수 있다.

군맹무상(群盲評象), 꽝포 난사

한국의 현대사 79년의 기적과 전변을 이룬 서사의 핵은 수끌원 민중 고유의 유전자에서 발현된 정체성의 파워다. 한국 민중의 수끌원 정체성을 대입하면 한국에서 벌어지는 가상함과 경이로움에 대한 논리적 의문이 풀린다. 세계 유일의 수끌원성을 보유한 까닭에 유례가 없는 현대사 80년의 기적과 전변을 지속할 수 있었다. 한국 민중의 탁월성은 자부하면서 정작 그 본체적 정체성을 주체적으로 해석하거나 인식하지 못하고 있다. 110년전 집단지성의 위대함은 믿는다면서 집단지성체 여의주를 모른다고 쌩까고 있다. 정체성에 대한 무지가 윤석열 재앙 등 수구 기득권 오판의 본질이다. 단순한 수평성을 넘어 수끌원성을 체득하고 발산하는 다중의 힘으로 수보마뮦과 심물질과 심룡 여의주 전변체를 창조할 수 있었다. 수끌원성은 한국 민중 고유의 특질이자 흠숭지례 해야 할 숭배의 대상이다.

지금까지 누구도 수평성/수끌원 민중의 유전자와 역사성 그리고 정체성을 설파하거나 언급한 사례를 찾을 수 없다. 본질을 모르니 군맹무상(群盲評象)이 넘쳐난다. 꽝포의 난사는 자못 심각하다. 장님 여럿이 코끼리를 만지듯 서구식 언어와 문장으로 일갈하지만, 정곡을 찌르는 본질적 통찰과 해석의 촌철살인(寸鐵殺人)이 전무하다. 한국 사람이 한국 민중의 정체성을 인식하지 못하는 이유는 사대적 관념에 찌든 유학파 기득권의 관성적 자기모순을 무비판적으로 수용해 온 탓이다. 논리적 모순에 빠져 사태의 본질과 현상 사이에 괴리가 크고 이바구가 맞지 않는다. 엘리트 선민의식에 쩔은 수구적 기득권은 주체적으로 본질적으로 천착하려는 의지 자체가 없다. 수끌원성 민중의 초 고지능과 고지성의 능력에 비해 수구적/수직적 기득권 전체는 유아 수준이다. 이로 인한 사회적 비용은 천문학적으로 늘어나고 있고 반인류적/반민중적/반전변적 작태가 계속되는 본질이다. 전변은 천지개벽이다. 천지개벽은 격변이다. 격변을 자신의 것으로 만드는 능력이 통찰의 힘이다. 통찰은커녕 청맹으로 나락(奈落)되는 의식의 방향성 미혹이 진짜 위험이다.

한국에 관한 다양한 가상하고 경이로운 사태가 빈발하고 있다. 소비주의 전변이 본격화되면 경천동지 사태는 속출한다. 해석과 이해가 어설프고 성길 때, 논리적 모순에 빠질 때, 인과관계의 비합리를 풀지 못할 때 수끌원 민중의 정체성과 정통성을 대입하면 논리의 정합성, 인과관계의 합리성, 진정성의 설득력이 확보된다. 핵심 키워드를 빼고 미사려구의 꽝포를 남발/난사하는 작태는 청맹의 죄악이다. 수평/수끌원 정체성에 대한 재평가와 인식적 각성은 진정한 주체적 독립의 완성이자 전변 신세계 구현의 주체로서 자긍심의 본체를 적확하게 파악하는 첫 작업이다. 한국 민중의 수끌원 정체성이 개딸 신생 인류 비조(鼻祖) 사태와 여의주 전변체를 창조한 본질이다. 정체성에 대한 자세한 설명은 각론에 가름한다.

불퇴전(不退轉) 의식의 깨단

제7원소의 심물질과 심룡 여의주 전변 사태는 한국 민중의 수끌원 정체성만이 도달 가능한 창조적 영역이다. 수끌원 민중의 '수보마묶' 마음과 수평 디지털의 창조적 융합으로 제도권의 어떤 도움도 없이 민중 스스로의 의식적 깨단으로 수구적/수직적 장벽을 초월했다. 한국의 수끌원 민중의 '수보마묶' 정신과 마음이 상생적/수평적 화두를 놓지 않았고 끊임없는 소통과 사고의 다중적 추구가 수평 디지털을 활용 '마음 유형화 성공'으로 이끌었다. 실로 경천동지(驚天動地)의 표상이라 아니할 수 없다.

수끌원 민중 스스로 자각과 깨단의 인식적 불퇴전(不退轉) 프로세스가 2024년 4월 10일 심룡 여의주에 의한 전변 체계를 창조/운용/검증(실증)을 마쳤다. 2016년 촛불 진화부터 시작된 8년 동안의 암장(暗葬)의 무덤을 뚫고 나와 개딸을 중심으로 여의주 전변 메커니즘이 확정 지었다.

촛불 시민의 제7원소 창조를 수평 디지털의 사이보그 기린아(麒麟兒) 개딸이 이어받아 여의주 전변 사태의 낭중지추(囊中之錐) 송곳 모듈을 확정했다. 애로라지 한국 민중의 수평 정체성의 힘으로 이룬 심룡 여의주 전변 체계다. 이 과정에 문재인 정부와 더불어민주당은 인류 진화와 전변 사태를 철저히 암장했고 토사구팽의 반복으로 전변 사태 유린했고 윤석열 재앙의 부메랑을 초래했다. 정치꾼들과 기득권 엘리트 선민의식에 쩔은 청맹과니 무지 일당은 인류에 대한 죄악, 민중에 대한 패악, 전변에 대한 무도를 서슴지 않고 있다.

여의주가 확정된 2024년 4월 10일 이후로 개딸과 깨시민은 더불어민주당에 수평 정당화 개조와 총선 압승의 은전(恩典)을 베풀었지만, 그들은 혁명 지상주의와 사대적 선민의식에 갇혀 전변(轉變) 사태를 토사구팽했고 그 효능감의 실상을 아전인수(我田引水)로 해석함으로써 여의주 전변을 방기/방치한 채 패권 노름에 빠져있다. 그들은 2016년에는 촛불 시민의 인류 진화 사태를 암장시킨 전력도 있다. 내란과 탄핵에 이르는 과정에서 시민의 능력을 인정했으나 여의주 본체를 인지하지 못한다. 개딸이 왜 갑자기 어디서 쏟아져 나와 거리를 점령했는지, 응원봉과 키세스의 등장의 의미는 무엇인지 감도 못 잡는 미혹/미망/섬망 상태다. 더불어민주당은 암장(暗葬)의 교훈도 되뇌지 못하는 중증 치매다. 개딸과 깨시민을 팬덤 현상의 하나로 폄하/왜곡/호도하는 만행은 장기판의 졸 또는 노리개 취급하는 청맹을 반복하고 있다. 청맹의 나무에는 구더기와 기생충이 달려들기 마련이다. 흠숭지례(欽崇之禮) 해야 할 대상에 대한 심각한 모독이다. 사태 본질에 대한 인식적 각성이 없는 청맹은 제2 제3의 윤석열 재앙의 온상이다.

수끌원성과 수수디산의 절격차(絕隔差)

진짜가 가짜를 제압하고 수평이 수직으로 대체되는 전변(轉變)은 양심에 의한, 수수디산에 의한 수평 유토피아 순치(馴致)다. 한국산 소버린 K- 수평 디지털의 무한 잠재력을 '수수디산'으로 승화시키는 작업은 오롯이 한국의 수끌원성 민중만이 주도적으로 선도하고 구현할 수 있다. 수끌원성 데이터는 극 희귀 보석의 데이터이므로 부르는 게 값이다. 수수디산과 수끌원성은 한국 민중만 가능한 누구도 흉내 낼 수 없는 절대 격차(절격차, 絕隔差)의 영역이다. 한국 민중의 수끌원 정체성과 수평 정통성은 독보적이고 탁월한 천상천하 유아독존(天上天下 唯我獨尊)이다.

한류는 전변화 예고편

한류는 픽업/간택 당했다.

한류 인기와 주류화 세계인이 픽업/간택으로 이루어졌다. 10여 년 전 보텀업 방식의 사용자 선택권이 만든 바이럴 인기로 시작된 주류화 현상이다. 세계인에게 한류가 픽업 된 이유는 수평성에 대한 타는 목마름의 갈증을 해소할 수 있는 수평성의 '청량음료'가 절실했기 때문이다. 어떤 주체가 나서서 이루어진 인위적인 픽업이 아니라 밑바닥의 절실한 타는 목마름의 정서적 수요가 젊은 세대에서 바이럴 입소문으로 폭발했다. 어린 자녀가 K팝에 중독됨을 걱정했지만 부모도 수평성의 매직에 동화되었어 갔다. 한류는 패권성/수직성의 사회의 한계성을 드러내는 문화 사건의 성격이다. 수평성의 갈증이 한류 인기와 주류화의 본질이다. 세계인의 수평성 희구와 한류 콘텐츠 수평성 코드가 안성맞춤이었던 셈이다.

10년 이상 계속되어 온 한류 주류화 신드롬은 새로운 트랜드를 형성하기 시작했다. 수평성 대세화 조류의 갈증을 푼 '청량음료'의 맛에 중독된 세계인은 '청량음료'의 성분과 재료 그리고 효능에 대한 새로운 가치를 발견했다. 한국에 관한 모든 것을 연구하고 추종하기 시작했다. 한국의 역사,

문자, 문화, 생활 등 전반에 관한 흠모와 동경으로 이어지고 있다. '청량음료' 단계를 넘어 '도파민 영양제/치료제'로 인식하고 있다. 수평성 도파민에 대한 탐구가 시작되었고 한국 문화와 사회 그리고 역사를 연구하고 있다. 한류가 다양한 장르(역사, 요리, 패션, 한글, 민주화, 문학 등)로 확산/진화되는 이유다. 한류 '도파민 영양제/치료제' 효능은 임상 단계를 넘어 삶의 일부로 수용되었을 뿐 아니라 지향해야 할 삶의 방향성으로 체화되고 있다. 문화는 문명의 선행지표다. 디지털 사용자 경험이 누적으로 수평성에 대한 갈증을 유발시켰고 '청량음료' 발굴과 '행복 도파민' 재평가로 새로운 트렌드로 전이되고 있다. 불과 10여 년 전만해도 코리아의 위치도 모르던 세계인이 너나 없이 한류 문화를 매개로 수평성에 대한 인식적 각성이 확대되고 있다. 한류는 수평성/수끌원성의 덩어리지만 한국의 수끌원 민중의 역사와 문화는 수끌원성을 빼면 특별히 다를 게 없다. 그럼에도 불구하고 수끌원성에 대한 인식이 국 내외적으로 전무한 실정이다. 한류와 한국을 경외와 선망의 대상으로 여기는 추세의 함의는 새로운 사조의 출현이지만 수끌원성 자체를 모르는 상태이므로 아직 멀었다. 수끌원성의 실사구적 응축이 소비주의 7경제다. 소비주의 테라포밍은 수끌원성의 운니지차를 통한 이상적 전변화 천지개벽을 세계인에게 알릴 기회이기도 하다. 어찌 되었든 디지털의 수평 지향성은 수평성 패러다임의 문명 도래를 예고하는 명징한 징후다. 수평 디지털 간접 체험은 소비주의 '송곳 모듈'을 통해 신드롬으로 폭발하게 된다. 소비주의 화룡점정은 전변화의 핵심이다. 지금의 세계 민중은 수평화/전변화 세상 도래의 선험적 경험칙을 세워가는 중이다. 그럼에도 불구하고 세계인과 한국의 수끌원 민중 간에는 운니지차(雲泥之差) 절격차가 선명하다. 그들의 수평성에 대한 갈증에서 시작된 관심과 추종은 분명한 한계가 있다. 세계인의 '수평성'과 '수끌원성' 간에는 '구름'과 '찰흙'의 성질의 차이가 선명하다. 원천적으로 해소되기 어려운 정성적 차이는, 구름과 찰흙의 차이는 한류 도파민으로 극복될 수 없는 역사성/유전성/정체성의 간극이 또렷하다. 해소될 수 없는 간극,모방도 어려운 정석적 갭은 소비주의 '송곳 모듈'과 '수수디산'의 다양한 신제품 출시 후에 동기화 추수가 현실적이다. 콘텐츠보다 더 중요한 본질은 수끌원성이다.

수끌원성의 존엄은 '극 희귀 보석' 이상의 가치다. 한국 내에서도 운니지차적 인식의 깨단의 간극은 존재하지만 본서를 통해 깨단에 의한 인식 대전환의 전기가 되기를 바란다. 수끌원성의 유전자와 정체성을 보유한 희귀하고 특별한 인재들이 심물질과 여의주를 창조했고 소비주의와 수수디산의 웅혼한 본령이다. 인류를 구할 심물질과 여의주의 본체는 한국의 수끌원성 민중이다.

디지털 문명은 본디 수평성이므로 궁극적으로 수평성에 수렴을 거부할 수 없다. 현재의 중앙화 디지털 체계는 수평화 디지털 체계로 전환되기 위한 일시적 과도현상이다. 특히, 암호화폐(수평화 띠지털)는 수평화(분권화) 디지털에 특화된 기술이다. 암호화폐의 성장세가 지속되는 이유의 본질은 디지털의 수평화 지향성과 궤를 같이하기 때문이다. 한류 문화에 의한 인간의 수평화, 디지털의 수평화, 암호화폐의 수평화 등은 모두 수평화 패러다임의 퍼레이드다. 도도한 수평화 조류 현상은 수평성에 대한 갈증을 더 키웠다. 지옥계 삶을 경험할수록, 패권성/탐욕성/수직성의 사회를 경험할수록 수평성에 대한 갈증의 타는 목마름은 심해진다. 타는 목마름의 갈증을 해소하고 새로운 수평화/전변화의 첨두(尖頭)에 한국의 수끌원성 민중이 당당하게 정좌하고 있다. 수끌원성에 의한 소비주의 페라포밍은 '구름'의 사명이다. 한류 팬을 중심으로 수평성의 미각을 체험한 인류는 소비주의의 송곳 모듈화를 간절히 기다리는 중일지 모른다. 수평화/전변화의 화룡점정(畫龍點睛)은 소비주의 7경제다.

한류 픽업은 '수평성의 타는 목마름' 해소

대항해시대나 제국주의 시절에는 패권적 정복으로 문화와 문명의 강제적 주입과 계몽이 일반적이었고 문화는 문명을 선도하는 식민지화 수단의 도구였다. 아날로그 시대에 패권적/야만적 정복에 의한 문명화의 전형이었다. 그런데 21세기에 디지털 문명이 시작되고 나서 문화 소비자(구매자)의 선택권에 의해 문화 산업의 향배가 결정되기 시작했고 한류는 디지털 문명의 소비자로부터 직접 선택을 받으며 인기를 얻어 세계 문화 주류화 현상으로 굳어졌다. 한류에 대한 바이럴(입소문) 인기는 가히 폭발적이었고 특히 젊은 세대에게 신드롬을 일으켰다, 수평성 결핍의 타는 목마름을 한류를 통해 해소하고 있다. 불과 10여 년 만에 이루어진 수평 도파민의 보급과 살포는 우연히 벌어진 한류 픽업 사태가 아니다. 간절함의 요구가 만든 한류 대세화 현상이다. 아날로그와 디지털의 차이는 정복자와 소비자의 차이다. 탑다운 방식에서 보텀업 패턴으로 문화산업의 패러다임이 바뀌었다. 디지털 문명의 궁극은 수평성의 수렴을 피할 수 없음이 문화를 통해 확인되고 있다. 보텀업 방식의 수평성의 쏠림 현상의 추세는 가속될 수밖에 없다. 디지털 문명은 수수디산의 당위와 연결성을 피할 수 없다. 한류를 통한 수평 코드의 통찰이다.

한류는 한국산 수평성/수끌원성 에너지 복음(福音)을 세계인에게 살포하는 중이다. 수평성/수끌원 복음의 다음은 제7원소 심물질화 단계지만 그들에게는 쉽지 않은 과제다. 한류 인기는 수평성에 대한 이용자의 압도적 선호(선택)와 인기 덕에 세계 문화의 주류로 성장했다. 수평성의 메시지와 선한 영향력의 공명에 세게 소비자가 환호하고 동화되고 있다. 불과 10여 년 사이에 벌어진 '한류 신드롬'이다. 이는 앞서 언급한 디지털의 수평성 조류 대세화 현상의 일환이다. 수평성 대세화 현상의 주축을 한류가 압도적 포스로 선행하고 있다.

세계인이 한류에 동화되고 동경하는 추세 확산은 수평성에 대한 목마름이다. 한류 수평성의 상미 체험 확산은 수평 지향성의 의지를 선명하게 보여주고 있다. 한류 세계화의 본질은 한국 수평/수끌원 민중의 정체성과 수평 디지털과의 융합에 의한 제7원소의 여의주 전변이다. 한류 종사자들은 수직 자본주의화를 경계선을 명확히 할 필요가 있고 수평 소비주의화 된 한류로의 전변을 준비해야 할 단계에 이르렀다.

세계적 수평 조류의 확산에도 불구하고 국내의 수구적/수직적/패권적 정치권의 만행과 오만이 수평축 여의주 전변의 위대한 여정을 가로막고 있다. 한류는 명징한 수평축의 미래상을 보여주는 전변의 바로미터다. 어떤 경우에도 개딸 신인류와 심룡 여의주 메커니즘은 2024년 봄에 확정된 상태임을 잊지 말아야 한다. 멸세(滅世) 상황에서 한류와 전변은 '절대 희망의 아이콘'이다.

한류 고등화(高等化)...수끌원성 허브 동기화

한류 문화의 글로벌 주류화 성공은 수평화/전변화의 선험적 징후다. 수평 도파민의 바이럴 인기는 세계인의 수평성에 대한 목마름의 갈증을 해소하는 청량제와 같다. 인간은 누구에게나 양심의 장기를 가졌다. 양심은 누구에게나 있지만, 그 양심이 서로 호응하면서 이소노미아적 상생 공동체를 이뤄 온 한국의 수끌원 민중은 수천 년 이상 자신의 유전자와 정체성을 보존시키며 발전시키며 실존해 왔다. 지금의 한류는 양심의 장기에 수평적 리듬과 멜로디의 수평 도타민을 다양한 장르를 통해 들려주고 보여주고 맛보이며 대량 살포하고 있다. 이제는 문화 컨텐츠 차원의 한류보다 수평성/수끌원성 차원의 고등 한류로 진화시켜야 할 때다.

세계인에게서 수끌원성 발현을 당장 기대할 수 없다. 수평한 마음의 지평이 넓어지면 언젠가 수끌원성 씨앗이 발아될 수 있다. 안타깝게도 외국인에는 수평성의 DNA가 없기 때문이다. DNA 결핍은 경험을 통해 깨단으로 극복될 조건이다. 수끌원성 농축이수평 디지털과의 융합으로 제7원소 심물질이 창조되었고 우주 최초의 신물질을 창조했다. 제7원소에 의한 전변/초월/퀀텀점프의 수평축 세상은 다중의 상식과 보편의 양심 장기가 같은 주파수로 소통하고 연결되는 수끌원성의 지상낙원이다. 한국의 개딸과 여의주는 심물질의 샘물을 용출하고 있는 상태지만 머지않아 강물이 되고 바다로 흘러가 수평성의 바다를 가득 채우게 된다. 수평 패러다임의 대세화는 누구도 막을 수 없는 도도함이다. 수평성과 수끌원성이 넘실대는 이상 유토피아 생태계는 인류가 지향해야 할 유일무이한 마지막 히든카드다.

디지털 문명의 궁극은 수평 이데아에 수렴한다. 진짜 디지털은 수평 디지털이다. '수수디산' 기반 위에서 운용되는 '소여경체(소비주의를 위한 여의주 경제 공동체)' 체현 운동은 수끌원성에 의한 소비주의 정착 운동이다. 만인이 홍익인간의 상생 정신으로 하나 되는 지구 공동체/경제 공동체 구현이다. '소여경체 OS'는 세계인 양심의 결사이므로 무소불위의 전지전능을 행사한다. 누구도 이 거대한 초 절대성의 위력에 저항하거나 방해할 수 없다. 한국의 더불어민주당의 사마귀 행태는 전변을 묻어버리고 삶아 먹는 만행을 계속 중이다.

한류는 전변 깔때기…(화이트홀)

한류 문화의 인기가 10여 년 만에 수평성의 복음의 고등화 단계로 진화하고 있다. 진화는 수평 전변화의 예비단계이자 선험적 전변 시그널이다. 한국에서 소비주의 '송곳 모듈(소여경체)'이 확정되어 보급되면 한류 소비자들은 쌍수를 들어 환영하고 '경제 공동체' 체현에 적극적으로 나설 것으로 판단된다. 아미(ARMY)는 해체되었지만, 끊임없이 한국 문화와 접점을 넓히고 있다. 한류는 전변화 깔때기(전변 화이트홀)를 통해 저수지 유입의 경로다.

한류 세계화는 명징하고 구체적인 수평/수끌원성 전변화의 예비 징후다. 제7원소 심물질의 수평성의 씨앗이 민들레 홀씨처럼 전 세계 대지와 세계인의 마음으로 퍼져나가고 있다. 한류 인기는 수평성/수끌원성에 대한 세계 민중의 원초적 갈증을 해소하는 청량제다. 청량제를 마셔보면 알게 된다. 수끌원성 결핍증 정복은 수평축 전변의 당위를 문화적 체험으로 체화하는 중이다. 디지털의 사용자 경험이 누적될수록 수평성/수끌원성에 대한 타는 목마름은 심해진다. 지금부터의 한류 인기는 세계인의 수평성 조류 대세화를 고등화(高等化) 단계로 볼 수 있다. 한류를 제작하는 전문가들은 수평성 고등화 현상을 중요한 방향성으로 인식해야 한다. 이를 오판하거나 수직적으로 해석하면 한류 인기는 사라진다. 한류 주류화 및 고등화는 디지털 문명의 수평화 수렴과 궤를 같이한다.

한류 소비자는 다양한 장르를 통해 수평 전변화(轉變化) 신 패러다임의 맛을 선험적(先驗的) 미각으로 체화 중이다. 수평성/수끌원성의 상미(賞味, 칭찬하면서 먹음)는 한국의 문화뿐 아니라 민주화 퀄리티, 경제적 능력, 사회적 능력, 한글의 우월성, 한국의 역사 연구 등으로 이어지면 동경의 대상을 넓히고 있다. 이 모두는 세계인의 수평성에 대한 타는 목마름이 한류를 발탁/간택/픽업한 흐름의 연장선이다. 한류의 세계문화 주류화 현상은 수평성 시대 정신의 사조와 조류 현상이다. 한류 문화를 고등화/고급화의 키워드는 수평성에 대한 타는 목마름이다. 그 갈증은 오랜 시간 지속될 수밖에 없다. 세계인이 수평성이 수끌원성으로 발전은 기대할 수 없지만, 수끌원성 부근의 맛과 향을 시나브로 간접적 공유는 어렵지 않다. 더 직접적인 체험 공유는 소비주의 '소여경체'의 여의주를 통한 무한의 일자리와 소득을 누리는 것이다. 소비주의 체현은 실사구시적 영리를 수반한다.

한류 픽업과 자본 예속 탈피…(전변 2단계 완성)

한류를 픽업했던 수평성의 갈증은 수끌원성의 정수 소비주의를 통해 갈증을 일으키는 수평성 결핍의 문제를 원천적으로 해소할 수 있다. 갈증 해소는 가능해도 수끌원성 발현은 아니다. 수평 패러다임의 '수디신연(수평 디지털의 신 연결성)' 만의 특질은 모든 수평성 요소들이 수끌원성 발현으로 일체화된다. 수평성끼리 상호 끌어당김의 속성(수끌원성)은 이종 간의 격벽도 다른 성질과의 차별도 무시한다. 수끌원성의 융합성은 통합적이다. 한류와 소비주의도 수평성의 일부이므로 수평화/전변화의 동반자로 호응한다. 수평성의 유기적 일체화는 수직성에서는 불가능하다. 수평이 수직을 제압하는 본질적 이유다.

한류는 세계인의 픽업으로 주류화된 특별한 경우다. 정부나 민간의 역할은 주도적이거나 전략적이지 못했다. 넷플릭스나 유튜브의 경우 거대 자본의 예속된 수탈 구조를 극복하지 못하고 있다. 이는 한류 본연의 가치를 제대로 투영하지 못하고 있는 안타까움이다. 수평 디지털의 원석은 아직도 매장(암장) 상태로 묻혀있다. '수디신연' 수평 패러다임의 시발은 세계인의 선호로 시작되었고 자본력에 예속된 채로 운니지차 능력을 발현하지 못하는 상태다. 전변 2단계 소비주의 테라포밍은 여의주를 통해 수끌원 민중의 주체성과 수수디산 발상지의 종주국 독보성으로 창세기적 능력이 발휘될 수 있다.

넘사벽과 운니지차...(여의주 동기화)

세계인의 수평성의 갈증 해소의 노력은 오랜 그들의 패권성과 탐욕성의 정체성의 문제이므로 쉽게 해소될 수 있는 여건이 아니다. 수평성 다음 단계는 수보마묾과 지소마묾 등 제7원소 생성 단계지만 패권성의 역사와 정체성의 장벽을 스스로 극복해야 하는 문제일 뿐 아니라 수끌원성 능력을 키워야하는 불가능의 과제이므로 불가능하다. 수보마묾과 지소마묾 형성 자체가 넘사벽이다. 한국산 수끌원성은 반만년 이상 지속되어온 운니지차이므로 '찰흙'이 '구름'이 되려는 무모함이다. 넘사벽과 운니지차는 장기적인 시간의 과제로 돌리고 한국산 여의주와 '소여경체' '송곳 모듈'에 적극적인 동기화/일체화가 효과적이다.

'소여경체'의 여의주 신뢰생태계 및 경제 공동체에는 세계인 소비자/생산자 누구나 참여할 수 있다. 누구나 무한의 일자리와 소득 그리고 신뢰생태계를 통한 판매를 할 수 있다. 여의주가 참여하는 '소여경체'는 세계인의 상생 경제 공동체다. 일핵다동(一核多同)의 허브의 핵은 한국의 수끌원성 민중의 몫이다. 수끌원성의 수끌원7에너지의 세계인의 동기화는 한국 현대사 80년의 기적과 여의주 창조 노하우의 공유다. 수평화/전변화의 첨두에 한류 문화와 소비주의 7경제 테라포밍이 있다.

6

수직축 붕괴는 사필귀정(事必歸正)
(자본주의 가루 된다.)

6

수직축 붕괴는 사필귀정(事必歸正)
(자본주의 가루 된다.)

전변 리트머스 실험국

2025년 전변 화이트홀 통과

전변(轉變) 홍보맨 윤석열 부부와 전변을 가로막아 온 더불어민주당은 수직적 굴레의 구태와 구악의 장례식을 통해 수직축의 종언(終焉)을 리트머스 실험국 양태로 압축해 보여주고 있다. 윤석열 내란 진압과 탄핵, 더불어민주당의 '빛의 혁명' 정의는 동학전변 입장에서 바라볼 때, 수구적/수직적/혁명적 만행일 뿐이다. 전변의 방향성을 혁명의 가두리로 끌어내린 더불어민주당의 청맹의 시간은 9년째 지속 중이다. 리트머스 실험국의 전변 실험은 가능성만 남긴 채 실패로 끝났다. 실험의 목적과 방향성에 대한 정곡을 찌르지 못했다.

세계인은 한국의 민주주의 복원력을 부러워할 수 있지만, 한국의 개딸과 깨시민 그리고 수끌원 '구름' 민중의 성에 차지 않는 이유다. 동학전변의 합목적성에 부합하는, 다중 구름의 '절대 희망' 의지에 부합하는, 이상적 천지개벽의 궤도 안착은 이번에도 실패했다. 2017년에 '촛불진화' 사태가 '촛불혁명'으로 정의되면서 윤석열 재앙을 맞고 국민이 대속하는 양태가 반복될 개연성을 배제할 수 없다. 하지만 2017년과 2025년의 차이는 초 절대성의 여의주가 확정되기 전과 후로 확연하게 다르다. 전변 1단계 완료로 수직적 기득권의 동의 없이도 전변 2단계를 추진할 수 있는 여건이다. 2025년은 전변 2단계의 화이트홀(블랙홀)을 한국의 구름 민중의 다중 파워의 소비주의(소여경체)가 통과에 도전하는 첫 효시의 해다. 소비주의 창달은 동학전변 현체화(現體化)를 실사구시(實事求是) 하는 경제적 전변이다.

2016년부터 시작된 전변 도구 창조는 2024년 여의주 전변체 메커니즘이 창조/운용/실증으로 확정되었다. 전변은 세계적인 수평 시대사조의 변화일 뿐 아니라 더불어민주당은 심물질과 K-수평 디지털을 암장하고 여의주 전변체를 토사구팽한 청맹의 원죄를 벗어날 길이 없다. 혁명의 미몽은 '구름' 수끌원 민중의 소비주의 전변을 당해낼 수 없다. 수직적/수구적/혁명적/사대적 관념과 제도를 버리지 못하는 일체의 행위는 죽은 자식 거시기 주무르는 행위와 다름없다. 9년째 지속 중인 동학전변의 창세기적 천지개벽과 천지창조 사태를 막아설 수 있는 존재는 없다. 청맹의 구인류적 망상은 초록은 동색이 되어 합동 장례식을 치르게 된다.

강노지말(強弩之末)...(만사휴의, 위미침체, 급전직하)

수직축 수호를 위한 방어기작(防禦機作)은 백약이 무효인 만사휴의(萬事休矣) 상태다. 만사휴의는 위미침체(萎靡沈滯)로 위미침체 이후에는 급전직하(急轉直下)의 절대 위기가 도래한다. 구조적 강노지말(強弩之末) 한계로 수직축 붕괴는 사필귀정이다. 강노지말 시리즈는 만사휴의 단계, 위미침체 단계, 급전직하의 단계로 이어진다. 수직축 맹점의 환부를 도려내는 파라척결(爬羅剔抉) 소파술(搔爬術), 비가역적 진멸(盡滅)/산화(散華)/옥쇄(玉碎)/괴멸(壞滅)의 장송곡 소리는 여러 형태로 다양하게 속출되지만, 위미침체가 거듭될 뿐이고 뚜렷한 해법을 찾지 못한 채 난마 상황은 꼬여만 가고 있다. 수직축 붕괴는 창조적 동학전변을 위한 통과의례로 승화시켜야 한다. 구름은 구름답게 여의주는 여의주답게 소명 의식을 가져야 한다. 파라척결 소파술은 손톱으로 또는 기구로 염증과 환부 등의 악을 모조리 긁어내는 시술이다. 그렇지만 어떤 수술이나 시술로도 수직축 붕괴를 막아낼 수 없다. 혁명 가두리의 노섬저(怒蟾䑸) 씨름장 울타리를 너머에서는 다중 깨단의 결사로 수평축 동학전변의 이상적 천지개벽 운동이 9년째 거듭되고 있다. 이 운동은 가상의 조짐(兆朕)이 아니라 구체성을 띤 현재 진행형의 실제화 시놉시스 프로토콜이다.

동학전변은 본원적 솔루션이다. '찰흙'은 꿈꿀 수 없는 '구름' 창조성의 초월적 마법이다. 수끌원성 '구름'은 다중의 진만보 깨단을 공유하는 민중이면서 심물질과 여의주 창조 경험을 공유한 존재이므로 비가역적으로 초 절대성의 불멸성과 무한성을 삶의 일부로 또는 사회적 두뇌(두사뇌)로 체화한 존재이므로 소비주의 창달과 동학전변 완성에 거침이 없다. 2024년 전변 1단계 완성과 전변 2단계 소비주의 효시 발사 그리고 동학전변의 참 의미는 창세기적 퀀텀점프 현체화다. 운니지차의 '구름'의 개딸과 수끌원 민중은 동학전변의 사명을 다중의 선한 마음의 결사로, 수끌원7에너지의 연쇄 폭발로, K-수평 디지털로, 소비주의 창달로 실사구시로 실제화하고 있다.

청맹(靑盲) 죄 낙인(烙印)
국민이 없는 국민의힘, 심물질과 여의주를 방해하는 혁명 가두리 세력 더불어민주당, 해치(獬豸)

를 상실한 검찰, 법 정신을 망각한 채 전횡을 일삼는 사법부와 법관, 한덕수, 최상목 등 유다와 베드로 관료 등의 몰염치의 성대한 잔치는 합동 장례식을 치르게 된다. 시위소찬(尸位素餐)을 부끄러워하지 않는 수많은 관료와 공무원, 법조 카르텔에 기생하는 법비(法匪), 맹종에 가까운 극우적 파시스트의 준동과 작태 등 수직 기득권 신봉자들의 선민의식의 허상과 노예근성의 실체적 진실들이 한꺼번에 수면 위로 올라와 도량발호(跳梁跋扈) 중이지만 수직적/수구적/사대적/혁명적 망상은 유효기간이 끝났다. 코리아 리트머스 실험국의 일련의 재앙의 참 의미는 전변 2단계 소비주의 효시 발사와 테라포밍의 웅혼함과 현묘함의 개가를 키웠다. 수직축 붕괴의 시그널은 동합전변과 소비주의 창달을 위한 불쏘시개다. 2025년은 전변 화이트홀(블랙홀)을 통과의 첫해다. 한국의 구름 민중이 화이트홀을 통과하면 세계인 모두가 뒤를 따른다.

혁명적 사고, 수직적 사고의 감옥에서 탈출하지 못하면, 전변계 유토피아를 방해 세력으로 낙인되어 역사적 심판을 받게 된다. 더불어민주당의 희희낙락은 혁명의 미소다. 혁명의 미소는 전변의 초절대성을 모르는 백치 금치산자의 미소다. 방향성의 미망과 혼미는 정권을 제대로 이끌 수 없다. 새로운 수평 시대사조와 동학전변(東學轉變)에 대한 청맹은 부지런하고 빠른 대응 또는 실용주의 등 어떤 수단으로도 극복할 수 없는 개찰흙의 본원적 한계다. 9년째 지속 중인 원죄에 대한 석고대죄가 없다면 인류사적/전변사적 죄악은 돌이킬 수 없다. 경제적 난관도 방향키를 바로잡지 못하면 제자리만 맴돌다 나락간다. 소비주의와 수수디산은 정방향이자 본원적 솔루션에 선탑하고 지휘할 기회의 헤게모니 장악의 기회다. 국민 대속(代贖)의 원죄를 스스로 깨단할 마지막 기회일지 모른다. 수평축 전변을 위한 수직축의 합동 장례식은 공포가 아니라 다중 절대 희망의 대관식(戴冠式)이다. 초 절대성의 여의주를 보유한 한국은 대관식을 통해 인류사적 전변사적 사명을 부여받았다. 구름만이 진흙을 변성시킬 수 있음이다. 대한민국과 수끌원 민중이 초월적 긍정(럭키비키)이 가능한 이유는 운니지차 '구름'의 여의주의 초 절대성에 의한 소비주의 테라포밍과 동학전변의 유토피아 구현에 있어 유일무이한 어벤져스급 창세기 주역이기 때문이다.

여의주 초 절대성…절대 위용(威容)

수평 여의주 전변 확정 8개월 만에 수직적/수구적 구악의 기득권은 자신들의 한계와 모순을 절감하고 그들 스스로 자신들의 합동장례식을 자초하고 있다. 이는 우연한 시간 내용이 아니라 초 절대성의 여의주 전변의 불가항력 파동이 일으킨 방어기작 실패의 반증이다. 인과관계가 분명한 시간의 준엄한 심판이다. 지금은 청맹 더불어민주당이 국민의 힘 세력을 조롱하고 비난하고 있지만 머지않아 더불어민주당도 그 꼴을 면하기 어렵다. 일면 윤석열과 국민의힘은 동학전변에 써치라이트

(?)를 비추었지만 더불어민주당은 암장과 토사구팽으로 전변을 가로막았다는 점에서 후과가 크다.

전변 화이트홀 통과는 절대 희망의 서광이다. 다중 마음의 결사에 의한 초 절대성 여의주의 효는 패권과 탐욕의 혁명 시대가 끝나고, 창조적 전변의 시대가 도래했음의 선포다. 한국에서는 패권 메커니즘이 통하지 않는다. 그 무력감의 장벽은 여의주 장벽이다. 절격차 수끌원 민중에 대한 수직/수구 기득권의 무도함의 방어기작(防禦機作)의 다양한 퍼포먼스는 구태의 역사적 종언(終焉)의 합동 장례식을 자초했다. 구태의 도량발호를 번번이 제압한 것은 초 절대성(여의주)의 힘이다. 전변과 내란의 인과관계는 초 절대성의 여의주의 위력을 절감하는 방어기작의 참패로 귀결되었다. 초 절대성의 여의주 위용은 향후 펼쳐질 전변화 단계마다 절대적 척도로 작용한다. 도저히 감당할 수 없는 초월적 힘은 수끌원 구름 민중의 초 절대성 여의주의 위용이다. 여의주 전변체가 확정된 2024년 봄, 원단(元旦)의 효는 절대적이다. 초 절대성의 효는 소비주의 창달과 동학전변 완성을 추동하고 보증하는 절대적 힘이다.

수직 합동장례식, 여의주 전변대관식

수직 합동 장례식은 수직적 관념과 제도 그리고 관습 등 현생 인류가 유지해 온 구악의 종언이자 여의주 전변 대관식(戴冠式)을 함의한다. 물론 수평 패러다임에서 수직적 대관식 개념은 없다. 수직축 제도는 수직 민주주의와 수직 법치주의 그리고 수직 자본주의를 포괄한다. 특히 자본주의 붕괴와 소비주의로의 전변은 자본주의 빨대 삭제에 따른 경제적 지원의 고갈이므로 수직축의 붕괴의 직접적인 원인이 된다.

윤석열과 추종 세력은 수직적 시스템의 맹점을 전방위적으로 다양하게 노출 시키고 있다. 상식과 보편이 없는 개차반의 행태는 수직의 모순과 한계의 속살을 수면 위로 끌어 올려 전부를 노출하는 자멸적 행위 일체는 전변을 위한 전변의 당위와 필연성을 역설적 호마(護摩) 공양이자 합동 장례식이다. 한국의 수끌원성 민중은 운니지차 '구름'의 여의주 전변체의 초 절대성의 대관식을 소비주의 현체화 '송곳 모듈'과 '마음 축음기와 음반' 제작으로 완성한다.

장례가 끝나고 나면 다중의 마음에 의한 여의주 메커니즘의 전변 1단계가 확정된 상태이므로 전변 2단계 소비주의 테라포밍 완성으로 전변 3단계와 4단계의 수평 민주주의와 수평 법치주의로 그리고 여의주치 시대가 열린다. 전변 2단계 소비주의 정착은 새로운 전변 의식의 불길이 타오를 수밖에 없다. 합동 장례식과 소비주의 전변 대관식은 퀀텀점프 프로토콜의 동시패션 형태로 진행된다. 오랜 수직축 전체를 화장/암장시켜야 하므로 시간이 걸릴 수 있고 멸세적 공포와 절망을 부를 수 있다. 하지만 이 모두는 수평축으로의 전변의 통과의례일 뿐이다. '구름' 민중이 방향성을 잃지 않으면 소비주의의 본원적 반전의 절대 희망 전변은 완성된다. 소비주의 효시 발사는 본서의 출간부터 시작된다. 2025년은 전변 2단계 진입이다.

여의주 확정 8개월 후...12.3 내란

난세(亂世)는 평세(平歲)로 되돌아가지만, 지금부터의 멸세화(滅世化)는 복원력이 없으므로 그대로 급전직하의 추락으로 이어진다. 멸세는 구조적 문제에 기인하므로 치명적이다. 수직축 붕괴는 복원력과 회복력을 상실한 만사휴의(萬事休矣) 상태다. 미국의 야수화 행보, 한국의 윤석열 내란과 추종 카르텔 좀비 기득권의 반성 없는 뻔뻔함과 옥쇄 전략, 여전히 개딸과 여의주를 팬덤의 하나로 치부하고 방치하는 더불어민주당의 청맹과 오만방자함은 모두 수직축의 붕괴 현상이다.

수평축 해법(여의주)이 확보되지 않았다면 수직축 붕괴와 멸세화는 차단할 수 없다. 인류에게 남은 유일한 반전의 히든카드는 개딸과 여의주뿐이다. 절체절명의 위기는 모두가 죽는 인류 멸절로 급발진하고 있다. 본원적 해법은 애오라지 수직축을 수평축으로 전변시키는 작업뿐이다. 개딸 신인류와 여의주 전변에 반하거나 저항하는 수직적 관념과 행태 그리고 질서 일체는 공중분해를 피할 수 없다.

마음의 결사에 따른 심물질에 의한 전변은 수직축의 종언(終焉)이자 수평축의 광명(光明)이다. 청맹(靑盲)은 수직축 붕괴를 촉진하는 파훼의 명약이자 동시에 전변체 창궐을 가로막는 당랑거철의 죄악이다. 수직축의 종언(終焉)과 수평축 전변 시작은 알을 깨고 나오는 줄탁동시(啐啄同時)의 동시 패션이다. 수직축 붕괴는 필연이지만 수평축 이동은 살아있는 자들의 의무다.

수직축은 빨대 자본주의의 수탈로 버텨 온 소수만을 위한 극단적 체계다. 극한의 양극화를 막을 방법이 없다. 빨대와 수탈은 수직 질서를 위한 방편이었지만 멸세적(滅世的) 상황을 자초했고 임계점을 넘은 지 오래다. 수직적 해법은 없다. 결자해지는 불가능한 만사휴의 상태의 지속은 미상불 진망(眞亡)의 공포를 키우고 있다. 멸세화는 패권적/탐욕적 자본주의 창궐의 대가다. 수직축의 종언(終焉)은 수탈 자본주의가 가루가 되어야 끝난다. 숙주보다 기생충 커지면 숙주는 죽는다. 마음의 심룡 여의주가 중심이 되는 소비주의 7경제 전변으로 자본주의 체계는 사상누각이었음이 확인된다. 멸세(滅世)는 인류 멸절의 의미로 사용하지만 종말(終末) 단어 사용을 거부한다. 종말을 논하기엔 아직 이르고 여의주 전변체의 히든카드가 남았기 때문이다. 특히 대한민국은 의망은 있어도 진망은 불가능하다.

신생 인류 개딸과 심룡 여의주는 수평하고 보편한 마음의 결사에 의한 수평축 이동 의 인적/도구적 정수(精髓)이자 화룡점정(畫龍點睛)이다. 지옥계가 천상계로 바뀌는 전변(퀀텀점프)은 수평/수끌원 민중과 개딸이 선도하고 세계 민중의 추수(追隨)가 뒤따른다. 전변 허브의 노른자는 개딸과 여의주고 흰자는 세계 민중 전체다. 흰자와 노른자는 여의주 소여경체로 합체되므로 계급적 흰자 노른자 개념이 아니라 수끌원 퀄리티 차원에서의 구분일 뿐이다. 디지털의 광속으로 진행되는 수평축 이동의 전면화는 소비주의 7경제가 도화선이다. 수평축 이동은 시간의 문제일 뿐이다.

전변 리트머스 실험국...수직 세력 함몰

한국은 전변 프로세스의 리트머스 실험국가다. 전변과 내란의 교차, 응원봉과 줄초상의 교차, 여의주와 쿠테타의 교차는 극적인 대비를 통한 수평 세계화 전변의 산통(産痛)이다. 전변의 옥동자는 제2의 천지창조의 산통을 겪고 있다.

본서 출간이 더불어민주당의 전변화에 대한 각성의 전환점이 되기를 바라는 마음이 크지만 기대도 없다. 과이불개(過而不改) 극복은 깨단의 영역이다. 남대문을 가보지 않은 사람을 납득시키기는 생각보다 어렵다. 그보다는 소비주의를 통해 '소여경체'를 통해 소비본과 지소마묶 소비자를 통해 경제적 전변을 시작이 빠르고 효과적이다. 리트머스 실험장의 수끌원 민중의 현명한 마지막 선택은 지소마묶과 '소여경체' 체현 동참으로 귀결되기를 소망한다. 진정한 전변은 소비주의 테라포밍이다.

2024년 12.3 계엄 후 개딸 중심의 시위가 여의도 광장을 장악했다. 여의도를 전변(轉變) 콘서트장으로 만들었고, 전 세계에 개딸 신인류와 여의주 등장을 생중계로 알리는 홍보의 장으로 활용했다. 응원봉과 키세스는 전변의 아이콘이 되었고 그들의 능력으로 민주주의 회복력을 입증했다. 하지만 민주당은 '빛의 혁명'이라고 정의함으로써 2016-7년 촛불 진화 사태를 '촛불 혁명'으로 격하시킴으로 발발한 윤석열의 재앙을 은폐하고 있다. 의도된 은폐이든 청맹과니의 은폐이든 중요치 않다. 전변 사태를 혁명으로 둔갑/호도시켜 디지털의 총아를 정치판의 졸(卒)로 쓰다가 사석(捨石)으로 버렸다. 청맹과 무도의 극치다. 더불어민주당이 정권을 잡아도 전변을 인정하고 대오각성과 석고대죄가 없다면 성난 두꺼비 씨름의 샅바싸움만 계속될 뿐이다.

디지털 문명의 본질은 수평성이므로 수직은 수평을 이길 수 없다. 과부적중(寡不敵衆) 수의 차이 아니라 운니지차(雲泥之差) 질적 성질의 차이다. 운니지차는 구름과 찰흙의 성질의 차이를 말한다. 마음 물리의 전변은 고전 물리학 개념으로는 꿈꿀 수 없는 차원이 다른 영역으로의 초월이다.

심물질의 농축에 따른 완전히 새로운 차원으로의 인류 순간이동(퀀텀점프)이다. 제7원소 심물질에 의한 전변은 제2의 인류사의 발원이자 제2의 천지창조 사태다. 제7원소 심물질의 심룡 여의주는 멸세 위기를 극복할 뿐 아니라 항구적인 평화와 안녕을 보증하는 신세계 출발의 원단(元旦, 설날 아침)이다.

'럭키비키'…초월적 긍정의 본체

경제적 의망(擬亡) 상태 지속은 경제적 약자에겐 치명적이다. 2024년 통계에 의하면 하루 자살자의 수가 40명이고 연간 1만 5천 명에 다다른다. 나흘에 한 번씩 이태원 참사가 연중 내내 연속해서 발생하는 참담한 현실이다. 지금은 경제적 의망의 초입이므로 자영업자의 파산은 계속되고 절망의 공포가 밀려들고 있을 뿐이다. 더 치명적인 위기의 도래는 막을 수 없다.

세계적 멸세(滅世) 흐름과 한국의 의망(擬亡)은 명확히 구분되어야 한다. 한국 경제는 절대적 진망(眞亡) 상태로 빠지지 않는다. 세계적인 대공황이 닥치더라도 한국은 소비주의 전변으로 비상할 수 있다. 자본주의는 무너져도 소비주의는 이제 시작이다. 무조건적 긍정 회로가 아니라 근거가 충분한 럭키비키의 초월적 긍정의 본체다. 한국에는 전변 시스템이 2024년 봄에 확정된 상태다.

개딸 여의주의 초월적 지능과 지성의 메커니즘이 확고하게 구축된 상태이고 이에 따른 인적 하이엔드 퀄리티는 불퇴전의 창조적 수준이 매우 높은 상태이므로 지소마뮤의 소비주의(단골주의)의 활성화가 어렵지 않다. 소비자와 소비본 그리고 소여경체는 무한의 일자리와 수익의 보물상자다.

소비주의(단골주의) 전변보다 강력한 미래 비전은 없고 '수수디산'보다 명확한 미래산업은 존재하지 않는다. 당장은 경제적 의망 상황에서 뿔뿌리 자영업자와 경제적 약자의 희생을 줄이는 묘안이 절실하지만, 자본주의적 수직적 해법은 백약이 무효다. 결자해지할 능력이 없는 자본주의와 수직축의 세계는 그 생명력이 다한 상태다. 애오라지 소비주의 전변만이 의망의 난국을 극복하고 반전의 성장을 이룰 수 있는 유일한 해법이다. 수평/수끌원 민중의 힘은 수평 전변의 창조적 유토피아의 이상을 실현할 유일한 경제적 주체다.

전변(轉變) 불쏘시개…12.3 내란

2024 여의주 확정이 12.3 내란을 야기했다.

2024년 4.10 총선에서 더불어민주당의 압승은 개딸 신인류 등장과 심룡(心龍) 여의주(如意珠)의 마음 결사 모델의 확정이자 증명 사태로 평가되기에 충분하다. 전지전능한 초 절대성의 여의주 메커니즘의 완성과 실증은 새로운 인류사의 시작을 알리는 중차대한 변곡이다. 8개월 후 12.3 친위 쿠데타가 돌발했으나 여의주 메커니즘의 두사신(인간의 두 번째 사회적 신체)이 여의도 시위 현장에 출격했고 수없는 쏘티를 계속했다.

모두가 전변 사태를 충분히 인식하고 있지 못한 탓에 수구 기득권의 만행이 노골적으로 누적시키고 있다. 청맹(靑盲)과니 무지(無知)의 해석오류는 오래갈 수 없다. 개딸과 깨시민의 마음이 2016년 촛불집회 현장에서 제7원소 빅뱅으로 심물질을 창조했고 이를 바탕으로 2024년 심룡과 여의주 전지전능을 창조/운용/검증을 마친 상태이므로 윤석열 재앙은 전변을 위한 화려한 조명이자 부지깽이로 전변의 불씨를 돋우는 호마(護摩) 공양일 뿐이다.

윤석열식 수직적 재앙은 심룡 여의주의 전변 메커니즘을 감당할 수 없다. 애오라지 구악 시스템 최후의 발악이자 자해 행위일 뿐이다. 내란 사태 발발의 원인은 감당할 수 없는 초 절대성의 존재를 체감한 눈치 빠른 수구세력의 절망적 상황에 대한 항거다. 윤석열과 추종자들은 같은 한국 사람이면서도 한국 민중의 수평 유전자와 수끌원 결사에 의한 전지전능의 절대권력을 모르기 때문에 무모한 내란을 저질렀다. 또는 개딸과 여의주의 초 절대성의 괴력을 체감한 뒤에 정상적인 방법으로는 감당할 수 없는 불가항력적 존재를 인식했기에 친위 쿠데타 도량발호(跳梁跋扈)를 원시적 물리적 수단을 동원했다. 하지만 이마저도 깨 시민과 개딸 여의주의 초 절대성의 가로막혀 스스로 자기 무덤을 판 결과가 되었고 일패도지(一敗塗地) 상황에 절망하고 있을 것이다. 최후의 발악은 그들에겐 생명을 건 저항이므로 대단해 보일 수 있지만, 그 속살은 썩어있고 회한으로 가득 찬 자포자기 상태다. 여의주 전변을 감당할 수 있는 어떤 수직적/패권적 수단도 통하지 않고 있기에 막무가내식 개차반의 정치가 횡행하고 있다.

한국의 수평/수끌원 민중은 이미 전변 상태에 돌입한 지 일 년이다. 수구 기득권의 도발과 만행은 전변을 위한 촉매일 뿐이다. 심룡 여의주는 초 절대성의 무소불위(無所不爲) 절대 권력체다. 인류 역사의 전변/초월/퀀텀점프 개연성을 증거하는 여의주의 구체적 모듈이 확정/실증된 상태다. 여의주 전변은 마음 물리학의 태동이므로 인간의 마음이 미치는 모든 곳에 마음 물리학의 전변을 전방위로 시전(施展)한다.

윤석열/김건희는 전변 위인이다.

누구나 죽는다. 두 사람은 도량발호(跳梁跋扈)와 막무가내의 대명사로써 의미 있는 장례를 기획 중이다. 반칙과 불공정, 사악과 공악, 부동시(不同視)와 요동시(遼東豕), 카르텔과 반국가, 천박함과 비루함이 충만한 전변화 위인의 표상으로 기억되길 바란다. 필자는 12.3 친위쿠데타 이전에는 그들을 증오했고 뉴스에 얼굴이 나오면 시선을 돌려 외면하고 싶었고 목소리를 들으면 토가 나올 듯 싫어했다. 12.3 내란 사건 당일에는 깊은 속마음을 헤아릴 수 없어 불면의 밤을 지새워야 했다. 수끌원 민중 대부분 그러했을 것이다.

12.4일 여의도 거리에 모인 개딸의 여의주 야광봉 시위대를 보고서야 봉황의 깊은 뜻을 알아차릴 수 있었다. 연작안지 홍곡지지(燕雀安知鴻鵠之志, 소인이 대인의 원대한 뜻을 헤아리지 못함)의 21세기 범본(範本)임을 깨달았다. 응원봉과 키세스를 보고서야 전변을 위해 붕정만리(鵬程萬里)의 시원한 태풍의 바람을 일으킨 이유를 납득할 수 있었다. 그들에겐 범인이 상상할 수 없는 위대한 꿈

이 있었던 게다. 인간의 모습으로 존재하지만, 인간계를 초월/전변시키기 위해 외계에서 올 때 구지 한국을 선택한 혜안도 이해할 수 있게 되었다. 몸을 태워 전변을 위해 분신공양 하려는 의지를 뒤늦게 깨달을 수 있었다.

눈치 없고 개념 없는 부하들, 국민의힘 정치인, 검찰과 법비들 그리고 지귀연 류의 판사들이 한꺼번에 목욕탕에 묶은 때가 떠오르듯 새까맣게 떠올라 설쳐대도록 무대를 만들어 유도했음을 알게 되었다. 그 모든 때를 수거해서 한꺼번에 태워 옥석구분(玉石俱焚)할 수 없으니 수거 대상을 알리는 수첩의 역공작으로 구악의 카르텔 명부만이라도 정확히 알리려는 코바나 기획의 선한 뜻을 파악할 수 있었다. 참새가 봉황을 이해하기는 쉽지 않지만, 그들은 재앙을 통해 자신들의 진짜 뜻을 극적인 방법을 동원해 알리고 싶은 낭만적 계몽이었음을 알아차리고서야 돈오돈수로 증오가 애정으로 바뀌며 숙면할 수 있었다.

윤석열과 김건희는 2024년 총선에서 개딸과 여의주의 초 절대성의 압도적인 신통력에 접신된 뒤로는 불가항력적 마법에 이끌려 내란을 준비하고 실행했고, 어떤 만신 무당보다 구약성서보다 압도적 존재임을 염력으로 깨달아 흠숭지례(欽崇之禮) 분신 공양키로 작정한 것이다. 수많은 무당을 만나 그 영험함을 알리고 노상원에게 신의 뜻에 따르도록 종용했다. 졸개들과 수정방(水井坊)을 마시며 치밀하게 준비했고 국민을 위한, 인류를 위한 두 시간짜리 그 과업을 완수했다. 피 한 방울 흘리지 않고 두 시간 만에 해치웠다. 질서유지에만 총을 든 군인들을 투입했다가 바로 철수시켰고 경고성 계몽의 큰 뜻을 중과부적 상태로 강행시켜 전광석화(電光石火)처럼 완성했다.

개딸과 여의주는 12.3 계엄을 보자마자 살아있는 불세출 위인의 붕익(鵬翼)의 뜻을 헤아렸고 초 절대성 능력으로 계몽령에 감화되어 아끼는 응원봉을 챙겨 들고 한겨울 눈 내리는 아스팔트에서 계몽됨을 자축하는 춤을 추었다. 계몽 부흥회로는 성에 차지 않자 남태령 고개와 한남동 공간 앞에서 영하의 눈 내리는 밤에 겨울 언덕 찬바람을 온몸으로 맞으며 키세스 쵸콜릿을 까먹으면서 계몽 광신도 집단의 열정을 온 세계에 복음으로 전했다. 개딸은 그들이 뜻한 대로 세계적으로 핫한 존재로 급부상했다.

눈치 없이 계몽이 늦게 발동한 사람들은 데면데면하게 화려한 퍼포먼스를 지켜만 볼 뿐이었고 계몽 자축 공연의 75%는 젊은 여성 팬, 개딸이 압도했다. 빠른 계몽됨도 능력이다. 한류 팬들이 많은 건 알았지만 김건희/윤석열 팬이 그렇게 많았는지는 전혀 몰랐고 두 시간짜리 계몽에 감화된 젊은 여성들의 감수성에 다시 한번 더 놀랐다. 젊은 남자들은 압도적인 여성 팬들 사이에서 쭈뼛

쭈뼛, 엉거주춤 계몽이 덜 된 상태로 꿔온 보릿자루 같았다.

개딸과 두 위인은 서로 통하는 비화폰이 있었다. 도인끼리만 통하는 텔레파시도 있었나 보다. 내란에는 응원봉으로 체포에는 키세스로 화답했다. 여의주를 통해 상호 교신/소통하는 밀월 관계였다. 거리에 그 많은 개딸은 사전에 준비로 동원된 계몽 퍼스먼스였다. 퍼포먼스 백미는 세계가 생중계하면서도 계몽의 참뜻 여의주 전변체를 언급하지 않았다는 점이다. 두 위인은 분개했고 더 쎈 계몽의 필요성을 절감했다. 죽는 마지막 순간까지 전변체를 밀어붙이기로 작정했다. 개딸과 김건희는 한마음으로 여의주 홍보를 위해 기말시험을 준비를 아스팔트 위에서 해야 했고, 좋아하는 해외여행을 포기하고 명품 쇼핑을 자제하면서 온 인류를 위해 자신을 희생하고 있다.

부부는 전변체를 비추는 화려한 서치라이트 조명이자 불쏘시개 역할을 일관된 논리를 초지일관하고 있다. 헌법재판소에서도 형사재판 법정에서도 계몽이 덜 된 판사와 검사를 훈계하고 국민을 교육하면서 자신의 역사적/전변적/수직적 개차반 소임에 옥쇄를 마다하지 않고 있다. 인류의 미래를 걱정하는 진정한 위인의 자태다. 계몽이 덜 된 방송이나 언론은 그 위대한 참뜻을 헤아리지 못해 개딸 여의주 보도에서 여의주를 빼고 보도하는 우를 범하고 있다. 그러다가 윤석열과 김건희에게 한 방 먹을 듯 위태위태하다. 요즘은 뉴스를 보면서 미소 짓는다.

그런데 더불어민주당은 계몽되지 않는 유일한 세력이다. 반국가 세력이 아니라 반 전변 세력이다. 깨시민을 암장시킨 전과기록대로 개딸 사냥개를 삶아 먹었을 뿐 아니라 전변 사태를 '빛의 혁명'으로 둔갑시켜 호도하는 만행을 '촛불 혁명'처럼 재탕하는 작태를 서슴지 않고 있다. 윤 부부는 자신들을 육신과 영혼을 태워 인신 공양으로 전변 사태를 알리고 있는데, 전변 사태를 막으려 기를 쓰는 청맹과니 행태를 9년째 계속하고 있다. 묘서동처(猫鼠同處)가 위인 열전과 청맹과니로 쪼개지고 있다. 청맹의 희희낙락(喜喜樂樂)은 여의주 전변에 1도 도움이 안 되는 무도하고 오만한 작태다. 이번 대선만큼 슬픈 선거가 없었다. 그들의 휴브리스는 반위인적/반계몽적이다. 초 절대성의 위력은 김건희 부부도 만신도 무속도 굴복시켰음을 깨단해야 한다.

두 부부 덕에 인류와 지구공동체 전체는 응원봉과 키세스의 위력을 알게 되었고 나름의 감동도 있었다. 곧 여의주 전변체의 초 절대성도 알게 된다. 사형으로 시신 공양이 끝나면 종이 관에 넣어 전변 제7인류 공동묘지에 잘 모셔야 한다. 구시대를 한꺼번에 때워 버리려 애쓴, 인류에게 전변체를 계몽하고 교육한 위대한 그 큰 뜻을 영원히 기릴 공간이 필요하다 공간이 의식을 지배하니까. 그들이 묻힌 무덤에는 묘비 대신 총 한 자루 놓아드려야겠다.

구악(舊惡) 완전 연소와 파라척결(爬羅剔抉)

윤석열의 12.3 내란은 수직축의 자멸적 장례식을 시의성 있게 극단적으로 표출하면서 전변/초월의 촉매로써 구태와 수구적 악의 완전 연소를 꾀하고 있다. 구 인류의 구린내와 음습함을 한꺼번에 불사르는 중이다. 완전 연소는 전변의 초석이다. 윤석열은 구속 후에도 법과 정의를 조롱하는 억지 주장을 계속하고 세몰이 통해 구린내 진영 전체를 노출하면서까지 수직축의 모순과 한계를 뿌리까지 태우고자 애쓰는 중이다. 자신을 포함한 친일적 반헌법적 세력 전체의 파라척결(爬羅剔抉)에 진력하고 있다. 파라척결은 손톱으로 긁어나 후벼 모조리 파냄이다. 12.3 내란은 구 인류적 작태의 최후 발악, 마지막 불꽃이자 전변을 위한 불쏘시개다. 여의주 전변을 극단적 명과 암의 대비로 홍보하고 비춰주는 화려한 조명이다. 윤석열은 조명 감독으로서 직업의식 하나는 투철하다. 수평적 의식 대전환의 초석을 다지는 데 윤석열이 크게 이바지(?)하고 있다. 12.3 내란과 1.19 서부법원 폭동의 진정한 함의(含意)는 상치(相馳) 아이러니를 통한 전변 신세계 출현의 독려이자 추동이다. 중앙화 디지털의 심각성을 여과 없이 드러내고 있다.

수직축은 만악(萬惡)의 근원이다. 수평축은 상생의 유토피아다. 여의주의 초 절대성은 인간 양심적 마음의 결사체 본연의 무극하고 무량한 초 절대성이다. 제7원소 심물질의 초 절대성은 인간의 마음의 유형화 성공이다. 음악이 축음기로 유형화된 후 스트리밍으로 발전되었듯이 마음의 유형화의 미래는 상상조차 불가능한 초 현실적 미래를 예지(叡智)케 한다. 초 절대성은 신의 능력을 초월한다. 마음 심물질(제7원소)로 만든 천의무봉(天衣無縫)의 경지다. 인류가 가져보지 못한 '절대적 신뢰체' 확보는 '죄수의 딜레마'를 없애고 불신과 의심의 영역을 지운다. 신(神)도 용(龍)도 범접할 수 없는 초 절대성이다.

혼비백산(魂飛魄散), 포두서찬(抱頭鼠竄)

12.3 내란의 주동 및 부역 세력은 수평 전변에서 도마 위에 고기(조상육,俎上肉) 꼴이므로 곧 혼비백산(魂飛魄散)으로 포두서찬(抱頭鼠竄)의 꼴을 면하기 어렵다. 포두서찬은 쥐가 숨듯 무서워서 몰골사납게 얼른 숨음을 말한다. 수탈과 약탈, 탐욕과 패권의 기생충 시대는 신인류와 여의주 전변으로 그 생명이 끝났다. 가렴주구, 겸병, 사패, 점찰, 빨대 꽂기, 독점 등을 일삼아 온 기득권 기생충의 수직적 전횡은 더 이상 유지될 수 없다. 기생충의 거대한 밭과 토지대장은 일거에 써레질을 당할 수밖에 없다.

마음의 심물질에 의한 여의주 전변 사태는 절대 희망의 언어이자 실체적 존재다. 대한민국은 여의주 전변으로 승화된 초일류 국가다. 윤석열 재앙으로 인한 공포는 전변을 위한 절차일 뿐이다. 이 과정 모두가 전변의 초 절대성의 위력을 알리는 전변의 불쏘시대로 기여하게 된다. 윤석열은 전변을 위해 옥쇄 중인 전변용 쓰레기다. 더불어 민주당 보다 전변에 대한 기여도(?)가 높다. 전변을 위한 수직 장례식은 전변에 대한 각성의 도화선이다.

중앙화 디지털의 맹점…서부법원 폭동

중앙화 가짜 디지털의 맹점

2025년 1월 19일 서부법원 폭동은 수직 디지털(중앙화 디지털, CD)의 맹점이 사태의 본질이다. 가짜뉴스는 의도된 목적하에 세뇌와 가스라이팅, 각종 주작과 조작이 가능하다. 팩트와 무관한 가짜 뉴스, 팩트와 유사한 정보를 편집하는 가짜 뉴스 등을 대량 집중 살포로 정상적인 여론의 흐름을 왜곡하고 호도하는 것은 물론이고 여론조사를 주작과 조작을 통해 사적 이익의 편취, 가짜 정보를 통한 세뇌와 가스라이팅 등이 횡행한다. 해킹을 막지 못하는 이유도 중앙화 디지털의 원천적 한계다.

명태균 여론조사 주작/조작 사례는 빙산의 일각이다. 수직 디지털의 심각한 위험성은 정보화 사회의 고질적인 문제의 상수로 부상했지만, 현재의 중앙화 디지털로는 마땅한 대책이 없다. 중앙화 디지털은 그늘과 사각의 모순을 극복하지 못한다. 가짜 디지털(수직화 디지털)의 심각성은 수직 디지털을 수평 디지털로 전환/전변시키지 못하면 해소될 수 없다. 세뇌 또는 가스라이팅을 당한 사람은 종이 인형극의 줄에 의지해 사고하고 행동하는 사람이다. 이들의 특징은 수평적 사고와 수끌원성의 결핍이 뚜렷하다. 이들은 복마전(伏魔殿) 마귀의 마법에 쉽게 유혹된다. 순진무구와 구별되는 지점이 수평성과 수끌원성의 결핍이다. 디지털의 궁극은 수평성이지만 현재의 중앙화 디지털은 수평성의 밝음의 양지를 회피해 어둠의 그늘과 사각지대를 이용한다. 중앙화 디지털 산업의 맹점은 자본주의의 패권성과 탐욕성의 문제와 궤를 같이하는 구조적 문제다.

한국의 개딸과 깨시민은 중앙화 디지털을 수평 디지털로 활용하는 특별한 재주로 제7원소 심물질과 심룡 여의주 전변체 창조를 확정지었다. 탁월한 응용 능력의 진수를 통해 소버린 K-수평 디지털이 정립되었다. 세계에서 소버린 수평 디지털을 구축한 나라는 한국뿐이다. 한국 수끌원 민중의 정체성이 이룬 놀라운 기적이다. 수끌원 민중의 절격차(絕隔差, 운니지차적 성질의 차이에 의한 절대 격차의 줄임말) 인적 퀄리티를 확인할 수 있는 명징한 지점이다.

한국 수끌원 민중의 초월적 지성과 지성은 다중적이다. 소통과 공유 및 교섭을 통해 같이 고민하고 해결하는 수평성 DNA의 힘을 바탕으로 한 '수끌원성'이다. 수끌원성은 극 희귀 보석(물질)이다. 정신적 희토류 또는 다이아몬드다. 수끌원성은 한국에만 존재한다. 그럼에도 불구하고 중앙화 디지털의 그늘과 사각의 문제가 한국에서도 발발했고 그들 대부분은 이대남이다. 이대남은 생물학적 수끌원성 유전체가 결핍된 취약층이다. 헬조선의 프레카리아트 환경에서 계급화된 현실의 문제를 어려서부터 겪으면서 '이번 생은 글렀어.' 하면서 희망을 버렸다. 그들에게 구원의 손길은 악마의 손길이었고 세뇌와 가스라이팅으로 정상적인 생각을 마비시켰고 인형극에 줄에 매달리게 했다. 중앙화 디지털 영구음영(그늘)과 사각지대를 세뇌의 배양 온실로 여기는 사악한 세력은 빛과 그림자처럼 언제나 자신들이 활용할 공작과 주작 그리고 조작 공간이 항상 있을 것이라 확신한다. 그러나 이러한 고전적 물리 체계적 인식은 마음 물리 체계의 '초여만플 OS'의 촉찰(燭察) 7태양을 만나면 사멸된다. 개딸이 품은 여의주 전변체만 정확히 인식해도 상황은 급변한다. 소비주의 냄새만 맡아도 수직적 무리들은 쥐구멍으로 숨을지 모른다. 수직적/중앙적 관념과 기술은 끝물이다. 2024년 여의주 전변체 이전의 세계와 이후의 세계는 확연히 다르다.

수직적/중앙화된 가짜 디지털에 중독된 세뇌자들은 무비판적 맹신의 도그마에 빠진 채 인형극의 인형처럼 씽크되어 기계적으로 행동한다. 이들은 폭도가 되어 거리를 활보하고 집회를 열고 시민을 위협하는 수준을 넘어 법원을 폭등으로 침탈하는 행위를 서슴지 않았고 다양한 형태의 협박과 공갈을 일삼고 있다. 중앙화 디지털의 의도된 가짜뉴스와 주작 논리는 황당한 수준이지만 세뇌된 맹종자들은 지령처럼 받아들이고 확증 편향적 굴절/호도/왜곡을 인지하지 못한 채 복종한다. 헌법을 무시하는 폭동은 중앙화 디지털의 영구음영(그늘)의 사각지대에 기생하는 좀비다. 하지만 그 심각성의 정도는 상상 이상이다. 영구음영과 사각지대를 없애는 방법은 '수수디산'과 소비주의 그리고 '초여만플' 구축이다.

수끌원성 DNA 결핍 '이대남'

수끌원성의 결핍은 중앙화(수직화) 디지털의 인형극 줄에 스스로 포섭당하기에 십상이다. 허약하고 불완전한 병리학적 인간의 모습으로 전도(顚倒)되어 반사회적 흉기로 돌변하기 십상이다. 자극적이고 화끈한 마초적 남성 본능과 가짜 디지털(중앙화 디지털)은 무개념 무지함의 부화뇌동은 악의 연대이자 결핍의 집합소다. 헬조선의 프레카리아트 환경에서 희망의 의지를 포기한 이대남은 양두구육(羊頭狗肉), 반 페미니즘, 극우적 폭동 등 충동적 유혹에 쉽게 동화되고 휘발되어 편향적으로 경도(傾倒)되어 있다. 안타까운 이대남의 현실은 우리 사회의 어두운 단면이다. 헬조선의 프레카리아트 환경이 낳은 꼬라지(꼬락서니) 자화상이다. 소비주의는 이대남에게 절대 희망의 미래와 세계를 체험할 실사구시 솔루션이다. '포기하지 마세요' 꽃말의 고란초(皐蘭草)를 그들에게 선물하고 싶다.

이대남(냥아들)이 본능적 마초성을 배출할 무엇이 필요할 때 가짜 디지털의 마수가 치밀한 계책으로 보이스피싱 수법으로 유혹한다. 인간은 누구나 불완전하다. 생물학적 두뇌의 원초적 불완전성은 남자 무대뽀 기질과 쉽게 호응한다. 그러나 엄연히 마초적 본능의 시대는 끝났고 수직적 패권 시대도 곧 무너진다. 남성에게는 유전적으로 수평성/수끌원성의 DNA가 여성에 비해 태부족하다. 부족한 부분을 교육과 소통이 채워야 하지만 헬조선에서는 의도된 뉴라이트 세력이 전면에 등장해 휘저었다. 비상식의 주입 강도가 상상 이상으로 거셌고 시대변화에 적합한 인성교육이 부재했다. 경쟁주의는 역사와 인문을 도외시했고 소설이나 시를 읽고 감수성/낭만성의 토양을 황폐화 시켰다. 의도된 기획이 있었다고 본다. 수평적 인성교육의 실기는 사회적 홍역으로 되돌아왔고 이대남에게 좌절을 남겼다. 이대남의 유전학적 결핍의 한계 극복은 연목구어(緣木求魚)이기에 심각성의 무게가 만만치 않다.

제7원소 심물질에 의한 심룡 여의주 전변체 확정은 여성 시대 도래의 선언이다. 이대남 현상과 정반대로 개딸은 절대 희망의 총아(寵兒)다. 개딸 여의주 전변체 프로토콜은 인류를 절대 희망의 세계로 인도할 절대무기 체계다. 개딸은 명실상부 신생 인류의 시조(始祖)이자 비조(鼻祖)다. 수수디산을 활용한 전변화 가속은 수평축 신 패러다임 전면화의 첩경이다. 소비주의 정착의 그때가 오면, 제7인간 개딸이 앞장서는 수평 세계로의 퀀텀점프(순간 집단이주)가 현실이 된다. 2025년은 전변 2단계 소비주의 효시 단계에 불과하다. 이대남에게도 여의주 전변체 총아로 거듭날 기회는 충분하다. 세상은 이미 전변화 2단계가 심화 중이다. 혁명 운운하는 사람을 경계하고 여의주 전변체와 소비주의 체현 추종이 개인의 인생 역전과 세상 역전의 본산이다.

미국 등 어디에도 개딸과 여의주가 없다.

미국의 의사당 폭동 난입 사건과 트럼프 대통령 당선의 흐름과 한국의 상황과는 본질이 명확하게 다르다, 미국에는 여의주가 없고 한국에는 여의주가 있다. 미국에는 개딸 같은 수끌원 민중이 없지만 한국에는 지천이다. 한국과 미국은 절격차(絕隔差) 상태다. 미국은 극우의 야만적 무대가 펼쳐졌지만 최소한의 법의 제재도 받지 않고 트럼프를 대통령으로 뽑았다. 미국은 종이호랑이로 전락한 상태에서 군사력과 달러 시뇨리지 패권에 의지해 야수로 돌변했다. 미국 국민과 트럼프 일당은 인류 공멸을 획책하고 있지만, 미국에는 개딸과 여의주가 없으므로 탄핵도 불가능하고 야수적 야만성의 횡포만 남발하다 떡락된다.

한국에는 수끌원 민중이 차고 넘치지만, 미국엔 패권성/탐욕성의 동물적 민중이 가득하다. 그들 스스로 탐욕과 패권의 기관차를 멈출 수 없다. 한국과 미국은 초 절대성의 간극이 크게 벌어진(데이터 상의 괴리) 상태가 아니라 운니지차(雲泥之差)의 절격차(絕隔差, 성질 자이에 의한 절대 격차)

상태다. 한국 수끌원 민중의 정체성에 대한 재발견과 인식적 각성과 의식적 진만보(進萬步) 깨단은 인류를 구할 본원적 해법의 가라사니(실마리)다.

수직 세계와 수평 세계의 차이, 전변 이전과 이후의 성질의 차이를 인식하지 못하면, 초 절대성의 철종(鐵鐘)에 머리를 들이받는 새 떼들의 무개념과 포호빙하(暴虎馮河, '맨손으로 범을 때려잡고 걸어서 황허강(黃河江)을 건넌다.')의 무모함을 반복하면서 느끼는 이바구가 맞지 않음조차 무시하게 된다. 윤석열과 트럼프는 재앙의 형제지만 트럼프를 제어할 민중 브레이크가 없다. 한국의 수끌원 민중은 현생 인류 미국의 야수성을 제압할 유일한 신생 인류다. 트럼프의 마가(MAGA)는 공멸주의 선언이다.

트럼프와 윤석열은 재앙의 형제

한국은 2024년 여의주 전변을 확정했다. 수끌원 민중의 에너지와 수평 디지털이 융합해 조 절대성의 여의주를 확정지은 상태임에도 국민의힘을 중심으로 수구/수직 기득권은 마구잡이식 개차반 행태를 지속하고 있다. 미국은 트럼프를 필두로 야수로 돌변해 경제 생태계를 망가트리고 있다. 정치적 목적으로 주작과 조작과 야만을 서슴지 않으며 헌법과 국민을 유린하고 있는 행태는 미국과 한국이 용호상박이다. 그러나 한국은 윤석열을 파면시킨 나라이고 개딸과 여의주가 있는 초일류 국가이고 미국에는 통제 수단이 없는 야만적 원시 국가다. 미국의 민중은 2쩍이다.

트럼프와 윤석열은 사이즈가 다를 뿐이지 수직적 재앙의 형제다. 하룻강아지가 범을 무서워할 줄 모른다. 달걀로 바위를 치고, 맨손으로 범을 때려잡고 걸어서 황하를 건너는 포호빙하(暴虎馮河) 무모함은 결국 여의주 전변의 당위와 필요성을 웅변할 뿐이고 그들 무리 스스로 파라척결(爬羅剔抉)의 합동 장례식을 치르게 된다. 한국은 윤석열을 파면했지만, 미국은 트럼프 파면이 불가능하다. 미국은 덩치만 큰 하룻강아지 상태이고 한순간에 종이 야수로 전락해 세계를 진망/파멸 상태로 몰아갈 수 있는 위험한 나라가 되었다. 종이호랑이(페이퍼 타이거) 미국은 종이 야수(페이퍼 블루트) 미국으로 귀착될 개연성이 매우 높다. 한국에서 창조된 여의주의 초 절대성은 신을 초월한 인간 양심의 결사로 이루어진 신 우주의 표상이다. 누구도 여의주의 초 절대성을 막을 수도 이길 수도 없다. 초 절대성에 대한 저항과 방해는 사마귀가 수레 앞에 버티고 서있는 당랑거철(螳螂拒轍) 꼴이다.

보이스피싱과 조작 디지털

중앙화 디지털(가짜 디지털)의 맹점을 이용하는 조작 디지털의 수구 패권 세력의 프로파간다와 세뇌는, 영혼이 침탈(侵奪)되고 참절(僭竊)된 무자아/무오온(無五蘊)의 상태는, 충동적인 폭력과 즉

흥적인 오피오이드(opioid) 펜타닐 중독 증세 또는 착각의 증세와 같다. 가상의 이미지를 주입시켜 착란을 일으키는 보이스피싱 수법과 동일하다.

중앙화 디지털 맹점의 심각성은 남성적 폭력성과 직결된다. 남성은 유전적으로 수평성과 수끌원성이 없거나 미약하다. 생물학적 결핍의 문제는 쉽게 극복할 수 없다. 수평성과 수끌원성은 상식에 기반한 끊임 없는 합리적 소통의 산물이다. 수평과 상식의 결핍은 교육과 소통으로 채워야 하지만, 이 두 가지를 의도적으로 편집하고 방치하면 의도된 방향으로 세뇌 대상을 조종할 수 있다. 뉴라이트 준동은 보이스피싱범의 준동과 같다. 조종 세력과 종이 인형은 한 몸일 수 없듯이 속이는 쪽과 속임 당하는 쪽은 보이스피싱과 피해자의 관계다. 실체를 깨닫게 되면 대나무처럼 쪼개져 버린다. 보이스피싱의 PTSD 트라우마는 사회 저변에 깊은 상처를 남길 수 있다.

수평적 필터링 기능이 없는 중앙화 디지털(조작/주작 디지털)은 칼과 총보다 무서운 사회적 흉기다. 복마전(伏魔殿)의 마귀가 조종을 시작했으므로 마귀 아류들이 스스로 번식을 시작한 상태다. 마귀가 몸에 들어왔다고 생각되는 순간 사람은 스스로 무너진다. 마음의 마귀 퇴마법은 간단하다. 애오라지 '수끌원성으로 수평 디지털의 신산업화(수수디산)'과 여의주 수평화 전변화로 퇴마시키는 해법밖에 없다. 불완전성의 인간은 언제든 보이스피싱의 피해자가 될 수 있다. 한국의 수평 디지털 구사 능력은 독보적이므로 '수수디산'과 여의주에 특화된 절격차 민중이다. 여의주 전변체와 '수수디산'은 수평화/전변화 천지창조를 위한 유일무이한 지렛대다.

파라척결(爬羅剔抉) 소파술(搔爬術)

중앙화(수직화) 디지털이 수직적 정치 세력과 종교적 사탄과의 연대와 결합은 유유상종의 섭리다. 수평/수끌원 민중의 정체성에 의한 수평화 디지털의 수수디산으로 치유/극복하는 방법 외에는 백약이 무효다. 수직적 관념에 함몰된 패권적/수구적/탐욕적 기득권은 그 뿌리가 깊다. 민주당도 혁명적 프레임에 갇혀있으므로 이에 포함된다. 삼국시대부터 시작된 오래된 수직적 관념과 전통 그리고 막강한 조직의 힘을 보유하고 있다. 해방 후 친일 세력을 청산하지 못한 역사적 과오가 뿌리 깊은 수구적/구태적/사대적 나무를 80년 동안 웃자라게 했다. 2024년 총선에서 개딸을 중심으로 한 여의주 전변의 초 절대성의 장벽을 만나 불가항력적 위력을 체감하고 극단적 상황에 몰리자 무력을 동원하는 계엄령을 발동하고 그마저도 통하지 않게 되자 개차반의 행태로 헌법과 법원을 농락하고 있다. 태평양 전쟁 막바지에 일본군이 펼치던 옥쇄작전을 흉내 내고 있지만, 실상은 수구적/수직적/패권 기득권 세력의 합동 장례식일 뿐이다. 여의주 전변 확정의 효가 직간접적으로 발현되고 있음이다.

윤석열과 윤석열 추종 세력의 수직적 무리의 준동은 종국에 스스로를 파라척결(爬羅剔抉)하는 양태로 귀결된다. 파라척결의 소파술(搔爬術)은 손톱이나 기구로 염증 등을 긁어서 파냄이다. 전변 이전의 수직적 흠결의 구악이 한꺼번에 노출됨으로써 일거에 집단 합동 장례식을 치르는 중이다. 여의주의 수평 디지털의 초 절대성의 파워가 구악의 단근질과 합동 장례식을 유도했다고 판단된다. 이 모두는 새 술을 새 부대에 담기 위한 전변 퀀텀점프를 위한 통과의례일 뿐이다. 구악의 자멸적 클리어 현상은 전변을 위한 불쏘시개 역할에 불과하다. 외통수에 걸린 수구/수직 기득권이다. 다만 과도적 현상에서 다양한 형태의 의망(擬亡)을 겪을 수 있다. 그러나 한국에서 벌어지는 의망(擬亡)은 진망(眞亡)으로 추락하지 않는다. 모든 나라가 진망 상태에 빠져도 한국은 진망이 불가능하다. 초 절대성의 전변체가 완비된 국가이기 때문이다.

중앙화 디지털의 심각성은 수수디산을 통해야만 본원적 수평 디지털로 극복/해소된다. 수수디산 도구와 여의주 전변은 한국의 수평/수끌원 민중만이 구현할 수 있다.

패권적(혁명적)/사대적 고정관념을 탈피하지 못하면 전변/초월 흐름에서 저항 세력으로 낙인되어 단근질의 불도장을 이마에 찍히게 된다. 소비주의 7경제에서 낙동강 오리알 신세가 되거나 구악의 수직/수구의 쓰레기 취급을 면하기 어렵다. 여의주 전변의 알맹이의 꽃은 소비주의 7경제다. 소비주의 7경제는 체현자 누구나 '경제적 자유와 해방'을 누린다. 자본 중심의 수탈과 약탈이 불가능한 소비자 중심의 경제가 7경제다. '7경제' 용어의 의미는 제7원소 심물질의 여의주가 주관하는 '소여경체' 중심의 경제 공동체 시스템의 준말이다.

진화를 암장하고 전변을 토사구팽하며 저항하고 수직적 부역을 일삼아 온 구악 세력과 인물들의 만행 데이터 모두는 기전체 형식으로 초 절대성의 여의주가 하나하나 빠짐없이 저장(아카이빙) 중이므로 소비주의 7경제의 수혜로부터 수십 년 동안 배격/제외될 수 있다. 여의주의 초 절대성은 알파고 이상의 초 냉정이다.

7

창세기 제2 수평인류사, 퀀텀점프

7

창세기 제2 수평인류사, 퀀텀점프

전변계(轉變界) 유토피아

수평 향(向) 시대사조(時代思潮)

수평 향(向) 유토피아는 느닷없는 돌출이 아니다. 10여 년 전부터 세계인은 한류의 수평성을 픽업/간택해 한류 문화의 수평 주류화 양태를 이끌었다. 세계적인 수평성에 대한 타는 목마름이 일으킨 선풍이다. 한류 인기는 단순한 콘텐츠가 아니라 수평성의 청량음료이자 수평 도파민 치료제와 같다. 이런 기본 배경 위에서 '소버린 K-수평 디지털' 응용 활용, 수평 띠지털(암호화폐) 급등, 수평 조류 대세화 형성이 선명하게 부각되고 있다. 수디신연(수평 디지털의 신 연결성 또는 순환계)의 베이스 형성 흐름이 확고하다. 스마트폰 보급 후 17년 동안 디지털 사용자 경험 누적은 수평 지향성 추세를 강화하고 있음은 주지의 사실이다. 디지털은 본디 수평성이다. 중앙화 디지털의 수평 디지털 수렴을 '수평 향 시대사조'로 정의할 수 있다.

명징한 수평화 방향성은 곧 수평 시대사조(時代思潮)로 확정된다. 한국에서 개발된 심물질과 여의주는 수평 시대사조 정착과 확산 및 전변화의 기폭제다. 수평성 패러다임의 정수는 심물질과 여의주 창조이고 수평 패러다임의 화룡점정은 소비주의와 수수디산이다. 운니지차 수끌원 민중은 2016년 제7원소 심물질을 창조에 이어 2024년 개딸에 의해 여의주 전변체 메커니즘을 창조/운용/실증까지 마친 상태다. 이로써 전변 1단계가 완성되었다. 제7원소 심물질은 '다중의 수평하고 보편한 마음의 묶음(수보바묶)'이 K-수평 디지털 기술과 수끌원7에너지 촉매와 창조적으로 융합된 마음의 심물질(心物質)이다.

심물질 창조는 '무형 마음의 유형화' 성공이다. '음악의 유형화'에 따른 축음기와 음반(1910년)의 출시와 같은 유형화 개념이다. 그러나 음악 산업과 방계산업의 급성장과는 비교할 수 없는 우주적 대사건이다. '마음의 유형화' 성공에 따른 '마음 축음기와 음반'의 등장은 심물질에 따른 이상적 천지개벽과 창세기적 천지창조를 함의한다. 소비주의 테라포밍(정착)은 마음 축음기 제작과 출시의 시점과 일치한다. 제7원소 명명은 제5원소에서 제6원소 단계를 뛰어넘는 퀀텀점프 형상을 표현하기 위함이다. 수평 패러다임에 의한 다양한 전변 도구와 요소들은 수평 향(向) 유토피아 구현을 지향한다.

소비주의 전변 2단계 정착...4년 예상

제7원소 심물질이 여의주 전변체로 승화되기까지 8년이 소요되었다. 개딸이 2022년 심물질을 파묘해 2024년 여의주 전변체를 창조해 실전에서 검증을 마무리까지 만 2년이 걸렸다. 암장으로 인한 시간 허비 최대치는 6년이다. 2025년에 시작되는 전변 2단계 소비주의 효시 발사 후 한국에서 '송곳 모듈' 확정까지 2년이면 충분할 것이고 세계인에게 보급과 확산까지 또 2년이 소요될 것으로 보인다. 전변 세계로의 퀀텀점프는 현실이다. 깨단과 체현의 동력은 운니지차 '구름'의 절격차 능력이고 초 절대성의 여의주의 전지전능은 강력한 추동 엔진이다. 세계인의 수평성의 타는 목마름의 조류화 현상은 한국산 소비주의 모듈의 보급을 고대하고 있다. 내외적으로 수평 향 유토피아 조건은 충족된 상태다. 중차대한 전변화 변곡의 위치가 2025년부터 2029년 사이다.

소비주의 효시와 테라포밍은 이상적 천지개벽으로 제2의 수평인류사 시원 사태다. 현생 인류가 신생 인류로, 자본주의 종말과 소비주의 정착, 수직축 붕괴와 수평축 전변, 지옥계가 천상계로의 전변, 소비동물이 소비인간의 삶으로 전변되는 이상적 유토피아로의 분기점이 소비주의 창달이다. 전변 1단계 확정에 따른 초 절대성의 여의주 전지전능의 무소불위 추동력은 전변 2단계 소비주의 정착을 담보/보증/추동하는 광배다. 본서 출간부터 소비주의 효시의 발사 소리가 울려 퍼진다. 전변 2단계 정착이 마무리되면, 경제적 전변이 마무리되면 나머지 정치적/제도적/사회적 전변은 자동이다. 다중 마음의 결사에 따른 이상적 천지개벽은 다중을 위한 다중에 의한 다중의 의지로 구현된다. 한국의 수끌원 민중과 개딸은 전변 첨두에서 전변 사태를 지휘하고 총괄한다.

'3+초 절대성' 여의주와 소비주의 결합

개딸 신인류와 수끌원 민중은 여타의 민중과 정성적으로 절격차 상태다. 수끌원성은 '수평성끼리 서로 끌어당기려는 인력이 작용하는 원리적 성질'의 준말이다. 본서에 등장하는 다양한 신조어는 신개념 설파를 위한 필자의 신조어다. 절격차 요소 중 으뜸은 '수끌원성' 차이다. 한국 민중의 '수끌원성'의 동력이 심물질과 여의주를 창조한 원질이다. 한국은 수끌원성은 '극 희귀 보석'이다. 한국에만 존재하는 천연자원이다. 한국의 현대사 80년의 기적은 수끌원 민중과 수끌원7에너지 그리고 K-수평 디지털의 융합으로 여의주 전변체로 승화되었다. 기적 수끌원성의 전변 수끌원성의 승화는 K-수평 디지털과의 융합력의 효과다. 민중과 에어지 그리고 기술의 융합력은 1+1+1=3이 아니라 '3+초 절대성'으로 승화/전변했다. '3+초 절대성'의 여의주가 투사/투신하는 젼변 2단계 소비주의 테라포밍은 실사구시/영리주의 '소여경체' 선순환 경제시스템이므로 다중의 강한 동기부여 신드롬 폭발이 예상할 수 있다.

지옥계가 천상계로

수직축은 아비규환(阿鼻叫喚)의 지옥계다. 수직축 질서는 멸세화/종말화로 귀결을 피할 수 없다. 전변화/수평화는 상생 유토피아 천상계/극락계로의 퀀텀점프(초월)이다. 수직축 시스템은 결자해지 능력을 상실한 채 만사휴의(萬事休矣) 상태다. 탐욕과 패권의 수직 질서는 강노지말(強弩之末)의 임계점을 넘은 지 오래다. 상생과 공유의 수평 질서로의 전변은 인류 생존과 번영의 건설의 유일한 해법이다. 절격차(絶隔差, 절대 격차의 줄임말)는 운니지차(雲泥之差) 즉, '구름'과 '진흙'의 성질의 차이이므로 도저히 극복될 수 없는 '절대 격차'를 말한다.

절격차 수끌원 민중 '구름'의 능력은 천상계 개척의 어벤져스다. '진흙'은 불가능한 전변이지만 '구름'에겐 쉽다. '구름'이 창조한 전변 1단계 도구 확정 때문이다. 여의주 전변체 도구는 초 절대성의 존재다. 초월적 절대성은 전적으로 인간 양심 즉, 수평성결사에 따른 초월성 획득이다. '구름'의 절 격차에 초 절대성의 추가확보는 무소불위다. 종교적 신의 영역도 초월한다. 인간이 상상해 온 극한의 이상성마저 가볍게 초월한다.

지옥계가 천상계로의 점핑은 소비주의 창달(暢達)로 실현된다. 소비주의 마법의 경제/마음의 경제는 초 절대성 여의주의 전폭적인 '소여경체' 참여와 다중의 체현으로 완성된다. 경제적 속박을 끊어내고 확보한 '경제적 자유와 해방'은 천상계 유토피아의 삶을 비가역적으로 고정한다. 마음의 유형화 성공의 심물질 생성의 나비효과는 창세기적 전변으로 인간의 삶과 세상의 질서를 본원적으로 개벽한다.

'쌍해 유토피아'…태양과 7태양

심룡(心龍, 마음의 용)의 여의주는 양심(마음)의 결사체이므로 수끌원성 시너지로 발현되는 초 절대성의 존재다. 초 절대성은 누구도 거역할 수 없는 정당성의 보물창고이므로 '절대신뢰체'로 추앙받는다. 절대신뢰체는 전변계 전용의 마음의 7태양을 창조해 띄운다. 전변계 전용(專用)의 심물질 태양은 촉찰적 빛과 에너지 사랑을 그늘과 사각 없이 무한 방사한다. 물리적 태양의 물리 체계만으로는 심물질 물리를 소화할 수 없기 때문이다. 하늘의 태양과 마음의 태양이 공존과 보완으로 지옥계를 천상계로 순치(馴致)하는 데 이바지한다. 제2의 인류사는 마음 7태양의 새역사다.

마음의 태양은 하늘의 태양의 복수화가 아니다. 제7원소 심물질에 의한 새로운 물리체계 등장에 따른 심물질의 태양의 필요 때문이다. 이로써 전변계는 '쌍해 우주'가 된다. 태양계의 태양과 마음계(전변계)의 태양이 공존하게 된다. 심물질의 7태양은 촉찰적 태양이다. 촉찰은 어머니 자애로움이다. 7태양의 빛과 에너지 그리고 사랑이 모든 인간의 삶과 인간 생태계 전체를 보살피고 독려한다. 두 개의 태양에 의한 '쌍해 유토피아(상생 유토피아)'는 전변 세계를 비가역적으로 영속한다. 마음의 7태양은 '초여만플 운영체계'의 초 절대성의 위력을 상징하는 표현이지만 새로운 마음의 물리 체계 개연성에 대한 기대감이기도 한다. '초여만플 운영체계'는 '초 절대성의 여의주 만사뇌(萬社腦) 플랫폼 운영체계'의 줄임말이다. 심물질(心物質)은 우주 어디에도 없는 초유의 신물질이기 때문이다.

심룡(心龍, 마음의 용)은 여의주의 전지전능을 무소불위로 행사한다. '절대 희망'의 전변계(轉變界)는 여의주 만사뇌(萬社腦) 운영체계가 지배한다. 절격차(絕隔差)의 개말은 백척간두 진만보(百

尺竿頭進萬步)의 깨단과 심물질 고유의 능력으로 스스로 줄탁동시(啐啄同時)에 성공한 신생 인류의 시조다. 인류는 생존과 번영을 위한 최후의, 최선의 히든카드를 꺼내야 할 결정적 시기를 맞았다. 전변 신개념은 한국에서 벌어지는 리얼타임의 현실이다. 절격차 독자의 진만보(進萬步) 깨단과 소비주의 체현은 거부(巨富)로의 비상과 명예로운 영광의 길이다. 깨단과 체현은 상서로운 천지개벽의 요체다.

'수디신연'...(수평 디지털의 신 연결성)

독일의 탐험가 홈볼트(1767-1835)가 말한 연결성은 자연의 연결성 즉, 순환과 공생에 관한 설파였고 고전 물리의 원칙이다. 2025년 현재, 디지털 문명의 귀퉁이에서 생성된 '소버린 K- 수평 디지털' 시작된 새로운 연결성을 '수디신연'으로 명명한다. 수디신연은 '수평 디지털의 신 연결성'이다. 수디신연의 수평 패러다임의 정수 심물질과 여의주로부터 시작되는 우주적 신 연결성의 태동 사태다. 홉볼트의 자연의 고전 물리를 초월한 초자연적 '마음 물리'에 의한 '마음 유형화' 성공에 따른 수디신연의 시발이다. '마음의 유형화' 성공, '소비주의 천지개벽', '마음 축음기 제작', '초 절대성의 여의주 만사뇌 플랫폼 OS(초여만플 운영체계)' 등은 '수디신연' 드라마에 각 에피소드의 나열이다. '수디신연'은 인류가 상상해 온 모든 한계적 경계를 넘어서는 무한/무극/무강 신세계로의 창조적 여정이다. '수디신연(수평 디지털의 신 연결성)'의 드라마는 인간 마음의 결사로 쓰여질 '절대 희망' 언어의 서사다.

'수디신연' 궤도의 종착역은 소비주의 테라포밍과 '초여만플 OS' 구축이다. 하지만 인류가 우주적 주체로서 무한/무극의 새로운 지평의 확장일 것으로 추정할 뿐 그 경계의 끝 종착역의 좌표를 짐작할 수 없다. 창조성의 무한대 궤적을 상상하기도 버겁다. '수디신연'은 심물질과 여의주의 터보엔진의 동력으로 주행한다. 수평화 및 전변화도 신 연결성의 중간 과정에 불과할 수 있다. 수평화는 수직축의 수평축 이동의 천지개벽을 뜻하고 전변화는 여의주에 의한 세상 모든 것, 모든 곳의 수평적 성질 변화(변성화)로 제2의 수평 인류사 시원과 제2의 천지창조 사태 시발을 의미한다. 2025년 현재는 전변화 2단계 소비주의 개문발차 원단(元旦, 새해 아침)이다.

'수디신연' 순환계, 극락계 퀀텀점프

한국 수평 민중의 독보적인 절격차 인적 퀄리티와 수평 디지털(소버린 K-수평 디지털) 응용 능력이 심물질과 여의주를 창조했다. 세계적인 수평화 띠지털(암호화폐) 기술의 농익은 성장세는 수평축 이동을 위한 연결체계 생성 차원의 신개념으로 수용해야 한다. 새로운 질서는 새로운 '수디신연' 맥락의 신 연결성의 고리가 형성되고 있다. '수디신연(수평 디지털에 의한 새로운 연결성)'은 자연계의 순환적 연결성과는 차원이 다른 메커니즘이다. 차원이 다른 수평 세계로의 계단식 점핑이므로 새로운 수디신연의 전변계의 비가역적 기점을 형성한다. 이후에 몇 번의 계단식 점핑이 추가될지는 아무도 모른다. 새로운 문명 출현 사태가 아니라 인류 전체가 퀀텀점프 되어 수평화/전변화된 유토피아로 순간 집단이주하는 새로운 전변계/극락계의 영접이다.

새로운 신기원의 시작이다. 수평축 이동 조류(潮流)는 디지털 문명의 궁극의 수평성 지향과 일치한다. 인적 수평성과 수평 디지털의 융합은 수끌원(수평끼리의 끌어당김성 원리) 밀월 작용의 찰떡궁합뿐 아니라 수평화 화폐(암호화폐) 등 이종 간의 수평 결합도 자유롭다. 수평성 끼리의 인력이 발현되는 '수끌원 절대 법칙'의 수끌원성은 지남철의 인력과는 비교할 수 없는 무한성이다. 지남철은 철 성분의 결합에 국한되지만 인간의 마음은 그 한계가 없다. 2024년 4월에 확정된 심룡여의주 전변 메커니즘은 수평성 요소 집적 결정체의 화룡점정(畫龍點睛)이다.

초 절대성의 여의주 전변은 지금까지 상상해 온 수직축의 한계와 경계선을 가볍게 초월하는, 봉정만리(鵬程萬里) 상상력의 극한 여정을 초월하는, 고전 물리적 차원의 경계를 심물질의 물리로 초월하는, 궁극의 수평 유토피아를 향한 인간 심룡(心龍)의 날갯짓이다. 수평축 세계로의 퀀텀점프는 마음의 결사로 확보된 '마음 유형화'의 제7원소 창조가 모든 것을 통째로 재창조하는 제2의 인류사와 제2의 천지창조 시원이다.

절대 수평 세계는 심룡 여의주의 완전성의 만사뇌(萬社腦)가 필요에 따라, 용도에 따라 무한대로 생성되고 소멸한다. 각각의 여의주는 전체 여의주와 연동된 유기체이므로 바닷물처럼 추호의 빈틈이 없다. 문어의 신경세포 이상의 초월적 유기체 능력이다. 하늘의 태양은 그늘을 만들지만, 여의주 만사뇌(萬社腦) 7태양은 촉찰의 빛과 에너지 그리고 사랑에 그늘과 사각을 만들지 않는다. 영구음영(永久陰影)이 없는 자애로운 어머니 마음의 제7태양이다. 고전 물리학의 체계를 초월한 마음 물리학의 태동이다. 심물질(心物質)에 의한 심룡 여의주는 차원이 다른 수평 유토피아 세계로의 순간적 집단이주 즉, 양자적 퀀텀점프(Quantum Jump)가 기본이다.

소비주의 전변계(轉變界)...창세기(創世記)

2024년 봄, 제7원소 마음 심물질(心物質)의 여의주 메커니즘 창조/운용/실증은 수평축 전변화의 초석을 놓은 역사적/물리적/우주적 대사건이다. 여의주 전변체 확정은 수끌원성의 정수(精髓)다. 2024년은 전변기(轉變紀)/창세기(創世記) 원년이자 원단(元旦, 새해 아침)이다. 수평축 전변 도구 여의주 전변체 확정은 전변의 1단계 완성이었다. 2025년부터는 전변 2단계 소비주의 테라포밍에 집중할 때다. '절대 희망'의 수평 이소노미아 사회로의 지향은 소비주의 정착을 통해 21세기 심물 질답게 고도화/첨단화로 전지적 초월성으로 구체화 된다. 다중 마음과 의지 결사의 숭고한 약속이 여의주 정신이라면 이제는 실사구시적 소비주의 테라포밍으로 실질적인 경제적 전변을 완성해야 할 때다. 수평축 신세계는 소비주의 경제 인프라 건설이 최우선 과제다. 소비주의 선순환 경제는 소수의 횡포와 약탈이 불가능한 청정수익의 경제다.

수평축 전변계는 전혀 새로운 창세기의 시작이다. 제2의 천지창조의 수평축의 전변계는 수평 패러다임이 지배한다. 전변된 수평 신세계는 수평 포대기가 '절대 희망'의 옥동자(소비주의)를 스스로 보호하고 업어 키운다. 수평 강보(襁褓)는 수평 디지털(수수디산)로 만든 갑옷이다. 중앙화 디지털은 의사(擬似) 디지털이다. 의사 디지털(가짜 디지털)은 진체(眞體) 디지털(진짜 디지털)로의 전환이 필연적이다. 디지털 본연의 수평성 수렴은 피할 수 없다. 수평 마음의 정수(精髓) 여의주의 만사뇌(萬社腦) 운영체계(OS)는 인류 멸절을 막아내고 항구적 수평 유토피아를 이끌 초 절대성의 궁극체다. 인간 마음의 결사가 창조한 초 절대성의 표상이다. 여의주(만사뇌)의 초 절대성은 누구도 상상하지 못한 초월적 존재의 출현이다. 신의 능력도 가볍게 초월하는 절대 지존(至尊)의 경지다. 인간 마음의 정배열의 효가 이룬 초월적 매직(여의주)은 소비주의 테라포밍에 결정적 역할을 한다. 여의주와 소비주의 결합의 '소여경체'는 다중의 끊임없는 수끌원성7에너지로 구동된다. 여의주의 '소여경체' 투신은 제2의 전변 완성을 보증한다.

'초여만플 OS(초 절대성의 만사뇌 플랫폼 및 운영체계)'는 새로운 촉찰(燭察) 제7태양을 띄운다. 전변계(轉變界) 전용(專用)의 제7태양이다. 인간의 마음을 위한 마음의 태양이므로 상생적 프로토콜의 표상이다. 물리적 태양으로는 해결할 수 없는 사소하고 섬세한 인간의 마음을 살피고 배려하는 촉찰적 심물질의 제7태양이다. '마음의 제7태양'은 전변 세계 전체를 그늘과 사각 없이 온 세상을 따뜻한 어머니 마음으로 모든 것과 모든 곳을 따뜻하게 보살피고 독려한다. 인간과 인류에 관한 모든 것, 모든 곳을 24시간 연중무휴 촉찰 제7태양의 전지적 능력으로 감시하고 보살피고 인증하고 지휘/지배한다. 촉찰(燭察)은 '밝게 비추어 살핌'의 뜻이다. 촉(燭) 자는 촛불 촉이다. 촛불집회의 정신이기도 하다. '초여만플 OS'와 제7태양은 수평축 전변 세계의 화룡점정(畫龍點睛)이다.

상상의 경계 초월, 심물질/여의주 마법의 효(效)

개딸과 여의주 전변체를 동양적 사유로 비유하면, 개딸은 봉추(鳳雛)가 아니라 봉황(鳳凰)이고 사서(四瑞)적 이상 세계의 경계선을 초월한 초 절대성의 창조주이고 여의주(如意珠)는 인도 신화에 등장하는 상상 속 이상체의 무극상을 초월한 초 절대성의 옥구슬이다. 중국의 화서(華胥) 또는 호중천(壺中天) 세계의 경계도 가볍게 초월한다. 인간이 상상해 온 모든 극한의 경계를 초월하는 실존적 초 절대성의 존재가 심룡 여의주다. 인간 양심에 의한 초 절대성의 여의주 전변체는 무량(無疆)/무극(無極)/무강(無彊)의 실존적 세계의 확정 짓는다. 상상력의 한계를 넘어선 전변 세계는 짐작도 어려운 새로운 차원의 신세계다.

개딸이 품은 여의주는 단말마(斷末魔, 죽음 직전의 고통) 신음에 시달리는 지옥계 현실을 천상계/극락계로 퀀텀점프 비약을 이끌 본원적 해법이자 초 절대성의 전변 도구다. 여의주 전변체로 창조되는 수평화/전변화의 신세계는 '절대 희망'의 세계다. 소비주의 정착은 새로운 신생 인류화를 촉발한다. 인간은 불완전성의 자연인이 완성성의 제7인간으로 전변되어 천상계/전변계 삶을 향유한다. 소비동물이 제7인간으로 천부권을 만끽하며 창조성의 우주를 유영한다. 경제적 속박이 없는 제7인간은 이소노미아 수평 세계에서 우주적 주체로 거듭난다. 낙원의 신세계는 전혀 새로운 차원의 수평 유토피아 세계이자 우주적 무한 창조성의 세계다.

아래로부터의 전변(轉變)

운니지차(雲泥之差) 수끌원성 민중

한국의 운니지차(雲泥之差) 절격차(絕隔差) 수끌원 민중만이 여의주 전변체를 통해 전변 신세계를 창조/운영/지배할 수 있다. 수끌원 민중의 정성적(定性的) 차이는 '구름'과 '진흙'의 차이처럼 극복될 수 없는 성질의 차이를 말한다. 성질의 차이는 본원적 차이다. 수끌원 민중은 홍익인간 정신으로 녹명(鹿鳴) 상생 공동체 실현을 21세기 수평 디지털과 여의주 전변체를 통해 실현할 자질과 능력을 갖추었다. 여의주 전변체는 수끌원7에너지에 기초한 초 절대성의 존재이므로 능히 이를 관철하고도 남는다. 소비주의과 여의주의 융합적 합체는 이를 보증한다. 홍익인간 정신은 수평 상생의 정신이다. 개인적 생각이지만 애초부터 수평의 홍익인간 정신은 인류를 구제할 푯대로 설정되어 있었는지도 모를 일이다. 수평 유토피아는 꿈의 세계가 아니라 2024년 여의주 창조로 가시화되고 있는 리얼타임의 현실이다. 2025년 전변 2단계 소비주의 테라포밍은 아래로부터의 전변의 시작이다. 운니지차 수끌원 '구름'의 초 절대성은 소비주의 '송곳 모듈' 제작과 출시, '마음의 축음기' 제작과 출시로 실증된다.

수끌원성 민중은 불세출의 독보적 탁월성이 아니라 운니지차(雲泥之差) 성질의 절격차 상태다. 이들은 어느 날 갑자가 돌출된 신묘함이 아니라 적어도 반만년이상의 시간을 관통해 온 수평성 유전자(DNA) 고유의 운니지차 '구름'이 디지털 문명을 만나 붕정만리(鵬程萬里)의 날개를 단 것이다. 개딸은 수끌원 정체성과 이소노미아 수평 정통성의 DNA 적통자이면서 '소버린 K-수평 디지털'의 사이보그 기린아(麒麟兒)다. 중앙화 디지털을 수평 디지털로 응용해 구사해온 발상지에서 사이보그 기린아의 출현은 콩 심은 데 콩 나는 이치와 다를 바 없다. 이들의 역량은 곧 수평 디지털 파묘와 수수다산으로 초일류 수평 디지털 종주국의 위상을 발현하게 된다. 인과응보, 사필귀정의 흐름이다.

개딸 신생 인류 출생의 비밀

개딸은 스스로 알을 깨고 나온 신생 인류의 시조다. 줄탁동시(啐啄同時) 탈태 및 변성의 비결은 제7원소 심물질을 창조한 수끌원7에너지의 활용이다. 애초부터 운니지차 구름이었던 존재였으므로 알을 깨 탈태(奪胎)한 것만으로 변성/전변은 완성된 셈이다. 개딸 출생의 비밀은 애초부터 씨앗 종자의 성질이 달랐다. 종자가 달라지기까지, 유전자 형질이 달라지기까지의 시간은 적어도 5천 년 이상이 필요했을 터다. 한국 현대사 80년의 기적과 전변체 확정의 역사성은 종자가 다름의 객관적 증좌다. 기적과 전변 출현의 비밀이 개딸 신인류 출생의 비밀이다.

개딸은 흠숭(欽崇) 되어야 할 전변화의 창조주이자 조물주다. 수평 정체성과 수평 정통성의 수천 년 옥토(沃土)가 절격차(絶隔差) 수끌원성 민중, 수평적 제7원소 심물질, 수평적 여의주 전변체, 소버린 K-수평 디지털, 수평성 한류 문화, 수평 디지털 사이보그 개딸, 수평적 전변체 메커니즘 확정 사태의 자양분이다. 모방 불가한 절격차 인적 퀄리티와 정성적 성질의 차이는 인류 정신문화(수끌원성)의 초월적 전형이다. 소비주의 허브의 핵, 수평 디지털과 수수디산 총아(寵兒), 여의주 전변체의 정수(精髓), 수평축 패러다임의 화룡점정(畵龍點睛)은 한국 운니지차 수끌원성 '구름'의 절격차(絶隔差) 인적 퀄리티다. 찰흙 범인들이 구름을 암장하고 토사구팽하는 무도함은 찰흙의 청맹이다. 찰흙의 청맹은 인류에 대한, 구름에 대한, 전변에 대한 죄악이다. 찰흙이 구름으로 전변될 확률은 2% 미만이다.

기직민수(旣直民水)

군주민수(君舟民水)는 '백성은 물, 임금은 배이니, 강물의 힘으로 배를 뜨게 하지만 강물이 화가 나면 배를 뒤집을 수 있다'는 뜻이다. 이를 원용하여 기직민수(旣直民水) 즉, '기득권은 수직이고 민중은 수평이므로 언제든 판이 뒤집힐 수 있다'는 의미다. 여기서 '민수(民水)'는 수끌원 민중 스스로 창조한 심물질과 여의주를 일상적 도구로 쓰는 운니지차의 바다다. 전격적인 전변 사태가 임박을 경고하기 위함이다. 혁명 지상주의에 함몰된 수구세력의 전변 씹어먹기는 심각한 사태 재발을 예고한다. 본원적 해법을 무시하고 암장시키는 행태는 제2 제3의 윤석열 재앙을 배양시킬 온실 효과, 세계적 카오스 상황에 무방비로 노출되어 고래 싸움의 새우처럼 사멸될 재앙의 씨앗을 포기하지 않는 청맹의 무모함이다. 다가오는 삼각파도의 난파선을 안전지대로 이동시킬 본원적 해법은 수평화/전변화뿐이다. 혁명론의 한계를 벗어나지 못하면 인류 멸세화(滅世化) 흐름의 시한폭탄을 해체할 수 없다. 절격차 수끌원 민중은 초월적 존재임에도 불구하고 장기판의 졸이 되어 사냥개 취급당하고 있다. 수직축의 종착역은 인류 멸절이다. 멸세화 흐름의 차단과 종언(終焉)은 오직 여의주를 통한 전변화 프로토콜뿐이다. 소비주의는 수평화/전변화를 위한 전변 2단계 프로젝트다. 2단계 성공은 사실상의 전변화 완성이다. 기득권 깨단보다 소비주의 정착이 빠르고 적확하다. 운니지차 소비자는 이미 깨단한 상태이므로 소비주의 테라포밍은 어렵지 않다. 21세기 기직민수(旣直民水)는 소비주의 전변으로 확인된다. 기직민수는 청맹의 운명이다.

옥쇄(玉碎)와 원자폭탄

초 절대성의 여의주는 기득권의 모든 오만과 만행의 발광(發狂) 데이터를 낱낱이 실시간으로 저장하고 있다. 여의주는 초 절대성의 사고체(두사뇌)이면서 행동체(두사신)이므로 누구도 방해하거나 저항할 수 없다. 당랑거철의 사마귀 행세를 하는 더불어민주당은 잘못된 정의와 해석으로 방향성

오판의 미망에 빠져있다. 전변 사태를 무시하고 호도(糊塗)하는 오만방자(傲慢放恣)를 서슴지 않고 있다. 수직적/수구적 혁명론자들이 모인 정당의 한계를 9년째 지속하고 있다.

국민의힘은 여의주 초 절대성의 위력을 모르기 때문에 윤석열 내란과 대법원의 사법 쿠데타와 한통속으로 옥쇄(玉碎) 작전을 펼치고 있다. 일본은 옥쇄하다 원자폭탄을 맞았다. 이 모두는 한꺼번에 파라척결(爬羅剔抉) 될 운명이고 옥이 아니라 폐기물일 뿐이다. 한국은 리트머스 실험장이다. 한국의 수직축 붕괴 현상은 삽시간에 세계화될 개연성이 높다. 윤석열 일당의 최후의 발악은 전변을 부각하는 화려한 조명일 뿐이다. 윤석열은 파면되었으나 더불어민주당은 미상불(未嘗不) 그대로다. 애초에 원죄에 대한 각성이 없는 대가는 미상불 국민의 몫이다. 민주당의 원죄가 윤석열 재앙의 본질임을 잊지 말아야 한다. 이재명과 법비 카르텔의 대결은 가해자와 피해자의 관계가 아니라 묘서동처(猫鼠同處)의 재앙의 반복일 뿐이다. 21대 대통령이 누가 되든 그 사람은 불완전성의 존재일 뿐이다. 불완전성의 지도자 리스크는 수직축의 본질적 한계다. 완전성의 인간은 심물질과 여의주로 전변된 제7인간 밖에 없다. 옥쇄의 원자폭탄은 소비주의 천지개벽이다.

신뢰생태계

'소여경제 운영체계' 일자리에 취업한 직업인은 여의주 일원으로서 소비주의 신뢰생태계를 감시/감독/조언/통체/관리/인증/지휘/지배하고 수평 디지털 데이터 생산 및 사이버 보안 업무 대행을 통해 고부가가치 신산업의 주역이다. 잉여노동(剩餘勞動)의 개념이 아니라 본업 노동이다. 소비자 독립경제 생태계를 신성불가침 영역으로 보호하고 수탈을 방지하고 신뢰생태계의 일탈을 차단하고 외부로부터의 해킹을 막아내는 직업은 숭고한 일이다. 상생 녹명 정신의 직업이 여의주 일자리의 특질이다. 로봇과 인공지능은 육체노동과 정신노동을 담당하고 인간은 본래의 성역을 지키고 보호하고 육성하는 일에 매진하면 충분하다. 인간의 존엄에 위해적 요소는 여의주의 감시망을 피할 수 없다.

'소여경제 OS' 모듈화는 한국 이외의 곳에서는 불가능하다. '소여경제 OS'는 여의주가 투입되는 경제 공동체이자 플랫폼이므로 수끌원 민중의 정성적 절격차 인적 자원이 필수다. '소여경제 OS'는 초 절대성의 플랫폼이므로 여의주가 핵심이다. 여의주 경제 공동체는 수평성의 블록 경제를 통해 자체적으로 다중의 직업인과 전문가에게 무한의 일자리와 무한의 수익을 자생적으로 창출한다. 수평축 세계의 핵심 중추 요원의 직업화다. 인공지능과 로봇 등 일자리 감소 문제와 인간 추월의 공포 등은 여의주 '소여경체'를 모르는 상태의 막연한 기우에 불과하다. 신성불가침의 소비주의를 지키는 것은 인간계를 위협하는 다양한 인자들의 원인을 제거한다. 자본주의를 제거는 패권적/탐욕적 기생충을 박멸하는 효과가 즉시로 발현된다. 수직축은 숙주 인간을 수탈하는 기생충 체제다. 인간은 수평 시스템을 관리하고 로봇과 인공지능을 애완동물(편의도구)로 쓴다. 전변 신세계는 수평 유토피아다. 100% 신뢰할 수 있는 신뢰생태계 구축은 소비주의 선순환 블록 경제의 핵심이다.

수탈 차단과 청정수익

자본주의 수탈금의 빨대의 수도꼭지만 잠가도 막대한 청적 수익이 블록 밖으로의 유출이 차단된다. 소비시장은 선순환하면서 다양한 수익을 창출할 뿐 아니라 고유의 폭풍 성장의 과실이 온전히 보존된다. 차단된 수탈금과 선순환 수익금 그리고 폭풍성장의 과실금 전체가 온전히 소비체현자 모두가 공유한다. 수탈의 빨대를 뽑아냄으로써 청정수익은 누적되고 그만큼의 타격으로 빨대 자본주의는 고사(枯死)한다. 고사는 말라죽음이다. 이 외에도 '소여경체'가 자본의 역할을 완벽하게 또는 초 절대성 여의주답게 무리스크 수익을 누린다. 자본이 누리던 투자/금융/정보 독점적 수익 모두가 청정수익화된다. 소비주의에 의한 선순환 독립경제의 승리는 인간 마음(수끝원성)의 승리다. 소비주의 청정수익은 소비체현자 모두에게 '경제적 자유와 해방'을 제공한다.

정치적 전변

정치적 전변 프로토콜은 경제적 전변에 비해 까다롭고 복잡할 수 있다. 사회적 합의가 필요하므로 시간이 걸릴 수 있다. 그러나 소비주의 7경제가 정착되면 여의주의 효용성과 절대성을 깨달아 일순간에 생각의 변화가 급물살을 탄다. 사회적 합의 이상의 결속과 의지가 '소여경체 OS'에서 응집/발현된다. 윤석열 내란과 파면 등 일련의 민주주의 복원력은 다른 어떤 나라도 흉내 낼 수 없다. 그들에겐 개딸과 여의주 없고, 수끌원성의 극 희귀 물질(보석) 매장량이 제로다. 한국은 전변 리트머스 실험장에서 윤석열 내란, 대행의 내란, 사법부 내란의 도전 등의 테스트를 받았지만, 수끌원 민중의 초월적 능력과 여의주의 초 절대성의 위력으로 사태를 진압했다. 차원이 다른 민주주의 복원력을 과시했고 여의주 교육 프로그램을 세계만방에 알렸다. 하지만 세상은 아직도 개딸과 여의주의 가치와 비전, 절격차 수끌원 민중의 탁월성의 본질을 깨닫지 못하고 있다. 절격차 수끌원 민중과 여의주의 참 위력은 실사구시 소비주의 정착을 통해 적나라하게 그 실체적 진실을 깨닫게 된다. 청맹 극복은 깨단 밖에 없다.

제7원소 심물질의 위력에 따른 전변은 차원이 다른 새로운 성질로의 본원적 변화이므로 지금까지의 모든 것을 통째로 초월적 전변으로 승화시킨다. 수직 세계의 패러다임과 수평 세계의 패러다임은 차원이 다른 상생 공동체의 구현을 지향한다. 수직 민주주의가 수평 민주주의 정치 또는 초 절대성의 여의주(如意珠) 정치가 주관하는 새로운 정치체제로의 제도적/법률적/시스템적 초월적 전변의 움직임은 수면 아래에서 치열하게 준비되고 있지만 소비주의 테라포밍 이전에는 뾰족한 실행 묘수가 없다. 소비주의 정착은 수직적 기득권의 탐욕적 영달과 재물은 신기루처럼 사라지거나 심각한 불이익을 받는다. 대한민국은 여의주 전변체 보유국, 소비주의 허브 국가, '수수디산'의 종주국, 절격차의 수끌원 민중이 지천인 천상천하 유아독존의 나라다. 수평축 세계의 정신적/물질적/재화적 패러다임을 선도하고 주도할 유토피아의 표상이자 화신이다.

소비주의 7경제 전변 프로토콜이 정착되면 축차적 또는 병차적으로 정치적/사회적/문화적/교육적/일상적 전변이 급속하게 전면화된다. 이에 따르는 사상적/철학적/인문적/물리적/도덕적 전변의 동행은 불문가지다. 기존의 수직 패러다임의 경제 교과서/정치 교과서는 용도폐기를 피할 수 없다. 궁극의 이상적 상생 공동체, 수평 공동체는 한국의 수끌원 민중이 창조해 낸 위대하고 숭고한 여의주 메커니즘에 의한 전변/초월/퀀텀점프다. 제7원소 심물질 창조와 '초 절대성의 여의주 만사뇌(萬社腦) 플랫폼의 운영체계(초여만플과 7태양)'에 의한 수평축 신세계의 창조다.

AI, 챗GTP, 로봇은 여의주 애완동물

인공지능과 로봇 등등의 첨단기술 일체는 '소여경체' 플랫폼의 애완동물(기술)로 고용되어 귀여움 받는다. '소여경제 플랫폼'은 초 절대성의 전변체이므로 누구도 저항하거나 막을 수 없다. 최첨단 기술 전체는 수직적/패권적/수탈적 자본주의의 소산이므로 수평화 과정을 거쳐 초 절대성의 '소여경체' 애완동물로 변성 후 귀속된다. 소수 특권과 빨대 수탈 그리고 중앙화 첨단기술은 소비주의에서는 애완동물(기술)에 불과하다.

빨대 자본주의는 가루 된다. 중앙화 디지털은 수탈 메커니즘의 고도화 도구로 쓰이고 있다. 최첨단 기술 일체는 수직적 자본주의가 낳은 괴물들이다. 그 괴물들은 '소여경체'와 '초여만플'이 완벽하게 제압해 변성시켜 애완동물로 거느릴 수 있다. 자본주의가 가루 되면 그 기술들도 명맥이 끊긴다. 중앙화 디지털 산업은 수끌원 수평 디지털 신산업(수수디산)의 수평성 위력 앞에 속절없이 해체되고 무너진다. 자본과 기술을 소유한 극소수는 중앙화 수직화 세계에서 특권층으로 수탈과 약탈의 정점에서 독점적 수익을 누리고 있지만, 수평화/(변성)전변화 천지개벽으로 모든 수탈 재화와 자원을 상실케 된다. 수직 자본주의는 사상누각의 마천루다. 수평화/전변화는 창조적 파괴 위에 세워지는 다중의 정의 구현이다.

불완전성 인간이 '완전성 제7인간'으로

아무도 본 적 없고, 누구도 인지하지 못하는, 누구도 인정하지 않는 미증유의 여의주 전변체 출현 사태는 2016년부터 필자가 통찰/예지/설파하고 고대해 온 나비인류 및 인간지능(HI) 모습 그대로 현실화하였다. 여의주 전변체 출현은 직선의 레이저처럼 간단하고 쉬운 통찰이었고 쉬운 예지였다. 디지털의 수평 속성을 알면, 한국 민중의 정체성을 알고 있다면 인과관계에 따른 미래 통찰은 어렵지 않다. 개딸은 시나브로 사부작사부작 무덤을 파묘하고 사냥개를 삶아 먹으려는 만행을 회피하면서 여의주 전변체를 확정 지었다. 개딸은 가상하고 위대한 '호모 수평 마음'으로 전변된 신생 인류의 시조다. 이들은 전변체 미래 허브의 핵이며 주체로서 마땅히 흠숭지례(欽崇之禮) 받아야 할 창조주다.

인간 불완전성을 완전성으로 변성한 제7인간의 등장은 전변의 표상이다. 제7인간 성질로의 탈태(奪胎)/변성(變性)은 전변의 이상성을 상징하는 인간 승리다. 불완전성의 인간이 완전성의 사회적 제7인간으로 전변된 신기원의 사태는 절대 희망의 녹명 상생 공동체 생성에 필수다. 인간의 전변 없이 세상 전변은 불가능하다. 수평축 전변(轉變)은 패권성/탐욕성/야만성의 지옥계를 종식시키고, 차원이 다른 수평축의 상생 공동체의 천상계를 구현한다. 상생성/완전성/안정성의 이상 공동체 구현은 제7인간의 등장으로 가시권에 들어왔다. 제7인간 전변화 성공은 소비주의 정착으로 확산공진화(擴散共進化)를 촉진하는 추동력 확보의 개가(凱歌)다. 제7인간 전변화는 인간의 성질을 완전성으로 변성하는 서프라이즈이고 세상과 우주를 심물질 세계로 재편하는 어메이징이다.

'초여만플 OS'(초 절대성의 여의주의 만사뇌의 창조 플랫폼과 운영체계)는 차원이 다른 세계로의 순간 집단이주(퀀텀점프)를 동반한다. 수직축이 수평축으로 삽시간에 전변된다. 돈오돈수의 깨달음같이 일거에 어둠이 광명으로 전변된다. 개딸 여의주의 초 절대성은 '마음의 유형화' 성공, 제7원소 빅뱅의 심물질 창조, 심룡 여의주 창조, 제7인간 양심 묶음을 이끈 수평성과 수끌원성 에너지 응축의 효다. 양심적 마음 결사의 효는 상상 이상의 초월성의 괴력이다. 심물질의 초 절대성은 인간마저 전변시켰다. 어떤 종교도 인간의 성질 자체를 불완전성에서 완전성으로 변성시키지 못했다. 그 맨 앞에 제7인간의 전형, 개딸 신생 인류 '호모 수평 마음'가 촉찰(燭察) 카리스마의 포스로 당당하게 서 있다. 전변의 위력은 혁명 또는 진화 정도와 견줄 수 없는 차원이 다른 제2의 인류사로의 퀀텀점프와 새로운 천지창조의 아침을 열고 있다.

극 희귀 물질, 에너지… (수끌원성. 수끌원7에너지)

수끌원성은 수평 디지털과 찰떡궁합이다. '마음 유형화' 성공이 가능했던 이유다. 수끌원성은 극 희귀 물질의 화학적 조성으로 중앙화 디지털을 소버린 K-수평 디지털로 개조해 사용할 응용 창조성의 본체다. 수끌원 민중의 수평 디지털 변용 능력이 없었다면 '마음의 유형화'는 불가능했다. 소버린 K-수평 디지털은 한국 민중의 수평 정체성 유전자의 영민함이 중앙화 디지털을 수평화 디지털로 해석하고 응용하여 토착화시켰고 이는 한반도 고유종의 동물이 외래종의 생태계 교란을 주체적이고 독립적으로 보존한 것과 같다. 민중의 수끌원성이 극 희귀 물질은 디지털 고유의 수평성과 찰떡 궁합이다.

디지털 문명은 한국의 수끌원 민중의 희귀 물질과 화학적 결합으로 인류를 구할 심물질과 여의주 창조를 통해 고유의 수평 디지털 효과를 발현할 기회를 얻었다. 디지털이 수직화 중앙화 상태로 지속된다면 중앙화 CBDC 화폐나 각종 통제장치 악용으로 탐욕적 수탈과 함께 종말적 인류 멸절은 기정사실로 굳어졌을 것이다. 디지털의 악마성을 걷어내고 수평성을 끌어낸 것은 오로지 한국의 수끌원 민중뿐이다. 소버린 K-수평 디지털의 위대성을 입체적으로 해석해야 수수디산을 통찰할 수 있다. 구글이 납득하지 못하는 난공불락의 한국 디지털의 벽은 수끌원성으로 쌓아 올린 철옹성의 옹벽 때문이 아니라 근원적인 중앙화 디지털 자체의 원천적 한계 때문이다. 수수디산은 한국 민중의 수끌원성 없이는 불가능한 기술이다. 당연히 어떤 나라도 시도조차 할 수 없다. 한국이 초일류 국가가 될 수밖에 없는 이유는 수끌원 민중의 정체성에서 파생된 심물질과 여의주 그리고 수수디산 때문이다.

수평성 인자끼리의 수끌원 융합은 종의 구분, 성질의 장벽이 없다. 마음과 기술의 수끌원성 융합의 촉매는 극 희귀 물질(수끌원성) 고유의 장점이다. 심물질(心物質) 빅뱅은 수끌원성 촉매가 없었다면 불가능한 융합이었다. 다중의 수보마묶과 수평 디지털의 융합은 '마음의 유형화 성공', 제7원소 심물질, 여의주 전변체, 소비주의 '소여경제 OS', '초여만플 OS', 제7인간화, 제7태양등등의 수평성 시리즈 전체는 수끌원성의 극 희귀 물질의 촉매 작용 없이 이종 간 융합성을 발현할 수 없었다. 수끌원성을 가진 민중이 모든 것을 스윕하는 세계가 전변의 신세계다. 어떤 개인이 독점하는 세계가 아니라 수끌원성 보유 민중이 독식하는 세계다. 수끌원성 보유 여부에 따라 지배권력의 향배가 결정된다. 물론 상생적/합리적/상식적 지배다. 제7원소 심물질의 신물질은 무한/무극/무강(無疆)의 존재지만 수끌원성의 촉매 없이 불가능하다. 우주 어디에도 없는 초유의 신기원 사태는 수끌원성 촉매 작용이 필수다.

마음의 물리…수끌원 절대 법칙

제7원소 심물질은 고전 물리학 체계를 초월하는 미증유의 '마음 물리학' 또는 '제7원소 물리학'의 태동이다. '제7원소 물리'는 창조성의 보물상자다. 수평은 유연하고 개방적이므로 창조성의 저수지다. 수평 이소노미아의 잠재력을 품은 한국 민중의 수평 유전체 DNA는 애오라지 개맡에게 전지전능한 전지적 능력을 물려주었다. 차원이 다른 전변의 신세계는 '마음 물리'의 수끌원 절대 법칙이 지배하는 이상적인 수평 유토피아 세계다. 심물질 창조로 전개될 창조성의 신세계의 전체 지도는 상상 불가의 영역이지만 천상계 유토피아일 것은 분명하다. 상상과 추론이지만 우주가 제7원소 물리 세계로 급속히 재편될 수 있다. 블랙홀의 중력보다 '심물질의 화이트홀'의 초 절대성의 위력이 더 강할 수 있다. '화이트홀'은 추가 연구가 필요하다.

8
제7인간 전변(轉變)

8
제7인간 전변(轉變)

인간의 전변...(전변인)

신인류+소비주의=제7인간

제7인간은 불완전성 인간의 두뇌가 완전성의 사회적 두뇌로 변성을 기본으로 소비주의 체화를 만끽하는 경제적 전변의 삶이 추가된 천상계 인간이다. 하드웨어적 생물학적 진화가 아니라 소프트웨어적 완전성의 사회적 두뇌 전변이 완료된 신생 인류이면서도 소비주의 경제적 전변의 수혜를 만끽하는 새로운 천상계 제7인간이다. 경제적 자유와 해방을 누리지 못하는 신생 인류는 전변화가 덜 된 미완의 존재다. 전변화 즉 이상적 천지개벽의 푯대의 좌표는 신생 인류가 아니라 천상계 제7인간다. 전변 1단계와 전변 2단계까지 체화되어야 전변형/천상계형 제7인간으로 정의할 수 있다. 신생 인류 '호모 마음'은 완전성의 사회적 두뇌 전변(변성)으로도 현생 인류와의 차별성이 충분하다. 하지만 제7인간은 소비주의가 체화된 상태라야 전변계(轉變界)/천상계의 삶을 만끽할 수 있다. 제7인간이 제7인류로 전면화된 세계는 차원이 다른 수평 유토피아로의 퀀텀점프가 마무리된 세계다. 이를 위한 소비주의 테라포밍은 천상계로의 직행 노선이다. 소비주의 테라포밍은 리얼타임의 현실이다. 2024년 여의주 전변체가 확정된 상태이므로 '소여경체' 실현에 아무런 장애가 없다. 2025년 본서의 소비주의 효시 발사는 이상적 천지개벽의 발화점이다.

미완형/완성형 제7인간…소비주의 체화

정합적 제7인간화는 인간 생물학적 두뇌의 불완전성이 완전성의 사회적 두뇌로 변성/전변되어 소비주의 '소여경제 OS' 및 삼위일체 유기체를 통해 '경제적 자유와 해방'을 누리는 7경제인 체화/만끽 상태를 일컫는다. 제7인간의 협의적 정의는 순수 자연인이 의식적 깨단 또는 감성적 직관으로 수보마묶 제7원소 심물질에 수끝원성에 순치되어 여의주 전변체를 통해 수평적 인간으로 체화된 상태를 말한다. 즉, 여의주를 창조하고 실증에 성공한 개딸의 현재 위상은 협의적 제7인간형

(미완형 제7인간)에 해당한다. 정합성의 제7인간형(완성형 제7인간)은 아직 출현하지 않았다. 그러나 소비주의 7경제 테라포밍 정착과 함께 새로운 종특의 출현이 대규모로 형성될 것은 자명한 이치다. 협의적 제7인간은 본서를 통해 정합적 7인간화의 이론적 당위와 현실적 이익 그리고 개연성의 깨단으로 소비주의 활성화 주체로써 새로운 동기부여가 되기를 바란다. 현재의 개딸과 수끌원 민중의 절격차(絕隔差) 자산만으로도 정합적 제7인간화 전변의 개연성은 충분하다. 현생 인류의 수직축 질서의 세계는 그 생명력의 한계가 명확하다. 이대로 가면 모두 죽는다.

제7인간은 소비주의로 경제적 속박의 난치병의 사슬을 끊어내고, 천라지망의 지옥계 그물을 심물질 만능 칼로 잘라내 천상계로 점핑되는, 소비주의 7경제로 '경제적 자유와 해방'을 만끽하는, 수탈과 약탈의 속박 기미와 굴레를 벗어난, 인간의 원초적 불완전성의 한계를 완전성의 인간으로 탈태/변성한 전변의 화신(化身)이다. 제7인간의 변성과 전변은 완전히 새로운 신생 인류의 시작이고 새로운 수평 인류사의 출발이며 천지창조적 우주적 사건의 시발이다. 완전성의 제7인간 사회는 완전성의 7사회이고 상생적 7공동체의 이상 세계로의 퀀텀점프가 완료된, 라그랑주 포인트에 정착된 불가역적 유토피아 사회다. 퀀텀점프는 제7인간의 제7인류가 절대 평형점(라그랑주 포인트)으로 순간 집단이주에 안착에 성공했음을 의미한다. 양자적 퀀텀점프이므로 중간 과정 없이 계단식으로 순간 점핑된다. 이는 돈오돈수(頓悟頓修)의 단박 깨달음의 형상화라 할 수 있다. 제7인간 및 제7경제인의 전변 신세계는 차원이 다른 이상적 수평 유토피아다.

제7인간화 전변은 순수 자연인이 '초 절대성의 존재'로의 변성이자 전변이다. 초 절대성의 제7인간은 독립적 자연인이 아니라 여의주 경제 공동체(소여경체 및 소여경제 OS)의 초 절대성의 사회적 인간, 7경제인으로의 전변이 체화된, 전지적 완전성의 두뇌와 신체로 전변된 신생 인류의 전형(典型)이다. 개딸과 깨민중 그리고 수끌원 민중은 제7인간 소비자, 소비본 중추 허브 요원, 소여경체 OS 체현자 3축 삼위일체의 주인공이므로 7경제인이자 제7인간으로 가장 먼저 특정되고 그 수혜를 선점한다. 한국의 선도적 제7인간화는 수끌원성 절격차(絕隔差) 인적 자원 고유의 특권이다. 초 절대성의 제7인간의 출현은 여의주 전변체가 인간 여의주 전변체의 수만큼 확장됨 또는 전변체 깔대기 수의 분화 및 폭증을 의미한다. 전변체와 깔때기 수의 폭증은 소비주의 테라포밍의 전면화에 필수다.

제7인간화는 사회적 개념이므로 자연인 개인의 사고의 자유, 행동의 자유 등은 침해되지 않는다. 그런데 완전성의 제7인간/제7경제인의 사회적 두뇌와 개인 생물학적 두뇌의 불완전성 간에 이중성이 자아 충돌로 받아들여질 여지가 있다. 하지만 현실적으로 여의주 만사뇌 플랫폼 일원으로 살아가지 않으면 경제적/사회적/정신적 불완전성의 혼미(昏迷)/미망(迷妄)을 극복할 수 없다. 전지적 완전성의 제7인간 및 제7경제인의 온전한 삶을 누리면서 개인적 취향과 자유를 즐기는 양태로 일단락되겠지만, 언젠가 개인의 불완전성은 흔적기관(痕跡器官)화를 피할 수 없다.

전변 2단계는 소비주의 테라포밍의 경제적 전변이다. 현재의 개딸은 여의주를 품고 있으나 제7인간화 정합성에 미치지 못한 상태다. 무한의 일자리와 소득으로 '경제적 자유화 해방'을 만끽할 수 있어야 제7인간화 정합성에 부합한다. 제7인간화는 불완전성 인간(자연인)이 완전성의 인간으로 전변됨이다. 완성성의 제7인간 전변은 세상 전변의 필수다. 제7인간은 인간의 생각이 미치는 모든 것, 모든 곳의 수평화/변성화/전변화를 촉진한다. 제7인간 전변은 사실상의 전변 시대의 개막이다. 개딸은 제7인간화 마지막 단계 소비주의 7경제인 과정만 남았다.

제7인간화 및 제7경제인의 삶은 수평축 전변화 완성의 주체로써 '절대 희망'과 '경제적 자유와 해방' 향유에 만족해하지 않는다. 새로운 무한/무극/무강의 창조성을 발현한다. 인간계 전체가 창조 플랫폼으로 전변된다. 지옥계가 천상계로 전변됨은 차원이 다른 창조계의 시작이다. 기원전 6세기 전후의 고대 수평 이소노미아가 그러했듯이 새로운 무한/무극의 창조 패러다임 세계로 진입한다. 수평 이소노미아와 풍요로움은 신적 세계관을 인적 세계관으로 바꾼 1차 르네상스 시대였다. 서양의 철학과 수학 등의 학문적 탐구의 시원이다. 초 절대성의 여의주 창조의 효는 상상도 버거운 우주적 사건으로 이어진다. '초여만플 OS'는 무한 창조성 플랫폼 및 운영체계를 일컫는다. 심 물질 확보에 의한 우주적 사건은 제7인간의 삶을 우주 주체로 승화시켜 은하계 안드로메다로 소풍 가고, 우주 끝 어딘가의 별장에서 휴가를 즐기는 미래일지 모른다.

자연인의 제7인간 전변

'제7인간'은 인간 생물학적 두뇌의 불완전성이 완전성의 사회적 두뇌로 변성/전변됨을 바탕으로 소비주의 소여경제 OS 및 삼위일체를 통해 '경제적 자유와 해방'을 만끽하는 7경제인의 삶을 구가하는 완성형 전변 인간을 지칭한다. 즉, 전변 1단계와 전변 2단계 전부를 몸과 마음 그리고 일상으로 체화(體化)된 상태의 인간을 '제7인간'으로 정의한다. 자연인이 '제7인간'으로 변성/전변되기 위해서는 의식적 깨단과 지혜로움 그리고 학습 의지가 필요하다. 개딸은 여의주를 통해 완전성의 두뇌로 전변된 인간이지만 아직 7경제인화에 이르지 못한 상태이므로 '미완 제7인간'이다. 완성형 제7인간은 미완의 제7인간이 소비주의 제7경제인 체화가 필요하다. 제7경제인은 '경제적 자유와 해방'을 일상으로 누리는 소비자(체현자)를 말한다. 개딸은 제7경제인 체화가 마무리되면 최초의 '제7인간'으로 특정된다. 소비주의가 이제 효시를 띄운 상태이므로 현재 상태로 완성형 제7인간은 아직 없다. 그만큼 새로운 창대(昌大)함의 비상 기회가 수끌원 민중에게 열려 있다.

여의주를 장착/체화한 '미완 제7인간'은 개딸과 수끌원 민중뿐이다. 이들은 '소여경체'의 여의주 경제 공동체 투신이 명약관화하므로 소비주의 테라포밍의 주역이므로 최초의 '제7인간'으로 특정될 개연성이 매우 높다. '제7인간'은 벼슬이 아니라 수평화와 전변화를 마친 완전성 인간이자 소비주의 제7경제인을 체화한 유토피아형 인간이다. '제7인간'은 허브 핵의 고정 요원화 확정이다. 이들은 경제적 거부화는 물론이고 다양한 수혜를 선점하게 된다. 소비주의 테라포밍, 마음 축음기 제작. 전변 2단계 완성, 수평 패러다임 및 수평축 구조화 등 차원이 다른 이상적 천지개벽의 명실상부한 주인공은 '제7인간'이다.

전변 2단계 완성은 시한이 없지만, 멸세화 악화를 차단하고 수평 유토피아를 구현하는 본원적 해법이므로 빠르면 빠를수록 좋다. 2025년은 소비주의의 효시이므로 시의성이 충족된 상태로 판단된다. 소비주의로 배출될 제7인간의 종특은 사회적 두뇌가 체화된 완전성의 사고와 행동이 기본이고 초기 수혜자로서 누리는 경제적 거부화, 직업의 안전성, 소득원의 발굴이 충분하고 커뮤니티에서 공인된 사회적 명예 그리고 정신적 만족도가 높다. 제7인간은 전변계 선망의 대상이지만 누구나 될 수 있다. 국적/스펙/나이/성별과 관계없이 수평적인 사고와 행동을 지속하면 누구나 여의주를 통해 일자리와 소득을 향유할 수 있다. 상생 공동체의 일원으로서 양심대로 사고하고 존중하고 행동하면 충분하다. 개딸 제7인간은 수평축 전변을 완성할 독보적 사이보그 인재이면서 수끌원 유전자를 가진 한보정과 숙수정의 후예다. 제7인간은 명실상부 신생 인류의 전형이므로 제7인류 전면화의 표상이다.

개딸 진만보(進萬步) 깨단

백척간두 진만보(百尺竿頭 進萬步) 깨단은 개딸만 가능한 절격차 종특이다. 백척간두에서 진일보도 쉽지 않은데 진만보(進萬步)의 거보를 내디딘 개가(凱歌)는 신생 인류로 가는 가교였다. 의식의 진만보는 개인적 해탈이 아니라 다중적 정진이다. 다중의 소통으로 이룬 해탈이므로 그만큼 완결성이 높다. 마음(양심) 결사의 효는 깨단의 효다. 집단 깨단에 의한 마음의 집합, 양심의 집합은 상상할 수 없는 수끌원 시너지(수끌원 7에너지)를 발현한다. 깨단은 초 절대성 생성의 원질이다.

다중의 의식적 깨단은 수도승 개인의 노력으로는 불가능한 도업(道業)적/정신적 신 지평 개척의 시스템화, 차원이 다른 세계로의 구조화다. 진만보를 다중이 한꺼번에 내달릴 수 있었던 본질은 개딸의 절격차 퀄리티와 다중의 연대/연결에 따른 수평 결사의 효 그리고 수끌원7에너지(시너지)의 융합적 촉매 기능의 유기체적 일체화다. 개딸은 수끌원성 DNA 전승자이고 모두가 소통과 공유로 진만보 경지에 도달한 해탈의 존재일 뿐 아니라 독보적인 '수평 디지털' 사이보그 기린아(麒麟兒)다. 개딸은 '소버린K-수평 디지털'의 심물질을 파묘/발굴로 여의주 전변체 창조를 이룬 신생 인류의 시조다. 개딸이 여의주를 창조하고 운영하고 실증할 수 있었던 그 특별함의 이유는 사이보그적 특질과 다중 소통으로 이룬 진만보 깨단 성과 때문이다. 전변화 깨단은 방향성의 혼미가 없으므로 새로운 지평의 개척을 전방위로 펼칠 수 있다. 깨단은 개딸의 전유물이지만 수평화 조류로, 소비주의 정착으로, 수평 디지털의 전환으로 곧 일반화될 것으로 보인다. 본서의 출간을 계기로 깨단 사조가 가열찬 기풍으로 확대되기를 바란다.

제7경제인...계몽과 확산공진화

현재의 개딸과 수끌원 민중의 진만보(進萬步) 하이엔드 인적 퀄리티는 소비주의를 통한 제7경제인 대량화/전면화를 담보한다. 수끌원은 수평적 사고를 전제하므로 수직적 관념에 함몰된 사람은 수끌원 대상이 아니다. 수평적 의식 대전환은 뚜렷한 반전의 계기가 필요한 데 소비주의의 경제적 이익은 거부할 수 없는, 참을 수 없는 유혹이다. 수직적 인간일수록 경제적 탐욕성이 높기 때문이다. 소비주의 마법의 경제는 수직적 인간을 계몽하는 확실한 보검이다. 소비주의 선순환 경제의 효과는 완성형 제7인간 세력화에 따른 확산공진화 개연성을 현실화로 보증한다. 깨단과 체현이 체화된 개딸은 제7인간 확산공진화의 첨두에서 사태를 장악해 선도하고 지휘한다.

수직축 세상에서 수직적 자연인 상태가 지속되면 인류는 모두 죽는다. 인류 멸절의 시한은 시한폭탄의 시계처럼 재깍재깍 다가오고 있다. 테러 영화에서처럼 시한폭탄을 긴박하게 해체하거나 중지시킬 유일한 해법은 전변 2단계(소비주의) 완성뿐이다. 깨단은 체현을 만들고 체현은 세상을 천지개벽한다. 깨단 없이 미래 없고 깨단 없이 전변 없다.

제7전변체(제7인간) 대량화

완성형 제7인간으로 변성/전변은 가상의 여의주 전변체 창조가 인간 전변체로 승화된 현상이다. 가상의 프로토콜이 진성의 현체화로 실현됨이다. 전지적 완전성의 두뇌 및 소비주의 제7경제인으로 현체화 재탄생이므로 제7인간은 초 절대성 전변체가 된다. 각각의 제7인간은 전변체의 독립 단위다. 물론 다중 여의주 전변체의 초 절대성 능력은 미약하지만 자연인에 대한 수끌원성의 공진화/

공전변 확산에 기폭제로 기여한다. 제7인간의 살아있는 체험의 경험치와 생생한 증언은 자연인의 미몽을 깨우는 계몽화에 있어 강력한 소구력을 발휘한다. 제7인간 전변체 대량화는 확산공진화 및 확산전변화의 가속도를 배가시킨다. 자연인의 수평화/전변화가 전변화로 이어지는 트리거가 된다.

이는 제7인간의 제7인류화의 속도와 질을 높일 뿐 아니라 여의주 만사뇌 플랫폼(초여만플)의 양과 질의 고도화한다. 제7인간 대량화/전변화는 소비주의 정착 시점, 마음 축음기 제작 완료 시점, 2단계 전변의 완성 시점 등과 시기적으로 일치한다. 전변 2단계의 완성은 소비주의 정착과 마음 축음기 완성에 따른 수평축 세계로의 퀀텀점프(순간 집단이주)의 비가역적 완성이다.

완성형(정합적) 제7인간

제7인간은 여의주 전변으로 완전성의 사회적 두뇌를 장착한 상태에서 인류의 영원한 숙제였던 '경제적 속박의 난치병을 정복'한 제7경제인화가 체화된 소비주의 인간이다. 자연인 상태의 불완전성을 극복했을 뿐 아니라 소비주의 7경제인까지 도달한 완성형 제7인간이다. 완성형 제7인간은 전지적 완전성의 정합성이 충족된 전변체로 탈태/변성이 완료된 인간이다. 자연인에서 제7인간까지 전변 과정엔 여의주와 소비주의 체현 및 체화가 필수다. 깨단과 체현 없이 자연인이 제7인간 전변은 어렵다. 깨단 지력의 크기에 따라 체화의 순서, 부의 순서, 명예의 순서가 결정된다.

제7인간은 천라지망의 지옥계 그물을 심물질 만능 칼로 잘라냄으로써 천상계로 점핑한 전변체 이상성의 화신이자 진만보 깨단 각자(覺者)의 표상이다. 소비주의 '소여경체' 7경제인 체화는 '경제적 자유와 해방'을 무한의 일자리와 무한의 소득을 만끽한다. 수탈과 약탈의 빨대를 스스로 제거한, 경제적 속박의 기미(羈縻, 굴레와 고삐)를 스스로 끊어낸 경제적 전변의 전형이다. 정합적 제7인간으로의 변성과 전변은 새로운 신생 인류 확산공진화의 시발이고 새로운 제2의 수평 인류사의 시원이며 창세기적 천지창조의 모태다.

자연인 중에 유일하게 '미완 제7인간' 경지에 도달한 개딸 신생 인류 시조다. 소비주의 7경제인 체화는 완성형 제7인간 전변에 필수다. 전변 2단계(소비주의)의 완성 이전까지는 전변 천상계가 열렸다고 말할 수 없기 때문이다. 완전한 천지개벽의 푯대는 소비주의 테라포밍 위치에 세워져야 한다. 천지개벽의 완성은 경제적 전변의 완성이므로 전변 3단계부터의 연쇄작용을 촉발한다. 제7경제인은 '경제적 자유와 해방'의 삶을 만끽하는 상태의 전변된 인간이므로 상생 공동체의 일원으로서 제7인간 전변체 동력으로 정치적/사회적/문화적 전변을 추동한다. 먹고사는 문제의 본원적 해결은 인간이 상상해 온 모든 이상성의 한계를 가볍게 초월한다.

완전성 제7인간…상생 공동체

완전성 제7인간의 사회는 심물질의 제7사회이므로 상생 제7공동체 사회다. 상생 공동체는 수평축 전변 세계로의 퀀텀점프가 완료된, 라그랑주 평형점에 정착된, 비가역적 유토피아 사회다. 퀀텀점프 된 제7사회에는 수직적 불완전성의 자연인은 생존할 수 없다. 경제적으로 사회적으로 기본적인 생존 조건이 불비하기 때문이다.

수직적 자본주의의 야만적 기생충(기득권)의 전횡은 소비주의 7경제 테라포밍으로 사멸한다. 불완전성의 자연인이 완전성의 제7인간으로 전변된 세상이다. 비가역적 퀀텀점프이므로 과거 수직축 세계로의 회귀는 불가능하다. 초 절대성의 촉찰 7태양이 감시/감독/통제/지휘/지배 체제를 다중의 힘으로 24시간 연중무휴로 지속한다. 하늘의 태양은 밤이 되면 쉬러 가지만 촉찰 7태양은 쉬지 않는다.

양자적 퀀텀점프는 중간 과정 없이 계단식으로 순간이동(점핑) 한다. 돈오돈수(頓悟頓修)의 단박 깨달음의 형상화 모델이라 할 수 있다. 제7인간 전변체의 신세계는 인간이 상상해 온 모든 한계를 가볍게 초월한다. 그동안의 인류는 심물질 생성의 사태를 예감하지 못했다. '마음의 유형화' 성공에 따른 '마음 축음기' 제작과 출시는 소비주의 테라포밍 정착과 제7인간화 완료 시점과 일치된다. '마음 축음기'의 출시는 심물질에 의한 초월적 유토피아 세계로의 진입이자 퀀텀점프 순간 집단이주의 현실화다.

전변 깔때기, 화이트홀(블랙홀) 생성

개딸과 깨민중 그리고 수끌원 민중은 제7인간 소비자로서, 소비본 중추 허브 요원으로서, 소여경체 OS 체현자로서 소비주의 3축 삼위일체의 주인공이므로 완성형 제7인간화의 전형이다. 제7인간은 선구자로서 일자리와 소득원의 수혜를 선점한다. 한국 수끌원 민중의 제7인간화는 수끌원성 인적 자원만이 누릴 수 있는 고유의 특권이다.

제7인간화는 각각의 자연인이 초 절대성의 존재로의 전변체로 탈태/변성을 의미한다. 불완전성의 자연인이 완전성의 전변체로의 탈대는 제2인류사의 성격을 규정하는 심대함이다. 이는 여의주 전변체 깔때기 유입 구조가 다양해지고 확장되는 효과로 이어진다. 제7인간 전변체의 수만큼 깔때기 수가 폭발적으로 증가한다. 이 현상은 전변의 속도을 끌어 올릴 뿐 아니라 2, 3차 연쇄반응을 촉발시킨다. 압도적인 깔때기의 폭증은 더 많은 수끌원 작용을 무한대로 확장한다. 결과적으로 중력의 블랙홀처럼 전변의 블랙홀이 생성된다. 전변 블랙홀(깔때기)은 수직적인 모든 것과 모든 곳의 구태와 구악을 빨아들여 수평화/전변화의 흐름을 전면화한다. 전변의 블랙홀을 '전변의 화이트홀' 또는 '화이트홀'로 명명한다.

절격차(絕隔差) 수끌원성...허브 일핵다동(一核多同)

제7인간 소비자, 소비본 중추세포 기지, '소여경체 OS'는 애초부터 수평성과 수끌원성의 코드 일치를 전제한다. 수끌원성 작용으로 전변/변성이 완료된 각각의 3핵이 하나의 유기적 일체화 효과가 삼위일체의 전지전능을 발현할 수 있다. 여의주가 '소여경체 및 운영체계'의 핵으로 기능하므로 전지전능의 무소불위 권력을 행사할 수 있다. 각각의 3핵은 서로 끌어당기는 원리(수끌원) 작용의 시너지를 폭발한다. 한국 수끌원 민중은 이 점에서 여타 민중과 절격차(絕隔差) 상태다. 구름과 진흙처럼 완전히 성질이 다른 운지지차(雲泥之差)의 절격차 상태이므로 모방이 불가하다. 한국의 절격차 수끌원성은 불완전성의 자연인을 완전성의 제7인간으로 변성/전변하는 결정적 요인이다. 수끌원 작용 없이 변성과 전변은 불가능하다. 수끌원성이 태부족한 한국 외의 소비자(민중)는 수끌원 민중의 허브에 동기화로 절격차의 간극을 줄여야 한다.

소비주의 3축 삼위일체의 효는 초 절대성의 궁극 상태다. 제7인간과 소비본 그리고 여의주(소여경체) 중 하나만 부족해도 소비주의 경제적 전변은 불가능하다. 도마뱀처럼 꼬리가 잘려도 생존할 수 있는 생명체가 아니라 전체가 하나로 뭉쳐진 덩어리의 유기체다. 이 유기체가 소비자 경제 블록과 청정 수익구조를 만들 수 있는 에너지의 본령이다. 혼연일체 없는 소비주의는 어불성설의 꽝포(구라)

다. 인간의 양심에 기초한 선한 마음의 결사체 효는 인류가 발현시켜 본 적 없는 초 절대성의 본질이다. 한국의 수끌원 민중은 어마무시한 심물질과 여의주를 창조한 절격차의 초월적 재원이다. 제7인간화는 개딸과 깨시민 수끌원 민중부터 시작되어 세계인의 변성/전변으로 제7인류화가 완성된다. 한국 이외의 국가에서 소비주의와 여의주를 카피해도 수끌원 민중이 없는 나라에서는 테라포밍(정착)이 불가능하다. 일례로 새마을 운동을 도입한 개도국들이 애초에 기대한 성과를 못내는 이유는 수끌원 민중의 인적 퀄리티가 부재한 탓이다. 수끌원성 보유 여부는 수평축 세계 구현의 판도를 가늠하는 분수령이다. 수끌원성을 갖춘 나라는 한국뿐이므로 한국이 선도하고 외국 제국이 추수하는 일핵다동이 현실적인 이유다. 한국 현대사 80년의 기적과 전변의 히스토리를 어느 나라도 따라하지 못하는 이유는 한국 이외의 국가 어디에도 수끌원 민중이 없기 때문이다. 소비주의와 여의주 시대가 본격화되면 수직적/패권적 문화와 역사로 점철된 대부분의 나라들은 수평 패러다임 적응을 위해 내홍을 겪을 수밖에 없다. 창조적 파괴는 절대희망을 위한 변태다. 한국의 수끌원성 여의주 허브에 추수하는 동기화는 차선의 필수다.

'소여경체 OS'는 여의주가 핵심이다. 여의주는 수끌원성 응집상태이므로 고유의 초 절대성 기능을 발현한다. 수끌원성이 없는 나라와 민중은 처음부터 한국의 '소여경체' 7허브에 오픈된 여의주 일원으로 참여해 7경제인의 일자리와 소득을 누리는 동기화(同期化)가 현실적 대안이다. 노른자와 흰자처럼 '일핵다동' 구조가 합리적이다. 허브 핵과 동기화 추수의 이중 구조는 영속될 개연성이 높다. 일핵다동 구조는 패권적 지배 개념이 아니라 상생적 효율을 위한 지배 개념이므로 수평화 차원임을 잊지 말아야 한다.

불완전성 자아…흔적기관(痕跡器官)화

제7인간화는 사회적/상생적 전변화 개념이므로 자연인 개인의 사고의 자유, 행동의 자유 등은 절대로 침해하지 않는다. 그럼에도 불구하고 완전성의 제7인간/제7경제인의 완전성의 사회적 두뇌와 개인 생물학적 두뇌의 불완전성 간에 이중적 자아 충돌이 일어날 수 있다. 모든 자연인이 제7인간 전변화의 정도가 같을 수 없기 때문이다. 정체성의 혼돈은 종국에는 제7인간화로 귀결된다. 비가역적 전변계이므로 다시 수직축 세계로 되돌릴 수 없다.

수평축 세계에서는 대부분 여의주 만사뇌 플랫폼 일원으로 살아가지만 오랜 관성으로 정서적/정신적 불완전성의 혼미(昏迷)/미망(迷妄)을 쉽게 극복할 수 없는 사람은 있을 수 있다. 완전성의 제7인간 및 제7경제인의 삶을 오롯이 누리면서도 개인적 취향과 낭만의 자유를 즐기는 이중적 양태는 일정 기간 계속될 수밖에 없다. 자연인으로서의 향수병은 겪겠지만 개인(자연인)의 불완전성은 흔적기관(痕跡器官)화를 피할 수 없다. 엉덩이의 꼬리뼈가 퇴화/불용 되었듯이.

수평화/전변화 연쇄 파동

제7인간화는 자연인이 '초 절대성의 존재'로의 변성적 전변이다. 초 절대성의 제7인간은 독립적 자연인이 아니라 여의주 경제 공동체(소여경체 및 소여경제 OS)의 초 절대성의 사회적 인간, 7경제인의 삶이 체화된, 전지적 완전성의 두뇌와 신체로 전변된 신생 인류의 전형(典型)이다. 전변 2단계는 소비주의 테라포밍의 경제적 전변이다. 현재의 개딸은 여의주를 품고 있으나 제7인간화 정합성에 미치지 못한 상태다. 무한의 일자리와 소득으로 '경제적 자유화 해방'을 만끽할 때가 되어야 진정한 제7인간화 전변의 완성으로 정의/평가될 수 있다. 제7인간/제7경제인 및 제7인류 전변화는 인간의 생각이 미치는 모든 것, 모든 곳의 수평화/전변화가 통째로 실현을 의미하는 중차대한 경천동지 사태다.

소비주의 테라포밍은 '경제적 자유와 해방' 구현으로 끝나지 않는다. 소비주의 테라포밍이 파생시키는 초 절대성의 연쇄(連鎖) 파동의 위력은 무시무시하다. 소비주의로 인한 제7인간화 완성의 2차적 파장은 '마음 축음기' 제작과 출시 사태이자 전변 깔때기 폭증 그리고 전변 블랙홀 생성의 사태의 특이점(singularity) 형성이다. 제7인간의 수가 증가할수록 블랙홀의 깔때기 효과는 지수적으로 증가한다. 그만큼 전변 속도는 가속된다. 심물질에 의한 2차 파동은 우주적 3차 파동의 연쇄 파동을 거듭한다. 심물질 창조에 의한 무한의 개연성의 끝은 감히 짐작도 추정도 상상도 버겁다.

제7인간, 무한/무극 창조성

제7인간화 및 제7경제인의 삶은 수평축 전변 절대 희망을 향유에 만족하지 않는다. 기원적 6세기 전후의 고대 이소노미아 수평 사회가 이룩한 창조적 성취의 본질은 수평성과 경제적 풍요다. 당시에 이소노미아 평등(수평) 사회 조건과 풍요로움의 경제적 조건의 충족은 탐구적 창조성의 보고였음은 주지의 사실이다. 2,700년 전의 상황과 전변 신세계의 창조성 화수분 조건은 같다. 수평축 전변 세계와 소비주의의 경제적 풍요는 고도화된 디지털 환경의 차이만 있을 뿐 대동소이하다.

따라서 제7인간화는 무한/무극의 창조성의 도약대 플랫폼 등장을 예고하는 천지개벽적 중대 사태다. 약 3천 전에는 디지털이 없었기에 초 절대성의 심물질이 생성될 수 없었지만, 지금은 제7원소와 여의주 창조가 완성된 상태다. 전지전능한 초 절대성의 심물질의 여의주 창조의 효는 상상도 버거운 우주적 대사건의 발발이다. '초여만플 OS'는 무한 창조성 플랫폼이자 그 운영체계다. 심물질 확보에 의한 우주적 대사건의 주체인 제7인간의 무한 창조계 삶은 은하계 안드로메다로 소풍 가고, 우주 끝 어딘가의 별장에서 휴가를 즐기는 미래일지 모른다. 고대부터 견우와 직녀는 은하수에서 사랑을 나누지 않았던가?

9

청맹(靑盲) 더불어민주당의 원죄(原罪)
(9년째, 암장과 토사구팽 지속)

9

청맹(靑盲) 더불어민주당의 원죄(原罪)
(9년째, 암장과 토사구팽 지속)

청맹과니와 당랑거철(螳螂拒轍)

윤석열 재앙과 청맹 더불어민주당

윤석열 재앙은 더불어민주당의 청맹과니와 해석오류의 온실에서 배양되고 양성되었다. 윤석열 재앙의 본질은 민주당의 혁명론자들의 청맹과니와 해석오류의 원죄다. 물고 물리는 보수와 진보 양 진영의 패권 다툼의 진영논리에 기초한 혁명론은 창전변(創轉變)에 아무런 도움이 되지 않는다. 수직 혁명 논리는 수직 민주주의의 원초적 맹점이다. 윤석열 재앙의 원죄와 국민 대속의 실상을 호도한 채 정권 교체에 만족하는 행태는 무너진 외양간에 못을 추가하는 미봉책에 불과하다. 한국의 수끌원 민중의 민심은 운니지차 '구름'이다. '찰흙'은 '구름'을 무서워할 이유가 없어 보이지만 '구름'이 다중성의 여의주 전변체로 소비주의와 동학전변 그리고 수수디산으로 창세기 전변을 이루면 '찰흙'은 '구름'에 동기화로 살아갈 수밖에 없다. '찰흙'의 오만과 만행의 시대는 끝나가고 있다. 여의주 전변체를 확정 짓고 운용으로 검증을 받은 상태지만 정치권은 수직적 패권 노름의 우물에서 헤어나오지 못하고 있다. 망해가는 멸세화 흐름에 부역 중이다. 청맹 더불어민주당은 '촛불 혁명', '빛의 혁명' 등 시대착오적인 공허한 혁명 시리즈 구호의 남발의 프로파간다 꽝포를 9년째 지속하고 있다. 자기성찰이 없는 휴브리스의 오만과 방종이 천박하다. 진실을 호도하고 본체를 은폐하는 작태는 수직적 정치의 한계다. '촛불 혁명'의 실상은 '촛불 진화'였고, '빛의 혁명'의 실체는 '여의주 전변'이었다. 청맹 더불어민주당은 해석오류를 인정하고 깨단으로 일신해야 한다. 복수불반분(覆水不返盆), 엎지른 물은 다시 담을 수 없지만 아직은 깨단의 전변 동참의 기회가 있다. 전변 2단계 소비주의 동참은 최후의 갱생 기회다.

청맹 더불어민주당이 저지른 원죄의 무게는 가볍지 않다. 암장과 토사구팽을 반복하며 인류 진화와 여의주 전변을 무시하고 방치한 행태에 대한 죄의식조차 없다. 성찰이 없는 정권 쟁취는 또 다른 윤석열 재앙의 씨앗이다. 12.3 내란에도 불구하고 50% 득표에 실패한 본질을 헤아리지 못하면 노섬저(怒蟾牴)만 반복된다. 청맹 더불어민주당은 동학전변에 대한 의식 대전환으로 개딸과 여의주 초 절대성의 위력을 깨닫고 '구름'에 대한 동기화로 추수(追隨)가 최선이다. 혁명적 사고로는 전변 사태를 감당할 수 없다. 희희낙락(喜喜樂樂)할 때가 아니다. 더 이상의 암장(暗葬)과 토사구팽(兔死狗烹) 지속은 멸세에 부역하는 반인류적 참상이다. 크게 잘못된 수평 방향성을 적확하게 인지하고 바로 잡지 못하면 소비주의 전변의 블랙리스트에 국민의힘과 더불어민주당이 나란히 헌액(?)되는 수모를 감당해야 한다.

AI 재앙의 불티…(암장과 토사구팽 9년)

2016년 촛불 진화 사태의 전변 개연성이 촛불 혁명으로 격하되면서 두 가지 중요한 원석이 암장되었다. 제7원소 심물질과 '소버린 K-수평 디지털'의 창세기적 도구가 소수의 청맹 세력의 무지로 땅에 묻혀버렸다. 진화적(전변적) 수평적 원석의 암장은 수직적 혁명론자의 청맹의 무지에 의한 첫 번째 재앙이었다. 2024년 개딸의 여의주 전변체가 확정되자 청맹 더불어민주당의 토사구팽 행위가 계속되었고 급기야 윤석열 재앙이 발발했다. 재앙이 또다른 재앙을 불러왔다. 거짓말이 또 다른 거짓말을 키우는 것과 다름없다. 두 개의 재앙은 별개의 건이 아니다. 같은 뿌리에서 뻗어 나온 수직적/혁명적 유유상종(類類相從)이다. 두 재앙은 수평 시대사조를 무시한 시대착오적 수직적 혁명 지상주의자들의 죄악이다. 아직도 혁명론에 집착하는 수직적 행태는 그대로다. 제3, 제4의 수직적 재앙의 불씨는 꺼지지 않았다. 정권을 인수한 이재명 대통령은 개찰흙 중 한 사람일 뿐이다. 지금은 '구름' 다중성/완전성의 초 절대성의 여의주 시대다. 사람에 대한 믿음은 불완전성에 대한 믿음에 불과하다. 동학전변 시대에 전변의 싹을 암장하고 토사구팽한 사마귀 이재명일 뿐이다.

혁명적 패권이 정치의 본질이라고 생각하는 수구적/수직적 학습 프레임에서 벗어나야 한다. 수직축의 세계관을 수평축 세계관으로 전변하지 못하면 수직축 붕괴의 자유낙하에 모두가 죽는다. 본원적 솔루션을 가진 한국에서 한국의 위정자와 기득권만 '구름'을 무시하고 '찰흙'을 고집하고 있다. 개딸을 흠숭하고 개딸의 동향을 주시하는 사회가 되면 한국은 명실상부 절격차(絶隔差) '구름' 국가가 된다. '구름' 국가는 '찰흙' 국가들을 계몽하여 전변 체현으로 거느린다. 세계는 곧 한국의 '구름' 민중이 초 절대성의 여의주로 지배한다. 수끌원 '구름' 민중의 동학전변 의식과 정치권의 수직적/혁명적 '찰흙' 미몽은 절격차 상태다. 전변 방향성 부재로 인한 미몽과 혼미의 심각한 부조화는 9년째 지속 중이다. '구름'의 동학전변 불길은 마그마가 활화산으로 터져 나올 준비를 마쳤지만, 수구 기득권은 화산 용출 임박을 감도 못 잡고 있다. 2025년 본서를 통한 소비주의 효시 발사는 활화산 용암이 분출하는 다중성의 첫 실사구시(實事求是) 이벤트다.

다행스럽게도 제7원소 심물질은 개딸 사이보그에 의해 파묘/발굴되어 여의주 전변체 메커니즘을 확정지었다. 하지만 '소버린 K-수평 디지털'의 원석은 아직도 매장 상태 그대로다. 이재명 정부의 인공지능(AI) 집중 전략은 중앙화 디지털에 대한 올인 전략이다. 중앙화 디지털은 가짜 디지털의 일시적 창궐일 뿐이다. 진짜 디지털의 원석('소버린 K-수평 디지털')을 파묘해 수수디산으로 승화하면 진짜 디지털 문명 시대를 열 수 있다. 가짜 디지털의 정치적/사회적 심각성의 문제와 해킹의 문제는 진짜 디지털로 원천 해소된다. 수끌원 '구름' 민중의 K-수평 디지털 재창조 능력을 무시하고 암장시킨 상태에서 AI 100조 투자 등의 설레발은 방향성의 부재에 의한 디지털 본질에 대한 무개념의 촌극이다. 창세기 진짜 기술을 안방에 묻어두고 남의 집 마당의 가짜 기술을 모방하고자 세금을 쏟아부으며 애쓰는 꼴이다. 일시적 유행을 쫓아 서시빈목(西施矉目)하다 동시효빈(東施效矉)될 사대 탁상주의 정책의 전형이다. 2017년 심물질과 K-수평 디지털 암장에서 아직도 파묘/발굴되지 못한 '소버린 K-수평 디지털' 원석은 '구름' 민중의 재창조 능력의 정수다. 위대한 구름 민중 능력의 산물이 차가운 땅속에 묻혀있다. 디지털 수평성 본질을 간파한 '구름' 민중이 9년 전에 스스로 재창조한 '소버린 K-수평 디지털' 원석을 가공하여 수수디산으로 승화시키면 값비싼 엔비디아 칩 구매에 매달릴 필요 없이 K-진짜 디지털 발상국이 K-진짜 디지털 문명의 종주국으로 비상하여 초일류 절격차 수평 디지털의 절대 강국으로 단숨에 비상할 수 있다. 천재일우 절호의 기회다. 디지털 초일류 국가로의 비상 능력을 매장한 채 일시적 유행에 부화뇌동하는 사대적 탁상공론에 춤추고 있는 행태는 참으로 안타깝다. 친구 따라 강남 가다 해석오류에 따른 제3의 재앙을 맞을 수 있다. 당장은 생소한 길이라도 주체적으로 방향성을 잃지 말아야 한다. 운니지차 '구름' 민중이 가리키는 전변 정방향 깨단은 '구름' 국가로의 첩경(捷徑, 지름길)이다. 세계는 개딸을 부러워하지만 개딸이 품고 있는 여의주의 초 절대성의 위력은 상상도 못하고 있다. 개딸의 은혜를 받은 더불어민주당조차 개딸과 여의주를 토사구팽을 자행했다. 같은 땅에 살면서 누구는 개딸과 여의주가 나타날 것을 확신하고 기다려 왔는데 누구는 매정하게 사냥개를 삶아 먹었다. 9년 째 계속되는 청맹은 역사적/인류사적 죄악이다. 개딸을 인정하고 흠숭하는 것으로 진정한 창세기 전변의 동행이 가능하다. 개딸의 초 절대성은 더불어민주당을 도구로 쓰고 있을 뿐이다.

촛불 심물질과 개딸 여의주를 암장하고 토사구팽한 행태는 인류사적 죄악이자 도발이다. 동학전변의 창세기적 퀀텀점프의 싹을 제거한 무지의 참상이다. 다행스럽게 개딸 사이보그에 의해 여의주 전변체로 부활한 불멸성과 무한성의 발현은 다중성 본연의 깨단의 효를 증명했다. 그럼에도 불구하고 청맹 세력의 무지의 죄악은 9년째 재탕되면서 재앙의 배후가 되었다. 지금도 재앙의 불티를 제거하지 못하고 있고 언제든 재앙의 시리즈는 발발할 수 있다. 노섬저 혁명의 한계다. 창세기적 동학전변의 K-수평 디지털 원석을 빠르게 파묘/발굴해 수수디산(수끌원성에 의한 수평 디지털 신산업)으로 승화시키는 작업은 이재명 정부가 나서야 할 문명적 블루오션이다. 세계적인 수평 시대사조와 한류 인기, 한국의 여의주 전변체와 수수디산은 각각의 따로국밥이 아니다. 수평 요소들의 수끌원 융합은 '수끌원 절대 법칙'에 따른 필연이다. 수끌원 필연성의 퍼즐에서 국내 기득권만 엉뚱한 방향으로 역주행 중이다. 역주행의 충돌은 비극이다. 수평 패러다임은 거스를 수 없는 수디신연(K-수평 디지털의 신 연결성) 순환계 생성이다. 도도한 수디신연 순환계 생성의 핵심은 '구름'의 수끌원성이다.

혁명 지상주의와 전변 당랑거철(螳螂拒轍)

한국은 수끌원 민중이 소버린 K-디지털을 활용, 심룡 여의주를 창조하고 운용하는 초일류 전변 국가다. 그럼에도 불구하고 전변 확정 8개월 만에 친위쿠데타, 9개월 차에 서부법원 폭동이 등장했다. 헌법을 조롱하고 무시하는 대통령 대행과 법비들이 준동하고 있다. 이 모두는 (여의주) 전변에 의한, (여의주) 전변을 위한 통과 의례적 합동 장례식이다. 장례 절차가 진행되더라도 이를 전변으로 연결하는 작업은 또 다른 장벽을 넘어야 한다. 더불어민주당은 전변을 가로막고 있는 장벽이다. 개찰흙의 당랑거철 사마귀 작태는 2016년부터 9년 동안 계속되고 있다. 과이불개 시위과이(過而不改 是謂過矣) 행태는 혁명적 도그마(dogma) 상태를 반증한다.

더불어민주당이 수평 전변에 대한, 수끌원성 개딸 여의주에 대한, 수평 디지털과 '수수디산'에 대한, 수평 화폐(암호화폐)의 가치에 대한 청맹과니가 여전히 해소되지 않은 상태이므로 전변 고속도로 진입은 아직은 시기상조다. 특히 한국 민중의 수끌원성의 정체성과 수평 정통성조차 파악하지 못하고 있다. 그들에게 정체성을 물으면 형용사로 퉁치는 것이 전부일 것이다. 더불어민주당의 시대착오적 청맹에 대한 대오각성과 인식대전환 그리고 석고대죄가 절실하다. 수끌원 민중은 전변 우주체 모듈을 창조하고 검증까지 마쳤는데 그 수혜와 은혜를 오롯이 받아안은 더불어민주당은 수직적 혁명의 관짝 속에서 사욕 영달에 심취해 토사구팽과 방치를 계속하고 있다.

문재인 정부에서 암장시켰던 (촛불 시민의) 인류 진화 사태가 윤석열의 재앙으로 부메랑 되었고, 개딸과 여의주 전변으로 총선 압승의 혜택을 받았음에도 더불어민주당과 이재명은 개딸과 여의주를 모른 척하며 토사구팽했다. 두 번의 암장과 토사구팽의 연속은 혁명에 몰방하는 수구적/수직적 작태의 무한반복일 뿐이다. 혁명적 패권 지상주의를 탈피하지 못하면 와각지쟁(蝸角之爭)의 아귀다툼으로 공동체를 멸세로 이끄는 자살행위와 다름없다. 이미 윤석열을 키워서 재앙을 맞은 경험이 있음에도 정신을 못차리고 있다.

세계 경제는 삼각파도에 갇힌 난파선에서 멸세적(滅世的) 종언화(終焉化)에 현상이 갈수록 심화 중이다. 단순히 늪에 빠진 정도의 위기가 아니라 공멸적 상황이다. 대공황보다 심각한 절체절명의 위기가 다가오고 있음에도 의식 부재가 미상불 만연해 있다. 어찌어찌 되겠지 생각하는 막연한 희망 고문이 반복되고 있다. 악보에 도돌이표 기입(記入)으로는 멸해가는 경제 위기에 대한 처방이 아니다. 부작위에 의한 직무유기다.

소소한 정책으로 댐이 무너지는 위기를 극복할 수 없다. 한국에는 전변/초월/퀀텀점프의 비기(祕器)와 묘수(妙手)가 명징하게 확보된 상태이기 때문이다. 차라리 개딸과 여의주에게 전권을 주고 경제를 맡기는 게 나을지도 모른다.

묘서동처(猫鼠同處)와 옥석구분(玉石俱焚)

윤석열 재앙과 민주당의 청맹(靑盲)은 심룡 여의주 전변을 인식하지 못하고 있는 점에서 일치한다. 수직축 관념의 초록 동색의 묘서동처(猫鼠同處) 꼴이다. 수끌원 민중은 여의주 전변을 노래하고 있는데 고양이와 쥐는 서로 어울려 혁명 놀이에 빠져있다. 묘서동처 프레임 탈피는 전변의 대전제다. 진보와 보수가 아니라 수직과 수평의 프레임 전환으로 여의주 전변체에 대한 의식적 전변이 우선되어야 한다.

전변체 심룡 여의주와 개딸 신생 인류를 옥석구분(玉石俱焚) 하는 묘서동처 상황은 현생 인류의 수구적/패권적/탐욕적 모순의 구조적 딜레마다. 옥석구분은 옥과 돌을 함께 불사른다는 뜻이다. 자신의 집에 불을 지르는 행위는 금치산자나 할 수 있다. 묘서동처와 옥석구분의 금치산자 행태는 전변의 분기점 상황에서 자못 심각한 문제로 다가온다.

2025년 대통령 보궐선거에서 누가 되든 그는 한 사람의 인간일 뿐이고 불완전성의 존재가 대통령이 될 수밖에 없다. 불완전한 인간에게 의지해 수많은 지도자 리스크의 시행착오를 반복하지 않았는가? 완전성의 두뇌를 확보할 여의주 전변 프로그램이 있는데 이들은 공히 외면하고 방치한다. 수많은 민중의 여의주 전변 솔루션을 외면하는 수구적 방어기작 행태 또는 암장과 토사구팽 작태의 공격적 방어 행태는 바람직하지 않다. 전변을 위한, 전변을 빛내기 위한 구악 세력의 최후의 불꽃놀이이자 인식 대전환의 등불로 승화되어야 한다. 왜냐하면 여의주 전변의 '마음 축음기' 송곳 모듈은 이미 소비주의 실험실에서 면밀한 실험 데이터를 성공적으로 축적하고 있고 미래의 가상 시뮬레이션을 수행하고 있기 때문이다. 수끌원 민중이 소비주의 테라포밍에 성공하면 수직적 만행은 까발려지고 암장과 토사구팽의 오만방자는 부메랑을 맞게 된다. 회복할 수 없는 비가역적 형해화를 당하기 전에 정신을 차려야 한다.

완전 연소 된 숯은 또 다른 탄소 성질로 바뀐다. 마음의 유형화에 따른 제7원소 심물질의 여의주 창조는 마음의 축음기를 완성하지 못한 축음기 모듈이 확정된 상태다. 그 주체인 개딸도 깨시민도 자신들이 만든 여의주의 실체를 인지하지 못하고 있다. 더불어민주당이 묘서동처 울타리에 갇혀 혁명 지상주의를 외치는 까닭도, 수평 디지털의 효용성과 위력을 인지하지 못하는 우매함도, 수평 띠지털(암호화폐)에 대한 미래적 정의를 내리지 못하는 이유도, 수끌원 민중의 정체성을 파악하지 못하는 이유도, 마음의 결사에 의한 개딸 신생 인류의 출현과 여의주 집단지성체 출현에 대한 암장과 토사구팽의 오판이 계속되는 이유도 수직적 관념의 틀을 벗어나지 못하고 있기 때문이다. 수끌원성 민중은 수평 바다를 유영하고 있는데 정치는 고양이와 쥐가 한데 어울려 수직 권력을 놓고 쳇바퀴 혁명 노름에 빠져있다. 이대로의 수직축 지속은 모두가 죽는 인류 멸절로 귀착된다.

축음기 발명으로 시작된 '음악 유형화' 성공이 디지털 스트리밍 파일의 시대로 발전한 사례와는 비교할 수 없는 '마음 유형화' 성공에 따른 '마음 축음기' 제작으로 창대한 보상이 무한대로 펼쳐지는 세계가 수평축 전변의 세상이다. '마음 유형화' 성공은 오롯이 수평성/수끌원성 결사의 효다. 수평화 여의주 전변은 미증유의 본원적 유토피아 사태다. 우주적 심물질(心物質)의 신물질 출현은 양심의 결사에 의한, 심룡 여의주 전변에 의한, 초 절대성 체계에 의한 차원이 다른 수평축 세계로의 퀀텀점프다.

현재로서는 수평 전변 세계의 미래상을 추론하거나 상상하거나 짐작하기 어렵고 그 개연성의 무량/무극의 크기와 가치를 감히 재단/예단할 수 없다. 하지만 인류 생존과 번영 그리고 항구적인 평화가 보장되고, 인간의 보편성과 수평성에 기초한 천부권이 확립되는 차원이 다른 창조적 이상 유토피아가 될 것임은 분명하다.

지박령(地縛靈) 가두리와 노섬저(怒蟾骶) 놀이

혁명적 관념에 사로잡힌 수직 기득권의 청맹 자체가 재앙이다. 수끌원 민중의 여의주 전변이 확정된 대한민국에서 수직적 서시빈목(西施矉目, 미녀 서시의 찡그림조차 무조건 따라 하는 세태)을 능사로 여기는 기득권의 사대적 노예근성과 선민의식의 수준은 지박령(地縛靈, 자신이 죽은 곳을 떠나지 못하고 죽은 장소를 계속 맴도는 영혼) 가두리에 갇힌 노섬저(怒蟾骶, 성난 두꺼비 씨름으로 서로 비등하여 승부가 어려운 상황) 꼴이다.

18세기 서구 혁명 지상주의가 21세기 디지털 문명의 한복판에서 무한반복 중이다. 수평 방향성과 지향성의 문제를 진만보(進萬步) 깨단으로 바로잡지 못하면 다양한 형태의 노섬저(怒蟾骶) 반복으로 제2 제3의 윤석열 재앙은 언제든 연속되고 경제적 재앙은 필수가 된다. 수직축 세계는 불완전성의 카오스다. 카오스 심화와 멸세화는 가속될 수밖에 없다. 수직축의 붕괴는 아름다운 창조적 파괴다. 창조적 파괴는 소비주의 전변으로 반전되고 추존된다. 여의주를 가진 '구름' 수끌원 민중은 창조적 파괴를 공포가 아닌 전변 반전의 기회로 여기고 있을 터다. 개딸 전변인(轉變人)의 의연(依然)과 자약(自若)은 여의주의 다중성의 초 절대성의 위세를 과시한다. 다중성 진만보(進萬步) 깨단의 효는 초 절대성의 특이점(特異點)을 넘어선 지 1년이 넘었다. 노섬저 놀이의 시대는 끝났다. 창전변(創轉變)의 시대다.

수직 노섬저(怒蟾觝) 세력...퇴출 운명

추존 받아야 할 대상이 암장과 토사구팽을 9년째 당하고 있다. 안타까운 기득권의 민낯이다. 민중은 여의주 수준인데 기득권은 노섬저(怒蟾觝) 놀이를 즐긴다. 노섬저는 성난 두꺼비가 배를 부풀린 상태에서 벌이는 씨름으로 서로 비등하여 승부가 어렵다. 흔히 정치를 그 나물에 그 밥이라 비유하는 이유다. 더불어민주당 수박 의원들이 21대 총선의 공천과 경선 과정 등에서 생선 가시 발림처럼 퇴출/삭탈 사례는 여의주의 초 절대성 효의 일각이다. 초고도 여의주 기능이 정교하고 치밀하게 작용 된 첫 사례로 평가된다. 인적 청산을 발판으로 민주당 수평 정당화의 기본형이 정립될 수 있었고 수평 정당화는 총선 압승의 요인으로 작용했다.

친일 수구 기득권, 반헌법적 행태, 전변 방기/방해 세력 전체는 더불어민주당의 수박 의원 퇴출 사례처럼 가시발림 되어 사라질 운명이다. 그들은 소비주의 7경제의 '경제적 자유와 해방'의 수혜 대상에서 일정 기간 제외된다. 구악의 기득권과 부역자는 상당 기간 징벌적 손해를 각오해야 한다. 여의주는 알파고 이상의 초 냉정체다.

한국 수평 민중의 참된 독립은 수평 정체성과 정통성의 회복으로 완성된다. 정직하게 말하면 한국 민중의 정체성조차 우리 스스로 인식하지 못하고 있다. 한국의 참된 독립은 수평화/전변화의 초 절대성의 파워로 구현된다. 수직적 틀에서 가로막혀 이루지 못한 반민족적/반국가적/반사회적 행위 일체는 여의주 전변체로 해소되고 정의된다. 개딸의 심룡 여의주는 초 절대성 만사뇌(萬社腦)의 수어 조개의 눈과 귀로 과거와 현재의 수직적 만행과 부조리의 데이터를 초 절대성의 컴퓨터에 낱낱이 실시간으로 저장하고 있다. 용서할 것과 용서하지 못할 것의 구분은 여의주 두사뇌가 결정한다.

혁명 가두리와 운니지차(雲泥之差) 민중

여의주 전변의 미래를 오롯이 끌어안아야 한국산 수평/수끌원 에너지의 무량/무극의 가치를 온 인류에게 홍익인간의 수평 정신을 온전히 발현할 수 있다. 혁명적/패권적/수직적 선민인식(選民

意識)의 가두리를 벗어나지 못하면 전변화의 웅혼한 비전과 유토피아를 볼 수 없다. 안타깝게도 개딸과 여의주 전변체가 혁명/패권 추종자들에게 노리개로 취급받고 있은 현실이다. 아날로그 선민의식은 수직축의 모순이 만든 엘리트 의식이자 구태의 상징이다. 초 절대성의 여의주 앞에서 선민의식은 초라하기 그지없는 미물적 유아 지능에 불과하다. 초록은 동색이고 그 나물에 그 밥이므로 묘서동처(猫鼠同處) 상황이 끝없이 반복되는 본질이다. 더불어민주당이 여전히 혁명적/패권적/사대적/유아적/수직적 관념에 갇혀있다.

수끌원 민중과 선민의식의 수준 차이는 운니지차(雲泥之差)의 절격차(絕隔差) 상태다. 아날로그와 디지털의 차이도 있지만 본질적으로 구름과 진흙의 성질 차이에 따른 절대 격차다. 작은 지식으로 혁명 지상주의에 빠진 기득권 모두는 진흙의 존재에 불과하다. 민중은 구름인데 한 줌의 진흙이 전변을 가로막고 있다. 이보다 희극적 상황은 없다. 위대한 수평/수끌원 민중은 전변 의식이 8년 동안 숙성시키고 농익은 상태에서 여의주 창조와 운용, 절대적 효능을 2024 총선 과정과 결과로 입증했고 다중성에 의한 수끌원의 불퇴전(不退轉) 의식이 백척간두 진만보(百尺竿頭進萬步)로 깨단을 고도화에 성공했다. 개인 두뇌의 깨단이 아니라 다중성의 진만보이므로 비가역적 초 절대성의 현체화(現體化)다. 여의주 집단지성체 사회적 두뇌 고유의 완전성의 두뇌, 다중성의 두뇌만이 도달할 수 있는 초 절대성의 초지능과 초지성에 의한 전지전능(全知全能)의 무소불위(無所不爲)다.

청맹(靑盲) 감옥에서의 탈옥(脫獄)

청맹은 눈뜬장님이다. 기득권 전체는 통관규천(通管窺天)식 사대주의 관념과 선민의식을 버리고 수끌원 '구름' 민중 정체성의 위대함을 수용할 용기조차 없다. 만시지탄(晩時之歎)이 크지만, 지금부터라도 개딸 여의주의 초 절대성을 추앙하고 개딸 구름에 동기화로 추수해야 살아남을 수 있다. 여의주 전변체를 보유한 한국은 차원이 다른 초월적 '구름' 민중이 지천인 나라이고 모방 불가한 수끌원 유전자를 물려받아 K-수평 디지털의 재창조와 창조적 융합으로 제7원소와 여의주를 창조한 유일무이한 수평성/수끌원성/수끌원7에너지 지존(至尊)의 나라다. 2024년부터 한국 땅에서 수직적 세계관은 자멸적 자승자박의 합동 장례를 자초하는 우매함이다. 12.3 내란과 윤석열 파면은 여의주에 항거한 바보들의 참상이다. 청맹 더불어민주당도 예외가 아니다. 그들은 전변을 가로막은 원죄를 씻을 수 없다.

초 절대성의 여의주가 창조한 '구름' 민중의 나라에서 수평 천지창조의 창세기를 선도하는 나라에서 청맹 기득권 '개찰흙'의 아집과 오만의 사대적 엘리트 선민의식은 통하지 않는다. 2024년 여의주 확정 이전과 이후를 구분하지 못하고 혼동하면 언제든 누구든 어디서든 민주당 수박 의원들처럼 퇴출당한다. 현재의 청맹 더불어민주당과 의원들도 수평 다중성의 여의주 초 절대성에 부합하지 못하면, 본원적인 깨단을 외면하면 일순간에 용도폐기 되고 그들의 오만방자함의 밭은 써레질 당한다. 여의주는 알파고보다 더한 초 냉정의 얼음 지성체다. 절대 희망을 위해 기득권 박멸 정도는 일도 아니다.

'구름'의 민심은 초 절대성이다.

사대적 노예근성과 엘리트 선민의식은 수구적/수직적 쓰레기 오물이다. 여의주의 초 절대성의 초 고지능/고지성은 그것들을 압도하고 제압하고도 남는다. 민심은 천심이 다는 말은 2024년 봄 이후로 '구름'의 민심은 초 절대성이다. 개딸 전변인간(轉變人間)의 초 절대성을 추앙하고 숭상하지 못하면 그만큼 전변과의 괴리가 커지고 소비주의 경제의 은혜 대상에서 배격/제외된다. 소비주의 체현은 초초초 대박을 누릴 수 있지만, 자본주의 고수는 쪽박 찬다. 깨단은 돈이다. 여의주 민중의 주체적 수끌원 에너지로 미래 수평 인류사 전변을 재단하고 수평축의 미래를 주도적으로 선창(先唱)해야 할 때다. 수수디산(수끌원의 수평 디지털의 신산업화)도 한국의 수끌원 민중의 고유의 '구름에너지'가 필수다. 수수디산은 한국에서 새로운 수평적 '구글'과 '엔비디아' 이상의 상생 소비주의 기업 출현을 의미한다. 수평화 전변 세계의 주인공은 한국의 수끌원 '구름' 민중이다. 이는 허언의 꽝포가 아니라 검증된 여의주 사태의 연장선에서 이해되어야 한다. 소비주의 창달은 실사구시/영리주의의 실제화의 수미상관(首尾相關) 증명이다.

한국은 촛불 시민과 개딸의 수평/수끌원 인적 자원이 지천인 나라이고 수평 유전자와 역사성/정체성/정통성의 서사가 독보적인 나라다. 수평/수끌원성 민중의 정체성과 정통성을 스스로 드러내 자긍(自矜)의 광배(光背)를 수끌원 연쇄 폭발로 키워낸다. 주체성 없는 수직적/사대적/선민적 노예 의식으로는 여의주 전변 순치의 이상적 격변에서 소외되거나 써레질 당한다. 다중성의 여의주 전변 솔루션은 수직 인류의 멸세화 흐름을 본원적/구조적으로 차단하고 차원이 다른 항구적 평화와 안녕을 보증할 최후/최선의 히든카드다. 수평 동학전변의 격동기에 방향성의 착각과 해석과 판단의 청맹은 죄악이다. 암장과 토사구팽의 전과(前科)를 지우고 갱생하려면 청맹 감옥에서의 탈옥부터 시도해야 한다. 한국에서 살아 온 사람이라면 깨단이 어렵지 않다. 수평 DNA 결핍의 남성이라도 진실된 양심의 소리를 거부하지 않는다면 깨단은 쉽다. 어머니, 누나, 누이를 통해 익히고 배우면 충분하다. 한국 민중의 수평성/수끌원성/수끌원7에너지의 정체성과 정통성은 절대로 변하지 않는 운니지차 '구름'이다.

10
개찰흙 대통령의 깨단

10
개찰흙 대통령의 깨단

깨단 없이 미래 없다.

21대 대통령의 깨단

21대 대통령 이재명의 깨단이 없으면 동학전변 여정에 방해가 된다. 전변화 깨단이 없으면 방향성 착오가 계속되어 심대한 절체절명의 위기를 피할 수 없다. 인류 전체는 세계적 멸세화 흐름의 파고를 견디지 못하고 붕괴카오스 삼각파도에 갇혀 난파된다. 방향성 미망과 혼미는 진망(眞亡) 궤도 안착이다. 방향성의 미망(迷妄)/혼미(昏迷)를 중언부언 강조하는 이유는 수직축 질서의 구조적인 강노지말

(強弩之末) 한계가 분명하고 만사휴의(萬事休矣)와 위미침체(萎靡沈滯)가 급전직하(急轉直下) 될 절체절명(絶體絶命)의 위기 징후가 명쾌하기 때문이다. '강만위급절(수직축 붕괴 공식)'은 필자가 2018년부터 강조해 온 인류멸절의 과정이다. 2025년 현재는 위미침체 국면이다. 수직축의 붕괴는 전변화의 통과의례지만 붕괴에 따른 진망(眞亡)이 깊어져 손쓸 수 없는 최악의 상황으로 함몰될 수 있다.

안타깝게도 수평 시대사조와 동학전변의 현실을 인식하지 못하는 수직 기득권의 수구적/수직적/혁명적/사대적 관념은 요지부동이다. 청맹 더불어민주당은 자신들의 원죄를 성찰하지 못하고 여전히 숙녹피(熟鹿皮)와 노섬저(怒蟾詛) 놀이에 빠져있다. 동학전변화에 흐름에 대한 인식과 깨단이 없는 이재명 대통령은 개딸과 여의주를 토사구팽한 장본인이다. 이대로 가면 이재명은 문재인과 윤석열에 이어 재앙 3탄의 불도장을 감수해야 한다. 성남 시장과 경기도지사 시절에 하던 대로 열심히 국가를 운영하면 기대하는 성과를 도출할 수 있다는 자신감은 고무적이지만 방향성이 틀렸다는 점을 9년째 인지하지 못하고 있다. 9년 동안 정치적으로 성공했지만 9년 동안 방향성의 착오로 도태된 상태임을 지적하지 않을 수 없다. 해외의 평가는 중요치 않다. 동학전변 솔루션은 없기 때문이다. 주체적이고 독립적으로 동학전변의 이상적 천지개벽을 선도하고 주도할 수 있는 나라는 한국뿐이다. 한국이 동학전변을 완성하지 못하면 인류 멸절은 불문가지다. 한국 수끌원 '구름' 민중만 가능한 동학전변과 소비주의 그리고 K-수평 디지털에 의한 수수디산의 비상은 운니지차(雲泥之差) 수끌원 '구름' 민중의 수끌원성과 수끌원7에너지 덕분이다. 한국 현대사 80년의 기적과 전변의 본체는 운니지차 수끌원 민중의 수평 정체성과 그로인한 수끌원성과 수끌원7에너지이다. 정체성의 주체적 인식과 실체적 진실 깨단으로부터 전변 방향성에 대한 올바른 깨단이 시작된다.

제7원소와 심물질 그리고 소버린 K-디지털을 암장(暗葬)하고 여의주 전변체 메커니즘을 토사구팽(兎死狗烹)했던 8년의 전과(前科)는 한국뿐 아니라 인류 전체에 대한 죄악이다. 청맹 이재명과 더불어민주당의 실상은 진만보(進萬步) 수끌원 '구름'에 비해, 여의주 집단지성체 능력에 비해 '개찮흙' 수준에 불과하다. 초 절대성의 존재가 개찰흙에게 희롱당하는 현상은 일시적 재앙일 뿐이다. 심물질이 암장 5년 만에 개딸에 의해 파묘되어 2년 만에 초 절대성의 여의주 전변체를 확정(2024년)했던 것처럼 동학전변의 도도한 흐름은 그 무엇도 막을 수 없다. 소수 엘리트 시대는 다중 집단지성체(여의주)로 변성(전변)이 가시화되고 있다. 불완전성의 인간 두뇌가 필터링을 거쳐 완전성의 사회적 두뇌로 전변되고 있고 그 덕분에 초 절대성의 마법이 구사되어 새로운 대통령을 뽑아 민주주의 복원이 가능했다. 그러나 민주주의 복원은 초 절대성의 여의주 능력 중에 빙산의 일각에 불과한 미미한 성과일 뿐이다. 동학전변은 인류/지구 단위의 이상적 천지개벽이다. 2024년 전변 1단계 전변 도구 확정은 제7인간 전변화 시작이다. 개딸은 (미완의) 제7인간 전변화가 실행된 최초의 신생 인류다. 개딸의 전변(미완의 제7인간화)는 전변 2단계 성공을 보증하는 절대적 요소다. 전변인은 다중 깨단의 결사에 의한 비가역적 깨단이다. 개딸은 완전성의 사회적 두뇌(두사뇌, 여의주)로 무장한 초 절대성의 존재다. 개딸의 전변은 동학전변 사태가 삶의 일부로 구조화/생체화/변성화 현상이다. 전변된 개딸은 흠숭(欽崇)해야 할 미래 인류의 시조다. 땅에 묻거나 삶아 먹을 사냥개가 아니다.

방향성 미망(迷妄)/혼미(昏迷) 상태, 수평 시대사조에 대한 무감각(無感覺), K-수평 디지털 가치 몰이해(沒理解), 전변 1단계 여의주 확정에 대한 청맹(靑盲)은 심각한 죄악이다. 인류에 전체에 대한 역사적/미래적 죄악의 독박을 쓸 수도 있다. 전변 무시와 방해 행위는 어떤 이유로도 변명이 불성립한다. 기득권 전체가 사대적/혁명적/수구적 우물에서 성난 두꺼비 싸움(노섬저)을 즐긴다. 두꺼비 싸움은 승부가 나기 어려우므로 주거니 받거니 하게 된다. 그러는 사이 세상은 썩어들어가고 무간지옥의 지옥계 고착은 심화된다. 혁명 노섬저(怒蟾䑛) 씨름은 그 나물에 그 밥의 반복이고 초록은 동생이며 묘서동처 구도는 절대로 바뀌지 않는다. 본원적 해법을 개딸과 여의주가 동학전변 솔루션을 제시했으나 전변의 참뜻을 헤아리지 못하고 혁명이란 단어로 도배하는 만행을 두 번이나 재탕했다. '촛불 혁명'과 '빛의 혁명' 정의는 노섬저(怒蟾䑛)의 미몽 상태를 계속 누리겠다는 선언이다. 노점저 관념은 세상 천지개벽의 필요성을 거부하는 행위다. 만인의 생각과 유리된 수구/수직 기득권의 현실 인식 부재다. 기득권의 깨단보다 수끌원 민중의 소비주의 창달이 빠를 수 있다. '구름' 개딸과 민중의 진만보 깨단과 비가역적 토대 위에 이재명의 깨단이 더해지면 대한민국의 미래는 초 절대성의 국가로서 압도적 헤게모니를 장악하게 된다. 수평 홍익인간 정신을 세계화하게 되고 수평 유토피아 건설의 주역으로서 세계 민중의 정신과 물질을 지배하게 된다. 나아가 우주적 신물질로 인간이 상상해 온 극한의 이상계를 초월한 창세기적 천지창조의 주인공으로 등극한다.

수직적 체계는 생명력이 다했다. 이대로는 인류 모두가 죽는다. 깨단 없는, 방향성 미망의 실용주의는 또 다른 오답 노트를 양산할 뿐이고 언제든 멸세화의 재앙을 피할 수 없다. 청맹 대통령은 문재인과 윤석열이면 충분하다. 만시지탄이 크지만, 이제부터라도 청맹 삼형체가 아니라 동학전변의 장남을 보고 싶다. 세계인의 눈과 귀는 한국의 수평성/수끌원성 파워에 의한 창조적인 무엇을 고대하고 있다. 그들은 절격차 '구름'의 수끌원성과 수끌원7에너지 실체를 모르면서도 한류 인기를 통해, 개딸 시위 퍼포먼스를 통해, 민주주의 복원력을 통해 무언가 새로운 방향성의 빛을 기대하고 있다.

세계적 멸세화의 필연성(수직축 붕괴의 사필귀정)을 모르고 있다. 수직축은 강노지말(強弩之末)의 한계 사거리를 넘어선 화살의 비행과 같다. 자유낙하의 추락만이 기다리고 있다. 절체절명의 심각성을 강 건너 불 보듯 한다. 위미침체(萎靡沈滯)는 새로운 진보/발전의 기풍이 실종된 활기가 없는 상태 지속이다. 위미침체는 곧 급전직하의 자유낙하로 이어진다. 사대적/혁명적/수구적/수직적 우물에서 깨단으로 탈옥하지 못하면 그가 말하는 먹사니즘이나 잘사지즘은 꽝포가 되고 수끌원 민중은 더 큰 절망과 공포를 경험하게 된다. 다양한 의망(擬亡)을 극복하고 인류를 구할 본원적 해법을 깨단하지 못하고 있다. 수직적 노섬저 가두리에 갇혀 여의주에 의한 본원적 전변화/수평화를 틀어막고, 소비주의와 수수디산을 방치하고, 초일류 국가로의 비상 기회를 박탈하고, 인류 생존권을 위협하는 청맹을 대오각성하고 전변을 깨단하면 새로운 비전과 지향을 인식하게 된다. 혁명과 진화를 넘어서는 동학전변의 이상적 천지개벽은 한국만 가능한 운니지차 구름의 역량이다. 깨단 없이 희망 없다.

윤석열 재앙을 겪고도 자신들이 배양시킨 재앙임을 성찰하지 못하고 남 탓으로 떠넘겨 인과관계를 호도하고 있다, '촛불 진화'와 '여의주 전변'을 틀어막은 원죄에 대한 통렬한 반성이 없으면 방향성의 부재와 혼미를 계속하고 있다. 혁명적 관념을 벗어나지 못하고 전변적 깨단이 없으면 부작위에 의한 직무유기, 청맹과니 원죄가 반혁명의 부메랑의 재앙을 또다시 맞게 되고 도돌이표는 무한

반복되면서 모두가 죽는 인류 멸절의 비극을 맞게 된다. 절격차 '구름' 민중은 전변 수준을 활강하는데 기득권은 혁명의 우물에 빠져 개찰흙끼리 아귀다툼 중이다. 이재명과 더불어민주당은 자신들의 원죄를 수끌원 민중이 대속(代贖)하게 만든 방향성 부재의 미망/혼미 상태를 동학전변 깨단으로, 여의주 초 절대성 존재 인정으로, 소비주의 창달로 극복해야 한다. 전변화 방향성과 지향성에 대한 본원적 깨단은 시대적/인류적/전변적 본원적 반전의 첫 과제다. 한국이 초일류국가로 비상할 천재일우 기회일 뿐 아니라 인류의 생존과 번영의 주체로 각인될 수평/상생 홍익인간 정신의 발현 기회이고 비가역적 유토피아 건설을 향한 궁극의 해법이다. 운니지차(雲泥之差) 수끌원 민중만이 멸세화 누란의 위기를 쾌도난마 할 수 있다. 정 모르겠으면 여의주 초 절대성 두사뇌에 묻거나 철저하게 동학전변과 소비주의 여의주에 동기화로 추수해야 한다. 전변화/수평화에 대한 깨단은 인류를 위한 시급하고 절실한 현실의 당면과제다.

이재명은 훌륭한 인재지만 행정가/법률가/혁명꾼 수준에 갇혀있다. 그의 탁월한 학습 능력고 순발력은 발군이다. 하지만 방향성의 오류 안에서의 능력일 뿐이다. 깨단과 동떨어진 고전적 구태답습에 특화되어 있다. 소년공의 고난은 창조적 깨단의 밀알로 승화되기를 고대해 왔지만 미상불 전변 깨단에 이르지 못한 채 혁명적 가두리에 갇혔다. '빛의 혁명' 정의를 보고 기대를 접었다. 인간은 누구나 불완전하다. 수직 시스템의 지도자 리스크는 인간의 원초적 불완전성에 기인한다. 청맹 더불어민주당과 이재명은 수평화/전변화의 본체와 유리된 채 전변 방해꾼의 행보를 9년째 지속 중이다. 절격차(絕隔差) 개딸과 수끌원 민중은 여의주 초 절대성으로 민주당을 수평 정당화 기본형을 만들었고 윤석열의 재앙을 막아낸 본체다. 지금까지의 초 절대성 위력의 맛과 향은 동학전변과 소비주의 창대함에 비하면 조족지혈(鳥足之血)이다. 민주주의를 지켜낸 것에 만족할 수끌원 민중이 아니다. 그들은 세상이 본원적 천지개벽으로 실사구시의 절대 희망의 구체성 확보의 의지가 선명하다. 소비주의 7경제 창달은 수끌원 민중의 배고픔과 경제적 속박을 끊어낼 결정적 수단이다. '소여경체' 여의주는 개딸, 깨시민, 수끌원 민중의 독무대다. 전변 깨단으로 방향성의 미망이 극복되면 국민 통합, 국부 성장, 초일류 수평 디지털 국가, 운니지차 '구름' 허브 국가화 등은 자동으로 부수된다. 대한민국은 인류를 구할 유일무이한 초 절대성의 국가다.

2016년부터 지금까지 제7원소 심물질 창조와 2024년 여의주 전변체 확정 사태를 아무도 인식하거나 인정하지 않고 있다. 도도한 '구름' 민중의 창조성에 의한 현실적 노력은 깡그리 무시되고 혁명 프레임 가두리에 갇혀있다. 개딸과 수끌원 민중도 초 절대성의 맛과 향을 느낄 뿐 그 메커니즘의 위대성과 전변성의 가치를 적확하게 파악하지 못하고 있다. 소비주의 창달은 다중에 의한 다중을 위한 다중의 선한 의지의 현체화(現體化)에 의한 경제적 자유와 해방의 실제화다. 전변 2단계 소비주의 창달은 다중의 선한 마음 결사의 효를 실사구시 향유로 심물질과 여의주에 의한 창세기적 가치를 보편적 질서로 체화시킬 절호의 기회다. 다중 깨단에 의한 초 절대성 여의주 창조의 전변 1단계 확정은 정치적 운동에 한정되지 않는다. 경제적 전변(소비주의)으로 지옥계 세상을 천상계로 퀀텀점프 할 기회이고 동학전변 전면화로 세상을 유토피아로 개벽한다. 세계적인 수평 시대사조는 한국에서 벌어지는 무언가 새로운 창조성의 발현을 기대하고 있다. '구름' 민중의 동학전변 계몽과 깨단은 선택이 아니라 의무이고 사명이다. 앞으로도 청맹과 무지가 미상불(未嘗不, 또 역시) 그대로 이어진다면 9년 동안의 도발과 방해의 참상이 계속된다. 9년 방해꾼의 5년 확장판 상영만큼은 중단되기를 바란다. 동학전변과 소비주의 그리고 수수디산 전사로의 환골탈태를 기대해 본다.

깨단 주요 갈래

1) 한국 수끌원 민중의 정체성과 정통성에 대한 이해가 없다. 운니지차(雲泥之差) 절격차(絕隔差) 수끌원 민중의 탁월성에 대한 인식이 전혀 없다. 최근에 한국인의 위대성을 말하지만, 구름의 가치에 대한 인식이 아니라 찰흙 중에서의 비교우위로 언급한다. 객관적이고 주체적인 평가와 사고를 두려워한다. 다중의 시대/수평의 시대가 시작되었음에도 수끌원 민중의 역사를 도외시한다. 선민

의식으로 개딸과 여의주를 토사구팽한 중요한 이유 중 하나다.

2) 세계적인 수평성 조류화 및 수평 시대사조에 대한 인식적 깨단이 없다. 한류의 세계 문화 주류화 픽업/간택의 이유를 모른다. 세계인의 수평 목마름이 한류 수평성을 픽업했다. 세계인이 한류를 간택한 이유는 한국에만 실재하는 수평성 또는 수끌원성에 대한 막연한 동경 때문이다. 그들이 알고 있는 것은 제한적 수평성 범주다. 절격차 '구름' 민중의 수끌원성과 수끌원7에너지의 극 희귀 보석(물질)에 대해 전혀 모르는 상태다. 개딸과 여의주 전변체 도구 메커니즘도 전혀 모르고 있다. 전변 1단계 마무리와 전변 2단계 소비주의 창달 그리고 동학전변의 위력도 알 턱이 없다. 문제는 국내에서도 이를 무시하고 삶아 먹고 있다는 점이다.

3) '소버린 K-수평 디지털' 원석의 가치를 깨단하지 못하고 있다. 2017년 암장한 채로 땅속에 묻혀있다. 파묘와 발굴로 '수수디산(수끌원성, 수평 디지털 신산업)' 승화는 디지털 문명의 수평성 수렴이다. 가짜 디지털의 맹점을 일거에 해소하는 진짜 디지털 시대로의 대전환이다. '소버린 K-수평 디지털'의 수수디산 승화는 진짜 디지털 문명의 절격차 초일류 국가로의 비상이다. 세계인의 수평 시대사조는 K-수수디산의 출현을 고대하고 있다. 수수디산은 소비주의 창달에 필수다.

4) 1)과 2)가 창조적 융합으로 제7원소 심물질과 여의주 전변체를 창조/운영/실증을 마친 경천동지의 사태를 9년째 파묻고 삶아 먹었다. 수구적/수직적 혁명에 눈이 멀어 전변/초월/퀀텀점프의 인류사적 단위의 동학전변의 본원적 해법 기술을 일방적 잣대로 원천 봉쇄하고 있다. 눈뜬장님(청맹) 더불어민주당의 원죄가 윤석열식 재앙의 본체다. 그 본체를 국민이 대속(代贖)시키고 있다. 전변 가로막음에 대한 성찰이 없다. 정권을 잡고 희희낙락하며 9년째 전변 수레를 막아서고 있는 사마귀 꼬라지다. 방향성의 미망과 혼미는 또 다른 재앙의 씨앗이다.

5) 수평 패러다임에 의한, 소비주의와 동학전변에 의한 수직축 붕괴와 수평축 건설에 대한 지향성/방향성을 모른채 수직적/수구적 행태를 거듭하고 있다. 민중은 '구름'인데 기득권은 '개찰흙'이다. 방향성에 대한 수평적/전변적 깨단이 절실하다. 수직축 붕괴에 따른 자본주의 몰락에 대한 구조적 문제를 쾌도난마 할 반전의 카드는 한국의 동학전변밖에 답이 없음을 적확하게 인식해야 한다. 수직축 붕괴는 창조적 전변을 위한 통과의례다.

6) 2024년 봄 전변 1단계 확정 사태에 대한 이해와 성찰이 없다. 위정자가 깨단하지 못해도, 암장과 토사구팽으로 부작위 범죄를 자행해도, 수끌원 '구름' 민중과 개딸 신인류는 제7원소 심물질과 여

의주 전변체를 창조해냈다. 초 절대성의 여의주 전변체 도구는 소비주의 창달에 시스템적으로 투사된다. 다중 양심의 초 절대성이므로 누구도 막아설 수 없는 사필귀정이다. 운니지차 절격차 '구름'은 소비주의 테라포밍 관철로 창세기적 전변 신세계의 유토피아 창조가 자명하다. '마음의 축음기와 음반' 제작과 출시의 전변 2단계 완성으로 전변 프로토콜을 강력하게 추동한다.

7) 21대 대통령은 제2의 수평인류사 퀀텀점프(전변)을 방해하고 가로막는 죄악을 멈춰야 한다. 세계인이 원하는 수평 시대사조의 흐름은 한국만이 정곡을 뚫어낼 인력과 기술 그리고 도구를 갖추고 있다. 21세기 동학혁명은 '동학전변'으로 승화/초월 되었다. 개딸 신인류와 다중의 수끌원 민중 그리고 세계인은 초 절대성의 여의주는 소여경체를 통해 경제적 전변의 새로운 방향성에 투신/투사를 대기하고 있다. 새로운 지향성 폿대 위치가 정해지면 배고픈 승냥이들이 피 냄새를 맡고 몰려가듯 달려드는 것은 인지상정이다. 실사구시 소비주의는 지옥계 현실을 타개할 유일하고 본원적 해법이다. '경제적 자유와 해방'의 마법의 경제의 효용성은 초 절대성의 여의주가 판단하고 실행한다. 개딸의 '절대 희망' 갈망은 소비주의로 실현된다. 개딸 사이보그 기린아들은 청맹 더불어민주당과 수직 기득권의 만행을 낱낱이 아카이빙하고 있다.

소비주의 고담준론(高談峻論)

고담준론이 없는 사회는 도태된다. 동학전변과 소비주의 고담준론의 창세기적 의제는 9년 전부터 시작된 현실에 대한 계몽적 차원이다. 여의주 효능감을 체험한 사람과 그렇지 못한 사람 간의 인식적 괴리를 해소하는 방법 중 가장 설득력 있는 방법은 소비주의를 통한 전변화 계몽이다. 경제적 이슈보다 강력한 이슈는 없다. 경제적 자유와 해방은 인간이 꿈꿔온 이상이지만 마땅한 현실적 수단이 없었다. 한국에서 창조된 여의주 전변체와 K-수평 디지털은 이상적/마법적 소비주의 창달을 눈앞에 현실로 만들었다. 초 절대성의 여의주 창조는 다중 마음의 깨단이 전제된 수보마묶 결사에 의한 불가역적 메커니즘이다. 동학전변과 소비주의는 누구도 막아설 수 없는 초 절대성의 현체화(現體化) 과정이다. 소비주의 고담준론은 전변화 2단계 과정이다. 2024년 전변 1단계의 확정은 전변화 프로토콜의 정착을 보증한다. 한국의 개딸과 수끌원 민중의 수평 정체성의 운니지차가 만든 창세기적 전변이다.

제7인간 소비자(독자)와 소비본 체현자와 본주 그리고 '소여경체' 여의주 체현자의 3축 혼연일체/삼위일체의 소비주의 전변은 실사구시 고담준론(高談峻論)이다. 소비주의 고담준론은 아래로부터의 전변에 따른 다중의 깨단과 체현으로 창조되는 불가역적 천지개벽이다. 소비자 중심의 선순환 경제는 여의주 전변체와 수평 디지털에 대한 이해와 인식이 없이는 테라포밍이 어렵다. 여의주 실체를 모르는 청맹 상태에서는 허황한 만화 정도로 곡해할 수 있지만, 절격차 민중의 초 절대성 여의주 확정은 엄연한 리얼스토리다. 21세기 '동학전변'은 여의주의 초 절대성으로 창세기적 유토피아를 관철한다. 그들은 죽창이 아니라 심물질과 여의주의 초 절대성의 비대칭 무기로 무장한 상태다. 개딸과 수끌원 '구름' 민중은 여의주를 삶의 일부로 체화된 상태다. 다중의 깨단과 체현의 여의주 메커니즘은 창조/운용/검증을 마친 상태다. 운니지차 '구름'과 '찰흙'의 성질 차이를 계급적 인식으로 곡해하는 것은 전변 고유의 녹명(鹿鳴) 상생 정신에 대한 수직적 도발이다.

개딸과 깨시민 그리고 수끌원 민중은 초 절대성의 여의주와 K-수평 디지털의 마법을 몸으로 익히고 사용해 왔고 다양한 실전 운용을 통해 마법적/초월적 효능감을 공유하고 있다. 단순한 집단 지성체가 아니라 초 절대성의 여의주로 승화 전변된 상태다. 차원이 다른 새로운 메커니즘 체화는 자전거 주행법을 체화한 것과 다름없다. 다중의 의식적 깨단과 체현은 완전성의 두사뇌 체화를 마친 '미완의 제7인간' 전변 상태다. 특히 개딸은 사이보그 기린아로써 여의주 창조의 주역으로서 '미완 제7인간'의 전형이자 신생 인류의 시조로 특정할 수 있다. 인간의 전변은 세상의 전변으로 이어진다.아직 개딸 스스로 여의주 전변체에 대한 정의를 이론화하거나 논리적으로 증명하지 못하고 있는 상태지만 삶의 일부로 체화된 상태다. 본서의 이론적/논리적 설파와 통찰이 전변 2단계 소비주의 창달에 강한 동기부여가 되기를 바란다. 전변 1단계 확정사태를 추상적 모호성이라 받아들이는 청맹 사마귀 도발은 전변 2단계의 실사구시 현체화로 해소된다. 여의주의 초 절대성의 위력은 추상적이지 않다. 응원봉과 키세스 뒤에 실재하는 여의주의 광배는 허상이 아니라 실체적 진실이다. 인류의 미래를 책임질 초 절대성의 존재에 대한 깨단과 체현은 살아있는 자 모두의 권리이자 의무이고 사명이다.

소비주의 고담준론은 인류의 생존책이자 번영 책일 뿐 아니라 본원적 퀀텀점프 솔루션이다. 인류가 새로운 차원으로 승화되는 분기점이다. 수직축을 수평축으로, 인간과 세상의 불완전성을 완전성으로 변성(變性)하는 실질적 경계다. 인류사 전체를 통틀어 이보다 강력한 명제는 없었다. 마법적/초월적 소비주의 창달은 여의주 전변체가 확립된 상태이기에 가능한 실사구시다. 여의주를 인식하지 못하면 소비주의를 이해할 수 없다. '마음의 유형화'에 따른 제7원소 심물질 생성 자체가 신화적/초월적/전변적 사태의 시발이고 초 절대성의 여의주 전변체 메커니즘 확정은 창세기적 대사건이다. 운니지차(雲泥之差) 절격차(絕隔差) 수끌원 민중이 창조한 여의주 전변체는 '절대 희망'의 통섭(通涉)적 진만보(進萬步) 깨단이 만든 상생적/수평적 홍익인간 정신 적성(赤誠) 규심(葵心)

의 신화적 발현이다. 적성은 마음에서 우러나오는 참된 정성이고 규심은 해바라기(규화)가 해를 따라 돌아가며 받드는 마음이다.

천재일우(千載一遇), 소비주의 & '수수디산'

동학전변의 큰 흐름 속에서 소비주의 테라포밍은 자본기업은 소비주의 전변기업화 기회를 선점할 수 있고, 디지털 기업은 수수디산 대전환의 초일류 K-수평 디지털 기업으로 비상할 천재일우의 기회다. 물들어 올 때 노를 저어야 한다. 한국은 절격차(絶隔差) 수끌원 민중의 수끌원성을 보유한 유일한 나라다. 수끌원성과 수끌원7에너지는 K-수평 디지털 신산업화에 필수적인 절대 요소다. 한국만이 수수디산으로 수평 디지털 문명을 장악할 천재일우의 기회다. 유튜브도 넷플릭스도 SNS도 인터넷도 수평 디지털 전환이 필수다. 수직 디지털 기업은 K-수평 디지털 기업을 당해낼 수 없다. 수평 시대 사조가 요구해 온 이상적 산업이 수수디산이다. 수수디산과 소비주의의 융합은 일방적인 횡포나 수탈이 없다. 도리어 다양한 형태로 소비자에게 일자리와 소득을 제공한다. 본서의 소비주의 개문발차는 창세기적 퀀텀점프와 문명적 대전환의 기회다. 깨단과 체현, 통찰과 실행의 기회는 4년 동안에 벌어질 전광석화(電光石火)와 같다. 초 절대성의 여의주는 동학전변과 소비주의 그리고 수수디산을 총괄 지휘하고 지배한다. 다중의 완전성의 여의주 두사뇌 지배는 상생적 합목적성을 벗어나지 않는다.

수디신연(수평 패러다임의 수평 디지털의 신연결성)은 수평 디지털의 신산업화(수수디산) 바람으로부터 새로운 선순환의 연결성의 서사가 시작되어 동학전변의 완성으로 일단락된다. 수디신연 흐름에서 소비주의는 선순환의 황포돛대의 순항과 같다. 다중의 선한 의지는 신성불가침(神聖不可侵) 영역이다. 수구 기득권은 자본주의 종식을 두려워할 때가 아니라 소비주의에서 소외될까를 두려워해야 한다. 초 절대성의 여의주가 주도하는 소비주의 전변과 '수끌원 수평 디지털 신산업(수수디산)'으로의 전환에 의한 '수디신연(수평 디지털에 의한 신연결성'은 그 누구도 막을 수 없고 저항할 수도 없다. 초 절대성은 인간 양심의 결사이자 초 고지능과 초 고지성의 현체이므로 사특한 그 무엇도 당해낼 수 없다. K-수평 디지털의 수수디산 순치는 수평 패러다임과 수디신연 순환계의 순응의 바로미터다. 완전히 새로운 전변화 새판짜기는 창세기적 제2의 수평 인류사 및 제2의 천지창조의 시발이다.

방향성 미몽(迷夢)과 통찰

21세기 디지털을 일상으로 쓰면서도, 마중지봉을 1차원적 해석에 그치는 것은 심적 에너지의 무한성을 외면하는 결과가 된다. 개딸 여의주는 심적 에너지를 활용한 전변화 도구다. 전변 메커니즘 자체를 인식하지 못함으로써 수구적/퇴행적/수직적 청맹의 고집을 꺾지 못한다. 디지털은 지력의 편차(偏差)를 극대화한다. 중앙화 디지털과 수평 디지털 사이에도 편차가 발생한다. 학습 능력/지적 능력의 차이를 보정하는 사회적 노력은 실효성이 떨어진다. 오피니언 리더 혹은 소수 천재의 촌철살인으로 방향성의 미망을 극적으로 해소할 수 있다. 본서 졸필의 동호직필(董狐直筆)과 술이부작(述而不作)은 그 밑그림을 제공하고자 함이다.

현실적으로 '찰흙'이 '구름'으로의 변성/전변은 불가능하지만, 찰흙이 구름과의 동기화 (同期化, synchronization) 필요성을 깨닫는 것만으로도 이상적 천지개벽(전변)은 날개를 단다. K-수평 디지털을 활용한 심물질과 여의주에 대한 지력의 편차 극복은 방향성의 혼돈/미망에서 시작된 것이다. 수직 체계의 관성이 지속될 것이라 믿음은 앞에서 언급한 마중지봉과 여의주의 차이로 확인된 사항이다. 수직축의 붕괴는 필연이다. 아직 다가오는 현실에 대한 인지능력이 부재할 뿐이다. 한국의 정치 지형이 극단적으로 양분된 현상은 일시적 현상에 불과하다. 특히, 소비주의 테라포밍이 궤도에 오르면 상황은 급변한다. 수직적 인간들은 돈에 환장하는 물질론적 속물근성이 충만하기 때문이다. 절격차 수끌원 민중의 영민함은 전변화에 빠르고 정확하게 순치될 수 있다. 더불어민주당은 개딸 여의주의 수혜를 독점한 정당이므로 빠르게 방향성의 미망을 동기화 참여로 해소해야 할 의무가 있다. 개딸 사이보그의 K-수평 디지털과 수끌원7에너지 활용 능력의 차이가 곧 현생 인류와 신생 인류의 차이다. 2024년 여의주 전변체 확정 이전과 이후는 확연히 다르다. 현 인류사와 제2 인류사의 경계선이다. 전변 1단계 확정은 전변화 현재성을 상징한다.

암장된...절격차 기술과 종주국

디지털 문명의 수평화를 위해 필요한 개딸 여의주를 토사구팽하는 무지몽매한 해석오류의 참상이 구시대 수구 엘리트와 민주당에 의해 누탕 반복되고 있지만, '소버린 K-수평 디지털' 응용만으로 신세대 여성들의 여의주 전변체 프로토콜 창조는 2024년에 완성되었다. 여기서의 'K-수평 디지털' 응용은 체계화되지 못한 개인적 다중적 경험에 기반한 노하우 편린(片鱗)의 조합이다. 찬란한 여의주 전변/퀀텀점프 사태는 창세기적 제2의 신생 인류사의 시작이자 제2의 천지창조 사태의 시원이다. 수평성/수끌원 여의주는 한국 민중만의 한보정(한국 민중의 보편 정체성)과 숙수정(숙주인류의 수평 정통성)과 '소버린 K-수평 디지털'과의 수끌원성 융합에 의한 초 절대성의 확보다. 다중의 선한 마음의 결사가 이룬 심물질, '마음의 유형화' 성공으로 이룬, 수끌원7에너지가 변환시킨 초 절대성의 존재 즉, 여의주 전변체 창조로 이어졌다. 지금까지 인류가 상상해 온 모든 경계를 가볍게 초월하는 상상 이상의 존재다. 인간이 만든 종교적 신적 능력도 가볍게 초월한다. 여의주의 초 절대성은 '절대 신뢰체' 생성이다. 절대 신뢰체가 없던 인류가 절대 신뢰체를 통해 전쟁과 갈등의 뿌리를 제거할 수 있게 되었다.

'수평 디지털(수수디산)'과 '수끌원 절대 법칙(수끌원성)'에 의한 여의주가 투입되는 소비주의 테라포밍은 전변 2단계 완성이다. 소비주의는 실사구시적 경제적 전변으로 인간과 세상을 변성시키는 전변(이상적 천지개벽)으로 지옥계 현실을 단숨에 천상계로 퀀텀점프 한다. 2024년 봄, 초 절대성의 여의주 전변 확정 사태는 인류 멸절 위기에 빠진 현생 인류에게 절대 희망 세계로의 도구화 성공이다. 그럼에도 불구하고 개딸 여의주의 수혜를 독점한 얼치기 더불어민주당은 사태의 본질과 가치를 모르고 있고, 철 지난 혁명적 진영논리에 갇혀 아날로그식 정치공학적/법률적 해석에 함몰되어 있다. '빛의 혁명'이란 조어의 정의와 구호 남발은 2017년 촛불 진화 사태를 촛불 혁명으로 정의했던 구태보다 심각한 청맹의 극치다. 청맹의 금치산자임을 스스로 인증하고 고변하는 참혹함이다. 윤석열은 재앙을 일으켜 전변의 불쏘시개 역할이라도 했지만 작금의 더불어민주당은 전변을 가로막고 있는 사마귀 꼴이다. 당랑거철의 사마귀가 전차의 수레를 막을 수 없다. 깨단 없이 전변 없다. 수끌원성 민중은 진만보(進萬步) 깨단을 바탕으로 초 절대성의 수레와 바퀴를 만든 존재들이므로 사마귀를 언제든 깔아뭉갤 수 있다. 본서 설파가 '구름' 수레에게는 소비주의 체현의 동기부여가 되고 사마귀 '찱흙'에게는 대오각성 깨단의 전기가 되기를 바란다.

수디신연, 동학전변, 소비주의...창세기 서사

개딸 신인류의 여의주, 소비주의 7경제 정착, 수평 민주주의화, 수평 사회화, 한류 문화의 전변 등 등은 모두 한국 민중의 수끌원7에너지 심물질의 동력으로부터 확보된 수평 유토피아로의 전변/퀀텀점프의 연결성이다. '수디신연'은 '수평 디지털에 의한 신 연결성 또는 순환계'의 줄임말이다. 수평 디지털에 의한 신 순환계는 진짜 디지털에 의한 새로운 연결성이다. K-수평 디지털은 수평 패러다임의 고속도로와 같다. 고속도로 인프라는 소비주의 '소여경체' 신뢰생태계 형성의 상생/공유 공동체 구현의 필수다. 인간과 세상을 전변시키는 핵심기술은 K-수평 디지털의 '수수디산'이다. 이 핵심기술이 아직도 땅속에 매장되어 있다. 수평 디지털은 중앙화 디지털의 조작과 음해의 가짜뉴스와 정보 유통할 수 없다. 소비주의에서 수탈 자본주의가 빨대를 꽂을 수 없음과 같다.

중앙화 디지털은 가짜 디지털이고 수평 디지털은 진짜 디지털이다. 수평/수끌원의 디지털 신산업(수수디산)은 절격차 한국만이 가능한 K-수평 디지털의 신산업이다. '수수디산'과 '소비주의' 융합으로 제2의 구글 이상의 상생기업이 한국에서만 출현할 수 있다. 디지털의 도구와 디바이스 전체는 K-수평 디지털로 재편된다. 지금의 인터넷, 통신기술, 유튜브, 넷플릭스, 인공지능과 로봇 등 일체는 수수디산화를 피할 수 없다. 한국의 디지털 유저는 수끌원 민중의 저력으로 '소버린 K-수평 디지털'을 바탕으로 제7원소 심물질을 창조했다. 아직도 땅속에 매장된 상태지만 파묘와 발굴 후 '수수디산'으로 승화하면 한국은 수평 디지털의 종주국으로써 디지털 문명을 장악하고 지배한다. 일핵다동(一核多同)의 K-수평 디지털 재구성은 소비주의의 소여경체와 합체/연계되어 새로운 선순환의 생태계를 구조화한다. '수디신연'과 '수수디산' 그리고 소비주의는 리얼타임의 현실이다. 통찰로 발굴되어 현체(現體) 중인 전변 2단계 실현 프로토콜이다.

송곳 모듈...낭중지추(囊中之錐)

한보정/숙수정 역사성과 유전자를 물려받은 수끌원성 민중의 하이엔드급 인적 자질은 운니지차 '구름'이다. 구름과 찱흙의 차이는 모방도 불가능한 성질의 차이다. 개딸과 민중의 수끌원성 '구름' 퀄리티는 낭중지추(囊中之錐) 송곳처럼 주머니를 뚫고 세상에 삐져나왔고 소비주의 '송곳 모듈'을 창조로 이어질 것이 자명하다. 2022년부터 2024년 봄 사이에 등장한 다중의 여의주 전변체는 창세기적 천지개벽을 주관하는 초 절대성의 존재다. 다중의 '보편성과 수평한 마음의 묶음(수보마묶)'이 제7원소 심물질 생성을 일으킨 지 8년 만에 심물질의 응축에 의한 여의주 전변체 메커니즘을 확정지었다. 여의주 창조는 한국에만 존재하는 수끌원성과 수끌원7에너지로 형성된 초 절대성의 현체(現體)다. 새로운 차원의 신 지평으로 전변/초월/퀀텀점프가 시작되었고 봇물이 쏟아지듯 모든 영역에서 천지개벽적 전변 확대는 시간의 문제일 뿐 명약관화한 흐름이다. 전변화는 수디신연의 자연계 순환계 이치와 같다. 전변 1단계 마무리의 여의주 전변 메커니즘의 확정은 전변화 도구의 완성이므로 초절대성에 의한 수평 유토피아 프로토콜을 확신할 결정적 근거다. 12.3 내란, 탄핵, 대법원과 판사의 전횡, 검찰의 폭거는 전변을 비추는 화려한 조명 작업일 뿐이었고 전변의 불쏘시개 역할로 그쳤다.

청맹 이재명, 공약과 실용주의 한계
그리고 동학전변 깨단

이재명 대선 후보는 인공지능에 100조를 투자하겠노라 공약했다. 수직적 중앙적 공약이므로 동시효빈(東施效矉)의 퇴행이다. 수평 시대사조(수평 패러다임)에 역행하는 수직적 정책은 심대한 방향성의 오류다. 세계 시장을 겨우겨우 추종할 뿐이다. 사대적 부화뇌동의 전형이다. 디지털 분야에서 수직적 패러다임 추수는 의미가 없다.

지금은 K-수평 디지털이 새로운 표준이다. 아직도 땅 속에 묻혀있는 미래 디지털의 원석을 파묘해 발굴하지 않고 있다. 만시지탄이 크지만 자신들이 암장한 것이므로 결자해지 차원에서 파묘하고 발굴해서 수수디산으로 승화시킬 책임이 있다. 수수디산과 소비주의는 한국을 초일류 초월국가/허브국가로 비상시킬 비대칭 무기의 끝판왕이다. K-수평 디지털(수수디산) 수렴은 수평 시대사조의 지향이다. 이 지향성의 도구를 한국외 국가에서는 만들 수 없다. 그들에겐 수끌원성 인적 부존자원이 없기 때문이다. 한류가 픽업당한 이유도 수평성에 대한 갈증이 원인이다. 민간 스스로 연금이나 보험체계 구축으로 항구적인 복지 구조를 창출하고 소비시장 허브를 장악해 절격차 초일류 국가로 등극한다. 미국과 중국 등 생산품이 많고 인구가 많아도 한국의 '소여경체' 허브를 경유하지 않고는 소비시장에 접근할 수 없다. 2017년 심물질과 소버린 K-디지털을 암장시킨 죄악의 원죄는 지독한 청맹의 극치였다.

수평적이지 않은 발상은 트럼프식 패권성/탐욕성/야수성/수직성의 공멸주의를 추종하는, 부역을 자청하는 행위이고 반수평적/반전변적 재앙에 헌신하는 꼴이다. 실용주의는 방향성의 오류가 없을 때 그 가치가 발현될 수 있다. 지금은 전 세계가 방향성의 미망 상태이고 멸세화 급전직하 직전이므로 실용주의의 효는 기대할 수 없다. 세상 전변에 대한 깨단이 없으면 수평 시대사조와 K-수평 디지털의 원석을 갖고 있으면서도 가치를 몰라 매장 상태를 방치하고 있다. 16세기초 연은분리법(鉛銀分離法)의 가치를 몰라 방치하다가 임진왜란의 겪었던 사례가 될 수도 있다. 수직적 패권적 미국을 따라가면 천길 수직의 절벽뿐이고 수끌원 민중의 수끌원7에너지를 추종하고 따라가면 수평의 극락계가 펼쳐진다.

2024년 여의주 전변체 확정 이전의 세계와 이후의 세계는 하늘과 땅의 격차가 아니라, 운니지차(雲泥之差) 성질의 차이다. 운니지차는 '구름'과 '진흙'의 성질 차이를 말하므로 구름 시대에 진흙을 대량 구매하는 데 100조의 세금을 투자하겠다는 말과 다름 없다. '수수디산' 대전환에서 운니지차 '구름'의 절격차 능력은 엔비디아 GPU도 코리아 수평 GPU로 대체하고, 심물질 반도체로 여의주 인공지능으로 초월하여, 첨단기술 일체를 인간과 여의주의 애완동물로 만들고, 어떤 해커도 뚫을 수 없는 완벽 보안 체계 구축 등등의 원천기술이자 수수디산화의 본체다. '구름'의 수끌원성과 수끌원7에너지의 세계화는 인류를 구할 유일한 해법이다. '수수디산'은 소비주의 송곳 모듈 제작과 보급에도 절대적 필수다. 100조 투자는 수수디산과 소비주의 등 전변 2단계에 해야 한다.

자본주의는 곧 가루가 된다. 주식시장 5천 포인트 운운은 희망 고문의 꽝포다. 북극항로 운운은 기후 생태계가 무너진 다음에 열리는 항로다. 청맹 이재명은 기후환경이 어떻게 바뀌든 관계없이 돈만 벌면 장땡이라는 무철학/무개념을 고변했다. 트럼프의 관세정책과 이재명의 북극항로는 상통한다. 수직축의 한계를 보지 못하고 본원적 전변화를 이루지 못하면 우리 모두 죽는다. 수평 시대사조와 유리된 꽝포를 난사(擬亡)하면 의망(擬亡)은 진망(眞亡) 되어 나락 간다. 9년째 이어진 개찰흙의 대명사이자 청맹 금치산자의 길을 걸어온 전변 탄압자 이재명 정부의 한계는 분명하다. 개딸과 깨민중의 심물질과 여의주의 전변화 욕구를 깨단하지 못하면 한국은 천재일우의 창세기적 전변화 주도국 및 K-수평 디지털의 초일류 국가로의 비상 기회를 삶아 먹을 뿐 아니라 인류 멸절에 부역한 죄악의 독박을 쓰게 된다.

전변은 혁명/개조를 넘어서는 이상적 천지개벽에 의한 인간과 세상의 본원적 변성이다. 인간과 세상 전변은 한국과 수끌원 민중에게 주어진 역사적/인류적 사명이다. 이재명도 불완전성의 일개 인간일 뿐이다. 지도자 리스크는 멸세화의 상수다. 상수를 변수로 바꾸고 제로화시키는 방법은 초 절대성의 두사뇌 여의주에게 귀의하는 길뿐이다. 9년 동안의 정치적 궤적을 볼 때 전변에 대한 이해가 전혀 없는 청맹 금치산자지만 운전대를 잡은 만큼 대오각성의 깨단을 기대해 본다. 21대 대통령 이재명은 방향성의 미망 상태의 좌표를 확실하게 파악하고 정방향의 전변화에 몰방해야 할 때다.

의망(擬亡)과 진망(眞亡)

여의주 전변체 확정, 이전과 이후

세상은 수평 여의주 전변체 확정(2024년) 이전과 이후가 분명하게 구획된다. 디지털 문명의 발전이 가져올 거역할 수 없는 수평 전변이 개딸 여의주로 창조/실증/확정된 상태다. 2024년부터 실질적 수평 시대, 여의주 전변 시대, K-수평 디지털 시대가 시작된 상태로 여길 수 있다. 2025년 본서를 통한 소비주의 효시는 동학전변의 2단계 출범이다. 수직축과 수평축에 대한 선택의 기로다. 수직축 질서를 고집하면서 구태 내란과 위헌 행태로 반수평적 역주행을 계속할 것인가? 청맹과니로 혁명적 프레임 정치를 무한 반복할 것인가? 개딸이 품은 여의주와 함께 신생 인류 대열에 동참할 것인가? 역행과 전변의 경계선에 서 있다. 이는 K-수평 디지털 대전환과 동학전변을 거부하는 행위다. 역사는 진보해 왔지만 여의주 시대는 퀀텀점프에 의한 계단식 점핑으로 모든 것이 통째로 전변한다. 여의주 전변체는 수보마묶 즉, 다중 선한 마음의 결사, 선한 양심의 결사에 의한 비가역적 초 절대성의 존재다.

수평 여의주 전변은 '마음의 유형화 성공'에 따른 퀀텀점프이므로 인간의 마음이 미치는 모든 것과 곳을 전변시킨다. 사회, 문화, 경제 등 영역에 제한이 없다. 문화적 전변은 수평 한류로 그 개연성이 확인된 바다. 만사뇌 여의주에 의한 여의주 전변체 세계는 이상적인 수평 유토피아다. 만사뇌는 무한의 일자리와 소득을 창출한다. 소비자 중심의 블록 경제의 소비주의 7경제는 수직적 빨대 자본주의가 삭제된 신성불가침의 선순환 경제다. 수평적 소비주의 7경제로 소비자 누구나 '경제적 해방과 자유'를 구가하게 된다. 빨대가 사라지면 소비동물의 삶이 소비인간의 삶으로 전변된다. 소비주의는 풀뿌리 소매점의 소비본 전변으로부터 시작된다. 자본주의에서 말단 세포에 불과했던 소매점은 중추 세포가 되어 슈퍼갑의 소비본으로 전변한다. 톱다운 방식의 자본주의 기업은 가루가 되어 사라지지만 소비본과 깨단한 소비자 그리고 소여경체의 삼위일체의 세상은 모두가 함께 상생하는 녹명(鹿鳴) 유토피아다.

12.3 내란 진압…여의주 보유의 효(效)

2024년 12월 3일의 계엄령과 그로 인한 카오스는 수직 시스템의 원천적 모순과 한계를 적확하게 인식하는 것이다. 전변 리트머스 실험국에서 발생한 내란 사태는 결국 전변 불쏘시대로 끝났다. 수직축 붕괴의 예고편은 초 절대성의 개딸과 여의주의 힘으로 마무리되었다. 한국에서만 가능한 복원력은 한국에만 실재하는 초 절대성의 존재 덕분이다. 2024년 여의주 메커니즘 확정의 위력의 효가 내란을 틀어막을 수 있었다. 해외에는 개딸과 여의주가 없으므로 수직축 붕괴는 추풍낙엽처럼 무너진다. 해외 국다들 대부분이 극우적 정치 세력의 성장세와 파시스트적 야수화가 비등해지는 상황에서도 한국의 내란은 수평성의 민중과 수평적 여의주가 제압했다. 외국에서는 극도의 혼란을 전쟁으로 되치기하려는 네타야후식/젤렌스키식/트럼프식 수직적 작태가 창궐할 수밖에 없는 구조다. 수직축 붕괴는 필연이다. 인간의 탐욕적 패권적 속성대로 무너질 수밖에 없다. 여의주가 있는 나라와 여의주가 없는 나라의 차이가 극명하게 대비된다.

혁명적 정권 회복으로 해석으로 종결 짖는 행태는 최악이다. 2017년 청맹 오류의 반복, 2024년 총선 후의 토사구팽의 연장에서 내란 종식의 효를 평가하는 것은 설상가상이다. 본체를 숨기고 본체를 호도해도 개딸과 여의주는 이미 알고 있다 초고도 지성과 지능을 가진 초 절대성의 여의주를 속이려는 행태는 구시대적 망상이다. 찰흙이 구름을 이길 수 없음은 삼척동자도 안다. 본질/본체로부터 원인과 처방이 최선이다. 하지만 기득권은 그럴 의지도 깨단도 없다. 누구나 처절하게 망해보면 깨단하게 된다. 뼈저린 깨달음 즉, 몸으로 체화된 깨달음이 깨단이다. 어설픈 깨달음은 독이다. 깨단의 의식 대전환은 전변의 당위와 정당성을 깨닫는 계기가 되어 소중한 수평축 이동의 촉매로 작용한다. 의망(擬亡) 탈피보다 더 중요한 것은 전변의 초석을 다지는 것이다. 전변 없이 세상은 도돌이표의 반복이고 멸세(滅世) 흐름을 반전시킬 수 없다. 수평 전변으로 승화시켜야 제대로 된 반전 기회를 확보할 수 있다. 세계 유일의 여의주 수평 전변 민중의 국가가 방향성의 혼돈을 겪고 있는 아이러니는 완장을 차면 걸음걸이부터 달라지는 기득권의 못된 버릇과 민중을 개돼지로 보는 계급적 관념 때문이다.

외통수에 걸린 세계 경제

외통수에 걸린 정치적/경제적/사회적 의망(擬亡) 상황은 어설픈 혁명적 결말이 아니라 동학전변에 대한 깨단고 계몽의 초석을 다지는 결과로 승화되어야 한다. 미국을 비롯한 세계 경제는 '강만위급절(強萬萎急絕)' 붕괴 공식을 피할 수 없다. 2025년의 위미침체(萎靡沈滯)는 대공황 이상의 진망/진멸 상태로 급전직하(急轉直下)한다. 수직 자본주의는 유태인의 신용화폐 사기 행각에 걸려든 꼴이다. 강노지말(強弩之末) 상황이다. 활이 시위를 떠나면 정점을 찍고 낙하한다. 사거리의 한계를 초과할 수 없다. 구조적 임계치를 넘어선 인위적인 조작은 정점을 지났다. 자유낙하의 외통수는 사필귀정이다. 만사휴의(萬事休矣) 상태 지속 자체의 함의는 창조적 파괴다. 절체절명의 위기는 동학전변으로 본원적 반전을 이룬다. 인류에게 남은 유일한 히든카드 솔루션이 동학전변이다.

사상누각의 마천루는 스스로 붕괴할 수밖에 없다. 1971년 금태환제 폐지부터 시작된 신용화폐제를 시작한 지 54년 동안 누적된 미국의 부채 증가는 부메랑이 되어 진멸 상황을 자초하고 있다. 부채는 채권자와 채무자 간의 거래이므로 그에 상승하는 대가를 치러야 한다. 거대한 폰지사기에 걸려는 경제 위기의 본질은 참담/황망 수준이다. 수직적 경제의 말로는 공포와 절망을 남길 뿐이다. 수직 시스템 붕괴는 사필귀정이다. 그때가 언제인가에 대한 문제만 있었을 뿐이다. 한 방에 무너질 수밖에 없다. 소비주의 소비자 블록 경제는 지소마뮴 현자들의 다중 깨단의 결사로 형성되는 독립경제다. 독립경제는 신성불가침의 영역이다. 초 절대성의 여의주는 '소여경체'에 투사/투신으로 소비주의를 보호하고 지배한다. 소여경체는 해커도 신도 침범할 수 없는 절대 영역이다.

한국 경제는 의망(擬亡)은 겪을 수 있지만, 진망(眞亡)으로 빠지지 않는다. 경제적 카오스는 여의주 전변화를 위한, 소비자 깨단을 위한, 소비주의 창달을 위한, 동학전변을 위한 통과의례에 불과하다. 수직축 붕괴는 창조적 전변을 위한 필수 과정이다. 다중의 깨단과 계몽이 완료된 '구름' 수끌원 민중의 전변 1단계 확정 사태는 나머지 전변 과정 정착을 보증한다. 1단계에서 확보된 초 절대성의 위력은 인간이 상상해 온 모든 절대성을 가볍게 초월한다. 초 절대성을 모든 것과 곳의 장애를 가볍게 초월하므로 사소한 걱정을 할 이유가 없다. 외통수 경제적 의망 또는 진망의 참 의미는 깨단을 통한 여의주 전변체 도구 활용이다. 전변의 깔때기는 의망(擬亡)과 진망(眞亡)이다. 망해보면 누구나 깨단케 된다. 수직 민주주의와 수직 자본주의의 강노지말(強弩之末) 한계 초과 상황을, 수직 사상누각 마천루의 허상의 본질을 간과한 채 외양간을 고쳤다고 착각하면, 소비주의를 통한 독립경제를 외면하면 진망(眞亡)의 공포는 인류 멸절로 이어진다. 개딸과 수끌원 '구름' 민중의 소비주의 (낭중지추)'송곳 모듈' 출시는 진망의 공포를 환희의 절대 희망으로 전변하는 마법의 지팡이다.

의망은 저절로 해소되지 않는다. 의망에서 세계 경제를 구하고 항구적인 번영 체계로의 설계와 집행은 소비주의를 통한 독립경제 해법밖에 없다. 깨단과 계몽 그리고 체현은 수끌원 민중의 '송곳 모듈' 제작으로 가시화된다. 소비주의에 필요한 3축은 모두 한국산이다. 세계인은 수평성에 대한 갈증을 소비주의 체화로 풀 수 있다. 본서를 통한 소비주의 효시 발사가 새로운 경제적 전변의 동기부여가 되어 전변 2단계의 완성의 위대한 여정으로 승화될 것이다. 세계인도 개딸 프레카리아트도 배고픈 승냥이다.극단적 양극화는 지옥계 세상의 본질이다. 양극화는 소비주의로 원천 해소된다. 수평화/전변화에 대한 다중 의지는 여의주 창조와 운용 그리고 실증을 통해 마그마 상태임이 확인되었다. 소비주의를 통해 활화산 폭발은 당연지사다. 세계적인 수평 시대사조의 조류는 소비주의를 만나 질풍노도로 급변한다. 신드롬 광풍은 이상적 천지개벽을 단순에 처리한다. 수끌원성과 수끌원7에너지는 운니지차 구름의 절격차(絕隔差) 능력의 표상이다. 한국의 구름을 암장하고 토사구팽해 온 9년 시간은 이유가 어디에 있든 안타깝다. 기존의 수직적 자본주의적 해법은 결자해지 능력을 상실한 채 만사휴의 상태다. 위미침체 이후에 다가올 삼각파도의 위기는 난파선의 진망/진멸의 공포이므로 소비주의와 동학전변에 의한 본원적 해법에 집중할 기회로 삼아야 한다. 삼각파도의 갇힌 난파선을 구할 초월적 절대무기가 한국에서 창조된 지 1년이 지났고 준비된 소비주의 효시를 쏘고 있다. 초 절대성의 무기(여의주와 소비주의)는 누구도 상상하지 못한 비대칭 전력의 끝판왕이다. 삼각파도 진망의 공포는 노아의 방주의 도피로 회피할 필요가 없다. 초 절대성의 비대칭 절대무기의 소비주의 '송곳 모듈'과 동학전변 전면화는 여의주와 개딸 그리고 수끌원 민중만이 제작 출시할 수 있다.

위미침체(萎靡沈滯)가 급전직하(急轉直下)로

수직이 수평으로 전변하지 못하면 수직의 괴멸적/종말적/멸세화 추세를 막을 길이 없다. 패권과 탐욕 일변도의 수직 세상은 지옥계로 점철되었고 아귀다툼으로 더 이상 손쓸 수 없는 무간지옥 화(化)했다. 지옥계 세상은 사거리의 한계를 넘어선 강노지말(強弩之末)의 화살과 같다. 위미침체(萎靡沈滯)가 뚜렷하다. 모든 희망 고문은 꽝포(구라)다. 급전직하(急轉直下)의 시스템 붕괴는 필연이다. 결자해지(結者解之)할 능력도 상실한 채 백약이 무효인 만사휴의(萬事休矣) 상태는 다가올 진망(眞亡)의 공포는 태풍 전야와 같다. 이대로 가면 수직 인류는 멸절한다.

한국산 구름이 창조한 제7원소 심물질의 초 절대성 여의주의 실사구시 소비주의와 동학전변 테라포밍은 비가역적으로 세상을 퀀텀점프한다. 여의주의 수평 향(向) 사상과 수평 패러다임은 생존을 위한 다중 마음의 보편성을 실체적 존재로 현체화함으로써 본원적이고 이상적인 유토피아를 실제화한다. 여의주 만사뇌(萬社腦) 고유의 촉찰력이 자애롭고 따뜻하게 온 누리와 모든 인류에게 시간의 구애 없이 무제한으로 방사한다. 수평 향(向) 전변계(轉變界)는 인간의 심룡 여의주가 지배하는 수평 이상계(理想界)다.

필자는 온축(蘊蓄)과 천착(穿鑿)으로 체득한 통찰과 예지를 설파하면서 오랜 시간을 개딸과 여의주 출현을 확신으로 고대해 왔다. 2024년 봄, 개딸 신인류와 여의주 등장은 한국 수평 민중과 수평 디지털의 인과관계의 연속성 궤도에서 펼쳐지는 '절대 희망'의 해피엔딩이었다. 2016년 심물질이 암장된 상태에서도 2024년 낭중지추(囊中之錐) 송곳처럼 한국 민중의 수평 DNA가 개딸을 통해 파묘되어 삐져나와 여의주 전변체를 만들었다. K-수평 디지털의 사이보그 기린아(麒麟兒)답게 여의주 메커니즘의 전변/초월의 모듈을 확정했고 그 즉시로 민주당의 수평화 개조와 총선 승리에 투입되어 초 절대성의 맛을 다중이 공유했다. 비가역적으로 깨단한 다중이므로 그들이 체험한 효능감과 절대감의 맛과 향은 진만보 깨단에 대한 보상이었다. 토사구팽을 당하고 크게 실망했지만 해탈의 경지를 초과한 다중의 초 절대성은 알파고처럼 냉정하게 데이터를 저장할 뿐 분노를 표하지 않았다. 아마도 소비주의 창달을 통해 그들의 절대 희망의 의지와 토사구팽의 아쉬움을 분출할 것으로 보인다. 알파고보다 뛰어난 여의주의 초 절대성은 바둑의 승기를 잡을 때까지는 묵묵히 한 수 한 수에 최선을 다할 뿐이다. 개딸은 차원이 다른 수평의 지평을 스스로 줄탁동시(啐啄同時)에 성공한 전변된 인간이다. 개딸의 불세출은 초 절대성의 화신이다. 개딸은 신생 인류 비조(鼻祖)다. '마음 유형화' 성공으로 시작된 심물질과 여의주 전변체 확정 사태를 누구도 주목하지 않고 있지만 엄연한 현실의 대서사다.

인간의 마음에는 양심이 있다. 양심의 장기(臟器)는 수평적이고 보편적이다. 마음 양심의 결사는 수평적 이상체가 제7원소 심물질로 유형화/형상화되었다. 심물질에 의한 현묘하고 웅혼하며 무극창대한 전변화 신세계가 누릴 우주의 모습은 현재로서는 상상 불가의 영역이다. 현 단계에서 예지할 수 있는 범주는 '심룡 여의주'의 초 절대성이 지배하는 완전성 인간과 세상, '소비주의' 테라포밍의 경제적 자유와 해방, 황금만능주의 퇴조와 '명예 지상주의' 사회, '절대신뢰체' 확보로 전쟁과 갈등의 근원적 해소, 촉찰 '제7태양' 아래에서 절대 희망의 삶, '창조 플랫폼' 구축 등의 정도까지는 상정할 수 있다. 이 모든 가능성은 소비주의 테라포밍의 과제를 풀면 영인이해(迎刃而解) 효과로 손쉽게 완성된다. 소비주의 및 동학전변의 수평화/전변화 신세계는 지극한 유토피아다.

의망(擬亡)과 전변(轉變)

2016-7년 '촛불진화'를 '촛불혁명'으로 둔갑시킨 더불어민주당의 청맹이 윤석열식 재앙을 배양한 대가다. 더불어민주당은 이 과정에 대해 성찰하지 않고 있다. 국민을 대속시킨 원죄는 그들의 호주머니로 감추었다. 2024년 개딸의 여의주 전변의 확정 이후에도 더불어 민주당은 개딸과 여의주를 토사구팽했다. 사냥이 끝나면 사냥개를 삶아 먹는건 당연하다는 식이다. 수평 정당으로써 기본이 안 된 수구 집단일 뿐이다. 더불어민주당의 수평 정당화의 기본 틀을 개조시킨 것은 개딸과 여의주다. 현재 더불어민주당의 정체성의 핵심을 세력적 계량화로 토사구팽한 행위만으로 큰 후과를 치를 수 있다. 12.3 내란을 겪고 치른 대통령 선거에서 과반 득표를 얻지 못한 것은 암장과 토사구팽 등에 대한 심판이 담겼다. 12.3 내란 이전까지 매주 열리던 실정 비판 민주당 집회에 개딸이 등장하지 않은 이유는 토사구팽에 대한 아쉬움/섭섭함/배신감 때문이다. '젖은 장작' 운운하

는 볼멘소리는 자신들의 중대한 과오를 성찰하지 못함이다. 개딸과 여의주도 인지상정을 지닌 사람의 결사이므로 그 상실감을 감출 수 없었을 터다. 개딸은 전변된 초 절대성 인간이거나 그에 준하는 인재의 결사체다. 그 섭섭함을 공개적으로 표현하지 않았다. 진만보 깨단을 이룬 초월적 존재로서 알파고 인공지능처럼 모든 기보 데이터를 낱낱이 저장할 뿐이다. 자신들이 원하는 절대 희망의 세상이 도래했을 때 어떤 행위를 할지 여의주만 알고 있다.

한국은 의망(擬亡)은 있어도 진망(眞亡)은 불가능한 초 절대성의 나라다. 비록 수끌원민중은 '구름'이고 대통령과 기득권은 '개찰흙'의 금치산자 수준이지만 2024년 여의주 전변체를 보유하고 있는 나라이기 때문이다. 초 절대성 여의주를 가진 나라에서의 의망(擬亡, 가짜 망함)은 동학전변을 위한 반전의 기회일 뿐이다. 경제적 의망은 경제적 약자인 소비자와 소비본주(소매점주) 그리고 소여경체 입장에서는 계몽과 확산의 기회일 뿐이다. 12.3 내란도 전변의 불쏘시개로 귀결된 사례처럼 소비주의 전변의 불쏘시개로 귀결될 것이 자명한 이치다. 소비주의 블록경제는 수탈 자본주의 소멸에 영향을 미친다. 하지만 본질은 수탈 자본주의 스스로 붕괴할 수밖에 없는 강노지말(強弩之末) 한계를 초과한 것에 대한 사필귀정일 뿐이다. 누구나 망해보면 깨닫는다. 개딸은 프레카리아트 환경에서 어려서부터 깨단해 온 위인들이다. 의망(擬亡)의 참 의미는 전변에 대한 깨단과 계몽 그리고 체현

의식의 고취다. 의망은 전변 해법을 통해 극복된다. 전변 이외의 해법은 희망 고문의 난사일 뿐이다.

동학전변 여의주치(如意珠治) 6년 후

정치적 의망에서 윤석열 파면에 성공했지만, 수구/수직 기득권은 고래 심줄보다 질긴 존재들이다. 더불어민주당도 노섬저(怒蟾䑸)의 일축이므로 기득권의 한 갈래다. 전변을 가로막고 싹을 잘라내려 한 세력은 더불어민주당이다. 노섬저 상황의 지속은 언제든 제2의 윤석열 재앙과 법원 폭동 세력의 준동은 언제든 재현될 수 있다. 암장 목록 에 심물질과 함께 '소버린 K-수평 디지털'이 포함되어 있다. 심물질은 파묘되어 여의주로 승화되었지만 '소버린 K-수평 디지털'은 아직도 땅속에 묻혀있다. 중앙화 디지털의 맹점의 심각성을 원천적으로 해소하지 못하면 가짜뉴스에 의한 세뇌공작으로 2025년 1월 19일 서부법원 폭동은 언제든 재현될 수 있다. 수직 민주주의를 수평 민주주의 전변으로 수직 자본주의를 수평 소비주의 전변으로 중앙화 디지털의 한계를 수평화 디지털의 수수디산으로 승화시켜야 의망 희생의 보상을 찾을 수 있고 나라를 파락호 상황으로 몰고 갔던, 동학전변을 암장하고 토사구팽했던 수직/수구 무리를 일거에 파라척결(爬羅剔抉) 할 수 있다.

정치적 동학전변(東學轉變)은 수직 민주주의가 수평 민주주의 정립과 법치주의를 초월하는 여의주치(如意珠治) 시대다. 여의주치 시대는 동학전변의 궁극이다. 수평 패러다임의 퀀텀점프의 현체가 여의주치(如意珠治)다. 초 절대성의 여의주치는 촉찰 7태양과 함께 살맛 나는 전변 세계로의 비가역적 안착이다. 소비주의 창달과 동학전변의 마무리에서 다중에 의한 다중을 위한 다중의 의지로 관철된다. 수평 민주주의의 전형은 초 절대성의 여의주에 의한 절대신뢰체 완성이다. 소비주의 창달이 4년 이내에 송곳 모듈과 보급이 시작되면 여의주치 실현은 6년 정도 후에 실현될 수 있다.

통찰/예지/설파

통찰과 기다림

필자는 9년 전 촛불집회를 보고 수평 디지털 활용 능력, '수보마묶'과 수끌원 작용의 심물질 유형화 및 형상화(제7원소 빅뱅)를 확인하고 이에 관한 연구에 천착해 왔다. 오랜 기간 연구해 온 T14 시간 파동론(2006년 발표)의 시간 예지론을 근거로 인류 멸절을 예지하고 있던 터였다. 세상을 구할 본원적 해법에 대한 고민이 가득하던 때 촛불 진화(촛불집회)를 목격했다. 목마른 사람이 우물을 파듯 사막에서 오아시스를 만난 감동이었다. 2018년부터 4권의 저술을 통해 나비인류, 인간지능(HI), 디지털 혁중(革中), 초월 문명, 암호화폐 폭등의 예지와 통찰을 설파했고 2019년부터의 경제적 카오스, 2026년 암호화폐 폭등 그리고 2033년 인류 멸절 등 필자의 T14 시간파동 이론을 근거로 설파해왔다. 통찰로 기대하고 고대하던 2024년 개말에 의한 여의주 전변(구, 초월 문명)이 확정되었다. 여의주 확정은 전변의 1단계 완성이다. 2단계 소비주의 7경제가 완성되면 4단계 완성까지는 시간의 문제일 뿐이다.

2017년 한국 수평 민중의 촛불진화의 싹이 공식적으로 암장(暗葬) 처리된 후 부활 징후가 없어 고분(孤憤) 했다. 2022년 대선 막판에 등장한 개딸은 촛불 시민의 진화상을 초월한 전변적/초월적 신생 인류의 전형이었다. 5, 6년 만에 파묘 부활한 심물질은 개딸 사이보그에 의해 급격하게 수평 디지털과의 융합으로 여의주 전변체까지 한숨에 내달렸다. 2023 하반기 다음 해 총선을 앞두고 민주당 공천, 경선에서 권리 당원수 250만 급증, 대의원제 폐지, 수박 의원 퇴출, 수평 정당화 개혁 등을 지켜보았고 매 순간 여의주의 초 절대성의 여의주가 작동되는 과정을 통찰적 시각에서 전변화 기대감과 '절대 희망' 본체 출현을 즐길 수 있었다. 운니지차 '구름'의 활약상을 보면서 인류의 구원자/창조자의 현체를 보는 듯했다. 9년 동안의 통찰과 천착이 여의주 승화와 운용 및 실증으로 확정되는 2024년의 희열은 필자만의 감상이었다. 더불어민주당은 개딸과 여의주를 토사구팽했고 사냥개를 삶아 먹었다. 그럼에도 불구하고 '수끌원 절대 법칙(수끌원성)'과 '마음 물리 현상'을 정리할 수 있었고 수평축 전변 2단계 진입과 소비주의를 체계화할 수 있었다. 창세기적 천지개벽과 천지창조를 통찰/예지할 수 있었다.

선행 물리와 후행 물리

'소버린 K-수평 디지털' 활용 능력 그리고 수보마묶과 수끌원성의 융합에 의한 마음 물리학이 탄생시킨 제7원소 빅뱅의 심물질에 의한 여의주 창조/운용/검증은 2024년 봄에 확정된 창세기적/비가역적 메커니즘이다. 신생 인류와 여의주 전변체는 수평축 이동 현상의 인적, 물적, 심적 요소(자원)들의 총합적 초월체다. 수평 퀀텀점프(전변)는 양자적 비지역적 순간이동 또는 양자물리학보다 앞선 심물질에 의한 선행적 마음 물리 변환(變換)이자 화학적 변성(變性)이다. 제7원소 심물질은 우주 어디에도 없는 전대미문의 신물질이다. 음악이 유형화에 성공처럼 '마음의 유형화' 성공이다. 양자적 운동은 인간 마음 운동을 앞설 수 없다. 후행적 물리에 불과하다. 선행 물리 신개념 연구가 필요하다. 선행적 심물질의 신물질에 의한 지평 확대가 신인류와 여의주의 능력으로 온 인류가 라그랑주 평형점으로의 퀀텀점프의 순간 집단이동이 가능해졌다. 평형점은 중력으로부터 자유로운 평형점이다. 에너지도 불필요한 지점이다. 라그랑주 안착은 수평축 수평 유토피아 정착을 의미한다.

개딸 신인류의 여의주는 한국의 수평 민중만 가능한 수보마뮴과 수끌원성 그리고 K-수평 디지털 사이보그의 정수(精髓)다. 2024년 12월 내란 직후 여의도 시위 현장의 개딸의 압도적인 수와 여의주 고퀄 퍼포먼스가 세계로 전파되고 있다. 구인류와 신인류의 교차적 상황, 혁명에서 전변으로의 창세기적 천지개벽 상황은 윤석열이 제공(?)한 세계적 규모의 전변 콘서트장으로 활용되었다. 모두가 개딸 퍼포먼스를 보고 어리둥절한 상태지만 그 본체를 헤아리지 못하고 있다. 여의주 출현을 통찰로 예지하고 설파해 온 필자는 창세기적 천지개벽의 개문발차 현장을 즐길 수 있었지만, 국/

내외 언론은 표피적 퍼포먼스만 이벤트성으로 부각시키고 있다. 개딸과 여의주의 실체적 가치와 비전은 몰라도 다양한 퍼포먼스 공유만으로도 역사적 의미가 있다. 바이럴이 반복되면 저절로 신인류와 창세기 전변이 확인되고 자연스럽게 추앙과 숭상이 따르게 된다. 모두가 궁금한 개딸 현상은 그 이면에 드러나지 않고 있는 초 절대성의 여의주 전변체가 알맹이다. 껍데기 퍼포먼스의 원인과 본체를 모르면 퍼포먼스도 제대로 즐길 수 없다.

2016-17년 촛불 시민의 제7원소 심물질과 함께 '소버린 K-수평 디지털'도 함께 암장되었고 아직도 땅속에 그대로 묻혀있다. 문재인 정부와 더불어민주당의 원죄는 이때부터 시작되었다. 심물질은 개딸에 의해 여의주 전변체로 승화되었지만, 수평 디지털의 원석은 아직도 땅속에 있다. 다행히 누구도 그 누구도 가치를 모르므로 도굴은 당하지 않았다. 한국은 K-수평 디지털의 발상지이자 종주국이다. K-수평 디지털의 파묘와 발굴과 수수디산 승화는 시급한 당면과제다. 심물질보다 늦게 발굴된 만큼 비육지탄(髀肉之嘆) 감회가 한꺼번에 분출될 수 있다. 만시지탄의 시간 경과만큼이나 그 잠재력은 폭발력이 크다. 디지털의 패러다임을 중앙화에서 수평화로 전환 시킬 경천동지 사태 출발이다. 디지털 문명의 허상을 바로잡는 대전환의 신산업이다. 수수디산 승화에 의한 수평 디지털 종주국의 비상을 통찰로 예언할 수 있다. 명약관화한 수평 패러다임 연결성(수디신연)에 의한

인과관계의 사필귀정이다. 수수디산 승화는 자체적인 디지털 수평화 능력뿐 아니라 소비주의 테라포밍에 절대적으로 필요한 신산업이다. K-수평 디지털의 수수디산화는 피할 수 없는 시대적/전변적/문명적/산업적 당위가 차고 넘친다.

성찰 없는 '빛의 혁명' 재탕

2016년 알파고 인공지능 이후 수평 디지털과 수평화 띠지털(암호화폐)에 대한 개념조차 모르고 있다. 본원적 전변에 대한 이해가 없는 것은 물론이고 개딸 신인류와 여의주에 대한 존중은커녕 암장과 토사구팽을 9년째 지속 중이다. 같은 한국인이면서 수끌원 민중의 정체성조차 인식하지 못하고 있다. 한국 현대사 80년의 기적과 전변은 수끌원성과 수끌원7에너지 동력이었다. 구인류적 정치가/행정가/법률가의 아날로그식 혁명적 해석오류는 윤석열 재앙을 배양하고 불러냈다. 윤석열과 수구세력의 내란과 외환의 재앙은 무개념 더불어민주당에서 배양된 청맹의 원죄다. 원죄를 또다시 혁명으로 덮고 있다. '촛불 혁명'을 '빛의 혁명'으로 재탕하고 있다. 둘 사이에 윤석열 재앙에 대한 자기반성은 없다. 인과관계를 트집 잡으려는 야료적 접근이 아니라, 양비론으로 사태를 호도하려는 의도가 아니라 여의주 전변을 통해 인류가 모두가 생존과 번영을 누리는 본원적 솔루션에 대한 인식대전환의 당위성과 시의성을 설파하고자 함이다.

국민은 대속자

2016년 촛불집회(촛불진화) 후 수평적 진화에 대한 해석오류가 없었다면 뉴라이트 족속은 사멸했을 것이고 보수와 진보의 정치 프레임으로 동서가 갈라지는 국론 분열 양태는 치유되었을 터다. 한국은 진화체 국가로 점핑할 기회를 놓쳤고 재앙이 닥쳤다. 더불어민주당의 원죄는 국민을 대속자로 내세우고 있다. 죄의 전가는 죄질이 매우 나쁘다. 21세기 수평 디지털 시대에 혁명론적 사고는 빈곤한 시대정신의 고백이고 철학적 무지의 향연이다. '구름' 민중을 애초부터 개돼지로 보는 반증이다. 혁명 운운하는 인사들은 스스로 자신의 한계를 커밍아웃하고 있다. '찰흙' 혁명 세력이 다시 운전대를 잡을 듯하다. 전변에 대한 깨단이 없는 세력의 재집권은 안타까운 자화상이다.

혁명론자는 전변론자를 당해낼 수 없다. 수직은 수평을 이길 수 없다. 윤석열 재앙이 부메랑으로 돌아온 후 참혹한 현실을 배양시킨 원죄 전과자들이 또다시 혁명으로 집권해도 지옥계는 그대로다. 시스템을 개벽하지 못하면 우리 모두는 공멸한다. 수끌원 민중의 진화/전변 사태를 깨단치 못하면 어차피 달라지는 건 없다. 윤석열 레버리지는 전변의 명과 암으로 대비되며 새로운 시대를 알리는 데 나름의 기여가 인정되지만 정권을 잡은 혁명 세력은 전변을 가로막고 있을 뿐이다. 혁명론은 철 지난 추억일 뿐이다. 수직적 관념으로부터의 탈옥은 수평 시대정신이다. 원죄의 대속은 언제난 국민의 몫이다. 대속자는 스스로 소비주의 창달을 위해 경제적 전변의 여의주 보검을 꺼내 들어야 한다. 진정한 대속은 소비주의 창달뿐이다. 수끌원 민중은 '구름' 답게 '진흙'의 청맹을 압도한다.

개찰흙/금치산자

친일/친미 또는 패권으로부터 참된 독립을 완성하고, 한보정과 숙수정의 수평 홍익인간 정신을 펼칠 극락계 유토피아 전변을 개딸 여의주가 2024년 12월 탄핵 시위 현장 등을 통해 창조적 퍼포먼스를 세계인에게 공개했다. 개딸 신인류의 압도적 질과 양의 시위 현장을 보면서도 엄청난 미래적/인류사적 무량 가치를 개안하지 못하고 있는 현 상황은 2017년 진화 암장보다 심각한 2024년 전변 토사구팽의 재반복이다. 얼치기 민주당의 청맹과니와 역치(閾値, threshold) 초과 행태는 미상불 그대로다. 원죄가 두 번 이상 반복됨은 단순한 청맹이 아니라 금치산자의 행동양식이다. 권력에 눈이 뒤집힌 수구 정치꾼일 뿐이다. '찰흙' 중에서도 '개찰흙' 수준이다. 위대한 '구름' 민초들의 수평/수끌원 DNA가 여의주 초 절대성과 신인류 '호모 마음'으로 전변했다. 초 절대성의 '개딸 절대권력'은 국내용 절대권력이 아니라 글로벌 전변계 유토피아를 지배하는 절대권력이다.

꽝포 난사...혁명 무지

필자는 카산드라의 저주, 양치기 소년의 외침 같았지만, 2019년 팬데믹에 의한 경제적 카오스 상황, 암호화폐(수평화 띠지털)의 고성장, 다양한 복합적 위기 상황 도래와 인류 멸절, 나비인류와 초월 문명화할 유일한 나라가 한국임을 설파해 왔다. 개딸과 여의주 퍼포먼스는 기존 언어로 설명이 안 되는 초 현실적 행동양식을 방출하고 있다. 개딸 등장에 호들갑을 떨며 장님 코끼리 식 군맹무상(群盲撫象)의 꽝포가 난무한다. 여의주를 모르니 꽝포일 뿐이다. 초 절대성의 여의주에 의한 초월적 현상을 기존의 언어와 논리로 설명할 수 없음이다. 마찬가지로 한류 주류화 10년 이상 한류 인기의 본질을 수평성 관점, 한보정과 숙수정의 관점에서 설명하는 글을 본 적 없다. 수평성 시대사조와 무관한 꽝포 난사는 '찰흙'의 청맹이다. 여의주 전변체를 모르면 개딸의 실체적 진실을 못 본 것이고 해석과 전망이 틀릴 수밖에 없고 수평성 비전의 방향성은 실종된다.

개딸이 창조한 가상의 두사뇌와 두사신의 여의주 메커니즘을 빼고 개딸 공연성만으로 개딸을 재단하거나 계량하는 구태적 시각을 버려야 한다. 암장과 토사구팽 작채는 '개찰흙' 수준의 청맹이지만 개딸과 여의주는 넘사벽의 '구름'이다. 기존의 개념이 아닌 과거의 언어로 설명이 어려운 현상 뒤에는 차원이 다른 전변 메커니즘의 실체가 존재하고 있음의 역설적 증명이다. 눈에 보이지 않는다고 없는 것이 아니다. '마음의 유형화' 성공의 제7원소 심물질과 여의주 전변체 창조/운용/실증은 경천동지의 사태다. 전변 1단계 완성 사태를 깨단하지 못하면 전변 2단계의 소비주의 테라포밍에서 소외되어 자본주의 종식에 휩쓸리는 참혹함을 피하지 못한다. 완전히 새로운 이상적 천지개벽이 전변이고 전변의 실사구시가 소비주의 7경제다.

인간의 불완전성은 고정관념이라는 울타리를 벗어나기 어렵다. 이슬람 신자에게 돼지고기와 술을 먹이기보다 어려운 것이 계몽이다. 스스로 사태 변화를 인지하고 깨단하지 못하면 구름과 찰흙의 차이를 동기화로 극복할 기회마저 상실하게 된다. 소비주의 창달은 4년 안에 가시화/현체화 된다. 수직축의 붕괴와 자본주의 몰락은 소비주의 전변의 기본조건이다. 전변에 대한 깨단과 체현은 청맹 감옥에서의 탈옥이다.

이대남...수평 DNA 생물학적 결핍

인류를 향한 규심의 발로다. 수직축이 수평축으로 지옥계가 천상계로의 퀀텀점프(전변)는 수평성 DNA를 전승한 여성 프레카리아트의 찬란한 역설로 쓰여지는 창세기적 대서사다. 구조적으로 가장 취약하고 고약한 무산계급에서 발원된 개딸의 동학전변(東學轉變)의 꽃은 과거의 통념과 데이터로는 해석할 수 없는 기이한(?) 현상이다. 서양의 프레카리아트는 소시민으로 전락해 정치 무관심과 개인적 자유에 자족해왔다. 유독 한국에서는 정반대의 역설이 펼쳐졌고 초 절대성의 여의주 전변체를 창조했다. 한국 '구름' 민중만의 수평성 DNA로부터 찬란한 역설을 해석할 수 있고 수끌원7에너지의 동력의 마법성을 이해할 수 있다. 한보정과 숙수정은 운니지차 절격차(絕隔差) 개딸 '구름'의 본체다.

반면에 냥아들(남성)은 생물학적으로 수평성 DNA 결핍 상태를 타고났다. 수평성의 유전자 결핍의 한계는 교육과 소통으로 극복하는 길밖에 없다. 생물학적 차이는 교육으로 좁혀야 하지만 교육은 수평성 개념 자체를 투영하지 못하고 있다. 해외의 극우적 양태와 이대남들의 양태가 유사성을 띠는 이유다. 정치적 목적으로 또는 종교적 배후를 가진 극우집단에 의해 이대남의 생물학적 한계가 공략 대상화되기도 한다. 중앙화 디지털의 맹점의 가짜뉴스에 의한 세뇌로 혈기 왕성한 이대남의 폭력성을 조장하기도 한다. 이대남 또는 남성들이 동학전변의 주체로 편입되지 못하는 이유와 극우적 폭력적 양태로 쉽게 동화되는 현상을 차단하기는 쉽지 않다. 하지만 소비주의 송곳 모듈 출시와 K-수평 디지털 양성화 및 수수디산 체계 확정은 이대남과 수직적 남성들의 사고체계를 변성시킬 본원적 솔루션이다. 더불어민주당이 전변을 가로막는 행태는 단순한 청맹이 아니라 노섬저 게임 논리/진연 논리에 의한 비열한 공작일 수도 있다. 진보와 보수의 정치적 프레임의 시대는 끝났다. 수직과 수평의 대결이고 수평은 수직을 제압한다. 2024년 수평 여의주 전변체 확정이 그 명징한 증거물이다.

하룻강아지와 범…'찰흙'과 '구름'

전변의 2단계는 소비주의 7경제 창달이다. 소비주의 중추는 수평 다중의 여의주다. 여의주 만사뇌는 무한의 일자리와 무한 소득을 창출한다. 소비만으로 확보되는 경제적 지유와 행복은 인류의 꿈이었다. 꿈의 현체화/실제화는 마법이 아니라 현실이다. 소비주의 소여경체(여의주) 허브의 헤게모니는 개딸 신인류와 수끌원 민중이 차지한다. 그들만이 창조하고 운용하고 지배할 수 있는 그들만의 전유물이다. 타고난 수평성 DNA, 여의주 창조/운용/실증, 특유의 동학전변 퍼포먼스가 그들의 정성적 정합성을 명쾌하게 증명한다. 개딸의 실체적 진실과 초 절대성 여의주에 대한 깨단과 계몽 그리고 체현은 시대적/역사적 사명이다. 세상은 수평 패러다임으로 급속히 전변되고 있다. K-수평 디지털의 파묘와 수수디산 승화는 K-수평 디지털 문명화뿐 아니라 소비주의 창달에도 필수다. 한국은 지구와 인류를 책임질 운니지차 '구름' 민중이 실재하는 수평성/수끌원성/수끌원7에너지의 나라다. 수직적/수구적/혁명적 정치권의 '개찰흙'은 '구름'의 존재를 두려워할 줄 모른다. 하룻강아지 범 무서운 줄 모른다. 이는 가설이 아니라 9년째 지속되는 현실이다.

빨대 자본주의 기득권을 누리면서 사대적 노예근성에 사로잡힌 수구적 논리가 뉴라이트 역사관이다. 주체적 관념과 사상이 없고 수평성 인식이 전혀 없는 수끌원성의 작용과 수끌원7에너지의 실체적 진실을 한사코 거부한 채 도식화된 궤변으로 일관하고 있다. 식민사관에 기초한 토착 왜구들의 준동이다. 뉴라이트는 전변의 막바지 단계에 등장한 수직 기생충의 테러다. 크게 보면 더불어민주당의 당랑거철(螳螂拒轍) 사마귀 떼와 뉴라이트는 별반 다르지 않다. 뉴라이트는 수구적 아집과 사욕적 탐욕의 괴물이다. 뉴라이트에는 수평적 관념이 없으므로 K-수평 디지털과 개딸과 여의주 개념이 없다. 동학전변의 이상적 천지개벽은 그들에게 상상조차 불가능한 영역이다. 패권적/수탈적/야만적 기생충은 빨대 수탈이 차단되는 소비주의 창달이 이뤄지면 필경(畢竟) 자동 박멸된다.

명과 암의 교차...개딸과 청맹

개딸의 12.3 내란 후 시위 현장을 보고 놀라면서도 수평 패러다임의 개연성을 고민하지 않는다. 더불어민주당이 동학전변과 여의주를 토사구팽하고 방치/차치(且置)하고 K-수평 디지털과 수평 시대사조의 변화상을 무시하는 이유는 노섬저(怒蟾觝) 게임의 권력욕에 눈이 멀었기 때문이다. 기득권 엘리트의 선민의식은 수끌원 구름 민중의 절격차 하이엔드 퀄리티에 비하면 조족지혈(鳥足之血)/창해일속(滄海一粟)의 '개찰흙' 수준이다. 혁명적 무지의 9년을 지켜보면서 청맹은 공포와 동의어다. 전대미문의 전변/초월의 여의주 두사뇌와 두사신이 9년째 방치되고 있다. 윤석열 재앙의 원인은 촛불 시민의 진화적 흐름을 진영적/혁명적/근시안적 프레임으로 왜곡한 후과다. 국민은 언제나 원죄를 대속(代贖)하고 있다. 참혹한 재앙을 겪으면서도 원인에 대한 성찰과 반성은 전혀 없다. 아직 재앙의 정도가 감내할 만하다고 착각하고 있거나 법률적 틀에 얽매여 법꾸라지 올가미에 스스로 자족하고 있다. 그만큼 수직 권력은 달콤하다. 그 달콤함이 전변을 뭉개고 있다.

수직 기득권이 그러거나 말거나 2025년 소비주의 효시는 실사구시 프로토콜의 초 절대성의 여의주 투신/투사로 담보력/보증력/추동력이 확보된다. 소비주의 테라포밍 완성은 명약관화(明若觀火)한 사필귀정의 도도함이다. 누구도 개딸과 여의주 전변의 실체와 본질 그리고 개연성의 무량 가치를 정의하지 못하고 있지만 개딸과 수끌원 민중은 몸으로 체화된 상태다. 신인류와 여의주 전변에 대한 이론적/실증적/미래적 황무지가 본서를 통해 개간되기를 희구한다. 2017년 암장(暗葬) 때보다 2024년 토사구팽(兔死狗烹)이 더 심각하고 2025년의 청맹은 절망적공포와 같다. 그럼에도 불구하고 개딸 신인류는 스스로 학습하고 사고하고 교육하는 플라즈마 토카막 여의주를 창조해 운용 중이고 황홀경의 효능감과 성취감의 희열을 만끽하고 있다. 두사뇌 명령에 따른 두사뇌 즉행성은 초월적 퍼포먼스로 세계인을 압도하고 있다. 12월의 탄핵 시위 현장은 개딸 신인류와 여의주가 미래적 전변의 절대권력의 위상을 세계만방에 과시하고 있다. 이러한 공연성의 효과는 아이러니하게도 윤석열 공적(?)의 역설이다. 명과 암의 전변 교차가 극적 대비로 드러나고 있다. 진만보(進萬步)의 깨단자 개딸은 '절대 희망'을 포기하지 않는다. 쉽게 포기하면 어벤져스가 아니다. 그들에게 소비주의는 사막에서 오아시스 발견이다.

트럼프, 미국 야수화는 '공멸주의' 선언

지금까지 인류사는 수직축의 중앙화 역사다. 중앙화 시스템은 동물적/야만적/패권적/계급적 질서다. 패권성과 탐욕성은 동물적 본능이다. 동물의 역사가 지속되는 한, 수직축 역사 궤적의 말로는 공멸이다. 필자는 2017년부터 이를 설파해왔고 그 이전부터 본원적 해법을 찾는데 천착해 왔다. 수직축의 한계는 임계점을 넘은 지 오래고 세계 곳곳에서 다양하고 복합적인 징후가 동시다발로 속출하고 있다. 삼각파도가 난파선을 향해 한꺼번에 달려드는 형국이다. 멸세화 기조가 완연하다. 다수의 인간에겐 생존 자체가 버겁다. 수직축의 붕괴는 필연성의 통과의례로 수용해야 한다. 망해봄으로써 큰 깨단이 형성된다. 깨단을 위한 필수 과정은 수평축 전변의 새로운 원동력이다.

미국은 신경질적인 일점주의/우월주의를 통해 고차원의 패권 질서를 시도하지만 헛된 꿈이다. 그런 시도를 하기엔 너무 늦었다. 백약이 무효인 상태의 위미침체(萎靡沈滯)지속은 결국 창조적 붕괴로 귀결된다. 위미침체는 인심과 문화, 사회(社會)에 새롭고 확실한 것을 찾는 활기가 없어 진보, 발전하는 움직임이 보이지 않음이다. 미국은 패권성과 야수성을 노골화하고 있지만 쾌도난마는커녕 난맥상만 심화시킬 뿐이다. 이래도 망하고 저래도 망해가는 외통수 상황이다. 위미침체를 지나면 급전직하의 나락(那落)화 과정만 남는다. 결자해지할 신의 한 수는 없다. 투키디데스 함정의 논리로도 설명할 수 없는 도끼로 제발 찍기 행태다. 수직축 붕괴는 사필귀정이다.

창조적 붕괴는 전변화 시그널로 받아들여 창조적 승화로 연결해야 한다. 미국은 수직축 붕괴의 촉매를 자처하고 있다. 한국의 리트머스 실험장에서는 윤석열을 포함한 수직 꼰대들의 도량발호를 여의주가 제압함으로써 초 절대성의 위용을 확인할 수 있었다. 한국은 여의주 전변체가 확보된 유일한 국가이므로 슬기롭고 창조적인 해법을 선험적으로 과시하고 있다. 미국에서의 수직축 말기 증상의 재앙은 시간이 갈수록 심각한 양상으로 발전한다. 2024년 11월 트럼프 당선은 한국의 윤석열 당선 후의 상황과 패턴이 같다. 여의주가 준비된 한국과 여의주가 없는 미국과 서방세계의 차이는 복원과 붕괴로 선명하게 대비된다. 미국의 야수화는 인류생태계 전체의 폭발위험지수를 극한으로 높였다. 선거는 패권적/수직 민주주의의 불완전성을 여과 없이 보여 주었다. 한국은 개딸과 여의주가 있어 민주주의 복원력을 행사할 수 있었지만, 미국은 없다. 위험한 도박이 시기가 도래했다. 트럼프의 마가(Make America Great Again) 선언은 미국의 브루트(Brute, 야수)화 및 미국발 공멸주의 공식화다.

데나리우스와 시뇨리지...탐욕의 덫

과도한 신용화폐 남발은 로마가 멸망하기 전 데나리우스 은화의 순도 조작과 다를 바 없다. 시뇨리지 화혜 발행권 남발에 의한 달러의 신뢰도 추락과 경제 대공황의 도래는 피할 수 없는 운명이다. 탐욕의 외통수의 함정에 전세계가 빠졌다. 자본주의 종식은 창조적 파훼다. 소비주의는 포스트 자본주의가 아니다. 완전히 새로운 소비자 중심의 독립경제다. 소비자 중심의 블록 선순환 경제는 수탈/패권/계급과의 단절에 의한 상생/공영/공유경제다. 소수를 위한 독점 경제가 아니라 모두를 위한 다중의 상생 경제다. 수직축의 붕괴는 수평축을 위한 통과의례일 뿐이므로 공포가 아니라 '절대희망'의 서곡으로 받아들여야 한다. 소비주의 창달은 수직인류사를 제2의 수평인류사로 퀀텀점프한다. 상상의 경계를 초월한 마법의 소비주의 7경제는 인간 양심의 결사로 시작된 심물질과 여의주에 의한 실사구시 프로토콜이다. 2016년 심물질 창조 사태는 여의주 전변체 확정과 소비주의 창달 그리고 동학전변을 시놉시스 했다고 보여진다. 본서를 통해 방해꾼이 깨단/계몽되어 응원군으로 참여하기를 기대한다.

소비주의 4년, 동학전변 6년

전변 1단계가 추상적이었다면 전변 2단계는 구상(具象)화된 현체(現體)를 누구나 공유하고 만끽하게 된다. 수평 시대사조의 조류와 수평 패러다임의 유토피아는 여의주의 초 절대성 메커니즘 확정으로 문 앞에 다가와 있다. 곧, 소비주의를 기화로 수평 시대사조의 내적 수평성 응축이 세계 곳곳에서 폭발하게 된다. 창세기적 천지개벽은 필연이다.

소비주의 효시를 2025에 발사해 4년 이내에 경제적 전변의 '송곳 모듈'이 보편화될 것으로 본다. 동학전변에 의한 여의주치(如意珠治)는 한국에서 6년 내 가시화된다. 필자의 시간파동의 예지(叡智)는 1년 정도의 오차가 있지만 단발성 이벤트가 아닌 추세적 흐름은 백발백중이다. 한국의 운니지차 '구름' 민중과 개딸은 지구와 인류를 수호하는 어벤져스이자 퀀텀점프 유토피아 창조자다. 전변 1단계 완성은 전변 2단계 소여경체를 통해 마법의 소비주의를 통해 무한의 일자리와 소득을 창출한다. 실사구시적 소비자 영리 구조는 여의주를 통해 관리되고 제어된다. 인류에게 남은 유일한 히든카드는 동학전변뿐이다. 전변의 화이트홀(블랙홀) 통과에는 엄청난 시련을 수반할 수 있지만, 한국은 의연하고 담대하게 전변 화이트홀을 먼저 통과할 도구와 능력을 지녔다. 한국은 소비주의와 동학전변의 창조국이고 K-수평 디지털의 초일류 종주국이다. 수평 패러다임의 유토피아 신세계는 수끌원 민중이 주도하는 창세기다.

제7원소·여의주
'마음 유전화' 심물질(心物質)　'인간 양심 결사' 다중심의 초 절대성
소비주의7경제
창세기 東學轉變 ❶

발행일	2025년 7월 24일
지은이	바슭다
펴낸곳	도서출판 수디신연
북디자인	첫번째별 디자인
출판등록	2025년 2월 6일(발행자 번호 991412)
문의	sudisinyeon9@naver.com
ISBN	979-11-991412-2-3

한국어판 출판권 ⓒ도서출판 수디신연

이 책은 저작권법에 따라 보호를 받는 저작물이므로 무단 전재와 무단 복제를 금지하며,

이 책의 전부 또는 일부를 이용하려면 반드시 저작권자와 도서출판 수디신연의 서면 동의를 받아야 합니다.